Windows PowerShell – Grundlagen und Scripting-Praxis für Einsteiger

Dr. Tobias Weltner

Windows PowerShell – Grundlagen und Scripting-Praxis für Einsteiger

O'REILLY®

Dr. Tobias Weltner

Lektorat: Ariane Hesse
Korrektorat: Sibylle Feldmann, www.richtiger-text.de
Satz: Gerhard Alfes, mediaService, www.mediaservice.tv
Herstellung: Susanne Bröckelmann
Umschlaggestaltung: Michael Oreal, www.oreal.de, unter Verwendung eines Fotos von Kirillm/iStock by Getty Images
Druck und Bindung: mediaprint solutions GmbH, 33100 Paderborn

Bibliografische Information der Deutschen Nationalbibliothek
Die Deutsche Nationalbibliothek verzeichnet diese Publikation in der Deutschen Nationalbibliografie; detaillierte bibliografische Daten sind im Internet über http://dnb.d-nb.de abrufbar.

ISBN:
Print 978-3-96009-073-1
PDF 978-3-96010-177-2
ePub 978-3-96010-178-9
mobi 978-3-96010-179-6

1. Auflage 2018

Wieblinger Weg 17
69123 Heidelberg

5 4 3 2 1

Inhalt

Einleitung

PowerShell ist als Automationssprache entwickelt worden: IT-Administratoren und ambitionierte Computeranwender können damit Routineaufgaben automatisch erledigen. Das spart Zeit und lästige Handgriffe und ist aus der modernen IT nicht mehr wegzudenken.

Darüber hinaus ist PowerShell inzwischen aber auch eine sehr effektive Programmiersprache geworden, mit der man ohne komplexes Vorwissen und in nur wenigen Zeilen Code kleine Programme und Tools schreiben kann. Das ist für nahezu jeden ambitionierten Computeranwender interessant, nicht mehr lediglich für IT-Profis.

Und spätestens mit PowerShell 6 laufen PowerShell-Skripte nun sogar nicht mehr nur auf Windows, sondern auch auf Linux und MacOS. Das macht PowerShell-Fachwissen noch erheblich vielseitiger.

Dieses Buch beginnt bei null und führt Sie Schritt für Schritt in alle wichtigen Grundlagen der PowerShell ein. Ob Sie PowerShell beruflich nutzen oder privat, quer über das Netzwerk auf Hunderten von Computern Programme konfigurieren oder bloß auf dem eigenen Notebook Urlaubsbilder umbenennen wollen: Dieses Buch liefert zahlreiche Praxisbeispiele und erklärt die eingesetzten Techniken so, dass Sie die Beispiele leicht an eigene Bedürfnisse anpassen können.

Sieben didaktisch aufeinander aufbauende Teile führen Sie ohne notwendiges Vorwissen in die Möglichkeiten der PowerShell ein.

Im ersten Kapitel erfahren Sie, wie PowerShell auf dem Computer eingerichtet wird und welche essenziellen Einstellungen und ersten Schritte wichtig sind, um PowerShell-Befehle ausführen zu können.

In **Teil A** wird die PowerShell als praktische interaktive Konsole betrachtet – schnelle Ergebnisse mit ganz wenigen Eingaben. Sie entdecken, welche Befehle die PowerShell versteht, wie man schnell die benötigten Befehle findet und neue Befehle nachrüsten kann. In diesem Teil wird auch das universelle Laufwerkkonzept der PowerShell vorgestellt, mit dem beinahe alles – vom Dateisystem über Zertifikate und Registrierung bis hin zu Datenbanken und Benutzerverwaltung – als Laufwerk gesehen werden kann, auf dem man Informationen findet.

Teil B zeigt dann, wie aus mehreren Einzelbefehlen und der PowerShell-Pipeline komplexere und mächtigere Automationsskripte entstehen, mit denen sich vielfältige Aufgaben vollständig automatisieren lassen.

Teil C beschäftigt sich mit Operatoren, die oft unterschätzt werden. Hier erfahren Sie, wie man intelligente Entscheidungen (Bedingungen) formuliert. Einen besonderen Schwerpunkt bilden die Textoperatoren und sogenannten »regulären Ausdrücke«, mit denen PowerShell die für Sie wichtigen Informationen aus Texten, Logdateien und von Webseiten fischen kann.

PowerShell kommt bereits mit Hunderten eigener Befehle, doch bietet es vor allem eine Schnittstelle zu den unzähligen Betriebssystemfunktionalitäten, die im .NET Framework bereitgestellt werden. In **Teil D** erfahren Sie, wie PowerShell auf all diese Funktionen zugreifen kann. So erhalten Ihre PowerShell-Skripte Zugriff auf genau die gleichen Möglichkeiten, die auch Anwendungsentwicklern anderer .NET-Sprachen zur Verfügung stehen, und können von DNS-Auflösung über Sprachausgabe bis hin zu eigenen Fenstern und Oberflächen alles nachrüsten, was noch nicht über vorgefertigte PowerShell-Cmdlets erreichbar war.

Weil PowerShell eine dynamische Sprache ist, kann man den Befehlssatz sehr leicht erweitern. **Teil E** erklärt zuerst, wie Ihr PowerShell-Code zu einem PowerShell-Befehl wird, der dann in allen PowerShells zur Verfügung steht. Danach erfahren Sie, wie PowerShell-Module erzeugt werden: Mit ihnen lassen sich Befehlssammlungen an Kollegen und Kunden weitergeben. Und schließlich wird das brandneue PowerShellGet vorgestellt, über das Module automatisiert verteilt werden können.

Wenn PowerShell dabei einmal nicht genau das tut, was Sie sich vorstellen, hilft **Teil F** und zeigt, wie Fehler im Code erkannt und »behandelt« werden können. Dazu zählt auch das Mitprotokollieren von Fehlern und ungewöhnlichen Zuständen.

In **Teil G** wird zum Abschluss das »PowerShell Remoting« vorgestellt. Mit diesem extrem mächtigen Feature kann PowerShell-Code remote auf einem oder vielen anderen Computern parallel ausgeführt werden. Weil PowerShell inzwischen auch auf Linux und MacOS ausführbar ist, kann man darüber unter anderem auch Informationen in heterogenen Welten austauschen.

Dieses Buch ist eine überarbeitete und gekürzte Fassung des über 1.100 Seiten starken »Windows PowerShell 5: Windows Automation für Einsteiger & Profis«, das sich auf die für Einsteiger wichtigen Inhalte fokussiert.

Wie Sie dieses Buch nutzen

Dieses Buch setzt keinerlei Grundkenntnisse voraus, wenn Sie von vorn zu lesen beginnen – und das ist auch empfehlenswert. Die Kapitel bauen aufeinander auf. Am Anfang jedes Kapitels finden Sie eine kurze Zusammenfassung, falls es einmal eilig ist.

Die PowerShell-Beispiele im Buch sind jeweils in einer anderen Schriftart formatiert. Damit Sie leichter erkennen, welche Eingaben von Ihnen erwartet werden, wird bei allen Eingaben die PowerShell-Eingabeaufforderung `PS>` (einschließlich der Leerstelle hinter dem >) vorangestellt. Diese Eingabeaufforderung kann bei Ihnen auch anders aussehen und sollte in den Beispielen natürlich nicht mit eingegeben werden.

Achtung

Bitte verwenden Sie die Begleitmaterialien immer im Kontext des entsprechenden Buchkapitels. Viele der Beispiele funktionieren nur, wenn Sie die entsprechenden Vorarbeiten im Kapitel beachtet haben, oder können auch unerwartete Resultate liefern, wenn man die Beispiele aus dem Zusammenhang des Kapitels reißt.

Noch mehr Unterstützung

Falls bei der Arbeit mit diesem Buch Fragen auftauchen oder Sie Anregungen haben, besuchen Sie mich: *http://www.powertheshell.com*. Oder senden Sie mir eine Nachricht an meine Mailadresse *tobias.weltner@email.de*.

Bevor ich Ihnen viel Spaß und Erfolg mit PowerShell wünsche, geht noch ein großes Dankeschön an meine Lektorin Ariane Hesse und die Korrektorin Sibylle Feldmann, die dieses Buch mit allergrößtem Sachverstand und mit Sorgfalt begleitet haben.

Herzlichst Ihr

Dr. Tobias Weltner

Kapitel 1

PowerShell startklar machen

In diesem Kapitel:

Ausführlich werden in diesem Kapitel die folgenden Aspekte erläutert:

- **PowerShell-Host:** PowerShell ist Bestandteil von Windows und kein einzelnes Programm. Programme, die den Zugriff auf PowerShell ermöglichen, werden »Host« (»Gastgeber«) genannt. PowerShell liefert zwei Hosts mit: die PowerShell-Konsole (*powershell.exe*) und den komfortableren ISE-Editor (*powershell_ise.exe*). Darüber hinaus gibt es weitere kommerzielle und freie PowerShell-Hosts.
- **Groß- und Kleinschreibung:** Die Groß- und Kleinschreibung wird bei Befehlen und Parameternamen nicht unterschieden.
- **Farbcodierung während der Eingabe:** Ab PowerShell 5 färbt nicht nur der ISE-Editor, sondern nun auch die PowerShell-Konsole Eingaben ein. Die Farben unterscheiden zwischen Befehlen, Parametern und Argumenten. So kann man Eingaben mit einem kurzen Blick auf die Farben auf Richtigkeit überprüfen. Enthält die Eingabe Syntaxfehler, also formale Fehler wie fehlende Anführungszeichen, kennzeichnet ISE diesen Teil mit einer roten Wellenlinie. Die Konsole zeigt eine rote spitze Klammer am Ende des Eingabeprompts an.

- **Ausgabebefehle und Umwandlungsabkürzungen:** PowerShell gibt Resultate sofort aus. Ein spezieller Ausgabebefehl wie `echo` ist nicht nötig. Auch unterstützt PowerShell einfache Rechenaufgaben, bei denen die in der IT üblichen Größenordnungen wie KB oder GB direkt (ohne Leerzeichen) an eine Zahl angefügt werden können. Mit dem Präfix `0x` werden hexadezimale Zahlen markiert, und `..` liefert einen Zahlenbereich, zum Beispiel `1..49`.
- **Autovervollständigung:** Mit ↑ und ↓ gelangen Sie zurück zu Befehlsfolgen, die Sie schon einmal eingegeben haben. Möchten Sie einen Befehl nachträglich ändern oder erweitern, verwenden Sie die Pfeiltasten, um, anstatt den gesamten Befehl neu einzugeben, zu dem jeweiligen Befehl zurückzukehren und ihn zu ändern. Mit ⇆ aktivieren Sie die eingebaute Autovervollständigung. Diese kann Befehlsnamen, Pfadnamen und andere Eingaben für Sie vervollständigen. Drücken Sie die Taste mehrmals, zeigt PowerShell bei jedem Druck einen anderen Vorschlag. In ISE steht außerdem das IntelliSense-Menü zur Verfügung, das über Strg+Leertaste Eingabevorschläge nicht sofort einfügt, sondern zuerst in einem Kontextmenü anbietet.
- **Zeilen löschen und Befehlsabbruch:** Wollen Sie die gesamte aktuelle Zeile löschen, drücken Sie Esc. Möchten Sie im Mehrzeilenmodus die aktuelle Zeile zwar nicht ausführen, aber auch nicht verlieren, drücken Sie Strg+C.
- **Skriptausführung:** Anfangs kann PowerShell nur interaktive Befehle ausführen, aber keine Skripte. Mit `Set-ExecutionPolicy` sollte die Skriptausführung so bald wie möglich aktiviert werden, weil viele interaktive Befehle aus Skriptdateien geladen werden und andernfalls nicht funktionieren.
- **Hilfe zu PowerShell-Befehlen:** PowerShell-Befehle sind gut dokumentiert, aber die Dokumentation muss zunächst mit `Update-Help` aus dem Internet heruntergeladen werden.
- **Unterschiedliche PowerShell-Versionen:** Es gibt aktuell fünf PowerShell-Versionen, die alle aufeinander aufbauen. Die aktuelle PowerShell-Version erfährt man zum Beispiel über den Befehl `$host.Version`.

Mit PowerShell Kontakt aufnehmen

PowerShell ist eigentlich unsichtbar, denn es ist eine Automationssprache, die seit 2009 fest in das Windows-Betriebssystem eingebettet ist. Um mit ihr Kontakt aufzunehmen, wird ein Programm benötigt, das Ihre Befehle und Anweisungen an die PowerShell schicken kann und von dort die Ergebnisse zurückerhält.

Solche Programme werden »Host« genannt (engl. für »Gastgeber«). Windows enthält zwei solcher Host:

- **PowerShell-Konsole:** ein sehr einfaches Programm namens »powershell.exe«, das in einem Konsolenfenster angezeigt wird. Es ist der Standard-Host, wenn fertige PowerShell-Skripte ausgeführt werden sollen. Sie können es zwar auch dazu verwenden, einzelne PowerShell-Befehle interaktiv einzugeben, aber weil es wenig Hilfestellungen bietet und keine Skripte verfassen kann, eignet es sich nicht gut zum Erlernen der PowerShell.
- **PowerShell ISE:** eine PowerShell-Entwicklungsumgebung namens »powershell_ise.exe«. »ISE« steht für *Integrated Script Environment*, denn die ISE enthält nicht nur eine interaktive Befehlskonsole, sondern auch einen Texteditor, mit dem man PowerShell-Skripte verfassen

kann. Darüber hinaus enthält die ISE viele Hilfestellungen, wie etwa IntelliSense-Menüs, die die zur Verfügung stehenden Befehle anzeigen. Damit kann man PowerShell sehr viel bequemer erlernen als mit der simplen PowerShell-Konsole.

Beide Hosts kommunizieren mit derselben unsichtbaren PowerShell, sprechen also genau dieselbe Sprache und verstehen dieselben Befehle. Sie unterscheiden sich nur in der Bedienerfreundlichkeit.

PowerShell 6 auf Linux und MacOS

Wenn Sie kein Windows-Betriebssystem verwenden, sondern Linux oder MacOS, steht dort seit Neuestem ebenfalls die PowerShell zur Verfügung: PowerShell 6 (auch »PowerShell Core« genannt) ist ein Microsoft-Open-Source-Projekt, das hier kostenfrei heruntergeladen werden kann: *https://github.com/PowerShell/PowerShell/releases*. Scrollen Sie auf der Seite abwärts, bis Sie den Bereich der Downloads sehen. Pro Betriebssystem werden unterschiedliche Downloads angeboten.

Das PowerShell-6-Installationspaket enthält sowohl die unsichtbare PowerShell-Sprache als auch einen Host namens *pwsh.exe*. Ein komfortables Entwicklungssystem wie die ISE gibt es hier nicht.

PowerShell 6 ist eine portable Anwendung und kann auch auf Windows-Systemen parallel zur fest in Windows integrierten PowerShell genutzt werden.

Allerdings erkauft sich PowerShell 6 die Plattformunabhängigkeit mit deutlich eingeschränkter Funktionalität: PowerShell 6 basiert nämlich nicht auf dem vollen Umfang der Windows-Programmierschnittstellen (.NET), sondern auf einer portablen Minifassung (.NET Core). Obwohl es also möglich ist, PowerShell 6 auch auf Windows einzusetzen, ist das derzeit wenig sinnvoll.

Die in Windows integrierte PowerShell leistet wesentlich mehr. Aufgrund der PowerShell-6-Einschränkungen kann man darin zum Beispiel keine grafischen Benutzeroberflächen anzeigen, die die bei Windows üblichen Techniken »Forms« oder »WPF« nutzen. Deshalb fehlen in PowerShell 6 alle Befehle, die Ergebnisse auf solche Weise anzeigen. Und wegen der übrigen eingeschränkten Programmierschnittstellen lassen sich auch viele andere wichtige Windows-Technologien wie Active Directory, Microsoft Office oder Exchange nicht automatisieren.

PowerShell 6 ist nur der erste Versuch von Microsoft, die Grenzen des eigenen Betriebssystems zu sprengen, und der derzeit eingeschränkte Funktionsumfang wird künftig sicher wachsen. Einstweilen bietet Ihnen die plattformunabhängige PowerShell 6 aber die Möglichkeit, auch auf Nicht-Windows-Systemen erste Erfahrungen mit PowerShell zu sammeln und heterogene Umgebungen einheitlich zu verwalten.

In Teil G erfahren Sie mehr dazu, wie PowerShell auch remote auf anderen Computern ausgeführt werden kann. So könnte ein Skript, das in einer Windows-PowerShell läuft, per »Remoting« Kontakt zu einem PowerShell 6 auf einem Linux-System aufnehmen und dort Einstellungen vornehmen.

In diesem Buch werden alle wesentlichen Funktionen von Windows PowerShell beschrieben. Viele Grundtechniken funktionieren unverändert auch in PowerShell 6, aber Sie wissen nun, warum einige Befehle dort nicht vorhanden sind oder nicht richtig funktionieren.

Weitere PowerShell-Hosts

Neben der mitgelieferten Konsole und dem ISE-Entwicklungssystem gibt es unzählige weitere PowerShell-Hosts, kommerzielle wie frei verfügbare.

Microsoft bietet zum Beispiel mit »VSCode« (*Visual Studio Code*) einen kostenlosen Texteditor, für den es ein ebenfalls kostenfreies Plug-in namens »PowerShell Editor Services« gibt. Damit wird auch aus VSCode eine leistungsfähige und hochmoderne PowerShell-Entwicklungsumgebung. Sie richtet sich allerdings eher an erfahrenere Anwender, weil sie über unzählige Tastenkombinationen bedient wird und wenig anklickbare Funktionen bietet.

VSCode ist ähnlich wie PowerShell 6 plattformunabhängig und ist deshalb besonders auf Nicht-Windows-Betriebssystemen wichtig, auf denen es keine anderen PowerShell-Entwicklungssysteme gibt.

PowerShell und Hosts einsatzbereit machen

Damit Sie gleich bequem mit PowerShell arbeiten können, schauen wir uns im folgenden Abschnitt die verfügbaren PowerShell-Hosts näher an und überprüfen direkt auch einige wichtige PowerShell-Grundeinstellungen. Diesen Teil sollten Sie nicht überspringen, denn nur so ist gewährleistet, dass bei Ihnen alle PowerShell-Funktionalitäten richtig funktionieren und Sie mit den aktuellsten Versionen arbeiten.

Anschließend wählen Sie sich unter den verfügbaren Hosts einfach denjenigen aus, der Ihnen am sympathischsten ist. Weil alle Hosts mit derselben unsichtbaren PowerShell zusammenarbeiten, stehen Ihnen in allen Hosts also grundsätzlich die gleichen Befehle zur Verfügung, und auch die Ergebnisse sind die gleichen. Die Wahl des Hosts ist also eine reine Geschmacksfrage und hängt davon ab, wie viel Unterstützung Sie sich bei der Arbeit mit der PowerShell von Ihrem Host wünschen.

Die PowerShell-Konsole einrichten

Die PowerShell-Konsole ist der Basis-Host, der am wenigsten Speicher benötigt und deshalb auch der Standard-Host ist, in dem später fertige Skriptlösungen ausgeführt werden. Zum Entdecken der PowerShell und zum Konzipieren neuer PowerShell-Skripte ist die Konsole weniger gut geeignet, weil sie so spartanisch gestaltet ist und wenig Hilfestellung liefert. Sie wird aber gern genutzt, wenn man nur wenige Befehle einzugeben hat oder die nötigen Befehle ohnehin auswendig kennt.

Um die PowerShell-Konsole erstmals zu starten, öffnen Sie mit [Win]+[R] das *Ausführen*-Fenster und geben darin ein: `powershell` [↵].

In Windows 10 erreichen Sie PowerShell wahlweise auch wieder über das Startmenü (Abbildung 1.1).

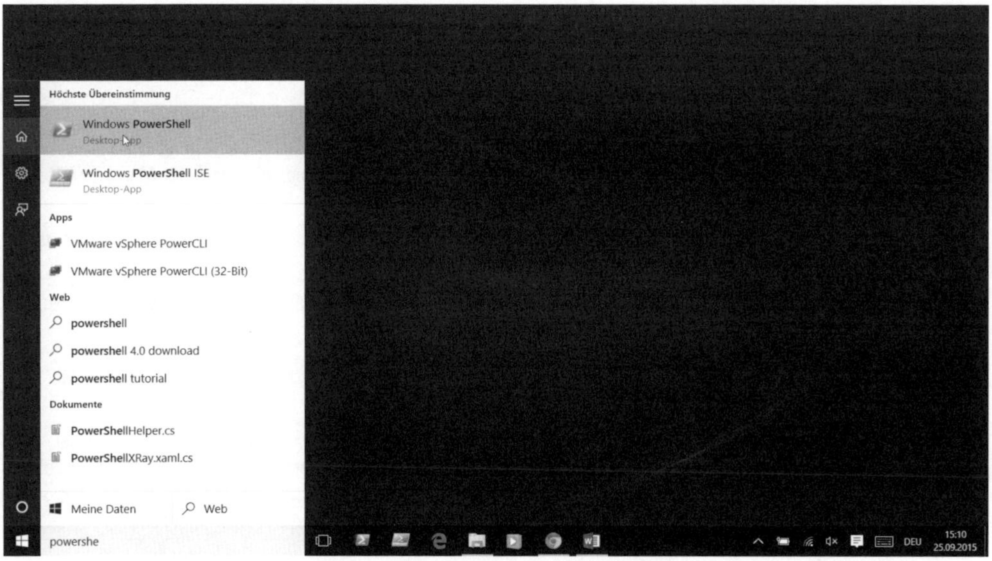

Abbildung 1.1: PowerShell über das Startmenü in Windows 10 öffnen.

Wenige Sekunden später präsentiert sich die hochmoderne objektorientierte PowerShell-Konsole. Besonders eindrucksvoll ist das Erlebnis anfangs indes nicht, denn es erscheint nur ein hässliches schwarzes oder blaues Konsolenfenster. Darin begrüßt Sie die Eingabeaufforderung, die mit »PS« beginnt und dahinter den Pfadnamen des aktuellen Ordners anzeigt. Außerdem blinkt eine Einfügemarke und ermuntert Sie mit dem Charme der 1980er-Jahre dazu, erste Befehle einzugeben (Abbildung 1.2).

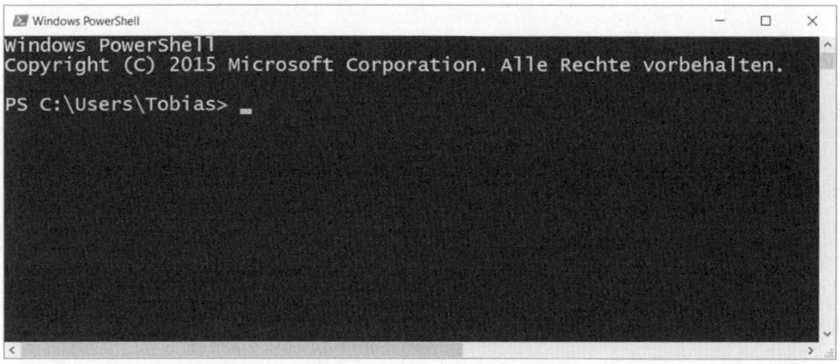

Abbildung 1.2: Die PowerShell-Konsole führt interaktive PowerShell-Befehle aus und benötigt wenig Speicher.

PowerShell-Version kontrollieren

Kontrollieren Sie zuerst, welche PowerShell-Version Sie verwenden. Es gibt fünf Versionen, die aufeinander aufbauen. Dieses Buch handelt von der aktuellsten PowerShell-Version, also 5.0, was Sie inspirieren sollte, Ihre PowerShell-Version ebenfalls auf Versionsstand 5.0 zu aktualisieren, falls Sie eine ältere Version vorfinden. Andernfalls können Sie einige in diesem Buch beschriebene Funktionalitäten nicht nutzen.

Ein besonders einfacher Weg, die Version Ihrer PowerShell zu prüfen, ist ein Blick auf das Copyright, das beim Start der Konsole erscheint:

Copyright-Jahr	PowerShell-Version
2006	Version 1.0. Diese Version ist veraltet und sollte nicht mehr eingesetzt werden.
2009	Version 2.0. Eingeführt mit Windows 7/Windows Server 2008R2. Als Update verfügbar für Windows XP, Vista sowie Windows Server 2003 und 2008.
2012	Version 3.0. Eingeführt mit Windows 8 und Windows Server 2012. Kann auf PowerShell 5.0 aktualisiert werden (außer auf Windows-7-Clients).
2013	Version 4.0. Eingeführt mit Windows 8.1 und Server 2012R2. Kann auf PowerShell 5.0 aktualisiert werden.
2015	Version 5.0. Eingeführt mit Windows 10 und Server 2016.
2016	Version 5.1. Ab dieser Version erhalten Sie künftige Updates automatisch über den Windows-Update-Mechanismus.
2017	Version 6.0. Diese Version wird auch »PowerShell Core« genannt und ist plattformübergreifend auch auf Linux und MacOS verfügbar. Sie ist aber nicht der Nachfolger von PowerShell 5.0, auch wenn die Version dies suggeriert. PowerShell 5 bleibt die in Windows fest integrierte PowerShell-Version und ist auf Windows-Systemen wesentlich leistungsfähiger als PowerShell 6 (siehe auch die Anmerkungen am Anfang des Kapitels).

Tabelle 1.1: PowerShell-Versionen identifizieren.

So finden Sie die aktuell verwendete PowerShell-Version per Befehl heraus:

```
PS C:\> $PSVersionTable

Name                           Value
----                           -----
PSVersion                      5.1.15063.726
PSEdition                      Desktop
PSCompatibleVersions           {1.0, 2.0, 3.0, 4.0...}
BuildVersion                   10.0.15063.726
CLRVersion                     4.0.30319.42000
WSManStackVersion              3.0
PSRemotingProtocolVersion      2.3
SerializationVersion           1.1.0.1
```

`$PSVersionTable` liefert Ihnen unter anderem auch die Information `PSEdition`, die Ihnen mit `Desktop` verrät, dass Sie die Windows PowerShell verwenden. Steht hier dagegen `Core`, verwenden Sie die in ihren Funktionen eingeschränkte, aber dafür plattformübergreifende PowerShell 6.0.

Auf Nicht-Windows-Systemen ist das eine gute Idee, weil Ihnen andernfalls überhaupt keine PowerShell zur Verfügung stünde.

Auf Windows-Systemen dagegen wissen Sie inzwischen, dass PowerShell 6 nur über einen eingeschränkten Funktionsumfang verfügt und deshalb Befehle fehlen können, die in diesem Buch beschrieben werden.

Aktuelle Version der PowerShell nutzen

Weil dieses Buch auf der neuesten Version der Windows PowerShell, PowerShell 5.1, basiert, sollten Sie, falls noch nicht geschehen, Ihre PowerShell auf den aktuellsten Stand bringen. So erhalten Sie nicht nur neue und bessere Befehle, die Aktualisierung hat auch einen Sicherheitsaspekt: Die aktuellste Version der PowerShell ist sehr viel sicherer als ältere Versionen, und sobald Sie einmal PowerShell 5.1 installiert haben, übernimmt fortan das normale Windows Update die weitere Aktualisierung.

Ob Ihre PowerShell aktuell ist oder nicht, zeigt Ihnen `$PSVersionTable`. Hinter `PSVersion` findet sich die Version Ihrer PowerShell. Steht also hinter `PSVersion` nicht »5.1«, verwenden Sie eine veraltete Version.

Das kostenfreie Update für PowerShell 5.1 bietet ein Windows-Updatepaket (mit der Erweiterung *.msu*), das im Internet kostenfrei bereitsteht und per Doppelklick installiert wird. Da sich der Downloadlink ändern kann, öffnen Sie am besten eine Suchseite wie *google.de* und suchen kurz nach den Stichwörtern »Windows Management Framework 5.1« und »Download«, um das Updatepaket zu finden. Der letzte offizielle Downloadlink bei Drucklegung dieses Buchs war *https://www.microsoft.com/en-us/download/details.aspx?id=54616.*

Auf Ihrem eigenen Computer ist das Update auf eine neue PowerShell-Version ganz unkompliziert und erfordert höchstens einen Neustart. Bevor Sie allerdings PowerShell auf einem Produktionsserver aktualisieren, informieren Sie sich vorher über die sonstige Software, die darauf läuft. Es gibt Software, die eng mit PowerShell verzahnt ist, beispielsweise Microsoft Exchange oder SQL Server. Diese Programme sind fest an bestimmte PowerShell-Versionen gebunden und müssen gemeinsam mit der PowerShell aktualisiert werden.

Symbol an Taskleiste heften

Als Nächstes sollten Sie die PowerShell-Konsole besser erreichbar machen. Dazu klicken Sie das PowerShell-Symbol in der Taskleiste mit der rechten Maustaste an und wählen im Kontextmenü *Dieses Programm an Taskleiste anheften* (Abbildung 1.3). Ziehen Sie das Symbol danach in der Taskleiste mit der Maus an den äußersten linken Rand, sodass es das erste Symbol in der Taskleiste ist. Schließen Sie die PowerShell-Konsole und öffnen Sie sie danach erneut mit einem Klick auf das angepinnte Symbol in der Taskleiste.

Abbildung 1.3: PowerShell-Symbol an die Taskleiste anheften.

Sie können PowerShell nun auch über die Tastenkombination [⊞]+[1] öffnen oder in den Vordergrund holen, sofern das PowerShell-Symbol das erste in Ihrer Taskleiste ist. Andernfalls verwenden Sie eine andere Zahl, die der Position des Symbols in der Taskleiste entsprechen muss. Spätestens jetzt sollte sich ein blaues und nicht schwarzes Konsolenfenster öffnen. Windows speichert Einstellungen wie die blaue Hintergrundfarbe oder die Bildschirmpuffergröße der Konsole in Verknüpfungen.

Sprungliste: Administratorrechte und ISE

Haben Sie die PowerShell-Konsole wie oben beschrieben an die Taskleiste angeheftet und danach mindestens einmal gestartet, öffnet ein Rechtsklick auf das angeheftete Konsolensymbol nun die PowerShell-Sprungliste: ein Menü mit den wichtigsten PowerShell-Startbefehlen (Abbildung 1.4).

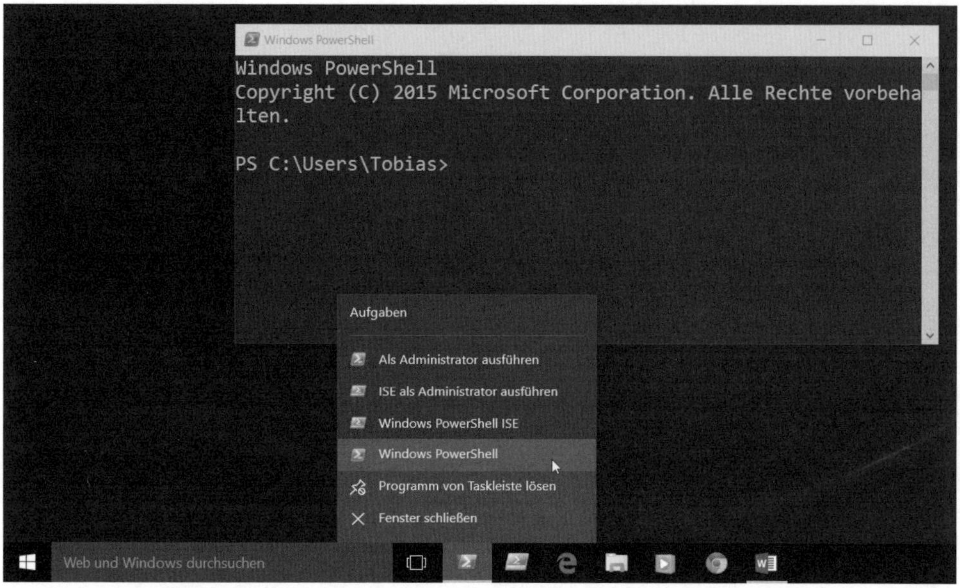

Abbildung 1.4: Sprungliste von PowerShell öffnen.

Über die enthaltenen Befehle können Sie PowerShell bei Bedarf mit vollen Administratorrechten starten (was Sie im Normalfall zum eigenen Schutz eher vermeiden und nur einsetzen sollten, wenn diese Rechte tatsächlich gebraucht werden). Auch die ISE, der integrierte Skripteditor, kann über die Sprungliste wahlweise normal oder mit Administratorrechten geöffnet werden.

Befehl	Beschreibung
Als Administrator ausführen	Öffnet die interaktive PowerShell-Konsole mit allen Rechten.
ISE als Administrator ausführen	Öffnet den PowerShell-Editor mit allen Rechten.
Windows PowerShell ISE	Öffnet den integrierten PowerShell-Skripteditor.
Windows PowerShell	Öffnet die interaktive PowerShell-Konsole ohne besondere Rechte.

Tabelle 1.2: Befehle in der PowerShell-Sprungliste.

32-Bit- und 64-Bit-Versionen

Auf 64-Bit-Versionen von Windows gibt es sowohl die PowerShell-Konsole als auch den ISE-Editor in doppelter Ausführung. Neben der 64-Bit-Version stehen zusätzlich 32-Bit-Versionen bereit. Sie sind daran zu erkennen, dass an den Namen ein »(x86)« angefügt ist.

Die 32-Bit-Versionen der PowerShell-Hosts sind nur für Ausnahmefälle gedacht, in denen ein Skript ausdrücklich im 32-Bit-Subsystem ausgeführt werden muss. Nötig ist das nur selten, zum Beispiel dann, wenn PowerShell auf Komponenten zugreifen soll, die es nur als 32-Bit-Versionen gibt. Im normalen Alltag setzen Sie immer die regulären 64-Bit-Versionen ein und achten darauf, dass hinter dem Programmnamen eben nicht der Zusatz »(x86)« steht.

PowerShell ISE einsetzen

Die PowerShell ISE ist ein modernerer PowerShell-Host als die Konsole und bietet zum Beispiel praktische IntelliSense-Menüs mit Befehlsvorschlägen sowie rote Kringellinien, die Fehler anzeigen. Sie öffnen die ISE entweder über ihren Programmnamen *powershell_ise.exe* oder noch bequemer über den Befehl `ise` aus einer bereits geöffneten PowerShell-Konsole.

```
PS> ise ↵
```

Wenn Sie die PowerShell-Konsole wie eben beschrieben an Ihre Taskleiste angeheftet haben, genügt auch ein Rechtsklick auf das angeheftete blaue PowerShell-Symbol, um die Sprungliste zu öffnen und darin mit dem Kontextmenübefehl *Windows PowerShell ISE* die ISE wahlweise mit oder ohne Adminstratorrechte zu starten.

Abbildung 1.5: PowerShell ISE als Konsolenersatz.

Weil PowerShell ISE nicht nur ein moderner Ersatz für die interaktive Konsole ist, sondern auch als Skripteditor dient, sieht das Fenster möglicherweise bei Ihnen etwas anders aus als das in Abbildung 1.5. Mit der Pfeilschaltfläche in der oberen rechten Ecke blenden Sie den Skriptbereich ein und aus. Im Augenblick sollten Sie den Skriptbereich im versteckten Zustand belassen. Über Strg+R kann der Skriptbereich gänzlich mauslos sichtbar und wieder unsichtbar gemacht werden.

Hilfreich sind auch die Schaltflächen in der Symbolleiste, mit denen Sie den interaktiven Konsolenteil wahlweise unten oder an der Seite anzeigen oder bei Bedarf eben auch ganz ausblenden, um maximalen Platz zur Eingabe von Skripten zu haben (Abbildung 1.6).

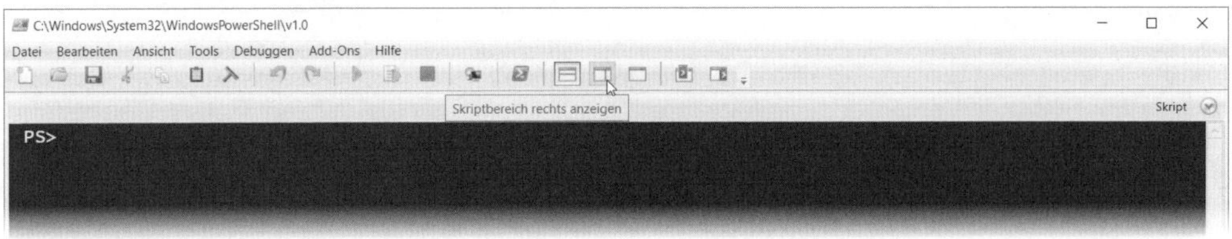

Abbildung 1.6: Über die Werkzeugleiste kann die interaktive PowerShell-Konsole ein- und ausgeblendet werden.

Mit dem Schieberegler am unteren rechten Fensterrand variieren Sie nahtlos die Schriftgröße. Ohne Maus verwenden Sie dazu [Strg]+[+] und [Strg]+[-].

Möchten Sie auch die Schriftart ändern, rufen Sie *Tools/Optionen* auf. Im Dialogfeld aktivieren Sie das Kontrollkästchen *Nur Festbreitenschriftart*, denn PowerShell ISE kommt zwar im Unterschied zur Konsole auch mit Proportionalschriftarten zurecht, aber weil hier die Schriftzeichen unterschiedlich breit sind (einem *m* wird zum Beispiel mehr Platz eingeräumt als einem *i*), führt dies zu Problemen bei der Ausgabe, wenn Tabellenspalten verrutschen und nicht mehr bündig erscheinen (Abbildung 1.7).

Im Listenfeld *Schriftfamilie* sehen Sie jetzt alle Schriftarten mit fester Zeichenbreite. Die Schriftart, die Sie auswählen, gilt sowohl für den interaktiven Konsolenbereich als auch den Skripteditor. Nicht alle Schriftarten, die die Liste anbietet, sind wirklich gut zu gebrauchen. Eine besonders gut lesbare Schriftart heißt »Consolas«. Die »Lucida Console« ist die Standardschriftart.

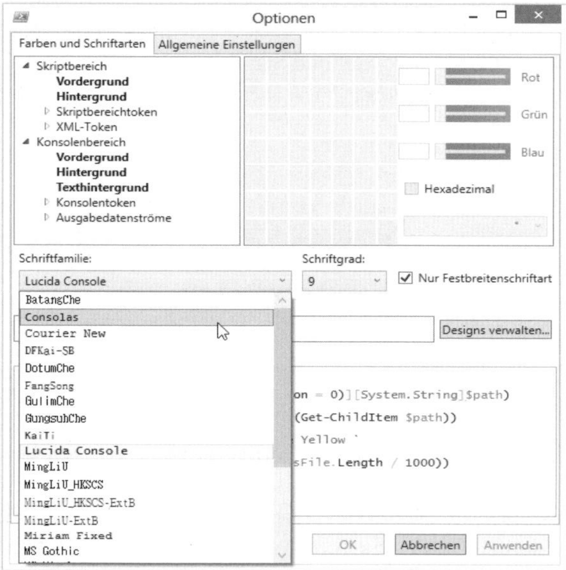

Abbildung 1.7: Andere Schriftart für ISE auswählen.

Notfalls stellt die Schaltfläche *Standard wiederherstellen* in der linken unteren Ecke des Dialogfelds die Ausgangseinstellungen wieder her.

Hinweis

Genügt Ihnen der eingebaute Funktionsumfang der ISE nicht, lässt er sich über kommerzielle und kostenfreie Erweiterungen ergänzen. Die folgenden Beispiele und Befehle müssen in der ISE ausgeführt werden.

Eine häufig genutzte kostenfreie Erweiterung ist zum Beispiel der »ISE Project Explorer«, mit dem Sie Projekte, die aus mehreren Dateien bestehen, direkt in der ISE verwalten können.

So wird das Modul heruntergeladen und installiert:

```
PS> Install-Module -Name PSISEProjectExplorer -Scope CurrentUser ↵
```

Wenn Sie das zum ersten Mal tun, wird nachgefragt, ob eine kostenfreie Downloadkomponente installiert werden soll. Stimmen Sie zu. Anschließend wird gefragt, ob Sie die Erweiterung laden möchten. Wenn Sie erneut zustimmen, können Sie den Project Explorer künftig mit diesem Befehl laden:

```
PS> Import-Module PsISEProjectExplorer ↵
```

Möchten Sie das nicht jedes Mal durchführen, kann die Erweiterung auch automatisch geladen werden, wenn Sie den folgenden Befehl verwenden.

```
PS> Add-PsISEProjectExplorerToIseProfile ↵
```

Achtung

Diese Erweiterung ist kostenfrei, weil sie von ambitionierten Anwendern als Hobbyprojekt betrieben wird. Sie kann ausgezeichnet funktionieren, aber auch dazu führen, dass die ISE instabil wird, weil sie nicht professionell entwickelt wurde. Ob sie für Sie nützlich ist, müssen Sie selbst prüfen.

Testen Sie die Erweiterung daher ausgiebig, bevor Sie sie automatisch laden lassen. Ohne Autostart brauchen Sie nur die ISE neu zu starten, um die Erweiterung wieder loszuwerden.

Wie Autostarts funktionieren und wie Sie den Autostart auch wieder entfernen können, lesen Sie etwas später in Kapitel 5. Hinter dem Autostart stehen nämlich sogenannte Profilskripte, die – falls vorhanden – beim Start der PowerShell automatisch ausgeführt werden.

Sobald die Erweiterung geladen ist, wird über ein weiteres Panel rechts damit begonnen, die Dateien in Ihrem Dokumente-Ordner zu analysieren. Sie können darin künftig bequem zu Skriptdateien navigieren, vor allem aber über das Textfeld am Oberrand blitzschnell Dateien finden, die bestimmte Stichwörter enthalten. Das indes funktioniert erst, nachdem die Erweiterung die Suche abgeschlossen und seinen Dateiindex erstellt hat.

Eine sehr verbreitete kommerzielle Erweiterung heißt »ISESteroids«, die zum Beispiel Echtzeit-Codeverbesserungen, einen Variablenmonitor und automatische Codegeneratoren liefert. Diese Erweiterung kann testweise ohne Einschränkungen genutzt werden und wird über diesen Befehl heruntergeladen und installiert:

```
PS> Install-Module ISESteroids -Scope CurrentUser ↵
```

Nach Download und Installation wird die ISESteroids-Erweiterung mit dem folgenden Befehl bei Bedarf geladen:

```
PS> Start-Steroids ↵
```

Tipp

PowerShell ISE erhält in der Taskleiste ein eigenes Symbol. Um ISE künftig direkt per Klick zu starten, klicken Sie mit der rechten Maustaste auf das Symbol von ISE in der Taskleiste und wählen *Dieses Programm an Taskleiste anheften*. Danach schieben Sie es nach links neben das Symbol der PowerShell-Konsole und können nun per Klick entscheiden, ob Sie die klassische Konsole oder lieber ISE öffnen möchten.

Denken Sie aber daran, dass nur das Symbol der PowerShell-Konsole per Rechtsklick die Sprungliste öffnet. Das Symbol der ISE verfügt über keine Sprungliste.

VSCode und PowerShell

Neuerdings steht mit »VSCode« ein weiterer kostenfreier Texteditor zur Verfügung, der im Gegensatz zu ISE viele weitere Skriptformate unterstützt und außerdem plattformunabhängig auch auf Linux und MacOS zur Verfügung steht.

Er richtet sich allerdings an erfahrenere Anwender, weil vieles nur über kryptische Befehlskürzel angesprochen werden kann. Hier kann VSCode heruntergeladen werden: *https://code.visualstudio.com/download.*

PowerShell-Erweiterung laden

Damit VSCode zu einem vollwertigen PowerShell-Host wird, klicken Sie nach seiner Installation und anschließendem Start in der linken Symbolleiste auf das unterste Symbol. Auf diese Weise öffnet sich eine Spalte mit Editorerweiterungen, die anfangs noch leer ist. Geben Sie ins Textfeld an seinem oberen Rand `powershell` ein.

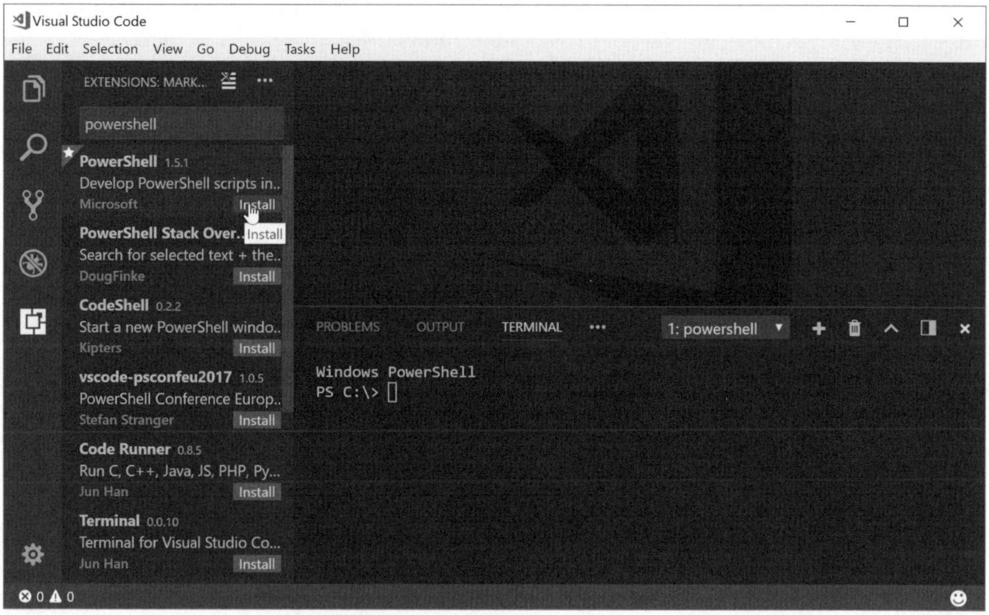

Abbildung 1.8: PowerShell-Erweiterung in VSCode installieren.

Wenig später wird die Erweiterung »PowerShell« gefunden, die mit einem Klick auf *Install* heruntergeladen und installiert wird. Nach einem Neustart ist die Erweiterung geladen.

VSCode zeigt Ihnen nun nicht nur unten eine PowerShell-Konsole an, sondern bietet jetzt auch umfangreiche IntelliSense- und andere Hilfen an, wenn Sie PowerShell-Skripte laden.

Um ein Skript auszuführen, sind indes Tastenkombinationen nötig. Mit [F5] wird ein gesamtes Skript ausgeführt und mit [F8] die aktuelle Selektion. Die gleichen Tastenkombinationen gelten ebenfalls in der ISE, jedoch stehen hier dafür auch Schaltflächen zur Verfügung.

Im Rahmen dieses Buchs werden die vielen weiteren Möglichkeiten von VSCode nicht weiter vertieft. Da aktuell beinahe wöchentlich Aktualisierungen bereitgestellt werden, ändern sich viele Bedienkonzepte derzeit noch.

Erste Schritte mit PowerShell

Die Ausführung von Befehlen funktioniert in allen PowerShell-Hosts gleich: Sie geben einen Befehl ein, schicken ihn mit einem entschlossenen Druck auf [↵] ab und warten dann gespannt, was als Nächstes geschieht. Wie Sie herausfinden, welche Befehle Ihnen zur Verfügung stehen, werden Sie gleich erfahren.

Wichtige Vorsichtsmaßnahmen

Damit das, was dann als Nächstes geschieht, keine unschöne Überraschung wird, sind ein paar vorausschauende Vorsichtsmaßnahmen ratsam. Mit nur zwei simplen Regeln entschärfen Sie das Potenzial karrierelimitierender Fehleingaben erheblich:

1. **Keine Administratorrechte:** Starten Sie PowerShell ohne spezielle Administratorrechte! So sind alle Einstellungen gesperrt, die das System ernstlich in Bedrängnis brächten. Ist die Windows-Benutzerkontensteuerung aktiv, passiert das automatisch (sofern Sie nicht über die Sprungliste auf vollen Administratorrechten bestehen). Ob PowerShell mit vollen Administratorrechten arbeitet, zeigt die Titelleiste des Fensters, in der dann das Wort *Administrator:* erscheint. Auf Servern ist die Windows-Benutzerkontensteuerung indes meist ausgeschaltet, sodass PowerShell hier stets mit vollen Rechten startet und Sie für erste Tests und die Einarbeitung in PowerShell besser ein eingeschränktes Benutzerkonto einrichten und verwenden sollten.
2. **Simulationsmodus:** Schalten Sie einen versteckten Simulationsmodus für noch mehr Schutz (und Einschränkungen) ein. Er bewirkt, dass PowerShell Änderungen am Computer nur simuliert, aber nicht ausführt. Dieser Schutz erstreckt sich auf die eingebauten PowerShell-Befehle, nicht aber auf klassische Konsolenbefehle wie beispielsweise *shutdown.exe*. So wird der Simulationsmodus eingeschaltet:

   ```
   PS> $WhatIfPreference = $true [↵]
   ```

   Er gilt nur für die PowerShell-Instanz, in der der Befehl eingegeben wurde, und auch nur, bis diese Instanz wieder geschlossen wird.

Befehle eingeben

Im Fenster sehen Sie die Eingabeaufforderung. Sie beginnt mit `PS`, und dahinter steht der Pfadname des Ordners, in dem Sie sich gerade befinden. Eine blinkende Einfügemarke wartet auf Ihre ersten Eingaben. Sie werden gleich erfahren, welche Befehle PowerShell versteht, probieren Sie die Eingabe aber schon einmal aus. Geben Sie zum Beispiel ein:

```
PS> hallo [↵]
```

Sobald Sie ↵ drücken, wird Ihre Eingabe an PowerShell geschickt und verarbeitet. Das Ergebnis folgt postwendend und ist in diesem Fall eine nüchterne rote Fehlermeldung:

```
hallo : Die Benennung "hallo" wurde nicht als Name eines Cmdlet, einer Funktion, einer Skriptdatei
oder eines ausführbaren Programms
erkannt. Überprüfen Sie die Schreibweise des Namens, oder ob der Pfad korrekt ist (sofern enthal-
ten), und wiederholen Sie den Vorgang.
In Zeile:1 Zeichen:1
+ hallo
+ ~~~~~
    + CategoryInfo          : ObjectNotFound: (hallo:String) [], CommandNotFoundException
    + FullyQualifiedErrorId : CommandNotFoundException
```

Fehlermeldungen sind zwar üblicherweise eher unerfreulich, doch sollten Sie sich schon einmal daran gewöhnen, sie nicht routinemäßig zu ignorieren. Oft verraten sie bei PowerShell tatsächlich den Grund des Problems, und auch in diesem Beispiel ist das, was die Fehlermeldung zu sagen hat, recht treffend: Die Benennung »hallo«, also das, was Sie als Befehl an PowerShell geschickt haben, war kein ausführbarer Befehl. Ausführbare Befehle sind gemäß Fehlermeldung Cmdlets, Funktionen, Skriptdateien oder ausführbare Programme.

Den kryptischen Teil nach dem Klartext dürfen Sie freundlich ignorieren. Er verrät erfahrenen PowerShell-Skriptentwicklern bei Bedarf noch mehr über die Natur des Fehlers und wo genau er aufgetreten ist. Spannend wird dieser Teil erst, wenn Sie umfangreichere PowerShell-Skripte starten.

Profitipp

Falls es Sie stört, dass PowerShell in epischer Breite den Pfadnamen des aktuellen Ordners im Prompt anzeigt, geben Sie einmal diesen Befehl ein:

```
PS> cd \ ↵
```

Damit wechseln Sie in den Stammordner des aktuellen Laufwerks, also vermutlich nach *C:*, und der Prompttext wird jetzt wesentlich kürzer und vergeudet keinen wertvollen Platz mehr in der Konsole. Später werden Sie bessere Wege kennenlernen, um den Prompt angenehmer zu formatieren, aber einstweilen hilft dieser Kniff schon mal weiter.

Ergebnisse empfangen

Geben Sie einen gültigen Befehl ein, wirft PowerShell fröhlich die erwarteten Ergebnisse aus. Möchten Sie zum Beispiel sehen, welche Dateien und Ordner sich in Ihrem aktuellen Ordner befinden, geben Sie ein: `dir` ↵.

Sie erhalten eine mehr oder weniger lange Textliste, und es drängt sich das Gefühl auf, dass der Ordnerinhalt in einem normalen Explorer-Fenster mit seinen bunten Symbolen viel einfacher zu erfassen ist. Grundsätzlich kommuniziert PowerShell mit Ihnen auf Textbasis. Dass PowerShell mehr kann als ein Explorer-Fenster, zeigt der nächste Befehl, der sämtliche laufenden Prozesse auflistet:

```
PS> Get-Process ↵
```

Die Stärke von PowerShell ist also nicht unbedingt die Darstellung der Informationen, sondern vielmehr ihre ungeheure Flexibilität. Fast alle Belange und Informationen Ihres Computers lassen sich von hier aus steuern und anzeigen – wenn auch »nur« als Textdarstellung und mithilfe von Textbefehlen.

Hier die wichtigsten weiteren Grundregeln:

- **Groß- und Kleinschreibung:** Diese spielt bei Befehlen keine Rolle. PowerShell ist also nicht *case sensitive*. Bei Argumenten, also Informationen, die Sie einem Befehl zusätzlich mit auf den Weg geben, kann die Groß- und Kleinschreibung im Einzelfall dagegen sehr wohl entscheidend sein, zum Beispiel bei Kennwortabfragen.
- **Abbrechen und löschen:** Möchten Sie einen Befehl vorzeitig abbrechen, drücken Sie [Strg]+[C]. Um die aktuelle Eingabe zu löschen, drücken Sie [Esc]. Möchten Sie den Inhalt des Konsolenfensters löschen, verwenden Sie den Befehl `cls`.

Informationen speichern oder umleiten

Alle Befehle der PowerShell liefern »körperlose«, nackte Informationen. Wie diese letzten Endes dargestellt oder verwendet werden, steht auf einem anderen Blatt. Im einfachsten Fall unternehmen Sie nichts weiter mit den Informationen. Sie oxidieren dann automatisch zu Text, den die Konsole anzeigt.

Alternativ könnten Sie die Informationen aber auch auf genau zwei Arten weiterverarbeiten:

- Variablen: Sie speichern das Ergebnis in eigenen Variablen, sodass das Ergebnis später an anderer Stelle weitergegeben werden kann, zum Beispiel an einen anderen Befehl.
- Pipeline: Sie geben das Ergebnis direkt an einen anderen Befehl weiter und nutzen dazu das Pipeline-Symbol »|«. Das ist besonders speicherschonend, weil keine Variablen und damit auch kein Speicherplatz benötigt werden.

Tun Sie nichts von beidem, werden die Ergebnisse stets in der Konsole angezeigt. Tun Sie beides, hat die Pipeline Vorrang.

Variablen verwenden

Variablen werden bei PowerShell immer mit einem `$` gekennzeichnet. Ansonsten arbeiten sie sehr unbürokratisch und müssen nicht besonders deklariert werden. Sie funktionieren wie Aufbewahrungsboxen für Informationen:

```
PS> $info = ipconfig.exe [↵]
```

Die Informationen des Befehls liegen jetzt in der Variablen und werden nicht sichtbar ausgegeben. Erst wenn Sie die Variable ausgeben, tauchen die Informationen wieder auf:

```
PS> $info [↵]

Windows-IP-Konfiguration

Drahtlos-LAN-Adapter Wi-Fi:

   Verbindungsspezifisches DNS-Suffix: Speedport_W_921V_1_39_000
   IPv6-Adresse. . . . . . . . . . . : 2003:40:e765:5043:7ca6:5208:b378:5c84
   Temporäre IPv6-Adresse. . . . . . : 2003:40:e765:5043:6485:6291:7855:a81
   Verbindungslokale IPv6-Adresse  . : fe80::7ca6:5208:b378:5c84%11
   IPv4-Adresse  . . . . . . . . . . : 192.168.2.119
   Subnetzmaske  . . . . . . . . . . : 255.255.255.0
   Standardgateway . . . . . . . . . : fe80::1%11
                                       192.168.2.1
```

```
Ethernet-Adapter Bluetooth Network Connection:

   Medienstatus. . . . . . . . . . . : Medium getrennt
   Verbindungsspezifisches DNS-Suffix:
(...)
```

Mit Operatoren lassen sich die Informationen in Variablen dann zum Beispiel bearbeiten. Der nächste Befehl fischt aus der Variablen nur die Zeilen heraus, die den Begriff »IPv4« enthalten:

```
PS> $info -like '*IPv4*' ↵
   IPv4-Adresse  . . . . . . . . . . : 192.168.2.119
```

Pipeline verwenden

Mit der Pipeline (|) reichen Sie die Informationen von einem Befehl direkt an den nächsten weiter. Ein sehr wichtiger Befehl ist zum Beispiel `Out-GridView`. Er zeigt die Ergebnisse in einem Extrafenster an, das beinahe so aussieht wie ein Excel-Fenster. So bleiben die Informationen nicht nur im Blick, es wird auch (anders als in der Konsole) bei Platzmangel nichts abgeschnitten. Und ein Klick auf eine Spaltenüberschrift sortiert auch gleich den Inhalt.

```
PS> ipconfig.exe | Out-GridView ↵
```

Richtig gut funktioniert das, wenn Befehle nicht reinen Text zurückliefern, sondern sogenannte »Objekte«. Objekte strukturieren Informationen in einzelnen Spalten, den sogenannten »Eigenschaften« oder »Properties«. Der nächste Befehl liefert beispielsweise alle Dienste und verrät interessante Details zu jedem Dienst:

```
PS> Get-Service ↵

Status   Name               DisplayName
------   ----               -----------
Running  AdobeARMservice    Adobe Acrobat Update Service
Stopped  AJRouter           AllJoyn-Routerdienst
Stopped  ALG                Gatewaydienst auf Anwendungsebene
Stopped  ANTS Memory Pro... ANTS Memory Profiler 8 Service
Stopped  ANTS Performanc... ANTS Performance Profiler 9 Service
Stopped  AppIDSvc           Anwendungsidentität
Running  Appinfo            Anwendungsinformationen
Running  Apple Mobile De... Apple Mobile Device Service
(...)
```

Werden solche Informationen weitergeleitet, zum Beispiel an `Out-GridView`, werden die Einzelinformationen in separaten Spalten angezeigt und lassen sich im GridView beispielsweise per Klick auf die Spaltenüberschrift sortieren (Abbildung 1.9):

```
PS> Get-Service | Out-GridView ↵
```

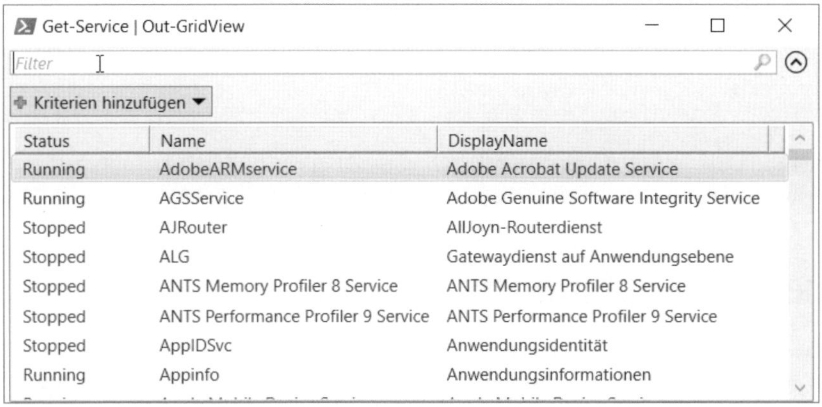

Abbildung 1.9: Befehlsergebnisse in einem Extrafenster anzeigen, dem »GridView«.

Hier erhalten Sie quasi bereits einen Vorgeschmack auf den »objektorientierten« Charakter der PowerShell, der in den folgenden Kapiteln immer wieder aufgegriffen wird. Mit `Select-Object` lassen sich so beispielsweise die Informationen bestimmen, an denen Sie interessiert sind:

```
PS> Get-Service | Select-Object -Property Status, DisplayName ⏎

 Status DisplayName
 ------ -----------
Running Adobe Acrobat Update Service
Stopped AllJoyn-Routerdienst
Stopped Gatewaydienst auf Anwendungsebene
Stopped ANTS Memory Profiler 8 Service
Stopped ANTS Performance Profiler 9 Service
Stopped Anwendungsidentität
Running Anwendungsinformationen
(...)
```

Dasselbe Cmdlet macht auch deutlich, dass viele Befehle in Wahrheit sehr viel detailliertere Informationen liefern, als von der PowerShell-Konsole zunächst angezeigt werden. Fordern Sie mit dem Jokerzeichen * sämtliche Informationen an, prasseln sehr viel mehr Informationen auf Sie ein als ohne diesen Zusatz:

```
PS> Get-Service | Select-Object -Property * ⏎


Name                : AdobeARMservice
RequiredServices    : {}
CanPauseAndContinue : False
CanShutdown         : False
CanStop             : True
DisplayName         : Adobe Acrobat Update Service
DependentServices   : {}
MachineName         : .
ServiceName         : AdobeARMservice
ServicesDependedOn  : {}
ServiceHandle       :
Status              : Running
ServiceType         : Win32OwnProcess
Site                :
Container           :
```

```
Name                : AJRouter
RequiredServices    : {}
CanPauseAndContinue : False
(...)
```

PowerShell schaltet die Darstellung dabei automatisch vom Tabellen- in den Listenmodus, weil nun zu viele Informationen anzuzeigen sind, als in eine einzige Textzeile passen würden.

IntelliSense-Unterstützung im ISE-Editor

Es ist durchaus beeindruckend, was die PowerShell leisten kann, auch wenn die Beispiele im vorangegangenen Abschnitt wohl mehr Fragen als Antworten aufgeworfen haben. Störend ist zum Beispiel, dass die PowerShell nur dann etwas für Sie tut, wenn Sie die richtigen Befehle kennen. Es gibt keine praktischen Schaltflächen und Menüs in der textorientierten Befehlswelt der Automationssprachen.

Viel mehr Hilfestellung als in der Konsole erhalten Sie, wenn Sie zum ISE-Editor greifen. Dieser blendet IntelliSense-artige Auswahlmenüs ein, sobald Sie ein Schlüsselzeichen wie den Bindestrich (-) eingeben, und hilft Ihnen schon einmal etwas, auf intuitive Weise Befehle zu finden (Abbildung 1.10).

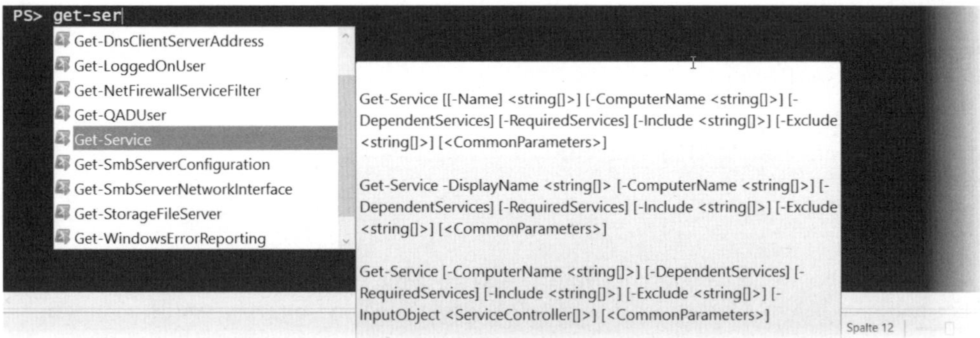

Abbildung 1.10: Moderne IntelliSense-Vervollständigung im ISE-Editor.

Das IntelliSense-Menü kann auch manuell jederzeit über `Strg`+`Leertaste` geöffnet werden.

Tipp

Ob ISE IntelliSense-Menüs anzeigen soll, bestimmen Sie über *Tools/Optionen* auf der Registerkarte *Allgemeine Einstellungen* im Bereich *IntelliSense*.

Autovervollständigung in der PowerShell-Konsole

In der PowerShell-Konsole steht – immerhin – eine Autovervollständigung zur Verfügung. Ein Druck auf `Tab` genügt, um die aktuelle Eingabe zu vervollständigen. Drücken Sie die Taste mehrmals, um weitere Vorschläge zu erhalten. `⇧`+`Tab` blättert einen Vorschlag zurück, falls Sie zu schnell waren.

Tipp

Bei der Autovervollständigung über [Tab] gilt die »Dreier-Regel«: Geben Sie mindestens drei Zeichen ein, bevor Sie [Tab] drücken. Bei PowerShell-Befehlen geben Sie mindestens den ersten Namensteil, den Bindestrich und dann drei Zeichen ein. Andernfalls gibt es zu viele infrage kommende Möglichkeiten, und [Tab] muss viel zu oft gedrückt werden, bis das richtige Ergebnis vorgeschlagen wird.

Die Autovervollständigung dient nicht nur der Bequemlichkeit. Sie vermeidet auch Tippfehler und macht sie deutlich. Liefert [Tab] zum Beispiel gar kein Resultat, liegt der Verdacht nahe, dass Sie sich bei Ihrer vorhandenen Eingabe bereits vertippt haben. Überprüfen Sie in diesem Fall, was Sie bisher eingegeben haben, und korrigieren Sie die Eingabe falls nötig. Danach versuchen Sie [Tab] noch einmal.

Die Autovervollständigung über [Tab] steht übrigens auch in ISE bereit und vervollständigt dann sofort, ohne dass sich ein Auswahlmenü einblendet.

Ab PowerShell 5 kann die Konsole sogar mit IntelliSense-artigen Auswahlmenüs aufwarten. Geben Sie den Beginn eines Befehls ein und drücken dann [Strg]+[Leertaste], zeigt die Konsole die noch infrage kommenden Befehle an, die Sie mit den Pfeiltasten auswählen und mit der [Leertaste] übernehmen. Geben Sie zum Beispiel Folgendes ein und drücken Sie dann [Strg]+[Leertaste]:

```
PS> Get-Pr [Strg]+[Leertaste]
```

In PowerShell 5 erscheint nun das Auswahlmenü der noch infrage kommenden Befehle, aus denen Sie sich per Pfeiltasten einen aussuchen können (Abbildung 1.11).

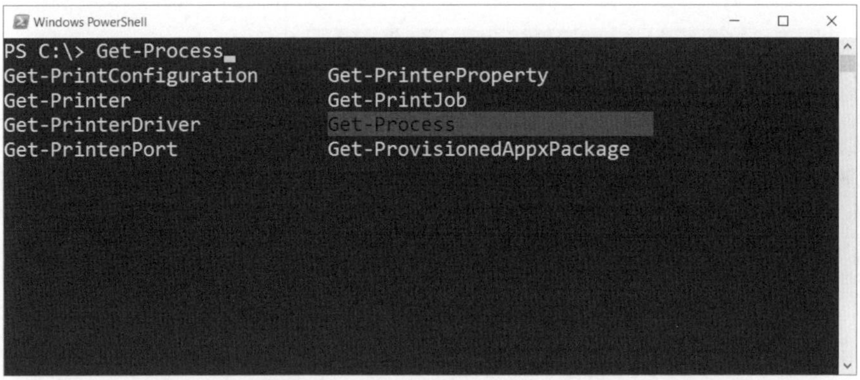

Abbildung 1.11: PowerShell 5 bietet auch in der Konsole eine Befehlsauswahl an.

Ist die Eingabe nicht eindeutig genug, fragt PowerShell gegebenenfalls nach, ob Sie wirklich alle infrage kommenden Befehle sehen wollen. Wenn Sie die Frage mit [J] beantworten, ergießt sich eine lange Liste möglicher Vervollständigungen – nicht so praktisch.

Zuständig dafür ist eine PowerShell-Erweiterung namens `PSReadLine`, die noch eine ganze Reihe weiterer Tricks auf Lager hat, wie Sie etwas später sehen. Möchten Sie diese Erweiterung in der PowerShell-Konsole nicht nutzen, geben Sie ein:

```
PS> Remove-Module PSReadLine [↵]
```

Farbcodierungen verstehen

Eine wichtige Hilfestellung ist die Farbcodierung der aktuellen Befehlszeile. Sie zeigt sich »bunt«, solange Sie etwas darin eingeben und Ihre Eingabe noch nicht mit ↵ an PowerShell geschickt haben. Die Farben dienen nicht bloß der Unterhaltung, sie verdeutlichen, wie PowerShell Ihre Eingaben interpretiert. Viele Eingabefehler lassen sich mithilfe der Farbcodierung besser verstehen und vermeiden.

Abbildung 1.12: Farbcodierungen zeigen, wie PowerShell Ihre Eingaben versteht.

Geben Sie in ISE beispielsweise ein:

```
PS> dir C:\Windows ↵
```

Das IntelliSense-Menü unterstützt Sie bei der Eingabe des Pfadnamens, und die Befehlszeile selbst wird in mehreren Farben dargestellt. Der Befehl `dir` erscheint in Weiß. Der Pfadname dagegen wird in Pink angezeigt (Abbildung 1.12). Weiße Befehlswörter repräsentieren also stets Befehle, und pinke Elemente entsprechen Argumenten (Zusatzinformationen), die Sie einem Befehl anfügen.

Ab PowerShell 5.0 bringt auch die PowerShell-Konsole mit dem Modul `PSReadLine` die Farbcodierung für die aktuelle Eingabe mit (Abbildung 1.13):

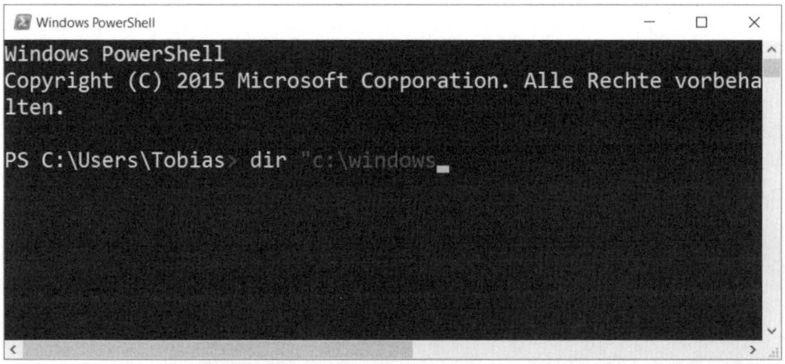

Abbildung 1.13: Farbcodierung und Syntaxfehleranzeige ab PowerShell 5.0 auch in der Konsole.

Syntaxfehler, also grammatikalische Fehler wie fehlende Klammern oder aus Sicht von PowerShell unsinnige Eingaben, werden in der ISE mit einer roten Wellenlinie unterschlängelt, und wenn Sie den Mauszeiger auf diese Linie bewegen und kurz warten, verrät ein Tooltippfenster, was mit der Eingabe noch nicht stimmt (Abbildung 1.14). In der Konsole zeigt eine rote spitze Klammer im Eingabeprompt Syntaxfehler an.

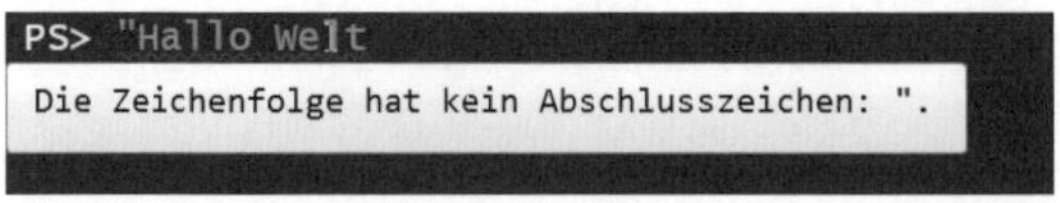

Abbildung 1.14: Syntaxfehler werden rot unterschlängelt, und PowerShell nennt die Fehlerursache.

Über *Tools/Optionen* lassen sich in der ISE die Farbzuweisungen im Zweig *Skriptbereichtoken* und *Konsolentoken* einsehen und auch ändern.

Rechnen mit PowerShell

PowerShell unterstützt alle Grundrechenarten, und ein Ausgabebefehl ist überflüssig, sodass Sie Ihre Rechenaufgaben direkt in die Konsole eingeben können:

```
PS> 100 * 58 / 5.9 ↵
983,050847457627
```

Wenn Sie genau hinschauen, werden Sie entdecken: Bei der Codeeingabe verwendet PowerShell als Dezimaltrennzeichen ausschließlich den Punkt. Das ist wichtig, damit Code ländergreifend ausgeführt werden kann. Bei der Textausgabe der Rechenergebnisse wird als Dezimaltrennzeichen dagegen das in den regionalen Einstellungen Ihres Landes vorgesehene Zeichen benutzt – in Deutschland also ein Komma.

Hinweis

Das Komma hat bei der Codeeingabe ebenfalls eine feste Bedeutung: Es bildet Listen (oder in Programmierdeutsch: Arrays beziehungsweise Felder):

```
PS> 1,2,3 ↵
1
2
3

PS> 1,2,3 * 3 ↵
1
2
3
1
2
3
1
2
3
```

Auch die Farbcodierung Ihrer Eingaben sollten Sie im Blick behalten. Operatoren wie das Pluszeichen (+), das Minuszeichen (-) oder das Komma erscheinen stets in Grau. Zahlen haben eine eigene Farbe, und auch Texte in Anführungszeichen werden mit separater Farbe markiert:

```
PS> 'Hallo' * 10
```

Runde Klammern funktionieren genau wie in der Mathematik, es werden zuerst die Anweisungen in den Klammern ausgeführt:

```
PS> 3+5*10 ↵
53

PS> (3+5)*10 ↵
80
```

Profitipp

Runde Klammern sind bei PowerShell nicht auf Rechenoperationen beschränkt. Man kann sie überall dort einsetzen, wo es Missverständnisse bezüglich der Ausführungsreihenfolge geben könnte. Alles, was in runden Klammern steht, wird zuerst ausgeführt, und dann wird an dieser Stelle mit dem Ergebnis weitergearbeitet.

Vielleicht erinnern Sie sich an eines der ersten Beispiele in diesem Kapitel – darin wurde das Ergebnis von *ipconfig.exe* in einer Variablen gespeichert, und diese wurde dann mit dem Operator `-like` gefiltert, um nur Zeilen auszugeben, in denen »IPv4-Adresse« steht.

Mithilfe der runden Klammern kann man dies auch ohne Variablen in einem Ausdruck formulieren. Allerdings sind solche Ausdrücke nicht besonders leserlich:

```
PS C:\> (ipconfig.exe) -like '*IPv4*' ↵
   IPv4-Adresse  . . . . . . . . . . : 192.168.2.119
```

Umwandlungen

Mit dem Präfix `0x` lassen sich hexadezimale Notationen kennzeichnen und auf diese Weise automatisch in ihren Dezimalwert umwandeln:

```
PS> 0xff ↵
255
```

Die in der IT üblichen Größenordnungen wie KB, MB, GB, TB und PB dürfen ebenfalls eingesetzt werden, wenn sie einer Zahl ohne Leerzeichen folgen:

```
PS> 1MB ↵
1048576

PS> 8.9TB ↵
9785653487206,4

PS> 0x8eKB ↵
145408
```

Hat sich dennoch ein Leerzeichen zwischen Zahl und Einheit geschmuggelt, ändern sich sofort die Farben. In der Konsole erscheint der folgende Ausdruck in Weiß, repräsentiert also eine Zahl:

```
PS> 1MB
```

Mit Leerzeichen wird die Zahl 1 weiterhin in Weiß angezeigt, aber `MB` ist nun gelb, also in der Farbe für die Befehle. Für PowerShell sieht die Eingabe nun so aus, als würden Sie eine Zahl und dann einen Befehl eingeben wollen:

```
PS> 1 MB
```

Drücken Sie ↵ und schicken diese Eingabe zu PowerShell, kommt es jetzt zu einem Fehler:

```
PS C:\> 1 MB ↵
In Zeile:1 Zeichen:3
+ 1 MB
```

```
+    ~~
Unerwartetes Token "MB" in Ausdruck oder Anweisung
    + CategoryInfo          : ParserError: (:)
   RecordException
    + FullyQualifiedErrorId : UnexpectedToken
```

Der Fehler war sogar farblich vorhersehbar, denn die Konsole färbt das >-Zeichen der Eingabeaufforderung rot ein, solange die Eingabe Syntaxfehler enthält, also Verstöße gegen die PowerShell-Grammatik.

Die Fehlermeldung beklagt sich völlig zu Recht darüber, dass das »Token« (der Sprachbestandteil also) namens `MB` an dieser Stelle keinen Sinn ergibt. Es ist schlichtweg sprachlich nicht zulässig, einer Zahl direkt einen Befehl folgen zu lassen, und so wäre die gleiche Fehlermeldung erschienen, wenn Sie die folgende etwas offensichtlicher inkorrekte Eingabe abschickten:

```
PS> 12 notepad ↵
```

Zahlenreihen

Zahlenreihen werden über den Operator `..` (bestehend aus zwei Punkten) erzeugt und können – jedenfalls von fortgeschrittenen Anwendern – über Typkonvertierungen auch in andere Datentypen verwandelt werden. Im folgenden Beispiel wird eine Zahlenfolge von 65 bis 90 generiert, was den ASCII-Codes der Buchstaben »A« bis »Z« entspricht. Durch die Umwandlung in ein Array vom Typ `Char` (einzelnes Zeichen) entsteht daraus eine Buchstabenliste:

```
PS> 65..90 ↵
PS> [Char[]](65..90) ↵
```

Sogar mit Texten – die stets in einfachen Anführungszeichen stehen – kann »gerechnet« werden:

```
PS> 'Hallo' + 'Welt' ↵
HalloWelt

PS> 'Hallo' * 10 ↵
HalloHalloHalloHalloHalloHalloHalloHalloHalloHallo
```

Unvollständige und mehrzeilige Eingaben

Mitunter kann die PowerShell-Konsole in einen Lähmungszustand fallen. Dieser tritt nur in der klassischen Konsole auf. Die moderne ISE ist dagegen immun.

Ist der Lähmungszustand eingetreten, führt die PowerShell-Konsole einfach keinen Befehl mehr aus. Dieser Zustand ist an einem klaren Symptom erkennbar: Die Eingabeaufforderung ändert sich und zeigt nun statt eines Pfadnamens an: >>. Ursache ist der primitive Mehrzeilenmodus der Konsole, der in diesem Fall aktiviert worden ist. PowerShell versteht Ihre Eingaben darin nicht mehr als einzelne Zeilen, sondern als Teil eines mehrzeiligen Texts – was die Frage aufwirft, wie (und warum) dieser Mehrzeilenmodus überhaupt aktiviert wurde und wie man wieder heil aus ihm herauskommt.

Aktiviert wird der Modus immer dann, wenn das, was Sie eingeben, noch nicht vollständig ist. Geben Sie beispielsweise einen Text in Anführungszeichen ein, ohne die abschließenden

Anführungszeichen anzufügen, geht die PowerShell-Konsole davon aus, dass der Text in der nächsten Zeile fortgesetzt werden soll – und aktiviert von ganz allein den Mehrzeilenmodus.

```
"Hallo ↵
>> Dies ist mein kleines Tagebuch.↵
>> Ich schreibe jetzt einen mehrseitigen Text↵
>> Das geht so lange, bis ich die Lust verliere."↵
>>↵

Hallo
Dies ist mein kleines Tagebuch.
Ich schreibe jetzt einen mehrseitigen Text
Das geht so lange, bis ich die Lust verliere.
```

Erst wenn Sie das Abschlusszeichen eingeben (und dann noch zweimal ↵ drücken), akzeptiert PowerShell die mehrzeilige Eingabe. Sinnvoll ist das Ganze im Alltag nur in wenigen Ausnahmefällen und führt viel häufiger zu Irritationen. Falls PowerShell also plötzlich nicht mehr auf Ihre Befehle zu reagieren scheint und der verräterische >>-Prompt auftaucht, drücken Sie am besten Strg+C und brechen ab. Drücken Sie danach auf ↑, um die letzte Eingabe zurückzubekommen, und vervollständigen Sie Ihre Eingabe.

In der ISE kann der Mehrzeilenmodus nicht auftreten, weil es ihn gar nicht gibt. Die ISE ist ja bereits ein vollwertiger Skripteditor, und Sie bräuchten lediglich den Skriptbereich (zum Beispiel über Strg+R) einzublenden, um komfortabel mehrzeiligen Text und Code zu erfassen. Deshalb quittiert die Konsole in ISE fehlende Anführungszeichen und andere paarweise vorkommende Sonderzeichen mit einem aussagekräftigen Fehler:

```
PS> "Hallo ↵

Die Zeichenfolge hat kein Abschlusszeichen: ".
    + CategoryInfo          : ParserError: (:) [], ParentContainsErrorRecordException
    + FullyQualifiedErrorId : TerminatorExpectedAtEndOfString
```

Profitipp

Tatsächlich enthält die Konsole von ISE einen (versteckten) Mehrzeilenmodus. Möchten Sie eine weitere Zeile erfassen, drücken Sie ⇧+↵. Eine neue leere Zeile erscheint. Damit sind auch in ISE Eingaben wie diese möglich:

```
PS> "Hallo ⇧+↵
dies ist ein mehrzeiliger Text ⇧+↵
mit UMSCHALT+¢ lassen sich weitere Zeilen hinzufügen ⇧+↵
Auch hier muss der Text am Ende ordentlich mit einem Anführungszeichen abgeschlossen werden" ↵

Hallo
dies ist ein mehrzeiliger Text
mit UMSCHALT+¢ lassen sich weitere Zeilen hinzufügen
Auch hier muss der Text am Ende ordentlich mit einem Anführungszeichen abgeschlossen werden
```

Skriptausführung erlauben

Anfangs erlaubt die PowerShell ausschließlich die Ausführung interaktiver Befehle. Um auch PowerShell-Skripte ausführen zu können, müssen Sie dem einmalig zustimmen.

Dies sollten Sie schon jetzt tun, auch wenn Sie vielleicht noch gar keine eigenen PowerShell-Skripte schreiben möchten. PowerShell ist nämlich erweiterbar und lädt zusätzliche Befehle – sofern vorhanden – automatisch nach. Viele dieser Befehle werden von Skripten bereitgestellt, und solange die Skriptausführung verboten ist, funktionieren solche Befehle nicht. Mit `Set-ExecutionPolicy` wird die Skriptausführung erlaubt:

```
PS> Set-ExecutionPolicy -Scope CurrentUser -ExecutionPolicy RemoteSigned -Force ↵
```

Diese Änderung gilt nur für Ihr eigenes Benutzerkonto und bleibt so lange wirksam, bis Sie die Einstellung erneut ändern. Besondere Administratorrechte sind dafür nicht erforderlich. Allerdings lohnt sich ein Blick auf die übrigen Ausführungsrichtlinien, die es sonst noch gibt:

```
PS> Get-ExecutionPolicy -List ↵

        Scope ExecutionPolicy
        ----- ---------------
MachinePolicy       Undefined
   UserPolicy       Undefined
      Process       Undefined
  CurrentUser    RemoteSigned
 LocalMachine       Undefined
```

PowerShell bestimmt die effektive Einstellung, indem es die fünf Richtlinien von oben nach unten prüft. Die erste Einstellung, die nicht `Undefined` lautet, wird wirksam. Sind alle Einstellungen auf `Undefined` gesetzt, wird die Skriptausführung verboten. Das ist der Ausgangszustand der PowerShell, und die aktuell effektive Einstellung liefert `Get-ExecutionPolicy`, wenn Sie den Parameter `-List` nicht angeben.

Besonderes Augenmerk verdienen die ersten beiden Richtlinien: `MachinePolicy` und `UserPolicy` werden zentral über Gruppenrichtlinien festgelegt. Sie können diese Einstellungen nicht manuell ändern. Da es die obersten beiden Einstellungen sind, haben sie Vorrang vor allen übrigen. Wenn an diesen obersten beiden Stellen also Vorgaben zu sehen sind, können Sie zwar darunter eigene Einstellungen treffen, doch werden diese niemals wirksam.

Grundsätzlich ist es eine schlechte Idee, die Ausführungsrichtlinie über zentrale Gruppenrichtlinien zwingend vorzuschreiben, denn die Ausführungsrichtlinie ist nicht dazu gedacht, Sie vor Angreifern zu schützen. Sie ist also auch kein Teil einer Unternehmenssicherheitsstrategie. Die Ausführungsrichtlinie ist ein *persönlicher* Sicherheitsgurt, der Sie selbst vor Ihren *eigenen* Fehlern schützt. Die Einstellung `RemoteSigned` besagt zum Beispiel, dass Skripte, die aus »feindlichem« Territorium stammen und nicht mit einer gültigen digitalen Signatur versehen sind, nicht ausgeführt werden können.

Unter »feindlichem Territorium« versteht man Skripte, die aus dem Internet heruntergeladen oder als E-Mail-Anhang empfangen wurden, und solche, die auf Netzlaufwerken lagern, die nicht zur eigenen Domäne (beziehungsweise zur Internetzone der vertrauenswürdigen Sites) zählen.

So schützt Sie `RemoteSigned` also davor, potenziell gefährliche Skripte aus unbekannten Quellen auszuführen, während Sie eigene Skripte von der lokalen Festplatte aus starten können.

Wählen Sie stattdessen die Einstellung `Unrestricted`, erhielten Sie bei Skripten aus zweifelhaften Quellen eine Warnung, könnten sich aber darüber hinwegsetzen und das Skript trotzdem ausführen.

Die Einstellung `Bypass` schließlich würde alle Skripte unabhängig von ihrer Herkunft sofort und ohne Rückfragen ausführen. Sie kann zum Beispiel für Unternehmensadministratoren sinnvoller sein als die zuvor genannten, weil man damit Skripte beliebiger Herkunft auch unbeaufsichtigt ausführen kann.

Tippfehler vermeiden und Eingaben erleichtern

PowerShell ist textbasiert, und jedes Zeichen eines Befehls ist gleich wichtig. Fehlt eines, funktioniert gar nichts. Deshalb sind Tippfehler in PowerShell so wie in jeder anderen textbasierten Skriptsprache die häufigste Ursache für Frustration. Dagegen hilft nur konsequente Tippfaulheit, denn wer weniger tippt, tippt auch weniger verkehrt – und schneller geht es außerdem. Lassen Sie daher PowerShell so viel wie möglich von der Tipparbeit übernehmen.

Autovervollständigung

Die Autovervollständigung kann begonnene Eingaben vervollständigen und ist auch eine wichtige Kontrollinstanz: Falls die Autovervollständigung keine Resultate liefert, liegt vielleicht bereits ein Tippfehler in dem Text vor, den Sie bis dahin eingegeben haben. Die Autovervollständigung kann etwa Pfadnamen vervollständigen wie beispielsweise hier:

```
PS> C:\p[Tab]
```

Bei jedem Druck auf [Tab] schlägt PowerShell jetzt einen neuen Ordner oder eine neue Datei vor, der beziehungsweise die mit `C:\p` beginnt. Je mehr Zeichen Sie selbst eingeben, desto weniger Auswahlmöglichkeiten werden angeboten, und in der Praxis sollten Sie wenigstens drei Zeichen eintippen, um nicht lästig viele Vorschläge zu erhalten.

Pfadnamen vervollständigen

Enthält ein Pfadname Leerzeichen, stellt die Autovervollständigung den Pfad automatisch in Anführungszeichen. Wollen Sie sich in einen Unterordner vortasten, genügt es, hinter dem abschließenden Anführungszeichen einen weiteren \ anzufügen und [Tab] zu drücken – schon geht die Autovervollständigung weiter:

```
PS> & 'C:\Program Files\Common Files'\ [Tab]
```

Hat die Autovervollständigung einen Pfadnamen in Anführungszeichen gesetzt, fügt sie außerdem am Zeilenanfang ein `&` ein. Dieser spezielle sogenannte »Call«-Operator sorgt dafür, dass sich der Text in Anführungszeichen wie ein Befehl verhält, also genau so, als wäre ein Pfad ohne Anführungszeichen geschrieben worden.

Und warum? Weil Text in Anführungszeichen andernfalls eben nichts weiter ist als genau das: Text. Er würde ohne `&` einfach nur kommentarlos wieder ausgegeben. Sogar Platzhalterzeichen sind in Pfadnamen erlaubt. Geben Sie zum Beispiel `C:\pr*m` [Tab] ein, schlägt PowerShell den Ordner *C:\Program Files* vor.

Grundsätzlich kann der Call-Operator auch dafür verwendet werden, beliebige Befehle auszuführen, die als Text vorliegen. Dies ist ein ungewöhnliches Beispiel:

```
PS> $a = 'not' ↵
PS> $b = 'AD' ↵
PS> $c = 'eP' ↵
PS> & "$a$c$b" ↵
```

Hier wird der Windows-Editor Notepad gestartet, denn die Variablen ergeben in richtiger Reihenfolge einfach nur diesen Text, den der Call-Operator dann genau so ausführt, als hätten Sie ihn direkt eingegeben:

```
PS> "$a$c$b" ↵
notePAD
```

Dieses Beispiel verdeutlicht nebenbei eine andere PowerShell-Funktionalität: Variablen, die in normalen Anführungszeichen stehen, werden automatisch durch ihren Inhalt ersetzt. Achten Sie auf die Farben, wenn Sie das obige Beispiel eingeben: Die Variablen innerhalb des Texts erscheinen in einer anderen Farbe als die Anführungszeichen.

Verwenden Sie dagegen einzelne Anführungszeichen, wird der Text von PowerShell nicht verändert und erscheint immer genau so wie angegeben. Auch hier weisen die Farben den Weg: Die Variablen innerhalb der Anführungszeichen haben die gleiche Farbe wie die Anführungszeichen.

```
PS> '$a$c$b' ↵
$a$c$b
```

Befehlszeilen erneut verwenden

Auch die Befehlshistorie spart Tipparbeit. Oft sitzt der erste eingegebene Befehl nicht auf Anhieb richtig, und Sie erhalten eine Fehlermeldung, oder der Befehl macht (noch) nicht das, was Sie sich eigentlich vorgestellt haben. Wenn Sie an Ihrem Befehl ein wenig feilen und ihn verbessern wollen, brauchen Sie ihn nicht komplett neu einzugeben.

Drücken Sie stattdessen ↑, um den zuletzt eingegebenen Befehl zurückzuholen. Danach können Sie diesen Befehl verändern oder verbessern, bevor Sie ihn mit ↵ erneut an PowerShell senden. Drücken Sie ↑ mehrmals, wenn Sie vorvorherige oder noch ältere Eingaben erneut verwenden wollen. Mit ↓ wandern Sie in der Liste wieder zurück.

Befehlsnamen autovervollständigen

Geben Sie den Anfang eines Befehls ein und drücken ⭾, wird sein Name vervollständigt. Bei Cmdlets, die stets aus einem Doppelnamen bestehen, funktioniert das besonders dann schnell und zielgerichtet, wenn Sie zunächst den ersten Namensteil angeben, dann den Bindestrich hinzufügen und danach vom zweiten Namensteil zumindest drei Buchstaben eingeben.

Jedes Mal, wenn Sie danach ⭾ drücken, wird Ihnen ein neuer infrage kommender Befehl vorgeschlagen. Im ISE-Editor funktioniert dies dank der IntelliSense-Menüs sehr viel intuitiver, und ISE öffnet nach dem Bindestrich sofort das IntelliSense-Menü, das mit jedem weiteren eingegebenen Zeichen seine Auswahl weiter einschränkt.

Parameter-Autovervollständigung

Die meisten Cmdlets erwarten Zusatzinformationen von Ihnen, die Sie über Parameter eingeben. Jeder Parameter beginnt mit einem Bindestrich. Sobald Sie also hinter einen Cmdlet-Namen einen Bindestrich setzen, würde [⭾] Ihnen die verfügbaren Parameter vorschlagen. Der ISE-Editor verrichtet dies mit seinem IntelliSense-Menü vollautomatisch (Abbildung 1.15).

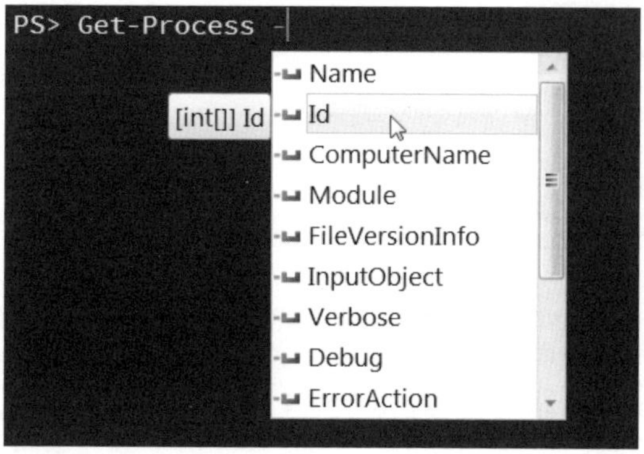

Abbildung 1.15: Parameternamen werden im ISE-Editor vorgeschlagen.

Argument-Autovervollständigung

Häufig kann PowerShell sogar Vorschläge dazu machen, was ein Parameter von Ihnen verlangt. Wieder werden die Vorschläge per [⭾] angefordert oder in ISE automatisch als IntelliSense-Menü vorgeschlagen (Abbildung 1.16).

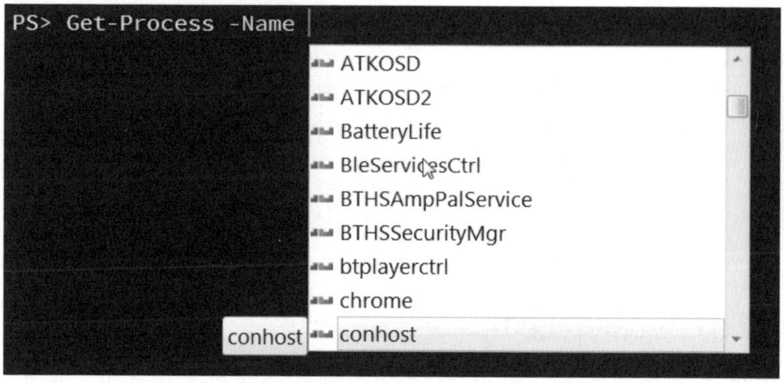

Abbildung 1.16: Sogar Argumente für einzelne Parameter werden von PowerShell häufig vervollständigt.

Die Argument-Autovervollständigung ist neu ab PowerShell 3.0. Sie hat natürliche Grenzen: Falls ein Parameter die erwartete Eingabe nicht eingegrenzt hat, sondern beliebigen Text akzeptiert, schaltet PowerShell als Notlösung um in die Pfadnamen-Autovervollständigung. Ob Pfadnamen für den Parameter wirklich sinnvoll sind, hängt vom Parameter ab und steht auf einem anderen Blatt. Mit [Esc] können Sie das IntelliSense-Menü jederzeit zuklappen, sollte es Ihnen keine hilfreichen Vorschläge liefern. Und falls Sie es einmal zu schnell zugeklappt haben, öffnet [Strg]+[Leertaste] es jederzeit wieder.

PowerShell-Hilfe aus dem Internet nachladen

PowerShell und seine Cmdlets sind gut dokumentiert, allerdings müssen die Hilfetexte für PowerShell (einmalig) mit `Update-Help` aus dem Internet nachgeladen werden. Leider speichert PowerShell seine Hilfedateien im Windows-Ordner, und der darf nur von Administratoren geändert werden. Deshalb kann die PowerShell-Hilfe nur aktualisiert werden, wenn Sie den folgenden Befehl aus einer PowerShell mit vollen Administratorrechten heraus ausführen (und über eine Internetverbindung verfügen):

```
PS> Update-Help -UICulture En-US -Force [↵]
```

Der Parameter `-Force` sorgt dafür, dass die Hilfe auch tatsächlich heruntergeladen wird, denn ohne ihn würde der Befehl nur einmal in 24 Stunden die Hilfe abrufen. Hatten Sie dann den Befehl schon einmal innerhalb der letzten 24 Stunden gegeben, tut sich nichts. Der Parameter `-UICulture En-US` fordert ausdrücklich die englischsprachige Hilfe an. Ohne ihn würden Sie auf deutschen Systemen nur die deutsche Hilfe erhalten, und was verlockend klingt, wäre nicht allzu hilfreich: Für die meisten Befehle gibt es nur englischsprachige Hilfe.

Sobald Sie die [↵]-Taste gedrückt haben, sehen Sie, wie PowerShell versucht, den Updateserver zu erreichen, und von ihm dann die nötigen Hilfetexte empfängt (Abbildung 1.17). Nach wenigen Sekunden sollte die Hilfe auf Ihrem Computer einsatzbereit sein. Ob das der Fall ist, überprüfen Sie anschließend am besten mit folgendem Befehl:

```
PS> Get-Help Get-Help -ShowWindow [↵]
```

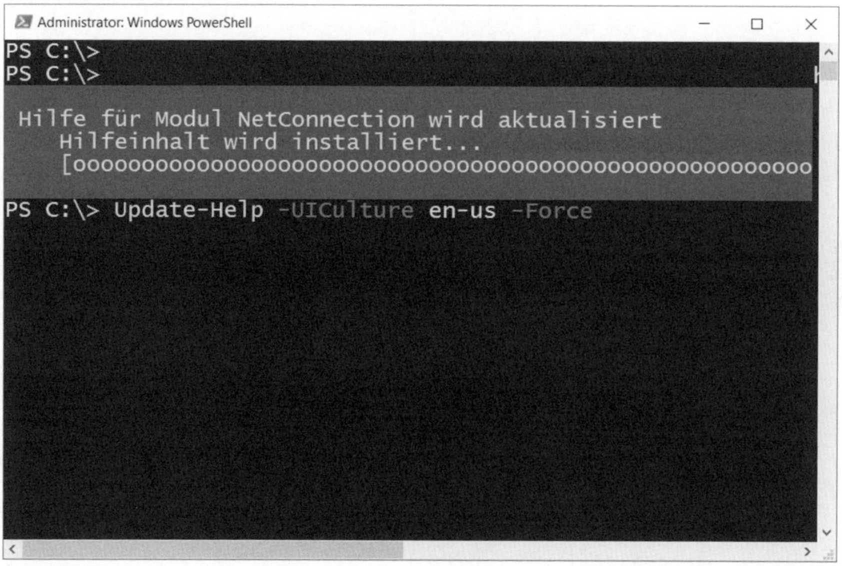

Abbildung 1.17: PowerShell-Hilfe aus dem Internet herunterladen und installieren.

Ist alles in Ordnung, sollte sich ein Hilfefenster öffnen und Ihnen erklären, was der Befehl `Get-Help` für Sie tun kann. Sie rufen quasi die Hilfe für die Hilfe ab, könnten nun aber natürlich auch jeden anderen Befehl nachschlagen, zu dem Sie Fragen haben:

```
PS> Get-Help Stop-Service -ShowWindow [↵]
```

Tipp

Im ISE-Editor genügt es, auf einen fraglichen Befehl zu klicken und dann [F1] zu drücken. Die ISE schreibt daraufhin den entsprechenden Aufruf von `Get-Help` automatisch ins Konsolenfenster und führt ihn aus.

Achten Sie aber darauf, wirklich nur auf den fraglichen Befehl zu klicken und keinen Text zu markieren.

Hilfe ohne Internetzugang installieren

Wie Sie sehen, liegen die Hilfedateien eigentlich in Dateiform im Windows-Ordner. Jetzt wird auch klar, wie man Systeme ohne eigenen Internetzugang mit der PowerShell-Hilfe ausstatten kann: Laden Sie die Hilfedateien auf einen anderen Computer herunter und kopieren Sie sie dann auf den Computer ohne Internetzugang.

PowerShell bietet hierzu das Cmdlet `Save-Help` an: Es lädt die Hilfedateien genau wie `Update-Help` herunter, speichert sie aber in den Ordner, den Sie angeben. Dieser Ordnerinhalt kann dann auf einen Computer kopiert werden, der über keinen eigenen Internetzugang verfügt. Dort ruft man `Update-Help` mit dem Parameter `-Source` auf und gibt den Pfad zu den bereits vorhandenen Hilfedateien an.

Falls Sie im Unternehmen selbst Betriebssysteme verteilen und installieren, haben Sie außerdem natürlich die Möglichkeit, die Hilfedateien bereits ins Image des Betriebssystems mit aufzunehmen.

Teil A
Erste Befehle

Kapitel 2

Cmdlets – die PowerShell-Befehle

In diesem Kapitel:

Ausführlich werden in diesem Kapitel die folgenden Aspekte erläutert:

- **Cmdlets:** PowerShell-Befehle werden »Cmdlets« (sprich: »Commandlets«) genannt. Sie können nur innerhalb der PowerShell ausgeführt werden. Ihr Name besteht immer aus einem Verb, einem Bindestrich und einem Nomen. Mit `Get-Command` und `Show-Command` lassen sich Cmdlets suchen und finden. Welche Cmdlets zur Verfügung stehen, hängt nicht nur von der eingesetzten PowerShell-Version ab, sondern auch vom Betriebssystem und der installierten zusätzlichen Softwareausstattung.
- **Parameter:** Alle Informationen, die ein Cmdlet vom Anwender benötigt, erhält es über Parameter. Parameter beginnen stets mit einem Bindestrich. Gibt man im ISE-Editor hinter einem Cmdlet ein Leerzeichen und dann einen Bindestrich an, öffnet sich eine Liste der Parameter. Parameter können optional oder zwingend sein. Wird ein zwingender Parameter nicht angegeben, fragt PowerShell nach.

- **Aliase:** Cmdlets können über Aliasnamen angesprochen werden. So bildet PowerShell Befehle anderer Shells ab (beispielsweise `dir` oder `ls`). Die Liste der Aliasnamen erhält man mit `Get-Alias`.
- **Hilfe:** Klickt man in der ISE auf ein Cmdlet und drückt dann [F1], öffnet sich ein Hilfefenster und erklärt die Funktionsweise des Cmdlets. Dahinter steckt das Cmdlet `Get-Help`, dessen Aufruf man nach Druck auf [F1] in der Konsole der ISE sieht. Über diesen Befehl kann die Hilfe auch in der PowerShell-Konsole geöffnet werden.
- **Fehlermeldungen:** Wie sich ein Cmdlet im Fehlerfall verhalten soll, bestimmt der Parameter `-ErrorAction`. Er gehört zu den »Common Parameters«, die jedes Cmdlet unterstützt.

PowerShell ist zwar eine Automationssprache, mit der man beliebige Aufgaben beschreiben und lösen kann, damit Sie aber nicht jedes Mal von vorn beginnen müssen, enthält PowerShell bereits Tausende fix und fertiger Problemlösungen. Diese Problemlösungen werden »Cmdlets« genannt (sprich: »Commandlet«), und in diesem Kapitel geht es ausschließlich darum, wie man mit diesen Cmdlets umgeht.

Im Verlauf der nächsten Kapitel erfahren Sie dann Schritt für Schritt, wie man auch andere Probleme lösen kann, für die es (noch) keine fertigen Cmdlets gibt, und sogar, wie man völlig eigene neue PowerShell-Befehle hinzufügen kann, die dann genau das tun, was Sie gerade brauchen. Doch bereits die mitgelieferten Cmdlets sind ein spannendes Gebiet mit vielfältigen Einsatzmöglichkeiten, wie Sie gleich an vielen Praxisbeispielen sehen werden.

Alles, was Sie über Cmdlets wissen müssen

Die PowerShell-Befehle werden »Cmdlet« genannt. Es sind eigenständige, fertige Problemlösungen, die aber auf PowerShell aufbauen. Deshalb funktionieren Cmdlets nur innerhalb der PowerShell, und deshalb heißen diese Befehle eben auch Cmdlet und nicht Command: So wie es ein Treibstoff sparendes »Winglet« beim Ferienflieger nicht ohne dazugehörenden »Wing« gibt, an dem es befestigt wird, kann auch ein Cmdlet nicht außerhalb der PowerShell ausgeführt werden – daher also das »let« am Ende des Namens.

Ein Cmdlet enthält ausschließlich diejenige Fachkompetenz, die zur Lösung einer bestimmten Aufgabe nötig ist. Um all den allgemeinen übrigen Rest – das Ein- und Ausgeben von Informationen, Hilfestellung, die Übergabe von Parametern oder auch die Behandlung von Fehlern – kümmert sich ein Cmdlet nicht. Diese Dinge werden für alle Cmdlets zentral von der PowerShell bereitgestellt.

Das macht die Entwicklung von Cmdlets besonders einfach, und auch Sie als Nutzer dürfen sich freuen, denn die Bedienung der Cmdlets ist sehr konsistent. Kennen Sie sich mit einem Cmdlet aus, können Sie dieses Grundwissen auf alle anderen Cmdlets übertragen.

- **Namensgebung:** Alle Cmdlets tragen einen Doppelnamen. Der erste Namensteil ist ein Verb, also eine Tätigkeit wie zum Beispiel `Get`. Dieses Verb verrät, was das Cmdlet tun wird. Der zweite Teil ist ein Substantiv (Nomen), also ein Tätigkeitsbereich wie zum Beispiel `Service`. Er verrät, worauf sich das Cmdlet auswirkt, und ist sozusagen der Familienname. Beide Namensteile sind üblicherweise in Englisch und im Singular (Einzahl).

- **Parameter:** Hinter dem Cmdlet-Namen können zusätzliche Informationen folgen, mit denen Sie dem Cmdlet dann genauer erklären, was es genau für Sie erledigen soll. Diese Zusatzinformationen werden »Argumente« genannt und vom Cmdlet über einen passenden »Parameter« erfragt. Die meisten Parameter sind optional, also freiwillig, manche aber auch zwingend. Ohne solche Parameter kann das Cmdlet seine Arbeit nicht beginnen. Parameter sind der einzige Weg, wie Sie die Funktionsweise eines Cmdlets steuern und anpassen.
- **Hilfe:** Das PowerShell-Hilfesystem kann für alle Cmdlets ausführliche Hilfestellung liefern, die erklärt, was das Cmdlet genau für Arbeiten durchführt, welche Parameter es unterstützt und wofür die Parameter gut sind. Häufig enthält die Hilfe auch konkrete Codebeispiele, mit denen man experimentieren kann und die als Ausgangspunkt für eigene Aufrufe dienen können. Dazu müssen die ergänzenden Hilfeinformationen aber zuerst, wie im letzten Kapitel beschrieben, mit `Update-Help` aus dem Internet heruntergeladen worden sein. Steht keine Hilfe für ein Cmdlet zur Verfügung, zeigt das PowerShell-Hilfesystem zumindest die verfügbaren Parameter und die genaue »Syntax« des Cmdlet-Aufrufs an – die formale Beschreibung, wie das Cmdlet aufgerufen werden kann.
- **Autovervollständigung:** PowerShell unterstützt Sie mit den Autovervollständigungsfunktionen aus dem letzten Kapitel. Auf Wunsch vervollständigt PowerShell Cmdlet-Namen, die Parameternamen eines Cmdlets und in einigen Fällen sogar die Argumente, die Sie einem Parameter zuweisen können.

Hinweis

Ausnahmslos jedes Cmdlet stammt aus einem sogenannten »Modul«. Einige Module bringt PowerShell selbst mit, und andere Module werden von Betriebssystemen oder installierter Software hinzugefügt. Das erklärt, warum es bei Windows 8 mehr Cmdlets gibt als bei Windows 7 und bei Windows 10 wiederum mehr: Hier fügen die Betriebssysteme jeweils zusätzliche Module mit weiteren Cmdlets hinzu. Je moderner Ihr Windows ist, desto umfassender ist seine PowerShell-Unterstützung. Module sind allerdings im Augenblick nicht wichtig. Sie lesen später mehr darüber. Aktuell genügt es vollauf, sich mit den Cmdlets zu beschäftigen, die bereits vorhanden sind.

Cmdlets für eine Aufgabe finden

Cmdlets nehmen Ihnen Arbeit ab, denn der Autor des Cmdlets hat bereits für Sie eine Lösung für eine bestimmte Aufgabe programmiert. Ohne Cmdlets müssten Sie das selbst tun und zum Programmierer werden. Einen guten PowerShell-Skripter zeichnet also seine Fähigkeit aus, die notwendigen Befehle schnell zu finden und wiederzuverwenden, anstatt unnötig das Rad jeweils neu zu erfinden und selbst umfangreiche Skripte zu schreiben.

Damit die Suche nach Cmdlets kurzweilig für Sie wird, werden Sie sofort praktische Probleme lösen. Sie erhalten jeweils eine Aufgabe, die mit PowerShell erledigt werden soll. Danach suchen (und finden) Sie auf verschiedenen Wegen das passende Cmdlet und setzen es ein.

Suche nach Tätigkeit oder Tätigkeitsbereich

»Ein Computer stürzt häufiger ab. Um die Ursache zu ergründen, sollen die letzten 15 Fehlerereignisse aus dem Ereignisprotokoll des Systems ausgelesen werden.«

Um diese Aufgabe zu lösen, benötigen Sie ein Cmdlet, das Einträge aus einem Ereignisprotokoll lesen kann. Um ein solches zu finden, erinnern Sie sich an die Namensgebung aller Cmdlets: Ihr Name besteht jeweils aus einem Verb (einer Tätigkeit) und einem Substantiv (Nomen, Tätigkeitsbereich).

Überlegen Sie also zuerst, was das Cmdlet eigentlich leisten soll. Es soll Ihnen Informationen liefern. Das Verb hierfür lautet »Get«. Anfangs wird Ihnen das noch etwas willkürlich vorkommen (warum heißt es zum Beispiel nicht »List« oder »Dump«?), aber schnell werden Sie erkennen, dass die Verben der Cmdlets streng reglementiert sind. Haben Sie einmal entdeckt, dass »Get« für die Informationsbeschaffung zuständig ist, wird das auch bei allen weiteren Cmdlets so sein.

Überlegen Sie dann, was für Informationen Sie erhalten wollen. Es sollen Einträge aus dem Ereignislogbuch von Windows sein. Der zweite Namensteil eines Cmdlets ist in aller Regel ein englisches Wort, und es wird im Singular angegeben. Was also heißt »Systemlogbuch« auf Englisch?

Falls Sie nicht gleich auf »EventLog« kommen, macht das nichts, denn wenn Sie eine Cmdlet-Suche starten, dürfen Sie mit »*« Jokerzeichen benutzen, können also auch nur Wortteile zur Fahndung ausschreiben und hätten damit mit »*Log*« oder »*Event*« ebenfalls Erfolg.

Zunächst aber brauchen Sie jemanden, den Sie nach Cmdlets fragen können. Derjenige ist selbst ein Cmdlet und heißt `Get-Command`. Wenn Sie allerdings nicht mit Ergebnissen überschüttet werden wollen, rufen Sie `Get-Command` besser nicht allein auf, sondern geben Ihren Steckbrief mit. Legen Sie also mit den Parametern `-Verb` und `-Noun` fest, wonach Sie überhaupt suchen:

```
PS> Get-Command -Verb Get -Noun *Event* ⏎

CommandType Name                             Version Source
----------- ----                             ------- ------
Function    Get-NetEventNetworkAdapter       1.0.0.0 NetEventPacketCapture
Function    Get-NetEventPacketCaptureProvider 1.0.0.0 NetEventPacketCapture
Function    Get-NetEventProvider             1.0.0.0 NetEventPacketCapture
Function    Get-NetEventSession              1.0.0.0 NetEventPacketCapture
Function    Get-NetEventVmNetworkAdapter     1.0.0.0 NetEventPacketCapture
Function    Get-NetEventVmSwitch             1.0.0.0 NetEventPacketCapture
Function    Get-NetEventWFPCaptureProvider   1.0.0.0 NetEventPacketCapture
Cmdlet      Get-Event                        3.1.0.0 Microsoft.PowerShell.Utility
Cmdlet      Get-EventLog                     3.1.0.0 Microsoft.PowerShell.Management
Cmdlet      Get-EventSubscriber              3.1.0.0 Microsoft.PowerShell.Utility
Cmdlet      Get-WinEvent                     3.0.0.0 Microsoft.PowerShell.Diagnostics
```

Welche Cmdlets auf Ihrem Computer gefunden werden, hängt davon ab, welches Betriebssystem und welche PowerShell-Version Sie verwenden, aber `Get-EventLog` sollte immer darunter sein. Die Spalte `Source` meldet, dass dieses Cmdlet aus dem Modul `Microsoft.PowerShell.Management` stammt, und alle Cmdlets, die aus Modulen stammen, die mit `Microsoft.PowerShell` beginnen, gehören zum Standardumfang von PowerShell.

Die übrigen Module, beispielsweise `NetEventPacketCapture`, sind nicht Teil von PowerShell. Sie *können* zwar, *müssen* aber nicht vorhanden sein. Solche Zusatzmodule werden von zusätzlich installierter Software bereitgestellt. Das Modul `NetEventPacketCapture` beispielsweise ist Bestandteil von Windows 10, aber nicht Teil irgendeiner PowerShell-Version.

Hinweis

Wenn Sie eben genau hingeschaut haben, werden Sie bemerken: `Get-Command` liefert nicht nur Befehle vom Typ `Cmdlet` zurück, sondern es sind unter Umständen auch solche vom Typ `Function` dabei. Im Augenblick kann Ihnen das herzlich egal sein. Beide funktionieren aus Anwendersicht genau gleich.

Der Unterschied liegt im Innenleben dieser Befehle. Während ein Cmdlet immer binär vorliegt, also zum Beispiel als Teil einer Systemdatei, sind Functions Befehle, die mit PowerShell-Bordmitteln hergestellt wurden. Der Quellcode einer Function besteht also aus reinem PowerShell-Code und kann (etwas später in diesem Buch) nicht nur ausgeforscht, sondern auch geändert werden.

Parameter erkunden

Woher weiß man eigentlich, dass `Get-Command` die Parameter `-Verb` und `-Noun` unterstützt? Wenn Sie den Befehl im ISE-Editor eingegeben haben, kennen Sie schon eine Antwort: Der ISE-Editor unterstützt Sie bei der Eingabe durch IntelliSense-Menüs (Abbildung 2.1). Da Parameternamen immer mit einem Bindestrich beginnen, müssen Sie im ISE-Editor hinter einem Cmdlet-Namen lediglich ein Leerzeichen und dann einen Bindestrich eingeben, und schon öffnet sich ein Kontextmenü mit allen infrage kommenden Parametern.

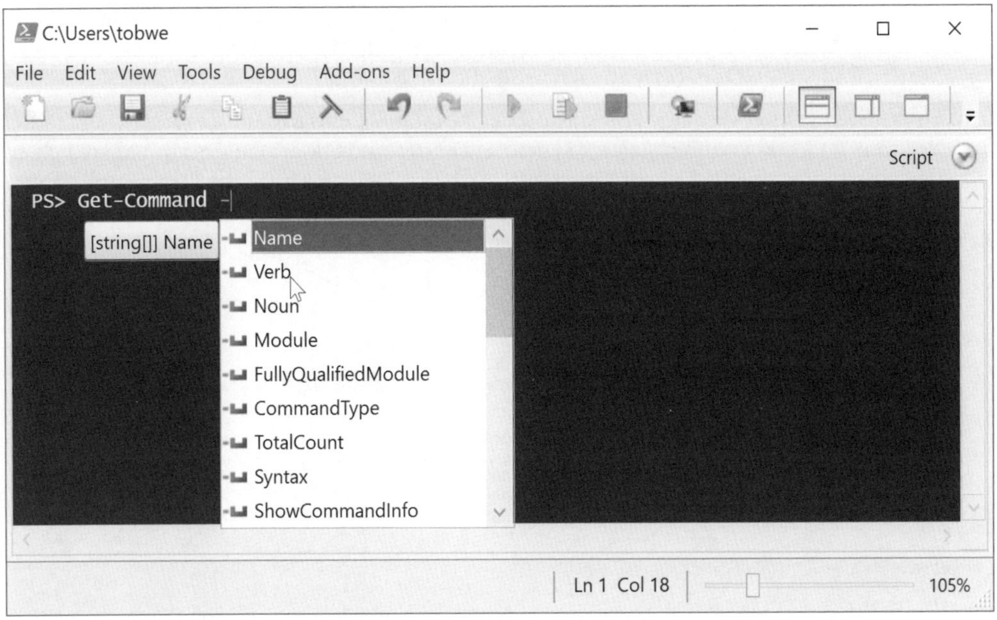

Abbildung 2.1: Parametervervollständigung im ISE-Editor.

In der PowerShell-Konsole funktioniert diese Hilfestellung auch, nur nicht automatisch. Hier müssten Sie nach Eingabe des Bindestrichs auf [⭾] drücken, und das auch noch mehrfach, bis der gewünschte Parameter erscheint.

Alternativ können Sie in der Konsole auf [Strg]+[Leertaste] drücken. Zumindest bei PowerShell 5 reagiert die Konsole darauf und versucht, das IntelliSense-Menü der ISE nachzubilden (Abbildung 2.2).

```
PS> Get-Command -Strg+Leertaste
```

Mit den Pfeiltasten kann man sich dann den gewünschten Parameter aussuchen.

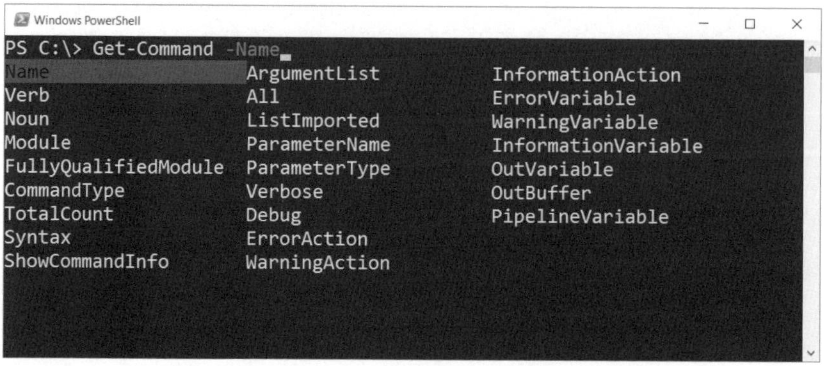

Abbildung 2.2: Parameterauflistung in der PowerShell-Konsole (PowerShell 5.0).

Hilfestellung zu Cmdlets abrufen

Sollten Sie sich nicht sicher sein, ob ein gefundenes Cmdlet auch tut, was Sie sich von ihm versprechen, werfen Sie einen Blick in die Hilfe. Falls Ihre Befehlssuche also zum Beispiel mehrere Ergebnisse geliefert hat und Sie unschlüssig sind, worin der Unterschied zwischen `Get-Event`, `Get-EventLog` und `Get-WinEvent` besteht, ziehen Sie die Hilfe zurate.

Am einfachsten gelingt dies im ISE-Editor: Hier klicken Sie einfach auf das fragliche Cmdlet und drücken F1. Sofort öffnet sich ein separates Fenster und erklärt einiges zum angeklickten Cmdlet (Abbildung 2.3). Wer genau hinschaut, entdeckt: Der entschlossene Druck auf F1 hat lediglich den Text genommen, in dem sich der Eingabecursor befand, und dann das Cmdlet `Get-Help` mit dem Parameter `-ShowHelp` aufgerufen.

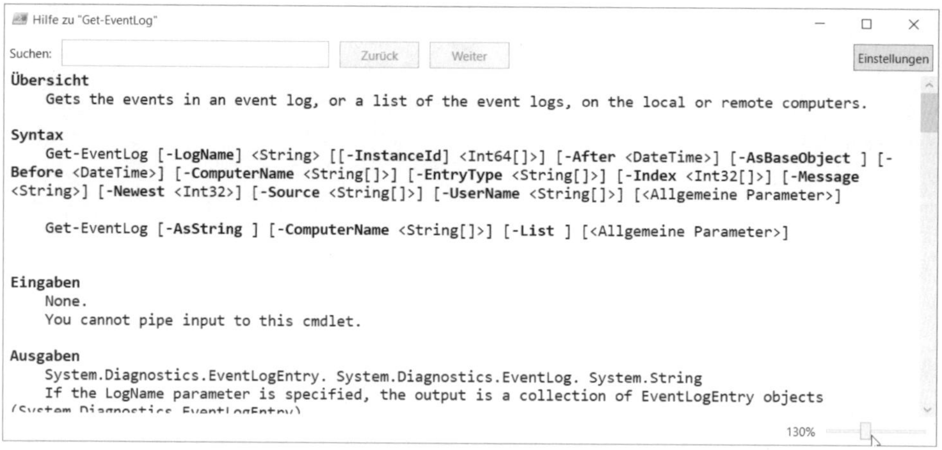

Abbildung 2.3: Hilfeinformationen zu einem Cmdlet abrufen.

Hinweis

Falls das Hilfefenster im Bereich *Übersicht* keine Beschreibung liefert und auch sonst im Wesentlichen nur die Befehlssyntax anzeigt, haben Sie die PowerShell-Hilfedateien bisher nicht aus dem Internet heruntergeladen. Blättern Sie in diesem Fall noch einmal ins letzte Kapitel zurück und holen Sie diesen Schritt nach.

Wieder etwas gelernt: `Get-Help` liefert immer die Hilfe zu dem Cmdlet (oder der Funktion), dessen Namen Sie angeben. Der Parameter `-ShowHelp` zeigt die Hilfe in einem Extrafenster an (ohne ihn erscheinen die Hilfeinformationen im Konsolenfenster).

Und das funktioniert überall: Zwar unterstützt nur der ISE-Editor den praktischen Trick mit [F1], aber am Ende des Tages produziert auch dieser lediglich den notwendigen `Get-Help`-Aufruf, und der funktioniert auch in der normalen PowerShell-Konsole. Damit kennen Sie nun schon die beiden wichtigsten PowerShell-Cmdlets:

- **Bei völliger Ahnungslosigkeit:** Beauftragen Sie `Get-Command`, nach passenden Cmdlets zu suchen. Beschreiben Sie mit dem Parameter `-Verb` die gesuchte Tätigkeit und mit dem Parameter `-Noun` den gewünschten Tätigkeitsbereich (alles in Englisch und im Zweifelsfall in Einzahl). Wildcards (*) sind erlaubt.
- **Bedienungsanleitung abrufen:** Klicken Sie in der ISE auf ein Cmdlet und drücken Sie [F1] oder geben Sie `Get-Help` von Hand ein und dahinter den Namen des Befehls, über den Sie etwas herausfinden wollen. Das funktioniert prima, jedenfalls dann, wenn es sich bei dem Befehl um ein PowerShell-Cmdlet oder eine Funktion handelt, denn nur diese werden vom PowerShell-Hilfesystem unterstützt – Sie sollten aber, wie im ersten Kapitel beschrieben, die PowerShell-Hilfe heruntergeladen haben. Andernfalls sind die Hilfetexte eher kurz gehalten und ohne Beispielcode.

Jedes Cmdlet liefert übrigens mithilfe des Parameters `-?` ebenfalls eine Kurzfassung der Hilfe:

```
PS> Get-EventLog -?
```

Cmdlet eingeben und Befehl ausführen

Jetzt, da Sie ein Cmdlet gefunden haben, das die Aufgabe lösen kann, soll es gleich eingesetzt werden. Das ist völlig unproblematisch, sogar auf Produktivsystemen: Da das Cmdlet das Verb `Get` trägt (und nicht etwa aggressivere Varianten wie `Stop` oder `Remove`), ist es gutartig und wird das System niemals verändern. Cmdlets mit dem Verb `Get` lesen nur.

Natürlich tippen Sie nicht den vollständigen Cmdlet-Namen ein. Als guter PowerShell-Skripter sind Sie faul beziehungsweise effizient. Es genügt, `Get-Eve` einzugeben und danach die Eingabe durch zweimaliges Drücken auf [Tab] zu vervollständigen. Das ist nicht bloß ein Tribut an die Tippfaulheit, sondern eine wichtige Sofortkontrolle: Falls die Autovervollständigung nicht funktioniert, stimmt etwas nicht mit der Eingabe.

Wenn Sie nur `Get-EventLog` eingeben und dann entschlossen auf [↵] drücken, erscheint eine Nachfrage:

```
PS> Get-EventLog
Cmdlet Get-EventLog an der Befehlspipelineposition 1
Geben Sie Werte für die folgenden Parameter an:
LogName:
```

Vor dem blinkenden Eingabecursor steht `LogName:`, und PowerShell will Ihnen damit auf eine etwas ruppige, aber nicht unfreundliche Art zu Verstehen geben, dass der Parameter `-LogName` nicht freiwillig war. Sie müssen `Get-EventLog` also schon noch verraten, in *welches* Logbuch Sie eigentlich schauen wollen. Deshalb bietet PowerShell Ihnen die Möglichkeit, die fehlende Information nachzureichen.

Können Sie zwar – clever wäre das aber nicht. Brechen Sie in solch einem Fall lieber mit [Strg]+[C] ab und drücken Sie [↑]. Nun steht Ihr ursprünglicher Befehl wieder in der Eingabezeile, und Sie können den fehlenden Parameter hinzufügen.

Wenn Sie das tun, fällt Ihnen spätestens nach Eingabe des Parameters `-LogName` eine weitere angenehme Hilfestellung auf: PowerShell autovervollständigt – zumindest im ISE-Editor – auch die Argumente für `-LogName` (Abbildung 2.4). Sie sehen im IntelliSense-Menü also alle Logbücher, die es auf Ihrem Computer gibt und die `Get-EventLog` für Sie untersuchen kann.

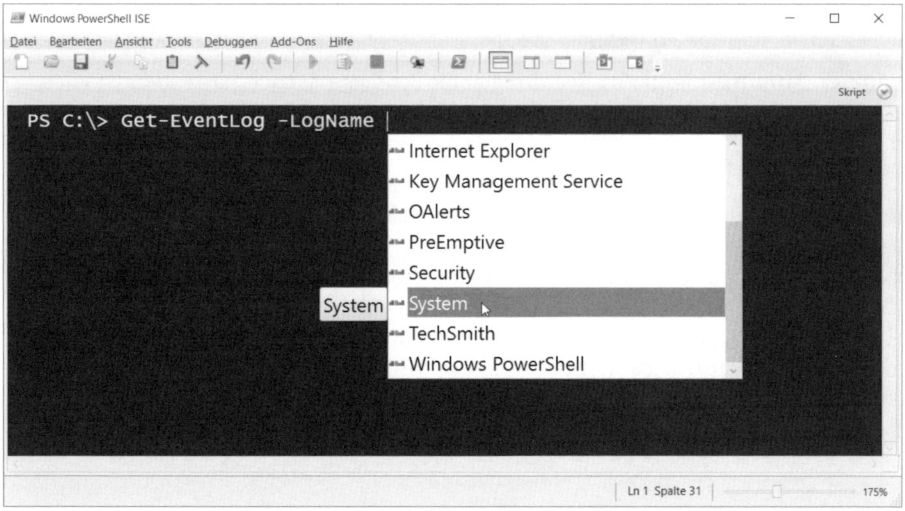

Abbildung 2.4: ISE schlägt passende Argumente automatisch vor.

Wählen Sie *System* aus und drücken Sie [↵].

```
PS> Get-EventLog -LogName System

   Index Time          EntryType   Source                 InstanceID Message
   ----- ----          ---------   ------                 ---------- -------
   30047 Sep 28 20:26  Information Microsoft-Windows...           12 Vom Pro...
   30046 Sep 28 20:26  Information Microsoft-Windows...            1 Das Sys...
   30045 Sep 28 20:26  Information Microsoft-Windows...           12 Vom Pro...
   30044 Sep 28 20:26  Information BTHUSB                 1074069522 Windows...
   30043 Sep 28 20:26  Information Microsoft-Windows...           12 Vom Pro...
   30042 Sep 28 20:26  Information Microsoft-Windows...           12 Vom Pro...
   30041 Sep 28 20:26  Information Microsoft-Windows...           12 Vom Pro...
   30040 Sep 28 20:26  Information Microsoft-Windows...          131 Die Bes...
   30028 Sep 28 20:23  Information Microsoft-Windows...           12 Vom Pro...
(...)
```

Auch hier zeigt sich die gesprächige Natur der meisten Cmdlets: Sie liefern eher zu viele als zu wenige Ergebnisse – es sei denn, Sie werden konkreter und legen über die Parameter genauer fest, was Sie eigentlich wollen. Interessieren Sie sich beispielsweise nur für die letzten 15 Fehler, wären dies die passenden Parameter:

```
PS> Get-EventLog -LogName System -Newest 15 -EntryType Error
```

So erhalten Sie die 15 aktuellsten Einträge – und auch nur die vom Typ `Error`.

Profitipp

Ohne Parameter liefern die meisten Cmdlets erst einmal zu viele Informationen. Möchten Sie die Ergebnisse eines Cmdlets einschränken, schauen Sie sich die Ergebnisse doch mal genauer an: Sie sind fast immer in Spalten unterteilt. Um nun also nach dem Inhalt einer Spalte zu filtern, suchen Sie nach einem Parameter, der so heißt wie die Spalte. Dem übergeben Sie das Filterkriterium, also das, wonach Sie suchen.

Im Beispiel von eben verrät der Inhalt der Spalte `EntryType`, um was für ein Ereignis es sich handelt. Um die Ausgabe auf Fehler zu beschränken, ist also der Parameter `-EntryType Error` der passende. Manche Parameter unterstützen auch mehrere Argumente, die dann kommasepariert angegeben werden. Diese Zeile findet die letzten 20 Fehler und Warnungen:

```
PS> Get-EventLog -LogName System -EntryType Error, Warning -Newest 20
```

Andere Parameter unterstützen Platzhalterzeichen. Diese Zeile findet alle Fehler und Warnungen, in deren `Message`-Teil das Wort »Dienst« vorkommt:

```
PS> Get-EventLog -LogName System -EntryType Error, Warning -Message *Dienst*

   Index Time          EntryType   Source                 InstanceID Message
   ----- ----          ---------   ------                 ---------- -------
   29999 Sep 28 17:29  Error       bowser                 3221233475 Der Hau...
   29969 Sep 26 10:21  Error       bowser                 3221233475 Der Hau...
   28965 Sep 24 10:28  Error       Service Control M...   3221232483 Das Zei...
   (...)
```

Nicht für alle Spalten gibt es gleichnamige Parameter, mit denen man sie filtern könnte. Es liegt ganz im Ermessen des Entwicklers eines Cmdlets, für welche Ergebnisspalten er einen Parameter zur Filterung vorsieht. Zurzeit sind Sie dem Cmdlet-Entwickler noch ausgeliefert und können nur das durchführen, was das Cmdlet und seine Parameter anbieten. Etwas später werden Sie auch in der Lage sein, die Ergebnisse mit eigenen Mitteln nach beliebigen Kriterien zu filtern.

Herzlichen Glückwunsch, Sie haben soeben die erste Aufgabe mit PowerShell gemeistert! Die Euphorie wird indes vielleicht noch durch den miesepetrigen Kommentar Ihres Kollegen getrübt, der einwirft, dass man die Meldungen der soeben ermittelten Ereignislogbücher ja gar nicht richtig lesen könne – was bei näherer Betrachtung nicht von der Hand zu weisen ist. Die Konsolenbreite reicht nicht aus, um alle Informationen anzuzeigen. Ausgerechnet die interessante Spalte `Message` ist abgeschnitten.

Wer das nicht so gut findet, kann die Ergebnisse aber auch mehrzeilig untereinander schreiben oder in ein separates Ausgabefenster leiten. `Get-EventLog` liefert nämlich so wie alle übrigen Cmdlets mit dem Verb `Get` lediglich Informationen. Wie diese dargestellt werden, ist dem Cmdlet egal, und wenn sich niemand sonst darum kümmert, stellt eben die Konsole die Informationen dar – und schneidet überschüssiges Material ausgesprochen hemdsärmelig einfach ab.

Alternativ könnten Sie die Informationen aber auch an andere Cmdlets leiten, wie zum Beispiel `Out-Printer` (um sie zu drucken und dem vorlauten Kollegen um die Nase zu wedeln), `Out-File` (um sie in eine Datei zu schreiben) oder `Out-GridView` (um sie in einer Art Mini-Excel-Fenster anzuzeigen, wobei keine Informationen mehr abgeschnitten zu werden brauchen).

Zuständig dafür ist ein senkrechter Strich, das »Pipeline«-Symbol (|) (AltGr+< oder Strg+Alt+<). Dabei handelt es sich streng genommen um einen Operator, der den Ausgabekanal des vorangegangenen Befehls direkt mit dem Eingabekanal des nachfolgenden Befehls verbindet:

```
PS> Get-EventLog -LogName System -EntryType Error,Warning -Message *Dienst* | Format-Table -Wrap
PS> Get-EventLog -LogName System -EntryType Error,Warning -Message *Dienst* | Out-GridView
```

Befehlsergebnisse weiterverarbeiten

Wenn Sie Befehle in PowerShell ausführen – egal ob es sich um Anwendungen wie *ping.exe* handelt oder um PowerShells eigene Cmdlets –, haben Sie stets die folgenden Möglichkeiten:

- **Sie führen den Befehl einfach aus:** Der Befehl verrichtet seine Arbeit und gibt mögliche Ergebnisse direkt in der PowerShell-Konsole aus. Das gilt nicht nur für Befehlsergebnisse, sondern auch für literale Informationen wie zum Beispiel Texte in Anführungszeichen:

```
PS C:\> ping.exe 127.0.0.1 -n 1

Pinging 127.0.0.1 with 32 bytes of data:
Reply from 127.0.0.1: bytes=32 time<1ms TTL=128

Ping statistics for 127.0.0.1:
    Packets: Sent = 1, Received = 1, Lost = 0 (0% loss),
Approximate round trip times in milli-seconds:
    Minimum = 0ms, Maximum = 0ms, Average = 0ms
PS C:\> Get-EventLog -LogName System -EntryType Error -Newest 3

   Index Time          EntryType   Source                 InstanceID
   ----- ----          ---------   ------                 ----------
   15468 Nov 07 13:04  Error       DCOM                        10016
   15450 Nov 07 09:37  Error       NetBT                  3221229793
   15448 Nov 07 09:37  Error       DCOM                        10016


PS C:\> "Hallo Welt"
Hallo Welt
```

- **Sie leiten die Befehlsergebnisse mit der Pipeline (|) an einen anderen Befehl weiter:** Alles, was in die Konsole ausgegeben wird, kann auch an andere Befehle weitergereicht werden. `Out-GridView` ist beispielsweise ein Universal-Cmdlet, das die Ergebnisse in einem Extrafenster anzeigt (aber nur in Windows PowerShell zur Verfügung steht, nicht jedoch in den eingeschränkten Versionen PowerShell Core/PowerShell 6). Alternativ könnten Sie aber auch `Out-Printer` (zum Ausdrucken) oder `Out-File` (zum Speichern in einer Textdatei) wählen:

```
PS C:\> ping.exe 127.0.0.1 -n 1 | Out-GridView
PS C:\> Get-EventLog -LogName System -EntryType Error -Newest 3 | Out-GridView
PS C:\> "Hallo Welt" | Out-GridView
```

- **Sie speichern das Ergebnis in einer Variablen:** In der Variablen befindet sich anschließend das, was ansonsten in die Konsole ausgegeben worden wäre. Sie könnten den Inhalt der Variablen anschließend beliebig oft ausgeben oder an andere Befehle weiterreichen:

```
PS C:\> $ergebnis = ipconfig
PS C:\> $ergebnis

Windows IP Configuration

Wireless LAN adapter WiFi:

   Connection-specific DNS Suffix  . :
   Link-local IPv6 Address . . . . . : fe80::ca6:c542:daf1:5cc%14
   Autoconfiguration IPv4 Address. . : 169.254.5.204
   Subnet Mask . . . . . . . . . . . : 255.255.0.0
   Default Gateway . . . . . . . . . :


PS C:\> $ergebnis -like '*IPv4*'
   Autoconfiguration IPv4 Address. . : 169.254.5.204

PS C:\> $ergebnis = Get-EventLog -LogName System -EntryType Error -Newest 3
PS C:\> $ergebnis

   Index Time          EntryType   Source                 InstanceID
   ----- ----          ---------   ------                 ----------
   15468 Nov 07 13:04  Error       DCOM                        10016
   15450 Nov 07 09:37  Error       NetBT                  3221229793
   15448 Nov 07 09:37  Error       DCOM                        10016


PS C:\> $ergebnis | Out-GridView

PS C:\> $ergebnis = "Hallo Welt"
PS C:\> $ergebnis
Hallo Welt
PS C:\> $ergebnis * 5
Hallo WeltHallo WeltHallo WeltHallo WeltHallo Welt
```

Mit ISE nach Cmdlets suchen

»Benötigt werden die Lottozahlen der nächsten Woche, also sechs Zahlen zwischen 1 und 49, bei denen keine Zahl doppelt vorkommen darf.«

Das gesuchte Cmdlet für diese Aufgabe soll Zufallszahlen generieren. Das englische Wort für *Zufall* lautet *Random*. Diesmal soll das Cmdlet mit einem besonderen Assistenten gesucht werden. Dazu öffnen Sie ISE, falls Sie nicht schon damit arbeiten. Dann drücken Sie `Strg`+`F1`.

Ein Fenster öffnet sich (und wer genau hinsieht, erkennt, dass die Tastenkombination selbst gar kein Fenster öffnet, sondern lediglich in der ISE-Konsole den Befehl `Show-Command` abgesetzt hat. Es ist also eigentlich dieser Befehl, der das Fenster öffnet, und der kann auch direkt aufgerufen werden, also auch in der klassischen PowerShell-Konsole).

Geben Sie das Suchwort `Random` ins Feld *Name* ein. Noch während Sie das Suchwort eintippen, wird die Liste der verfügbaren Cmdlets ausgedünnt, und schnell kristallisiert sich heraus, dass `Get-Random` das gesuchte Cmdlet sein muss.

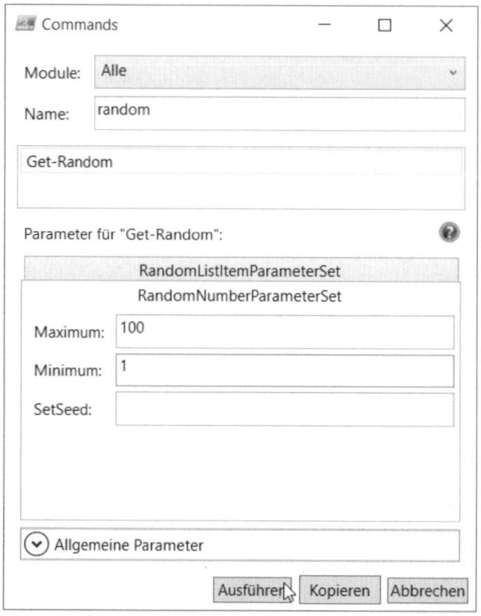

Abbildung 2.5: Cmdlets finden und mit Parametern ausstatten.

Das Fenster kann aber noch mehr und ist Ihnen dabei behilflich, das Cmdlet mit Parametern zu füttern. Dazu klicken Sie auf *Get-Random*. Im unteren Teil des Fensters sehen Sie nun alle Parameter, die das Cmdlet unterstützt, und können den Parametern Werte zuweisen (Abbildung 2.5). Klicken Sie auf *Ausführen*, wird der Befehl einschließlich der festgelegten Parameter direkt in die Konsole eingetragen und ausgeführt:

```
PS C:\> Get-Random -Maximum 100 -Minimum 1
59
```

Eine Zufallszahl haben Sie nun, und sie liegt auch im angegebenen Wertebereich. Für Lottozahlen müsste dieser nun noch etwas eingeschränkt werden. Allerdings fragt sich, wie man sechs Zufallszahlen bekommt, die noch dazu nicht doppelt vorkommen dürfen.

Rufen Sie deshalb die Eingabehilfe mit `Show-Command` noch einmal auf, aber diesmal gezielt für den Befehl `Get-Random`:

```
PS> Show-Command Get-Random
```

Die Suchelemente im Fenster fallen jetzt weg, und am oberen Rand treten die Registerkarten deutlicher zutage, die Sie beim ersten Aufruf vielleicht ganz übersehen haben (Abbildung 2.6).

Abbildung 2.6: Ein anderes »Parameterset« eines Cmdlets verwenden.

Die Namen auf den Registerkarten sind nicht besonders hilfreich, aber sobald Sie die zweite Registerkarte namens *RandomListItemParameterSet* anklicken, zeigt `Get-Random` ganz andere Parameter. Darunter ist auch einer, der `Count` heißt. Vielversprechend!

Maximal- und Minimalwerte kann man hier allerdings nicht festlegen. Stattdessen fällt der Parameter `InputObject` auf, der zudem mit einem Sternchen als zwingend erforderlich gekennzeichnet ist. Ihm weist man die Zahlen zu, die in das digitale »Lottoziehgerät« gelegt werden sollen.

Entweder kochen Sie sich einen Kaffee und geben die möglichen Lottozahlen dann in aller Seelenruhe als (relativ lange) kommaseparierte Liste ein, oder Sie erinnern sich an das vorangegangene Kapitel. Mit `..` liefert PowerShell Zahlenreihen. `1..49` erzeugt also die Zahlen 1 bis 49. Damit auch wirklich diese Zahlenreihe (und nicht etwa der Ausdruck `1..49` selbst) in das Ziehgerät gelangt, setzen Sie den Ausdruck in runde Klammern. Vielleicht erinnern Sie sich noch an die entsprechende Passage aus dem letzten Kapitel: Runde Klammern funktionieren bei PowerShell genauso wie in der Mathematik: PowerShell wertet zuerst das aus, was in den runden Klammern steht, und fährt dann mit dem Ergebnis des Ausdrucks fort.

Ein Klick auf *Ausführen* generiert den kompletten Befehlsaufruf, der danach in der Konsole erscheint und die Lottozahlen generiert. Falls es wirklich die der nächsten Ziehung sind (und Sie daran teilnehmen), schauen Sie sich bei Gelegenheit das Cmdlet `Send-MailMessage` an. Jedenfalls sind es aber wie gefordert sechs, und keine kommt doppelt vor. Mission erfüllt.

```
PS> Get-Random -InputObject (1..49) -Count 6
32
17
33
14
30
41
```

Hinweis

Nun gut, vollkommen intuitiv war der Name des Parameters **-InputObject** nicht, und dass er das digitale Lottoziehgerät füllt, war nirgends beschrieben. Auch die runden Klammern um **(1..49)** waren keine Selbstverständlichkeit. Deshalb bietet das Fenster eine kleine unscheinbare Schaltfläche mit einem Fragezeichen darauf. Klickt man diese an, öffnet sich ein Extrafenster mit allen Detailinformationen zum Cmdlet und seinen Parametern. Sogar Beispielcode liefert es, der spätestens jetzt klarstellt, wie die Parameter eingesetzt werden.

Dialoggestützte Parametereingabe

In der vorherigen Aufgabe hatten Sie mit `Get-EventLog` Fehlereinträge im Systemereignisprotokoll gefunden. Das könnten Sie auch dialoggestützt tun:

```
PS> Show-Command Get-EventLog
```

Das Dialogfeld zeigt nun auch an, dass es für `Get-EventLog` ganz ähnlich wie eben bei `Get-Random` ebenfalls einen zweiten Parametersatz namens `List` gibt. Wechseln Sie zu diesem Parametersatz und aktivieren hier beispielsweise das Kontrollkästchen *List*, sieht der generierte Befehl so aus:

```
PS> Get-EventLog -List

  Max(K) Retain OverflowAction        Entries Log
  ------ ------ --------------        ------- ---
  20.480      0 OverwriteAsNeeded       1.077 Application
  20.480      0 OverwriteAsNeeded           0 HardwareEvents
     512      7 OverwriteOlder              0 Internet Explorer
  20.480      0 OverwriteAsNeeded           0 Key Management Service
                                              Security
  20.480      0 OverwriteAsNeeded       1.099 System
  15.360      0 OverwriteAsNeeded       1.071 Windows PowerShell
```

`Get-EventLog` kann also zweierlei durchführen: entweder die Einträge eines bestimmten Protokolls auflisten oder die Namen aller vorhandenen Ereignisprotokolle nennen. Jede Funktion wird über einen eigenen Parametersatz abgebildet, und insgesamt verhält sich `Get-EventLog` so wie die meisten Cmdlets: Es ist »schmal, aber tief«, kann also genau einen sehr speziellen Themenbereich abdecken, diesen dafür aber gründlich.

Genau diese Erkenntnisse hätten Sie sogar bereits der Hilfe entnehmen können, denn die Syntax darin beschreibt alle diese Dinge auf eine recht knappe, aber sehr eindeutige Weise. Die Syntax für `Get-Random` sieht zum Beispiel so aus:

```
PS> Get-Random -?

NAME
    Get-Random

ÜBERSICHT
    Gets a random number, or selects objects randomly from a collection.


SYNTAX
    Get-Random [[-Maximum] [<Object>]] [-InformationAction {SilentlyContinue |
    Stop | Continue | Inquire | Ignore | Suspend}] [-InformationVariable
    [<System.String>]] [-Minimum [<Object>]] [-SetSeed [<Int32>]]
```

```
    [<CommonParameters>]

    Get-Random [-InputObject] <Object[]> [-Count [<Int32>]]
    [-InformationAction {SilentlyContinue | Stop | Continue | Inquire | Ignore
    | Suspend}] [-InformationVariable [<System.String>]] [-SetSeed [<Int32>]]
    [<CommonParameters>]
```

Tatsächlich listet die Syntax den Befehl **Get-Random** zweimal auf, jeweils mit unterschiedlichen Parametern. Das sind die sogenannten *Parametersätze*. Es gibt den Befehl in Wirklichkeit also zweimal, und je nachdem, welche Parameter Sie verwenden, verhält er sich anders. Der erste Parameter bildet das Ziehen eines zufälligen Werts ab. Der zweite ist das Ziehen ohne Zurücklegen.

Alles, was in der Syntax nicht in eckigen Klammern steht, ist Pflicht. Im zweiten Parametersatz muss also mindestens der Wert für den Parameter **-InputObject** angegeben werden. Alles andere ist freiwillig.

Und auch bei **Get-EventLog** beschreibt die Syntax den Befehl auffallend vollständig:

```
PS> Get-EventLog -?

NAME
    Get-EventLog

ÜBERSICHT
    Gets the events in an event log, or a list of the event logs, on the local
    or remote computers.


SYNTAX
    Get-EventLog [-LogName] <String> [[-InstanceId] <Int64[]>] [-After
    <DateTime>] [-AsBaseObject] [-Before <DateTime>] [-ComputerName
    <String[]>] [-EntryType <String[]>] [-Index <Int32[]>] [-Message <String>]
    [-Newest <Int32>] [-Source <String[]>] [-UserName <String[]>]
    [<CommonParameters>]

    Get-EventLog [-AsString] [-ComputerName <String[]>] [-List]
    [<CommonParameters>]
```

Hier ist im ersten Parametersatz mindestens der Wert für den Parameter **-LogName** zwingend erforderlich. Den Parameternamen selbst braucht man nicht unbedingt anzugeben. Auch der Parameter **-InstanceID** lässt sich so entschlüsseln: Weder der Parameter noch sein Wert ist zwingend. Gibt man den Wert an, muss es sich um Daten vom Typ »Int64« handeln (ganze Zahlen). Und weil hinter dem Datentyp [] steht, kann es auch ein Array sein, also zum Beispiel viele kommaseparierte Werte.

Der folgende Aufruf ist also vollkommen legal (und würde aus dem Systemlogbuch alle Events mit den IDs 10 bis 200 auflisten:

```
PS> Get-EventLog System (10..200)
```

Die Syntax verrät, dass der Parameter **-EntryType** ebenfalls mehrere Werte haben darf. Der Datentyp »String« wird mit [] abgeschlossen. Wenn Sie also nicht nur Fehler, sondern vielleicht auch Warnungen auslesen möchten, wäre dieser Aufruf erlaubt und würde die neuesten zehn Fehler oder Warnungen ausgeben:

```
PS> Get-EventLog -LogName System -EntryType Error, Warning -Newest 10
```

Mit der Hilfe nach Cmdlets suchen

Dass beinahe alle Cmdlets über eigene Hilfedateien verfügen, haben Sie bereits erlebt. Jedes Cmdlet unterstützt den Parameter `-?`, mit dem man eine Kurzhilfe einschließlich der Befehlssyntax abrufen kann. Voraussetzung dafür ist also, dass man den Namen des gesuchten Cmdlets bereits kennt (und dass Sie, wie im letzten Kapitel gezeigt, die Hilfeinhalte mit `Update-Help` aus dem Internet heruntergeladen haben).

Die Hilfe kann aber auch Befehle für Sie finden, die Sie noch nicht kennen. Bevor Sie erfahren, wie das funktioniert, schauen Sie sich zunächst an, wie die Hilfe bei Cmdlets funktioniert, die Sie schon kennen. Hinter der Hilfe steckt das Cmdlet `Get-Help`, und sobald Sie mit dem Parameter `-?` die Kurzhilfe eines Cmdlets abrufen, verrät diese am Ende, mit welchen weiteren Befehlen Sie noch mehr Informationen erhalten können:

```
PS> Get-Process -?

NAME
    Get-Process
    (...)

HINWEISE
    Zum Aufrufen der Beispiele geben Sie Folgendes ein: "get-help Get-Process
    -examples".
    Weitere Informationen erhalten Sie mit folgendem Befehl: "get-help
    Get-Process -detailed".
    Technische Informationen erhalten Sie mit folgendem Befehl: "get-help
    Get-Process -full".
    Geben Sie zum Abrufen der Onlinehilfe Folgendes ein: "get-help Get-Process
-online"
```

Wer sich also für die Praxisbeispiele zu einem Cmdlet interessiert, verwendet `Get-Help` mit dem Parameter `-Examples`:

```
PS> Get-Help -Name Get-Process -Examples
```

Damit die vielen Informationen nicht an Ihnen vorbeisausen, sondern seitenweise angezeigt werden, ersetzen Sie `Get-Help` durch `help`. Jetzt wird stets nur eine Bildschirmseite gefüllt, und erst wenn Sie mit Lesen fertig sind, blättert ein Druck auf [Leertaste] zur nächsten Seite um. Mit [Strg]+[C] kann man die Ausgabe vorzeitig abbrechen.

Tipp

Wer die Hilfe zu einem Cmdlet lieber parallel in einem separaten Fenster anzeigen möchte, setzt `-ShowWindow` ein.

Durch die Volltextsuche finden Sie Informationen schnell: Geben Sie ein Stichwort ins *Suchen*-Feld am oberen Fensterrand ein, werden alle Vorkommnisse gelb markiert. Mit dem Schieberegler am rechten unteren Fensterrand lässt sich die Schriftgröße genau wie in ISE stufenlos anpassen. Außerdem kann über die Schaltfläche *Einstellungen* in der rechten oberen Ecke die Anzeige auf bestimmte Inhalte begrenzt werden. Aktivieren Sie darin beispielsweise nur die Kontrollkästchen *Syntax* und *Beispiele*, erhalten Sie eine Kurzübersicht über die Parameter, die ein Cmdlet unterstützt, sowie die Praxisbeispiele, die das Cmdlet im Einsatz demonstrieren.

Leider enthält Ihnen das Hilfefenster einige Hilfeinformationen vor (jedenfalls dann, wenn Sie die detaillierte Hilfe vorher mit `Update-Help` heruntergeladen haben). Die vollständige Hilfe mit allen Details lässt sich nur ohne Extrafenster mit dem Parameter `-Full` abrufen:

```
PS> Get-Help -Name Get-Process -Full
```

Immerhin könnten Sie die Hilfetexte beinahe genauso einfach in die Zwischenablage kopieren und von dort direkt in Ihre Lieblingstextverarbeitung einfügen, sie ausdrucken und als Bettlektüre verwenden:

```
PS> Get-Help -Name Get-Process –Examples | clip.exe
```

Unbekannte Befehle suchen

Um gänzlich unbekannte Cmdlets aufzuspüren, übergeben Sie `Get-Help` anstelle eines bestimmten Cmdlet-Namens einfach ein Suchwort. Möchten Sie zum Beispiel wissen, welche Cmdlets Windows-Dienste steuern, verwenden Sie als Suchwort `service`:

```
PS> Get-Help -Name service

Name                              Category  Module                    Synopsis
----                              --------  ------                    --------
Get-Service                       Cmdlet    Microsoft.PowerShell.M... Gets the servic...
New-Service                       Cmdlet    Microsoft.PowerShell.M... Creates a new W...
New-WebServiceProxy               Cmdlet    Microsoft.PowerShell.M... Creates a Web s...
Restart-Service                   Cmdlet    Microsoft.PowerShell.M... Stops and then ...
Resume-Service                    Cmdlet    Microsoft.PowerShell.M... Resumes one or ...
Set-Service                       Cmdlet    Microsoft.PowerShell.M... Starts, stops, ...
Start-Service                     Cmdlet    Microsoft.PowerShell.M... Starts one or m...
Stop-Service                      Cmdlet    Microsoft.PowerShell.M... Stops one or mo...
Suspend-Service                   Cmdlet    Microsoft.PowerShell.M... Suspends (pause...
```

Prompt listet `Get-Help` alle Cmdlets auf, in deren Hilfethema das Suchwort gefunden wurde. Weil `Get-Help` im Gegensatz zu `Get-Command` Zugriff auf die detaillierten Hilfetexte zu den einzelnen Cmdlets hat, erscheint in der Spalte `Synopsis` auch gleich zuvorkommenderweise die Kurzbeschreibung zu den einzelnen Cmdlets. Leider ist ausgerechnet diese Spalte wegen Platzmangels nicht vollständig lesbar. Sie haben schon einige Möglichkeiten kennengelernt, das Problem abgeschnittener Spalten zu beheben. Leiten Sie das Ergebnis zum Beispiel an `Format-Table` oder `Out-GridView` weiter.

Kann `Get-Help` nur ein einziges infrage kommendes Cmdlet finden, zeigt es sofort dessen Hilfe an.

`Get-Help` kann Cmdlets auch auf andere Weise suchen. Interessieren Sie sich zum Beispiel für alle Cmdlets, die einen bestimmten Parameter wie `-ComputerName` unterstützen (und also höchstwahrscheinlich remotefähig sind), setzen Sie `Get-Help` mit dem Parameter `-Parameter` ein:

```
PS> Get-Help -Name * -Parameter ComputerName

Name                              Category  Module                    Synopsis
----                              --------  ------                    --------
Invoke-Command                    Cmdlet    Microsoft.PowerShell.Core Runs c...
New-PSSession                     Cmdlet    Microsoft.PowerShell.Core Create...
Connect-PSSession                 Cmdlet    Microsoft.PowerShell.Core Reconn...
Receive-PSSession                 Cmdlet    Microsoft.PowerShell.Core Gets r...
(…)
```

Get-Help kann zudem allgemeine Hilfethemen durchsuchen, die nicht für ein bestimmtes Cmdlet gelten, sondern Informationen zu allgemeinen PowerShell-Themen anbieten. Möchten Sie beispielsweise mehr zu Operatoren erfahren, suchen Sie nach dem Stichwort operator:

```
PS> Get-Help -Name operator

Name                              Category  Module                    Synopsis
----                              --------  ------                    --------
about_Arithmetic_Operators        HelpFile                            Descri...
about_Assignment_Operators        HelpFile                            Descri...
about_Comparison_Operators        HelpFile                            Descri...
about_Logical_Operators           HelpFile                            Descri...
about_Operators                   HelpFile                            Descri...
about_Operator_Precedence         HelpFile                            Lists ...
about_Type_Operators              HelpFile                            Descri...
```

Diesmal erhalten Sie die Namen sämtlicher allgemeiner Hilfethemen (die Spalte Category meldet hierfür diesmal HelpFile und nicht Cmdlet), die Operatoren beschreiben.

Um Hilfestellung zu einem der speziellen Themen zu bekommen, geben Sie den Namen der Hilfe (oder einen eindeutigen Teil davon) an und verwenden am besten help anstelle von Get-Help, um mit [Leertaste] bequem seitenweise durchblättern zu können:

```
PS> help -Name about_Comparison_Operators
PS> help -Name Comparison
```

Da die allgemeinen Hilfethemen mit about_ beginnen und der Category HelpFile entsprechen, könnten Sie alle diese Themen auch auf einem der folgenden beiden Wege auflisten:

```
PS> Get-Help -Name about_*
PS> Get-Help -Category HelpFile
```

Befehl	Hilfedatei	Beschreibung
help compari [↵]	*about_Comparison_Operators*	Vergleichsoperatoren
help wildcard [↵]	*about_Wildcards*	Platzhalterzeichen
help special [↵]	*about_Special_Characters*	Sonderzeichen
help regular [↵]	*about_Regular_Expressions*	reguläre Ausdrücke
help redir [↵]	*about_Redirection*	Umleitung
help quot [↵]	*about_Quoting_Rules*	Anführungszeichen
help parsing [↵]	*about_Parsing*	Befehlsparsing
help escape [↵]	*about_Escape_Characters*	Textsonderzeichen
help _common [↵]	*about_CommonParameters*	allgemeine Parameter

Tabelle 2.1: Schnellabruf ausgewählter PowerShell-Themenkomplexe.

Mit Parametern Wünsche formulieren

Erst wenn Sie dem Cmdlet mit Parametern genauer mitteilen, was Sie eigentlich wollen, schöpfen Cmdlets ihr wahres Potenzial aus. Parameter sind übrigens der *einzige* Weg, das Verhalten eines Cmdlets zu beeinflussen. Während also ein Mensch üblicherweise sieben Sinne hat, um seine Umwelt wahrzunehmen, haben Cmdlets nur einen: ihre Parameter.

Falls ein Cmdlet ohne Angabe von Parametern bereits ungefähr das vollbringt, was Sie wollen, aber eben noch nicht ganz genau, schauen Sie sich seine Parameter genauer an, zum Beispiel mithilfe der Autovervollständigung oder der Hilfe zum Cmdlet. Sehr häufig findet sich der passende Parameter, damit das Cmdlet die gestellte Aufgabe noch besser lösen kann.

Parameter wecken das volle Potenzial der Cmdlets

Was Parameter aus einem unscheinbaren Cmdlet herausholen können, zeigt das Beispiel von `Get-Date`. Ohne Parameter liefert es das aktuelle Datum und die Uhrzeit und wirkt nicht unbedingt spektakulär:

```
PS> Get-Date

Montag, 10. September 2012 11:03:40
```

Cmdlets sind »schmal, aber tief«, also Spezialisten für ein bestimmtes Fachgebiet, das sie dann bis in alle Ecken und Winkel beleuchten. Das gilt auch für `Get-Date`. Es ist Ihr Universalbefehl für alle Aufgaben rund um Datum und Zeit. Welche Lösungen `Get-Date` anbietet, wird einzig durch seine Parameter gesteuert. Einen anderen Weg gibt es nicht. Die Autovervollständigung, die Hilfe oder IntelliSense in ISE zeigen diese Parameter an. Falls `Get-Date` also Ihre Aufgabe meistern kann, muss es dafür einen oder mehrere passende Parameter geben.

Alle folgenden Aufgaben können mit `Get-Date` und seinen Parametern gelöst werden. Widerstehen Sie möglichst dem Drang, nach der jeweiligen Aufgabe sofort die Lösung zu lesen. Ich kann Sie daran zwar augenscheinlich nicht hindern, aber nachhaltiger ist, die Lösung zuerst selbst zu suchen. Als Hilfsmittel haben Sie bereits die Cmdlet-Hilfe (`Get-Help`) kennengelernt, die Ihnen zahlreiche Beispiele und alle Beschreibungen zu unbekannten Parametern liefert:

```
PS> help -Name Get-Date -Examples              # zeigt die Codebeispiele für Get-Date an
PS> help -Name Get-Date -Parameter DisplayHint # ruft die Hilfe für den Parameter
                                               # "DisplayHint" ab
PS> help -Name Get-Date -ShowWindow            # zeigt die gesamte Hilfe zu Get-Date in
                                               # einem durchsuchbaren Extrafenster an
```

Nur das Datum oder nur die Zeit ausgeben

»Get-Date soll nur das aktuelle Datum ausgeben, aber nicht die Zeit (oder umgekehrt).«

Der Parameter `-DisplayHint` sorgt dafür, dass `Get-Date` nur das Datum, nur die Uhrzeit oder beides zur Ausgabe bringt:

```
PS> Get-Date -DisplayHint Date
Montag, 10. September 2012

PS> Get-Date -DisplayHint Time
11:29:37
```

Welche Werte der Parameter `-DisplayHint` akzeptiert, zeigt die Hilfe an:

```
PS> Get-Help -Name Get-Date -Parameter DisplayHint

-DisplayHint [<DisplayHintType>]
    Determines which elements of the date and time are displayed.
```

```
    Valid values are:

    -- Date: displays only the date

    -- Time: displays only the time

    -- DateTime: displays the date and time

    DateTime is the default. This parameter does not affect the DateTime
    object that Get-Date gets.
```

Sie können die erlaubten Werte auch der Fehlermeldung entnehmen, die Sie erhalten, wenn Sie einen unsinnigen Wert angeben:

```
PS> Get-Date -DisplayHint Unsinn
Get-Date : Der Parameter "DisplayHint" kann nicht gebunden werden. Der Wert
"Unsinn" kann nicht in den Typ "Microsoft.PowerShell.Commands.DisplayHintType"
konvertiert werden. Fehler: "Der Bezeichner "Unsinn" kann keinem gültigen
Enumeratornamen zugeordnet werden. Geben Sie einen der folgenden
Enumeratornamen an, und wiederholen Sie den Vorgang:
Date, Time, DateTime"
```

In ISE werden die erlaubten Werte sogar als IntelliSense-Menü angezeigt.

Den Wochentag eines bestimmten Datums errechnen

»Geben Sie den heutigen Wochentag (oder den Wochentag eines beliebigen anderen Datums) aus. Stellen Sie zum Beispiel fest, an welchem Tag Sie geboren wurden und ob Sie möglicherweise ein Sonntagskind sind.«

Der Parameter `-Format` legt fest, in welchem Format `Get-Date` das Datum und die Uhrzeit ausgibt. Die Hilfe zum Parameter `-Format` sagt dazu:

```
PS> Get-Help -Name Get-Date -Parameter Format

-Format [<String>]
    Displays the date and time in the Microsoft .NET Framework format
    indicated by the format specifier. Enter a format specifier. For a list of
    available format specifiers, see "DateTimeFormatInfo Class" in the MSDN
    (Microsoft Developer Network) library at
    http://go.microsoft.com/fwlink/?LinkId=143638.

    When you use the Format parameter, Windows PowerShell gets only the
    properties of the DateTime object that it needs to display the date in the
    format that you specify. As a result, some of the properties and methods
    of DateTime objects might not be available.
```

Die gültigen Formatbezeichner werden zwar nicht aufgeführt, dafür aber ein Link zu einer Webseite: *http://go.microsoft.com/fwlink/?LinkId=143638*. Sie listet im unteren Teil eine umfangreiche Tabelle mit den Platzhalterzeichen der einzelnen Datums- und Zeitinformationen auf. Alternativ blättern Sie vor zu Kapitel 8 und schauen sich den Abschnitt über den Formatierungsoperator `-f`« a. Dort finden Sie die Tabellen mit allen erlaubten Platzhalterzeichen.

Hinweis

Die Groß- und Kleinschreibung dieser Platzhalterzeichen ist wichtig. Das Platzhalterzeichen `m` steht zum Beispiel für Minuten, während `M` den Monat repräsentiert – ein nicht ganz unerheblicher Unterschied.

Der Wochentag wird vom Platzhalterzeichen `d` (für day) repräsentiert:

```
PS> Get-Date -Format d
10.09.2012
PS> Get-Date -Format dd
10
PS> Get-Date -Format ddd
Mo
PS> Get-Date -Format dddd
Montag
```

Je mehr Platzhalterzeichen Sie also angeben, desto ausführlicher wird die Ausgabe, und `dddd` meldet schließlich den vollständigen Wochentag. Das funktioniert genau so mit den übrigen Platzhalterzeichen, die die Webseite auflistet. Sie können auch kombiniert werden, um beispielsweise einen Zeitstempel für Dateinamen zu generieren:

```
PS> Get-Date -Format 'yyyy-MM-dd HH-mm-ss-fff'
2012-09-10 11-47-20-375
```

Als Vorgabe verwendet `Get-Date` das aktuelle Datum und die aktuelle Uhrzeit. Möchten Sie ein anderes Datum (wie zum Beispiel Ihren Geburtstag) verwenden, geben Sie dieses Datum mit dem Parameter `-Date` an, und zwar am besten im kulturneutralen Format, das unabhängig von bestimmten regionalen Ländereinstellungen immer richtig interpretiert wird. Der Wochentag des 5. September 1968 berechnet sich also so:

```
PS> Get-Date -Format dddd -Date 1968-09-05
Donnerstag
```

Die aktuelle Kalenderwoche anzeigen

»Ermitteln Sie die aktuelle Kalenderwoche für das heutige Datum oder ein beliebiges anderes Datum.«

Mit dem Parameter `-UFormat` lässt sich die Ausgabe ganz ähnlich wie mit `-Format` speziell formatieren. Allerdings unterstützt `-UFormat` eine andere Liste von Platzhaltern, zu denen auch die Kalenderwoche gehört. Die Hilfe schreibt dazu:

```
PS> Get-Help -Name Get-Date -Parameter UFormat

-UFormat [<String>]
    Displays the date and time in UNIX format. For a list of the format
    specifiers, see the Notes section.

    When you use the UFormat parameter, Windows PowerShell gets only the
    properties of the DateTime object that it needs to display the date in the
    format that you specify. As a result, some of the properties and methods
    of DateTime objects might not be available.
```

Die erlaubten Platzhalterzeichen werden im Abschnitt `HINWEISE` der Hilfe angezeigt. Um diesen Abschnitt zu sehen, muss die Hilfe komplett angezeigt werden:

```
PS> Get-Help -Name Get-Date –Full

(...)
HINWEISE
        (...)
        Uformat Values:
```

```
The following are the values of the UFormat parameter. The format for
the command is:
Get-Date -UFormat %<value>
For example, Get-Date -UFormat %d

Date-Time:
Date and time - full
(default) (Friday, June 16, 2006 10:31:27 AM)
c     Date and time - abbreviated (Fri Jun 16 10:31:27 2006)
Date:
D    Date in mm/dd/yy format (06/14/06)
x    Date in standard format for locale (09/12/07 for English-US)
Year:
C   Century (20 for 2006)
Y   Year in 4-digit format (2006)
y   Year in 2-digit format (06)
G   Same as 'Y'
g   Same as 'y'
Month:
b   Month name - abbreviated (Jan)
B   Month name - full (January)
h   Same as 'b'
m   Month number (06)
Week:
W  Week of the year (00-52)
V   Week of the year (01-53)
U   Same as 'W'
Day:
a   Day of the week - abbreviated name (Mon)
A   Day of the week - full name (Monday)
u   Day of the week - number (Monday = 1)
d   Day of the month - 2 digits (05)
e   Day of the month - digit preceded by a space ( 5)
j    Day of the year - (1-366)
w   Same as 'u'
Time:
p   AM or PM
r   Time in 12-hour format (09:15:36 AM)
R   Time in 24-hour format - no seconds (17:45)
T   Time in 24 hour format (17:45:52)
X   Same as 'T'
Z   Time zone offset from Universal Time Coordinate (UTC) (-07)
Hour:
H   Hour in 24-hour format (17)
I    Hour in 12 hour format (05)
k   Same as 'H'
l    Same as 'I' (Upper-case I = Lower-case L)
Minutes & Seconds:
M   Minutes (35)
S   Seconds (05)
s   Seconds elapsed since January 1, 1970 00:00:00 (1150451174.95705)
Special Characters:
n   newline character (\n)
t   Tab character (\t)
```

Die aktuelle Kalenderwoche liefert der Platzhalter `%V`:

```
PS> Get-Date -UFormat %V
```

Und falls Sie die Kalenderwoche eines anderen Datums benötigen, geben Sie das Datum wieder mit dem Parameter -Date an. Die Kalenderwoche des 8. Juli 1967 bestimmen Sie so:

```
PS> Get-Date -UFormat %V -Date '2015-11-24'
47
```

Hinweis

Etwas gelogen ist das schon. Es gibt mehrere Definitionen dazu, was eine »Kalenderwoche« eigentlich ist und wann sie beginnt. Die deutsche Definition der Kalenderwoche stimmt nicht mit der Definition des Unix-Formats überein. Der 24. November 2015 lag in Deutschland in Kalenderwoche 48 und nicht 47, wie es `Get-Date` im letzten Beispiel berechnete.

Die Kalenderwoche in Deutschland ist nach ISO 8601 so definiert:

- Kalenderwochen haben sieben Tage, beginnen an einem Montag und werden über das Jahr fortlaufend nummeriert.
- Die Kalenderwoche 1 eines Jahres ist diejenige, die den ersten Donnerstag enthält.

Der Grund für die Diskrepanz bei der berechneten Kalenderwoche: In den USA beginnt die Woche mit dem Sonntag, in Europa dagegen mit dem Montag. Um die Kalenderwoche nach europäischen Maßstäben korrekt zu berechnen, bleibt nur der Rückgriff auf die Low-Level-Systemfunktionen, die normalerweise vor Ihnen abgeschirmt im Inneren der Cmdlets ablaufen und die erst sehr viel später in diesem Buch genauer besprochen werden:

```
# Kalenderwoche dieses Datums berechnen:
PS> $datum = Get-Date -Date '2015-11-24'

# Kalenderwoche (USA)
PS> (Get-Culture).Calendar.GetWeekOfYear($datum,'FirstFourDayWeek','Sunday')
47

# Kalenderwoche (Europa)
PS> (Get-Culture).Calendar.GetWeekOfYear($datum,'FirstFourDayWeek','Monday')
48
```

Das Datum vor 48 Stunden berechnen

»Berechnen Sie das Datum und die Uhrzeit von vor genau 48 Stunden und rufen Sie damit die Fehlerereignisse und Warnungen der letzten 48 Stunden aus dem Systemereignisprotokoll ab.«

Es findet sich kein Parameter, mit dem eine bestimmte Zeitmenge vom aktuellen Datum abgezogen werden kann. Ein Blick in die Beispiele des Cmdlets zeigt aber ein interessantes Codebruchstück:

```
PS> Get-Help -Name Get-Date –Examples

(...)
-------------------------- EXAMPLE 5 --------------------------

    PS C:\>$a = Get-Date
    PS C:\>$a.IsDaylightSavingTime()
    True
    (...)
```

Offensichtlich ist es möglich, das Ergebnis von `Get-Date` in einer Variablen zu speichern und danach mit einem Punkt (.) auf weitere Befehle zuzugreifen. Jedenfalls spricht das Beispiel auf diese Weise den Befehl `IsDaylightSavingTime()` an, der offenbar feststellt, ob das Datum in die Sommerzeit fällt.

Sie sehen daran einerseits, dass die Codebeispiele der Hilfe keinerlei Rücksicht nehmen auf unsere Videospiellevels in diesem Buch und unter Umständen auch Techniken zeigen, die Sie noch gar nicht kennengelernt haben. Andererseits können Sie solche Beispiele durchaus aufgreifen und mit dem bereits gesammelten Wissen kombinieren.

Sie wissen schon, dass PowerShell eine Autovervollständigung besitzt, die in ISE sogar häufig automatisch als IntelliSense-Menü angezeigt wird. Wenn Sie das Codebeispiel in ISE eingeben, werden Sie schnell feststellen, wie man herausfindet, dass das von `Get-Date` gelieferte Ergebnis einen Befehl namens `IsDaylightSavingTime()` enthält (und welche sonstigen Befehle es noch gibt).

Das IntelliSense-Menü zeigt nicht nur den Befehl `IsDaylightSavingTime` an, sondern auch andere Befehle, die die Zeichen `is` enthalten, die Sie eingegeben haben. Verdächtig interessant ist zum Beispiel `AddMilliseconds` (der ebenfalls `is` enthält, nur eben nicht am Anfang).

Löschen Sie die Zeichen `is` wieder, sodass hinter der Variablen `$datum` nur noch ein Punkt steht, zeigt die Liste sämtliche Befehle an. Sollte sich das IntelliSense-Menü schon wieder geschlossen haben, drücken Sie `Strg`+`Leertaste`, um es erneut zu öffnen.

Geben Sie nun `Add` ein, zeigt das IntelliSense-Menü alle Befehle mit diesem Schlüsselbegriff, und `AddDays` ist genau das, wonach Sie suchen. In der QuickInfo dahinter steht, wie der Befehl eingesetzt wird: Er erwartet eine Zahl mit Nachkommastellen (Datentyp `double`) und liefert ein neues Datum zurück (Datentyp `datetime`).

Zwar befinden wir uns hier definitiv nicht mehr im PowerShell-Videospiellevel 1, aber wirklich schwierig ist der neue Befehl trotzdem nicht; kennt man ihn erst, kann man damit künftig jederzeit schnell und einfach relative Datumsangaben berechnen lassen:

```
PS> $datum = Get-Date
PS> $datum.AddHours(-48)

Samstag, 8. September 2012 12:24:29
```

Und wer sich aus dem ersten Kapitel noch an die Bedeutung der runden Klammern erinnert, kann das auch in einer einzelnen Zeile ganz ohne Variablen formulieren:

```
PS> (Get-Date).AddHours(-48)

Samstag, 8. September 2012 12:24:29
```

Damit lassen sich jetzt auch die Fehler und Warnungen der letzten 48 Stunden auslesen, unabhängig davon – und ohne hardcodiertes Datum –, wann dieser Code ausgeführt wird:

```
PS> Get-EventLog -LogName System -EntryType Error,Warning -After (Get-Date).AddHours(-48)
```

Hinweis

Wenn die Zeile keine Ergebnisse liefert, gab es vielleicht gar keine Fehler und Warnungen in den letzten 48 Stunden. Um das zu überprüfen, wiederholen Sie den Aufruf einfach ohne den Parameter `-After`.

Drei universelle Parametertypen

Alle Parameter eines Cmdlets lassen sich auf drei grundlegende Parametertypen zurückführen. Ganz gleich also, welche Parameter ein Cmdlet unterstützt: Jeder dieser Parameter lässt sich eindeutig einem der drei Parametertypen in Tabelle 2.2 zuordnen.

Parametername	Argument	Typ
`-ParameterName`	*Wert*	benannter Parameter
`-Parameter`		Switch-Parameter
	Wert	positionaler Parameter

Tabelle 2.2: Die drei grundsätzlichen PowerShell-Parametertypen.

Im Grunde handelt es sich bei den drei Parametertypen und die drei denkbaren Kombinationsmöglichkeiten aus Parametername und Argument.

Benannte Parameter

Am häufigsten begegnet Ihnen der »benannte Parameter«: Er ist immer ein Schlüssel/Wort-Paar. Dieses Paar besteht aus dem Parameternamen, der stets am Bindestrich vor seinem Namen erkannt werden kann, und dem ihm zugewiesenen Wert, also seinem »Argument«.

Benannte Parameter bieten ein »explizites Binding«: Weil Sie den Parameternamen selbst vor Ihr Argument schreiben, legen Sie unmissverständlich fest, an welchen Parameter Ihr Argument gehen soll. Sie überlassen diese wichtige Entscheidung also nicht irgendwelchen Automatismen, und das führt zu robusterem, schnellerem und zudem noch besser lesbarem Code.

Im folgenden Befehlsaufruf finden sich zwei benannte Parameter. Dem Parameter `-LogName` wird das Argument `System` zugewiesen und dem Parameter `-EntryType` das Argument `Error`:

```
PS> Get-EventLog -LogName System -EntryType Error
```

Dieser Code ist selbstbeschreibend, also gut lesbar, weil durch den vorangestellten Parameternamen klar ist, was die Argumente bedeuten. Die Reihenfolge der Parameter spielt bei benannten Parametern ebenfalls keine Rolle. Entsprechend leistet dieser Befehlsaufruf mit anderer Parameterreihenfolge genau dasselbe wie das zurückliegende Beispiel:

```
PS> Get-EventLog -EntryType Error -LogName System
```

Dieses Grundprinzip findet sich bei allen Cmdlet-Aufrufen immer wieder. Der folgende Befehl listet alle Protokolldateien aus dem Windows-Ordner auf und setzt dazu erneut zwei benannte Parameter ein:

```
PS> Get-ChildItem -Path c:\windows -Filter *.log
```

Switch-Parameter

Manche Parameter sollen nur bestimmte Funktionalitäten ein- oder ausschalten. Anstatt einem Parameter dabei die Werte `$true` oder `$false` zuzuweisen, verwendet man stattdessen einen Switch-Parameter. Er funktioniert ähnlich wie ein Lichtschalter: Gibt man ihn an, gilt die Funktion als eingeschaltet, andernfalls ausgeschaltet. Switch-Parameter besitzen also kein folgendes Argument, sondern werden nur angegeben oder weggelassen.

Wenn Sie also die Protokolldateien nicht nur im Windows-Ordner suchen möchten, sondern auch in allen seinen Unterordnern, schalten Sie die Rekursion mit dem Switch-Parameter `-Recurse` ein:

```
PS> Get-ChildItem -Path c:\windows -Filter *.log -Recurse
```

Verzichten Sie auf die Angabe des Parameters, wird entsprechend ohne Rekursion nur im angegebenen Ordner gesucht.

Hinweis

Es kann durchaus sein, dass dieses Beispiel (genau wie einige der folgenden) neben den gewünschten Resultaten auch Fehlermeldungen ausgeben. Ein Grund dafür könnte sein, dass die Rekursion auch Unterordner untersuchen will, für die Sie gar keine Zugriffsberechtigungen besitzen. Sie erfahren gleich, wie störende Fehlermeldungen unterdrückt werden können. Ignorieren Sie die roten Fehlermeldungen einstweilen einfach freundlich.

Damit auch versteckte Dateien gefunden werden, fügen Sie den Switch-Parameter `-Force` hinzu:

```
PS> Get-ChildItem -Path c:\windows -Filter *.log -Recurse -Force
```

Weil Switch-Parameter genau wie benannte Parameter eindeutig benannt sind, spielt bei ihnen die Reihenfolge ebenfalls keine Rolle.

Switch-Parameter gibt es bei vielen Cmdlets. `Get-Process` listet normalerweise alle laufenden Prozesse auf:

```
PS> Get-Process
```

Geben Sie den Switch-Parameter `-FileVersionInfo` an, schaltet das Cmdlet in einen anderen Modus und zeigt jetzt die den Prozessen zugrunde liegenden Dateien (samt ihren Versionen) an.

```
PS> Get-Process -FileVersionInfo
```

Auch bei `Get-EventLog` ist Ihnen bereits ein Switch-Parameter begegnet: Der Parameter `-List` schaltet das Cmdlet in den Listenmodus, bei dem nicht mehr die Einträge eines bestimmten Ereignisprotokolls ausgegeben werden, sondern die Namen der vorhandenen Ereignisprotokolle:

```
PS> Get-EventLog -List
```

Positionale Parameter

Neben dem »expliziten Binding« gibt es auch das »implizite Binding«, das immer dann stattfindet, wenn Sie einem Cmdlet nur Ihre Argumente übergeben, ohne durch Parameterangabe selbst festzulegen, an welche Parameter Ihre Argumente gebunden werden sollen. Möglich ist das nur bei manchen Parametern. Die Parameter müssen also positionale Argumente akzeptieren und eine definierte Position besitzen.

Beim »impliziten Binding« übernimmt PowerShell dann die Aufgabe, das Argument an einen Parameter zu übergeben (oder zu »binden«). Wie bei allen Aufgaben, die Sie aus der Hand geben und an andere delegieren, verlieren Sie dabei die Kontrolle und müssen sich darauf verlassen, dass PowerShell Ihr Argument an den richtigen (nämlich den von Ihnen gewünschten) Parameter übergibt. Deshalb können positionale Parameter leicht zu Fehlern führen, denn manchmal ist PowerShell anderer Meinung als Sie. Außerdem sind solche Befehle schlechter lesbar, weil ohne Angabe des Parameternamens nicht mehr klar ersichtlich ist, welche Bedeutung ein bestimmtes Argument überhaupt hat.

Gedacht sind positionale Parameter für erfahrene PowerShell-Anwender und auch nur für Code, der keine lange Lebensspanne hat – also für Direkteingaben beispielsweise, wenn es schnell gehen muss. Positionale Parameter haben jedenfalls in Skripten absolut nichts zu suchen (wenngleich sie dort nicht ausdrücklich verboten sind): Skripte müssen auch nach Wochen und Monaten noch lesbar und nachvollziehbar sein.

Hier sind Beispiele für Befehlsaufrufe, die positionale Parameter einsetzen:

```
PS> Get-Service spooler
PS> Get-ChildItem c:\windows *.log
PS> Get-EventLog System
```

Positionale Parameter sind grundsätzlich immer nur eine besondere Form eines benannten Parameters. Entsprechend können positionale Parameter *immer* in benannte Parameter umgewandelt werden. Die drei Aufrufe hätten also auch mit benannten Parametern formuliert werden können:

```
PS> Get-Service -Name Spooler
PS> Get-ChildItem -Path c:\windows -Filter *.log
PS> Get-EventLog -LogName System
```

Was die Frage aufwirft, woher PowerShell überhaupt weiß, welchen Parametern ein positionales Argument zugeordnet werden soll. Wie leitet PowerShell also ab, dass das unbenannte Argument `Spooler` ausgerechnet an den Parameter `Name` gebunden werden soll?

Dazu kann jedes Cmdlet seinen Parametern Positionsnummern zuteilen. Bei `Get-Service` trägt der Parameter `Name` die Position 1. Ihm wird also das erste unbenannte Argument zugewiesen:

```
PS> Get-Help -Name Get-Service -Parameter Name

-Name <String[]>
(...)
    Erforderlich?                false
    Position?                    1
    Standardwert                 All services
    Pipelineeingaben akzeptieren?true (ByPropertyName, ByValue)
    Platzhalterzeichen akzeptieren?true
```

Tipp

Die Hilfe zum Parameter verrät Ihnen nebenbei auch, ob ein Parameter zwingend nötig ist. Muss ein Parameter eingegeben werden, wie der Parameter `-LogName` bei `Get-EventLog`, steht hinter `Erforderlich?` der Wert `true`:

```
PS> Get-Help -Name Get-EventLog -Parameter LogName

-LogName <String>
    (...)
    Erforderlich?                true
    Position?                    1
    (...)
```

Sie haben auch schon gesehen, was geschieht, wenn Sie einen erforderlichen Parameter nicht angeben: Das Cmdlet fragt dann kurzerhand nach.

Bei Get-ChildItem trägt der Parameter Path die Position 1 und der Parameter Filter die Position 2. Gibt man zwei unbenannte Argumente also genau in dieser Reihenfolge an, werden sie an die richtigen Parameter gebunden.

```
PS> Get-Help -Name Get-ChildItem -Parameter Path

-Path <String[]>
    (...)
    Position?                    1
    (...)

PS> Get-Help -Name Get-ChildItem -Parameter Filter

-Filter <String>
    (...)
    Position?                    2
    (...)
```

Welche Parameter überhaupt eine Position tragen (und welche Position das ist), verrät auch die Syntax eines Cmdlets, und zwar für alle Parameter auf einen Blick:

```
PS> Get-ChildItem -?

NAME
    Get-ChildItem

ÜBERSICHT
    Gets the items and child items in one or more specified locations.


SYNTAX
    Get-ChildItem [[-Path] <String[]>] [[-Filter] <String>] [-Exclude
    <String[]>] [-Force] [-Include <String[]>] [-Name] [-Recurse]
    [-UseTransaction [<SwitchParameter>]] [<CommonParameters>]

    Get-ChildItem [[-Filter] <String>] [-Exclude <String[]>] [-Force]
    [-Include <String[]>] [-Name] [-Recurse] -LiteralPath <String[]>
    [-UseTransaction [<SwitchParameter>]] [<CommonParameters>]
```

Positionale Parameter erkennt man daran, dass sie mit eckigen Klammern als »optional« gekennzeichnet sind, also allein in eckigen Klammern stehen, ohne dass sich ihr Argument mit in dieser (innersten) eckigen Klammerebene befindet.

Parameter ohne Argument, also Switch-Parameter, sind nie positional.

Wie sich herausstellt, sind längst nicht alle Parameter mit einer Position versehen. Bei Get-ChildItem sind nur die Parameter -Path und -Filter positional verwendbar. Alle übrigen Parameter müssen benannt werden, wenn man sie verwenden will.

Bei [-Exclude <String[]>] etwa ist -Exclude nicht allein eingeklammert, auch das Argument <String[]> ist noch in der gleichen eckigen Klammerebene enthalten. Also erfüllt der Parameter nicht die Voraussetzungen eines positionalen Parameters.

Alle Parameter eines Cmdlets listet die Hilfe übrigens auf, indem für den Parameternamen das Platzhalterzeichen * angegeben wird:

```
PS> Get-Help Get-Process -Parameter *
```

Spätestens jetzt leuchtet ein, dass Parameter, die keine Position zugewiesen bekommen haben, in der Hilfe als `named` (also *benannt*) bezeichnet werden.

Tipp

Weil positionale Parameter nur eine Abkürzung für schnelle Eingaben im hektischen Alltag sind, werden nur lediglich am häufigsten benötigten Parameter üblicherweise mit einer Position versehen. Selbst wenn Sie sich also aus Stilgründen gegen die Verwendung positionaler Parameter entscheiden, identifizieren Sie bei einem unbekannten Cmdlet auf diese Weise schnell seine wichtigsten Parameter. Die allerwichtigsten Parameter eines Cmdlets sind stets mit einer Position versehen und/oder zwingend erforderlich.

Zwingend erforderliche Parameter lassen sich in der Syntax mit etwas Übung ebenfalls identifizieren:

```
PS> Get-EventLog -?

NAME
    Get-EventLog

ÜBERSICHT
    Gets the events in an event log, or a list of the event logs, on the local
    or remote computers.


SYNTAX
    Get-EventLog [-LogName] <String> [[-InstanceId] <Int64[]>] [-After
    <DateTime>] [-AsBaseObject] [-Before <DateTime>] [-ComputerName
    <String[]>] [-EntryType <String[]>] [-Index <Int32[]>] [-Message <String>]
    [-Newest <Int32>] [-Source <String[]>] [-UserName <String[]>]
    [<CommonParameters>]

    Get-EventLog [-AsString] [-ComputerName <String[]>] [-List]
    [<CommonParameters>]
```

Tatsächlich gibt es im Beispiel nur einen Pflichtparameter, nämlich **`-Logname`**. Es darf Sie an dieser Stelle nicht irritieren, dass der Parameter **`-Logname`** selbst in eckigen Klammern steht. Sein Argument ist entscheidend, und dieses Argument steht nicht in eckigen Klammern. Das Argument muss also angegeben werden.

Common Parameter – allgemeine Parameter für alle Cmdlets

Cmdlets regeln nur die speziellen Dinge, für die sie erfunden wurden. Alle allgemeinen Aufgaben, die sämtliche Cmdlets gleichermaßen betreffen, werden von PowerShell erledigt. Deshalb unterstützen Cmdlets neben ihren eigenen individuellen Parametern zusätzlich eine Reihe sogenannter »Common Parameter«.

Die Common Parameter werden im Hilfethema `about_commonParameters` beschrieben, das man sich am besten in einem separaten Fenster anzeigen lässt:

```
PS> help about_CommonParameters -ShowWindow
```

<table>
<tr><th>Allgemeiner Parameter</th><th>Typ</th><th>Beschreibung</th></tr>
<tr><td><code>-Verbose</code></td><td>Switch</td><td>Zeigt Informationen an, die eine Funktion oder ein Cmdlet über <code>Write-Verbose</code> ausgibt. Ohne diesen Parameter werden diese Ausgaben normalerweise unterdrückt.</td></tr>
<tr><td><code>-Debug</code></td><td>Switch</td><td>Zeigt Debug-Meldungen an, die eine Funktion oder ein Cmdlet mit <code>Write-Debug</code> ausgibt, und fragt dann nach, ob die Ausführung unterbrochen werden soll.</td></tr>
<tr><td><code>-ErrorAction</code></td><td>Wert</td><td>Legt fest, wie sich das Cmdlet bei einem Fehler verhalten soll. Erlaubte Werte:

<code>Continue</code>: Fehler melden und fortsetzen (Vorgabe)
<code>SilentlyContinue</code>: keinen Fehler melden, weitermachen
<code>Suspend</code> (nur in Workflows erlaubt): hält den Workflow im Fehlerfall an, sodass der Workflow nach Analyse der Fehlerursache fortgesetzt werden kann
<code>Stop</code>: Fehler melden und abbrechen
<code>Ignore</code>: keinen Fehler melden, aber Fehler in <code>$error</code> protokollieren und weitermachen
<code>Inquire</code>: nachfragen

Die Vorgabe wird mit der Variablen <code>$ErrorActionPreference</code> festgelegt und ist normalerweise auf <code>Continue</code> eingestellt.</td></tr>
<tr><td><code>-ErrorVariable</code></td><td>Wert</td><td>Fehlermeldungen in der angegebenen Variablen protokollieren. Dieser Parameter verlangt den Namen einer Variablen (ohne vorangestelltes Dollarzeichen).</td></tr>
<tr><td><code>-OutBuffer</code></td><td>Wert</td><td>Legt fest, wie viele Ergebnisobjekte anfallen müssen, bevor diese en bloc an das nächste Cmdlet einer Pipeline weitergegeben werden. Normalerweise wird jedes Ergebnis einzeln sofort an den nächstfolgenden Pipeline-Befehl weitergereicht.</td></tr>
<tr><td><code>-OutVariable</code></td><td>Wert</td><td>Name einer Variablen, in der das Ergebnis des Cmdlets gespeichert werden soll. Nützlich, wenn das Ergebnis eines Cmdlets sowohl in einer Variablen gespeichert als auch in die Konsole ausgegeben werden soll:

<code>$ergebnis = Get-ChildItem</code>

Weisen Sie das Ergebnis zusätzlich einer Variablen zu, wird es in die Konsole ausgegeben und in einer Variablen gespeichert:

<code>Get-ChildItem -OutVariable ergebnis</code></td></tr>
<tr><td><code>-PipelineVariable</code></td><td>Wert</td><td>Speichert das aktuelle Pipeline-Ergebnis in einer Variablen, damit es von verschachtelten Schleifen nicht überschrieben wird:
<code>1..254 | Foreach-Object -PipelineVariable A { $_ } |</code>
<code>Foreach-Object { 1..254 } |</code>
<code>Foreach-Object { "192.168.$A.$_" }</code>
Entspricht diesem klassischen Ansatz:
<code>1..254 | Foreach-Object {$A = $_; $_ } |</code>
<code>Foreach-Object { 1..254 } |</code>
<code>Foreach-Object { "192.168.$A.$_" }</code></td></tr>
<tr><td><code>-WarningAction</code></td><td>Wert</td><td>Bestimmt, was mit Warnungen geschehen soll, die ein Cmdlet oder eine Funktion mit <code>Write-Warning</code> ausgibt. Erlaubte Werte:

<code>Continue</code>: Warnung ausgeben und fortsetzen (Vorgabe)
<code>Stop</code>: Warnung ausgeben und abbrechen
<code>SilentlyContinue</code>: Warnung unterdrücken, fortfahren
<code>Inquire</code>: nachfragen

Die Vorgabe wird mit der Variablen <code>$WarningPreference</code> festgelegt und ist normalerweise auf <code>Continue</code> eingestellt.</td></tr>
</table>

Tabelle 2.3: Allgemeine Parameter, die für (fast) alle Cmdlets gelten.

Allgemeiner Parameter	Typ	Beschreibung
`-WarningVariable`	Wert	Name einer Variablen, in der Warnungsmeldungen eines Cmdlets oder einer Funktion gespeichert werden, die mit `Write-Warning` ausgegeben wurden.
`-WhatIf`	Switch	Simuliert einen Befehl nur, ohne ihn wirklich auszuführen. Dieser Switch-Parameter wird nur von Cmdlets unterstützt, die tatsächlich Änderungen am System vornehmen würden.
`-Confirm`	Switch	Fragt für jede Aktion eines Befehls zuerst nach, bevor der Befehl Änderungen vornimmt. Dieser Switch-Parameter steht nur bei Cmdlets zur Verfügung, die Änderungen am System vornehmen.

Tabelle 2.3: Allgemeine Parameter, die für (fast) alle Cmdlets gelten. (Forts.)

Fehlermeldungen unterdrücken

Cmdlets enthalten grundsätzlich einen Fehlerhandler, der die meisten Fehler abfängt und dann entscheidet, was geschehen soll. Die Vorgabe hierfür stammt aus der Variablen `$ErrorActionPreference` und lautet normalerweise `Continue`: Das Cmdlet gibt die Fehlermeldung in Rot aus und fährt dann fort.

Bevorzugen Sie im Fehlerfall eine andere Maßnahme, verwenden Sie den Parameter `-ErrorAction` und geben dahinter die gewünschte Aktion an:

Aktion	Beschreibung
`SilentlyContinue`	Fehlermeldung unterdrücken und fortfahren. Die Fehlermeldung wird in der Variablen `$error` protokolliert.
`Ignore`	Fehlermeldung unterdrücken und fortfahren. Die Fehlermeldung wird nicht protokolliert (ab PowerShell Version 3.0).
`Stop`	Fehlermeldung ausgeben und anhalten.
`Continue`	Fehlermeldung ausgeben und fortfahren (die Vorgabe).
`Inquire`	Nachfragen, welche Aktion durchgeführt werden soll.
`Suspend`	Nur für Workflows: Workflow anhalten. Der Workflow kann später fortgesetzt werden.

Tabelle 2.4: Mögliche Cmdlet-Aktionen im Fehlerfall.

Die gleichen Aktionen wie die aus Tabelle 2.4 können auch der Variablen `$ErrorActionPreference` zugewiesen werden und gelten dann für alle Cmdlets, bei denen Sie nicht ausdrücklich mit dem Parameter `-ErrorAction` eine Auswahl getroffen haben.

Möchte man Fehlermeldungen kurzerhand unterdrücken, weil man sicher weiß, dass die Fehlermeldungen keine Bedeutung für die Aufgabe haben, die man zu lösen hat, kann das Argument `SilentlyContinue` eingesetzt werden:

```
PS> Get-Process -FileVersionInfo -ErrorAction SilentlyContinue
```

Es funktioniert: Der Befehl liefert Informationen, aber verzichtet auf störende rote Fehlermeldungen für Prozesse, auf die er nicht zugreifen kann. Gleiches gilt, wenn Sie mit `Get-ChildItem` rekursiv nach Dateien suchen und dabei mögliche Zugriffsverletzungen auf Unterordner ignorieren möchten:

```
PS> Get-ChildItem -Path c:\windows -Filter *.ps1 -Recurse -Force -ErrorAction SilentlyContinue
```

Mit `Stop` kann das Verhalten im Fehlerfall aber auch verschärft werden: Das Cmdlet bricht dann beim ersten Fehler die Arbeit ab.

Unvollständige Parameternamen

Parameternamen müssen nicht vollständig angegeben werden, solange das, was Sie angeben, eindeutig ist. Die folgende Zeile ist also erlaubt, weil `Get-ChildItem` nur einen Parameter kennt, der mit dem Buchstaben r beginnt:

```
PS> Get-ChildItem C:\Windows *.dll -r
```

Auch diese Zeile ist erlaubt:

```
PS> Get-ChildItem -pa C:\Windows -fi *.dll -r
```

Kürzen Sie Parameter so stark, dass sie nicht mehr eindeutig zugeordnet werden können, quittiert PowerShell das mit einer roten Fehlermeldung, in der die mehrdeutigen Parameternamen genannt werden:

```
PS> Get-ChildItem -pa C:\Windows -f *.dll -r

Get-ChildItem : Der Parameter kann nicht verarbeitet werden, da der Parametername "f" nicht
eindeutig ist. Mögliche Übereinstimmungen:  -Filter -Force.
```

Wie sich zeigt, gibt es zwei Parameter, die mit *f* beginnen, sodass `-f` nicht eindeutig ist.

Unvollständige Parameternamen sollten indes der Vergangenheit angehören. Inzwischen ist die Autovervollständigung von PowerShell so leistungsfähig, dass es Sie nur einen Druck auf [Tab] kostet, um Parameternamen automatisch ausschreiben zu lassen.

Parameter mit Aliasnamen abkürzen

Häufig benötigte Parameter können darüber hinaus mit sogenannten Aliasnamen versehen sein. Aliasnamen sind zusätzliche Kurznamen, unter denen man Parameter alternativ ansprechen kann.

Sie haben schon den Parameter `-ErrorAction` kennengelernt, mit dessen Hilfe man Fehlermeldungen unterdrücken kann. Der Aliasname dieses Parameters lautet `-ea` (was man bei PowerShell 2.0 noch auswendig wissen musste, weil die Aliasnamen der PowerShell-Parameter in der Hilfe normalerweise nicht verraten werden. Aber ab PowerShell 3.0 lassen sie sich per Befehl ermitteln. Sie erfahren gleich, wie).

Die folgenden beiden Zeilen haben also identische Wirkung und sorgen dafür, dass alle Notepad-Instanzen geschlossen werden. Läuft kein Notepad, wird keine Fehlermeldung mehr ausgegeben:

```
PS> Stop-Process -Name Notepad -ErrorAction SilentlyContinue

PS> Stop-Process -Name Notepad -ea SilentlyContinue
```

Profitipp

Tatsächlich kann man den letzten Aufruf noch sehr viel kürzer fassen, wenn man will. Mit dem folgenden Aufruf findet man heraus, ob es für das Cmdlet `Stop-Process` kürzere Aliasnamen gibt:

```
PS> Get-Alias -Definition Stop-Process

CommandType     Name
-----------     ----
Alias           kill -> Stop-Process
Alias           spps -> Stop-Process
```

Außerdem kann der Parametername verkürzt werden. Damit ergibt sich dieser Aufruf:

```
PS> kill -n Notepad -ea SilentlyContinue
```

Schließlich kann anstelle der Konstanten `SilentlyContinue` auch dessen zugrunde liegender Zahlenwert angegeben werden, was den Aufruf zwar noch kürzer, dafür dann aber beinahe unleserlich macht:

```
PS> kill -n Notepad -ea 0
```

Die Aliasnamen eines Parameters sind normalerweise gut versteckt. Möchten Sie trotzdem wissen, über welche Aliasnamen ein Parameter angesprochen werden kann, setzen Sie die folgende etwas kryptische Zeile Code ein (aber beschweren Sie sich bitte nicht, dass darin Techniken vorkommen, die den aktuellen Videospiellevel übersteigen und erst in den folgenden Kapiteln erklärt werden). Sie liefert eine Übersicht der Parameter von **Get-ChildItem** und der jeweils zugewiesenen Aliasnamen – jedenfalls dann, wenn Sie PowerShell 3.0 verwenden:

```
PS> (Get-Command -Name Get-ChildItem).Parameters.Values | Select-Object -Property Name, Aliases

Name                Aliases
----                -------
Path                {}
LiteralPath         {PSPath}
Filter              {}
(...)
```

Konflikte bei Parameternamen

Übrigens können Sie die Parametererkennung auch ausdrücklich abschalten. Nötig ist das nur in dem seltenen Fall, dass ein Argument genauso lautet wie ein Parametername und deshalb ausdrücklich nicht als Parameter verstanden werden soll. Möchten Sie also unbedingt mit `Write-Host` den Text `-BackgroundColor` ausgeben, käme es normalerweise zu einem Konflikt:

```
PS> Write-Host -BackgroundColor

Write-Host : Fehlendes Argument für den Parameter "BackgroundColor". Geben Sie einen Parameter vom
Typ "System.ConsoleColor" an, und versuchen Sie es erneut.
```

Hier könnten Sie die Parametererkennung mit zwei aufeinanderfolgenden Bindestrichen (--) ausdrücklich ausschalten. Alles, was diesen beiden Zeichen folgt (bis zum Zeilenende), wird nicht länger als Parameter erkannt:

```
PS> Write-Host -- -BackgroundColor
-BackgroundColor
```

Wirklich notwendig ist das allerdings nicht. Es würde auch genügen, den Text einfach in Anführungszeichen zu setzen:

```
PS> Write-Host "-BackgroundColor"
-BackgroundColor
```

Neue Cmdlets aus Modulen nachladen

Cmdlets sind grundsätzlich in Modulen beheimatet. Das gilt auch für die Basis-Cmdlets, die PowerShell selbst mitbringt. Um zu sehen, aus welchen Modulen ein Cmdlet eigentlich stammt, fragen Sie einfach `Get-Command`:

```
PS> Get-Command -CommandType Cmdlet

CommandType Name                          ModuleName
----------- ----                          ----------
Cmdlet      Add-Computer                  Microsoft.PowerShell.Management
Cmdlet      Add-Content                   Microsoft.PowerShell.Management
Cmdlet      Add-History                   Microsoft.PowerShell.Core
Cmdlet      Add-Member                    Microsoft.PowerShell.Utility
Cmdlet      Add-PSSnapin                  Microsoft.PowerShell.Core
Cmdlet      Add-Type                      Microsoft.PowerShell.Utility
Cmdlet      Checkpoint-Computer           Microsoft.PowerShell.Management
Cmdlet      Clear-Content                 Microsoft.PowerShell.Management
Cmdlet      Clear-EventLog                Microsoft.PowerShell.Management
Cmdlet      Clear-History                 Microsoft.PowerShell.Core
(...)
```

In der Spalte `ModuleName` wird nun das Modul genannt, das das jeweilige Cmdlet beherbergt. PowerShell bringt diese Module mit:

Name	PS	Bedeutung
`BitsTransfer`	2	Zugriff auf den »Background Intelligent Transfer Service« (BITS)
`CimCmdlets`	3	Cmdlets der zweiten Generation für den Zugriff auf WMI-Informationen.
`ISE`	3	Erweiterungsbefehle für den ISE-Editor.
`Microsoft.PowerShell.Archive`	5	Unterstützung für ZIP-Archive.
`Microsoft.PowerShell.Core`	2	Basis-Cmdlets der PowerShell.
`Microsoft.PowerShell.Diagnostics`	2	Cmdlets zu Ereignisprotokollen und Performance-Countern.
`Microsoft.PowerShell.Host`	2	Unterstützung für Start-/Stopp-Transcript.
`Microsoft.PowerShell.Management`	2	Cmdlets für die Verwaltung des Computers.
`Microsoft.PowerShell.ODataUtils`	5	Unterstützung für Open Data Protocol.
`Microsoft.PowerShell.Security`	2	Cmdlets für Signaturen, NTFS-Berechtigungen und Anmeldeinfos.
`Microsoft.PowerShell.Utility`	2	Cmdlets zur Formatierung von Ergebnissen.
`Microsoft.WSMan.Management`	2	Cmdlets zur Verwaltung von Remotezugriffen über WSMan.
`PackageManagement`	5	Installation und Update von Softwarepaketen.
`Pester`	5	Unterstützung für Unit-Tests (Open Source).
`PowerShellGet`	5	Ermöglicht Suche, Nachladen und Aktualisieren von Modulen aus öffentlichen und eigenen Sammlungen. Dieses Modul kann bei älteren PowerShell-Versionen kostenfrei aus dem Internet nachgeladen werden.
`PSDesiredStateConfiguration`	4	Desired State Configuration-Unterstützung.
`PSReadline`	5	Modernisiert die Codedarstellung in der PowerShell-Konsole und fügt beispielsweise Color-Coding hinzu.

Tabelle 2.5: PowerShell-Module im Standardlieferumfang von PowerShell 5.

Name	PS	Bedeutung
PSScheduledJob	3	Cmdlets zur Verwaltung geplanter Aufgaben.
PSScriptAnalyzer	5	Analysiert Skripte und Einhaltung von Best Practices.
PSWorkflow, PSWorkflowUtility	3	Cmdlets zur Arbeit mit Workflows.
TroubleshootingPack	2	Cmdlets zur Arbeit mit Problemlöse-Assistenten.

Tabelle 2.5: PowerShell-Module im Standardlieferumfang von PowerShell 5. (Forts.)

Alle Cmdlets, die aus einem der in Tabelle 2.5 genannten Module entstammen, stehen in jeder PowerShell 5 zur Verfügung. Cmdlets, die aus anderen als den hier genannten Modulen stammen, sind dagegen mit gewisser Vorsicht zu genießen. Bevor Sie solche Cmdlets in eigenen Skriptlösungen einsetzen, sollten Sie sicherstellen, dass sie später auch auf dem gewünschten Zielsystem zur Verfügung stehen.

Insbesondere ab Windows 8 und Server 2012 bringt das Windows-Betriebssystem selbst Tausende nützlicher Cmdlets mit. Sie sind Teil des Betriebssystems und bei älteren Betriebssystemen wie Windows 7 nicht nachrüstbar.

Die aktuell geladenen Module zeigt `Get-Module`. Wenn Sie den Parameter `-ListAvailable` angeben, werden auch alle übrigen verfügbaren Module angezeigt. PowerShell findet automatisch alle Module, die sich an einem der üblichen Speicherorte für Module befinden – was die Frage aufwirft, um welche Orte es sich handelt. Die Umgebungsvariable `$env:PSModulePath` listet diese Orte auf:

```
PS> $env:PSModulePath -split ';'
C:\Users\[UserName]\Documents\WindowsPowerShell\Modules
C:\Program Files\WindowsPowerShell\Modules
C:\WINDOWS\system32\WindowsPowerShell\v1.0\Modules\
```

Neue Module automatisch nachladen

Sofern sich ein Modul in einem der Ordner befindet, die in `$env:PSModulePath` genannt werden, dürfen Sie die darin enthaltenen Cmdlets sofort einsetzen. Sie brauchen zusätzliche Module nicht selbst zu laden. Das erledigt PowerShell ganz automatisch.

Falls Sie Windows 8, 8.1 oder 10 (oder die entsprechenden Serverbetriebssysteme) einsetzen, werden Sie vielleicht schon entdeckt haben, wie viele zusätzliche Cmdlets es dort gibt. Diese Betriebssysteme sind inzwischen fast vollständig durch PowerShell-Cmdlets verwaltbar.

Die Verwaltung der Netzwerkkarten ist damit beispielsweise ein Kinderspiel, denn für fast alle Fragestellungen gibt es jetzt die entsprechenden Cmdlets:

```
PS> Get-NetAdapterStatistics

Name                           ReceivedBytes ReceivedUnicastPackets SentBytes
----                           ------------- ---------------------- ---------
Ethernet                           430599313                 352480   4545107

PS> Get-NetAdapterAdvancedProperty

Name                      DisplayName                    DisplayValue
----                      -----------                    ------------
Ethernet                  Flusssteuerung                 Rx- & Tx-aktiviert
Ethernet                  Interruptüberprüfung           Aktiviert
```

```
Ethernet                  IPv4-Prüfsummenabladung        Rx- & Tx-aktiviert
Ethernet                  Großes Paket                   Deaktiviert
Ethernet                  Abladung großer Sendungen (... Aktiviert
Ethernet                  Priorität & VLAN               Priorität & VLAN ak...
Ethernet                  Empfangspuffer                 256
Ethernet                  Übertragungsrate und Duplex... Automatische Aushan...
Ethernet                  TCP-Prüfsummenabladung (IPv4)  Rx- & Tx-aktiviert
Ethernet                  Übertragungspuffer             512
Ethernet                  UDP-Prüfsummenabladung (IPv4)  Rx- & Tx-aktiviert
Ethernet                  Adaptives Inter-Frame-Spacing  Aktiviert
Ethernet                  Interruptdämpfungsrate         Adaptiv
Ethernet                  Lokal verwaltete Adresse       --
Ethernet                  Anzahl der zusammengefügten... 128

PS> Get-NetIPAddress

IPAddress         : fe80::e1a2:d0c:f7fc:f49c%12
InterfaceIndex    : 12
InterfaceAlias    : Ethernet
AddressFamily     : IPv6
Type              : Unicast
PrefixLength      : 64
PrefixOrigin      : WellKnown
SuffixOrigin      : Link
AddressState      : Preferred
ValidLifetime     : Infinite ([TimeSpan]::MaxValue)
PreferredLifetime : Infinite ([TimeSpan]::MaxValue)
SkipAsSource      : False
PolicyStore       : ActiveStore
```

Wie praktisch neue Cmdlets aus weiteren Modulen sein können, zeigt das folgende Beispiel, das sich die Möglichkeit des BITS-Diensts zunutze macht, um auch größere Dateien aus dem Internet herunterzuladen, hier zum Beispiel ein NASA-HD-Video (Größe: 567 MB):

```
Import-Module BITSTransfer
$url = 'http://anon.nasa-global.edgesuite.net/HD_downloads/HD_Earth_Views.mov'
Start-BitsTransfer $url $HOME\video1.wmv
Invoke-Item $HOME\video1.wmv
```

Listing 2.1: NASA-Video herunterladen und anzeigen.

Sobald das Video heruntergeladen ist, startet der Windows Media Player bzw. das in Windows entsprechend registrierte Standardprogramm, spielt es ab und beschert wundervolle Ansichten auf unseren Planeten (Abbildung 2.7).

Abbildung 2.7: Ein NASA-Video: von PowerShell heruntergeladen und abgespielt.

Der Download wird im Vordergrund durchgeführt und läuft nur, solange auch PowerShell ausgeführt wird. Genauso gut hätten Sie den Download aber auch still im Hintergrund unabhängig von der PowerShell-Sitzung und über viele Tage verteilt ausführen lassen können – einfach nur durch den zusätzlichen Parameter `-Asynchronous`:

```
PS> Start-BitsTransfer 'http://www.idera.com/images/Tours/Videos/PowerShell-Plus-Learning-Center
.wmv' $HOME\video2.wmv -Asynchronous

JobId               DisplayName     TransferType    JobState        OwnerAccount
-----               -----------     ------------    --------        ------------
1365d9d6-938c-...   BITS Transfer   Download        Connecting      DEMO5\w7-pc9
```

Anschließend könnte PowerShell beendet und der Computer sogar heruntergefahren oder neu gestartet werden. Der Download wird dann bei Bedarf fortgesetzt. Wenn es Sie interessiert, können Sie mit `Get-BitsTransfer` nachschauen, wie weit der Download fortgeschritten ist:

```
PS> Get-BitsTransfer

JobId               DisplayName     TransferType    JobState        OwnerAccount
-----               -----------     ------------    --------        ------------
1365d9d6-938c-...   BITS Transfer   Download        Transferred     DEMO5\w7-pc9
```

Nutzen Sie den asynchronen Modus, muss der Download mit `Complete-BitsTransfer` abgeschlossen werden – vorher stehen die heruntergeladenen Dateien nicht zur Verfügung. Verwenden Sie zum Beispiel eine Zeile wie diese, um alle Downloads abzuschließen:

```
PS> Complete-BitsTransfer (Get-BitsTransfer -AllUsers)
```

Die neuen Befehle des Moduls machen deutlich, dass mit jeder neuen Erweiterung auch Ihre Möglichkeiten wachsen, ohne dass sehr viel neues Wissen dazu nötig wäre. Die Cmdlets aus dem Modul `BitsTransfer` jedenfalls folgen genau den gleichen Regeln wie alle übrigen Cmdlets, die Sie schon kennengelernt haben.

Hinweis

Wenn Sie die RSAT-Tools von Microsoft installieren, werden dabei die PowerShell-Module ggfs. nicht automatisch aktiviert. Wechseln Sie in diesem Fall nach der Installation in die *Systemsteuerung* zu *Programme und Funktionen* und dann zu *Windows-Funktionen aktivieren oder deaktivieren* und aktivieren Sie unter *Remoteserver-Verwaltungstools* den Zweig *Featureverwaltungstools/Tools für Gruppenrichtlinienverwaltung* sowie *Rollenverwaltungstools/AD DS-/AD LSD-Tools/Active Directory Modul für Windows PowerShell*.

Auslaufmodell: Snap-Ins

Neben Modulen gibt es noch eine weitere, ältere Form, um neue Cmdlets oder Provider nachzuladen: die *PowerShell-Snap-Ins*, kurz *PSSnapins*. Diese gelten zwar inzwischen als veraltet, werden aber hin und wieder noch angetroffen.

Snap-Ins waren in PowerShell 1.0 die einzige Möglichkeit, um Cmdlets und Provider nachzurüsten. Im Gegensatz zu Modulen haben Snap-Ins aber lästige Beschränkungen: Sie müssen wie eine normale Software zuerst installiert werden. Dafür werden sogar stets Administratorrechte benötigt, weil sich Snap-Ins im geschützten Zweig *HKEY_LOCAL_MACHINE\SOFT WARE\Microsoft\PowerShell\1\PowerShellSnapIns* in der Registrierungsdatenbank registrieren müssen. Bei Modulen ist all das nicht nötig. Entweder kopieren Sie diese an einen der Orte, die in `$env:PSModulePath` genannt sind, oder Sie geben bei `Import-Module` den Pfadnamen zum Modul an. Mehr ist nicht erforderlich.

Möchten Sie nachprüfen, ob es auf Ihrem Computer noch Snap-Ins gibt, schauen Sie mit `Get-PSSnapin` nach:

```
PS> Get-PSSnapin -Registered
```

Das Nachladen von Snap-Ins funktioniert fast genauso wie bei Modulen. Nur heißt das Cmdlet hierfür `Add-PSSnapin`. Ist ein Snap-In erst einmal geladen, verhält es sich genau wie Module und stellt die enthaltenen Cmdlets und Provider zur Verfügung.

Alias: Zweitname für Cmdlets

PowerShell baut Brücken in die Vergangenheit und nutzt dazu sogenannte »historische Aliase«. Diese helfen Anwendern, die bereits früher mit der Windows-Eingabeaufforderung oder in Unix-Shells gearbeitet haben oder heute noch damit arbeiten, schnell den passenden Befehl zu finden. Aliase kennen Sie aus Actionthrillern: »Clark Kent alias Superman«. Es sind also nur Zweitnamen, Illusionen. Dank dieser Aliase funktionieren viele alte Befehle in PowerShell auf den ersten Blick fast wie früher:

```
PS> dir c:\windows
PS> md c:\newfolder
PS> ren c:\newfolder ordner_neu
PS> del c:\ordner_neu
```

Aliase sind keine neuen Befehle

Katerstimmung entwickelt sich höchstens, sobald Sie versuchen, mit diesen »alten« Befehlen handfest zu werden und komplexere Dinge anzustellen. Der folgende Befehl lieferte in klassischen Befehlskonsolen beispielsweise alle **.log*-Dateien aus dem Windows-Ordner und seinen Unterordnern, bei PowerShell dagegen eine rote Fehlermeldung:

```
PS> dir c:\windows /S

dir : Das zweite Pfadfragment darf kein Laufwerk oder UNC-Name sein.
Parametername: path2
```

Der Grund: `dir` ist gar kein eigenständiger Befehl und entspricht schon gar nicht dem alten `dir` aus einer normalen Windows-Eingabeaufforderung. `dir` ist lediglich ein Verweis auf das PowerShell-Cmdlet, das dem alten Befehl am nächsten kommt, nämlich `Get-ChildItem`.

Aliase können also dabei helfen, das zuständige neue Cmdlet zu finden. Danach allerdings müssen Sie sich mit diesem und seinen Parametern auseinandersetzen:

```
PS> dir c:\windows -Recurse -ErrorAction SilentlyContinue
```

Das muss nicht lästig sein, denn im Gegenzug erhalten Sie dafür natürlich wieder das komfortable IntelliSense (Abbildung 2.8).

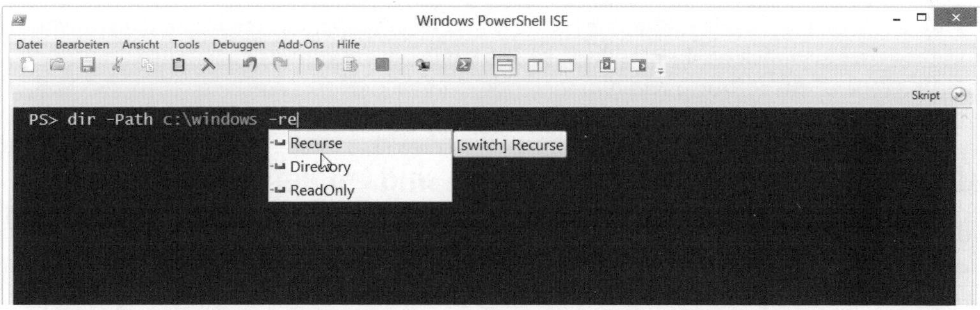

Abbildung 2.8: Aliase, die auf Cmdlets verweisen, liefern die gleiche umfangreiche IntelliSense-Unterstützung.

Befehlstypen ermitteln

Möchten Sie alle Aliase sehen, die PowerShell mitbringt, verwenden Sie `Get-Alias` (oder das Laufwerk *Alias:*). `Get-Alias` kann Ihnen mit dem Parameter `-Definition` auch Aliase heraussuchen, die auf einen bestimmten Befehl verweisen. Die folgende Zeile findet alle Aliase für das Cmdlet `Get-ChildItem`:

```
PS> Get-Alias -Definition Get-ChildItem

CommandType     Name
-----------     ----
Alias           dir -> Get-ChildItem
Alias           gci -> Get-ChildItem
Alias           ls -> Get-ChildItem
```

Im Zweifelsfall deckt `Get-Command` auf, um was für einen Befehlstyp es sich jeweils handelt. So finden Sie zum Beispiel heraus, welche Befehlsarten hinter Aliasnamen in Wirklichkeit stecken:

```
PS> Get-Command -Name ipconfig, echo, dir, notepad, control, devmgmt, wscui, lpksetup

CommandType     Name
-----------     ----
Application     ipconfig.exe
Alias           echo -> Write-Output
Alias           dir -> Get-ChildItem
Application     notepad.exe
Application     control.exe
Application     devmgmt.msc
Application     wscui.cpl
Application     lpksetup.exe
```

Wie sich zeigt, sind `echo` und `dir` in Wirklichkeit Aliase (Verweise) auf die Cmdlets `Write-Output` und `Get-ChildItem`. Alle übrigen Befehle sind vom Typ `Application`, also eigenständige Programme mit der Dateierweiterung *.exe*.

Während Befehle vom Typ `Application` vollkommen autark sind und deshalb bei PowerShell exakt genauso funktionieren wie anderswo, richtet sich das Verhalten der Aliase nach dem Befehl, auf den sie in Wirklichkeit verweisen. Weil `dir` in Wirklichkeit auf das Cmdlet `Get-ChildItem` verweist und Sie also in Wirklichkeit Letzteres aufrufen, wenn Sie `dir` verwenden, gelten für `dir` dieselben Regeln, als hätten Sie `Get-ChildItem` geschrieben. Sie dürfen daher nicht die Parameter des alten Befehls `dir` einsetzen, sondern müssen ausschließlich auf die Parameter des Cmdlets `Get-ChildItem` zurückgreifen.

Klassische cmd.exe-Interpreterbefehle sind Cmdlets

Warum hat PowerShell Befehle wie `dir` und `echo` überhaupt in Aliase verwandelt und mit eigenen Cmdlets implementiert – und nicht einfach so gelassen, wie sie waren? Befehle wie `ipconfig` und `ping` funktionieren in PowerShell doch ebenfalls noch genauso wie früher.

Wenn ein Befehl eine eigenständige Anwendung ist, so wie `ipconfig` und `ping`, ändert sich ihr Verhalten in keiner Weise. PowerShell ruft analog zur Eingabeaufforderung ja lediglich das entsprechend Programm auf. Die Befehle `dir` und `echo` (sowie einige weitere) waren hingegen nie eigenständige Anwendungen. Auch schon zu »DOS-Zeiten« (also vor sehr langer Zeit) gab es keine Anwendung wie *dir.exe* oder *echo.exe*. Stattdessen waren `dir` und `echo` Teil des alten Befehlszeileninterpreters und können über diesen heute noch eingesetzt werden – auch von PowerShell aus:

```
PS> cmd.exe /c dir c:\windows
 Volume in Laufwerk C: hat keine Bezeichnung.
 Volumeseriennummer: 18D6-E089

 Verzeichnis von c:\windows

15.08.2012  20:41    <DIR>          .
15.08.2012  20:41    <DIR>          ..
26.07.2012  10:13    <DIR>          addins
26.07.2012  10:12    <DIR>          AppCompat
26.07.2012  12:27    <DIR>          apppatch
```

```
26.07.2012  09:22    <DIR>          assembly
(...)
```

Weil heute aber PowerShell der neue Befehlszeileninterpreter ist und nicht mehr *cmd.exe*, fallen alle integrierten alten Konsolenbefehle aus *cmd.exe* weg und wurden deshalb von PowerShell mit den eigenen Mitteln – also als Cmdlets – neu erfunden.

Da sich die meisten Befehle in der klassischen *cmd.exe* mit Dateihandling beschäftigt haben, kann man sich auch einen Großteil der historischen Aliase auf diese Weise sichtbar machen und erfährt auf einen Blick, wie die neuen Cmdlets für diese alten Befehle heißen – jedenfalls wenn man weiß, dass die Cmdlets für das Dateihandling in der Regel in ihrem Substantiv die Schlüsselwörter `Item`, `Content` oder `Location` tragen:

```
PS> Get-Alias -Definition *-Item*, *-Content*, *-Location*

CommandType     Name
-----------     ----
(...)
Alias           copy -> Copy-Item
(...)
Alias           del -> Remove-Item
Alias           erase -> Remove-Item
(...)
Alias           move -> Move-Item
(...)
Alias           rd -> Remove-Item
Alias           ren -> Rename-Item
(...)
Alias           rmdir -> Remove-Item
(...)
Alias           cat -> Get-Content
(...)
Alias           type -> Get-Content
Alias           cd -> Set-Location
Alias           chdir -> Set-Location
```

PowerShell verwendet Aliase übrigens nicht nur, um erfahrenen Anwendern den Umstieg zu PowerShell zu versüßen. Auch PowerShell-Anwender greifen im hektischen Alltag gern mal zu diesen Kurznamen. `gps` ist beispielsweise viel schneller gezückt als `Get-Process`, wenn man kurz die laufenden Prozesse zu überprüfen hat.

Eigene Aliase anlegen

Sie dürfen auch gern eigene Aliase anlegen, wenn Sie möchten. Dazu setzen Sie `Set-Alias` ein. Die folgende Zeile legt einen neuen Alias namens `edit` an, der den Windows-Editor startet. Künftig startet also *notepad.exe*, sobald Sie den Befehl `edit` eingeben.

```
PS> Set-Alias -Name edit -Value notepad
```

Allerdings gilt Ihr neuer Alias nur in der aktuellen PowerShell-Sitzung, die ihn umgehend wieder vergisst, sobald Sie sie schließen. Eigene Aliase ergeben erst dann richtig Sinn, wenn Sie persönliche Einstellungen mithilfe eines Profilskripts speichern. Wie das funktioniert, erfahren Sie in Kapitel 5.

Der Nutzen eigener Aliase ist ohnehin generell begrenzt. Denn PowerShell-Skripte, die von Ihnen definierte Aliase verwenden, funktionieren nicht auf anderen Computern. Eigene Aliase sind deshalb nur für PowerShell-Profis gedacht, die einen Großteil ihrer Zeit mit der interaktiven PowerShell-Konsole verbringen und ihre *ganz persönliche Befehlsumgebung* etwas tippfreundlicher gestalten möchten.

Es gibt noch einen Haken: Eigene Aliase können sogar das System beeinträchtigen. Denn sie tragen die höchste Befehlspriorität und gewinnen bei Namensgleichheiten immer. Mit Aliasen kann man also (gewollt oder nicht) andere Befehle schachmatt setzen oder »verbiegen«. Die Befehle verrichten dann plötzlich etwas ganz anderes. Die folgenden beiden Zeilen setzen den Befehl `ping` außer Kraft und starten stattdessen den Windows-Editor:

```
PS> Set-Alias -Name ping -Value notepad
PS> Set-Alias -Name ping.exe -Value notepad
```

Aliase sind im Übrigen reine Befehlsersetzungen. Die Befehlsparameter kann man nicht beeinflussen oder erweitern. Der Alias verhält sich daher in puncto Parameter exakt so wie das Original. Nur der reine Befehlsname kann mit einem Alias abgekürzt werden. Wer mehr will, sollte unauffällig zu Kapitel 11 vorblättern.

Zusammenfassend ist also festzustellen: Die in PowerShell integrierten Aliase sind praktisch und dürfen bedenkenlos eingesetzt werden, um Tipparbeit zu sparen oder in alter Gewohnheit mit klassischen Befehlsnamen zu arbeiten. Neue Aliase kann man zwar auf Wunsch mit `Set-Alias` oder `New-Alias` hinzufügen, aber sinnvoll ist das indes häufig nicht. Spätestens wenn Sie damit beginnen, PowerShell-Skripte zu schreiben, sollten Sie Aliase ausmustern und stattdessen ausschließlich die Originalbefehle verwenden.

Kapitel 3
PowerShell-Laufwerke

In diesem Kapitel:

Ausführlich werden in diesem Kapitel die folgenden Aspekte erläutert:

- **PowerShell-Laufwerke:** PowerShell beschränkt Laufwerke nicht auf das Dateisystem. Auch andere hierarchisch gegliederte Informationssysteme wie die Windows-Registrierungsdatenbank können mithilfe von »Providern« als Laufwerk dargestellt und von den Laufwerk-Cmdlets verwaltet werden. Die Liste der verfügbaren Laufwerke liefert `Get-PSDrive`, die geladenen Provider macht `Get-PSProvider` sichtbar, und mit `New-PSDrive` lassen sich neue Laufwerke hinzufügen.
- **Laufwerkbefehle:** Jedes Element, das sich auf einem Laufwerk befindet, bezeichnet PowerShell als »Item«. Weitere Informationen zu einem Item bezeichnet PowerShell als »ItemProperty«. Alle Laufwerkbefehle kann man daher über `Get-Command -Noun Item*` abrufen. Auch die Cmdlets aus der Familie »Path« unterstützen die PowerShell-Laufwerke: `Get-Command -Noun Path`. Klassische Konsolenbefehle wie `robocopy.exe` oder `net use` werden durch PowerShell-Cmdlets nicht obsolet, sondern ergänzen sie und werden weiterhin häufig verwendet.

- **Umgebungsvariablen:** Windows-Umgebungsvariablen werden von PowerShell als Laufwerk namens `env:` verwaltet. Das PowerShell-Sonderzeichen `$` greift auf Elemente eines Laufwerks zu. Wird kein Laufwerk angegeben, greift PowerShell auf das Standardlaufwerk `variable:` zu. Über `$env:windir` wird beispielsweise die Variable `windir` auf dem Laufwerk `env:\` gelesen, die klassische Windows-Umgebungsvariable *%WINDIR%* also.
- **Platzhalterzeichen in Pfaden:** PowerShell unterstützt die Platzhalterzeichen `*`, `?`, `[a-f]` und `[abc]` in der Regel bei allen Parametern, die `-Path` heißen. Die Platzhalterzeichen werden bei Parametern, die `-LiteralPath` heißen, wörtlich genommen. Parameter namens `-FilePath` akzeptieren nur klassische Dateisystempfade. Ob sich Cmdlet-Autoren immer an diese »Best Practice« halten, steht indes auf einem anderen Blatt.

Cmdlet	Alias	Beschreibung
Clear-Item	cli	Löscht den Inhalt eines Items, aber nicht das Item selbst.
Clear-ItemProperty	clp	Löscht eine Item-Eigenschaft.
Copy-Item	copy, cp, cpi	Kopiert ein Item an einen anderen Ort.
Copy-ItemProperty	cpp	Kopiert eine Item-Eigenschaft an einen anderen Ort.
Get-ChildItem	dir, gci, ls	Listet den Inhalt eines Containers auf.
Get-Item	gi	Ruft ein bestimmtes Item ab.
Get-ItemProperty	gp	Ruft die Eigenschaften eines bestimmten Items ab.
Invoke-Item	ii	Führt die in Windows festgelegte Standardaktion für ein Item aus. Dateien können so beispielsweise mit dem zugeordneten Programm geöffnet werden.
Move-Item	mi, move, mv	Verschiebt ein Item an einen anderen Ort.
Move-ItemProperty	mp	Verschiebt die Eigenschaften eines Items an einen neuen Ort.
New-Item	ni	Legt ein neues Item an.
New-ItemProperty	–	Legt eine neue Eigenschaft für ein vorhandenes Item an.
Remove-Item	del, erase, rd, ri, rm, rmdir	Löscht ein oder mehrere Items. Platzhalterzeichen sind erlaubt.
Remove-ItemProperty	rp	Löscht Eigenschaften eines Items.
Rename-Item	ren, rni	Ändert den Namen eines Items.
Rename-ItemProperty	rnp	Ändert den Namen einer Item-Eigenschaft.
Set-Item	si	Ändert den Inhalt eines Items.
Set-ItemProperty	sp	Ändert den Inhalt einer Item-Eigenschaft.

Tabelle 3.1: Cmdlets für PowerShell-Laufwerke.

Vieles von dem, was man automatisieren möchte, befindet sich auf Datenlaufwerken. Vielleicht möchten Sie Reports als Datei neu anlegen, Bilddateien wiederfinden oder automatisch Sicherungskopien anlegen.

PowerShell unterstützt natürlich den Zugriff auf Ihre Datenlaufwerke, aber mit demselben Grundwissen lassen sich darüber hinaus ganz andere Aufgaben lösen, denn PowerShell kann auch andere Informationsspeicher wie ein Laufwerk aussehen lassen – beispielsweise die Windows Registrierungsdatenbank, in der alle Windows-Einstellungen gespeichert sind.

Möglich machen das sogenannte »Provider« oder »Anbieter«. PowerShell bringt neben dem Dateisystemprovider weitere Provider für Windows-eigene Informationsspeicher (beispielsweise die Windows-Registrierungsdatenbank, den Zertifikatspeicher oder die Umgebungsvariablen) bereits mit. Zusätzliche Provider, zum Beispiel für das Active Directory oder die Verwaltung eines SQL-Servers, lassen sich nachrüsten.

Sie erfahren in diesem Kapitel zunächst, wie typische Dateisystemaufgaben mit PowerShell gemeistert werden. Danach sind Sie beinahe automatisch auch in der Lage, Informationen in der Windows-Registrierungsdatenbank zu lesen und zu ändern, auf Windows-Umgebungsvariablen zuzugreifen oder sogar das Active Directory zu durchforsten.

Da Laufwerke in PowerShell also weit mehr enthalten können als lediglich Dateien und Ordner, sind ein paar abstrakte Begriffe nötig, um die vielfältigen Laufwerktypen einheitlich zu beschreiben:

- **Provider:** Kann einen bestimmten Informationsspeicher als Laufwerk darstellen. `Get-PSProvider` liefert die aktuell vorhandenen Provider. Weitere Provider lassen sich nachrüsten, die dann zusätzliche Informationssysteme als Laufwerk bereitstellen, beispielsweise das Active Directory oder einen SQL Server.
- **Laufwerk:** Repräsentiert einen konkreten Informationsspeicher als Laufwerk. `Get-PSDrive` listet alle PowerShell-Laufwerke auf, auf die Sie aktuell zugreifen können.
- **Item:** Alles, was sich auf einem Laufwerk befindet, bezeichnet PowerShell allgemein als »Item«. Ein speziellerer Begriff wie »File« oder »Directory« würde auch wenig sinnvoll sein, wenn man berücksichtigt, wie breit PowerShell das Laufwerkkonzept fasst. `Get-Command –Noun Item*` zeigt alle Cmdlets an, die mit Laufwerkinhalten zu tun haben.
- **ItemProperty:** Zusätzliche Informationen, die zu einem Item gehören. In der Registrierungsdatenbank wäre ein *Item* beispielsweise ein Registrierungsschlüssel, und die *ItemProperties* wären die einzelnen Registrierungswerte dieses Schlüssels.

Dateisystemaufgaben meistern

Klassische Dateisystemaufgaben haben Sie vielleicht schon früher mit dem Kommandozeileninterpreter *cmd.exe* gelöst. Um den Umstieg zu erleichtern, hat PowerShell viele historische Aliase vordefiniert, die Ihnen schnell den Weg zu den entsprechenden Cmdlets weisen:

```
PS> Get-Alias -Definition *-Item* | Select-Object -Property Name, Definition

Name Definition
---- ----------
cli  Clear-Item
clp  Clear-ItemProperty
copy Copy-Item
cp   Copy-Item
cpi  Copy-Item
(...)
```

Alle diese Aliase verweisen auf Cmdlets, die das Wort *Item* im Namen tragen. Zusätzlich spielen noch die Gruppen der Cmdlets mit den Begriffen *Path* und *Content* eine Rolle für die Dateisystemverwaltung:

```
PS> Get-Command -Noun Path, Content | Select-Object Name

Name
----
Add-Content
Clear-Content
Convert-Path
Get-Content
Join-Path
Resolve-Path
Set-Content
Split-Path
Test-Path
```

Damit haben Sie Ihr Handwerkszeug beisammen und können jetzt die meisten Alltagsaufgaben im Dateisystem erledigen. Zur Einstimmung finden Sie zunächst eine Liste von Einzeilern, die bereits einige typische Dateiaufgaben meistern:

```
# Inhalt einer Protokolldatei lesen (Windows 10 verwendet dieses Log nicht länger)
Get-Content -Path C:\windows\WindowsUpdate.log

# Alle Protokolldateien aus dem Windows-Ordner auflisten:
Get-ChildItem -Path C:\Windows -Filter *.log -Recurse -ErrorAction SilentlyContinue -File

# Einen neuen Ordner anlegen:
New-Item -Path C:\BackupLogs -ItemType Directory -ErrorAction SilentlyContinue

# Überprüfen, ob ein Ordner oder eine Datei existiert:
Test-Path -Path C:\BackupLogs

# Alle Protokolldateien aus dem Windows-Ordner in einen Backup-Ordner kopieren
Get-ChildItem -Path C:\Windows -Filter *.log -Recurse -ErrorAction SilentlyContinue -File | Copy-
Item -Destination C:\BackupLogs -ErrorAction SilentlyContinue

# Ordner im Windows-Explorer öffnen:
Invoke-Item -Path C:\BackupLogs
```

Ordner anlegen

Durch Kombination verschiedener Cmdlets lassen sich auch komplexere Aufgaben erledigen. Möchten Sie zum Beispiel sicherstellen, dass ein Ordner existiert, verwenden Sie eine Bedingung, die das Ergebnis von `Test-Path` auswertet:

```
# dieser Ordner soll existieren:
$Path = 'c:\neuerordner'

# prüfen, ob Ordner schon vorhanden ist:
$existiert = Test-Path -Path $Path

# ausgehend davon Ordner anlegen, wenn er fehlt:
if (!$existiert)
{
    # Ergebnis von New-Item an $null zuweisen,
    # weil das Ergebnis nicht gebraucht wird
    $null = New-Item -Path $Path -ItemType Directory
    Write-Warning 'Neuer Ordner angelegt'
}
```

```
else
{
    Write-Warning "Ordner '$path' war bereits vorhanden."
}
```

Listing 3.1: Neuen Ordner anlegen, falls er noch nicht existiert.

Die »Eigenintelligenz« dieses Skripts beruht auf einer Bedingung, die mit dem Schlüsselwort `if` angelegt wird. Trifft die Bedingung hinter `if` zu, wird der Skriptblock in geschweiften Klammern dahinter ausgeführt, andernfalls der Skriptblock hinter `else`. Im Beispiel wird der Inhalt von `$existiert` ausgewertet. Diese Variable enthält den Wert `$true`, wenn der Ordner schon existiert. Das `!`-Zeichen dreht den booleschen Wert um, macht also aus `$true` ein `$false`. Die Bedingung trifft daher immer dann zu, wenn der Ordner noch nicht existiert.

Sie werden Skriptblöcke – Code innerhalb geschweifter Klammern – später noch genauer kennenlernen. Einstweilen genügt die Regel, dass Code in runden Klammern sofort ausgeführt wird, während Code in geschweiften Klammern nicht sofort ausgeführt wird. Stattdessen wird Code in geschweiften Klammern in der Regel jemandem übergeben, der dann entscheidet, ob dieser Code wann und und wie oft zur Ausführung kommt. Im Beispiel ist dieser »jemand« die `if`-Anweisung. Sie bildet die entscheidende Konstruktion – im wörtlichen Sinne, sie kann autonom entscheiden, wie das Skript handeln soll.

Tipp

`New-Item` kann auch in einem Aufwasch mehrere verschachtelte Ordner anlegen, und sogar mehrere unterschiedliche Ordner sind möglich. Die folgende Zeile legt insgesamt sechs Ordner an:

```
New-Item -Path c:\FolderA\test\sub, c:\FolderB, c:\FolderC\new -ItemType Directory
```

Dateien anlegen und Informationen speichern

Mit `New-Item` lassen sich nicht nur Ordner, sondern auch neue Dateien anlegen. Der folgende Code prüft zum Beispiel, ob die PowerShell-Profildatei vorhanden ist. Falls nicht, legt `New-Item` nicht nur eine (leere) Profildatei an, sondern außerdem alle im Dateipfad eventuell ebenfalls noch fehlenden Ordner:

```
# existiert die PowerShell-Profildatei bereits?
$existiert = Test-Path -Path $profile

# falls nicht, diese Datei anlegen ...
if (!$existiert)
{
    $null = New-Item -Path $profile -ItemType File -Force
}

# ... danach im ISE-Editor öffnen
ise $profile
```

Listing 3.2: PowerShell-Profildatei anlegen, falls sie noch nicht existiert.

Die Profildatei spielt bei PowerShell eine besondere Rolle, denn sie wird immer automatisch ausgeführt, wenn PowerShell startet. Allerdings ist die Profildatei hostspezifisch und gilt jeweils nur für die PowerShell-Konsole oder den ISE-Editor. Nachdem Listing 3.2 die Profildatei geöffnet hat, können Sie darin nun beliebige Konfigurationen oder auch Grußbotschaften eintragen, die dann jedes Mal ausgeführt werden, wenn PowerShell startet.

Achtung

Im Beispiel wurde `New-Item` mit dem Parameter `-Force` aufgerufen. Der sorgt dafür, dass auch alle eventuell noch fehlenden Ordner im Pfadnamen mit angelegt werden. Gleichzeitig würde `-Force` aber auch eine schon existierende Profildatei überschreiben. Genau deshalb ist es so essenziell, wie im Beispiel gezeigt zuerst zu überprüfen, ob die Profildatei schon existiert, und `New-Item` mit `-Force` nur dann zu verwenden, wenn die Zieldatei noch nicht existiert – es sei denn, es ist Ihr ausdrücklicher Wunsch, eine alte Profildatei zu neutralisieren.

Allerdings ist es häufig gar nicht nötig, Dateien mit `New-Item` anzulegen. Viele Cmdlets legen ebenfalls Dateien an und schreiben dabei auch gleich Inhalte in die Datei.

Das folgende Codebeispiel ruft alle Fehler und Warnungen aus dem Systemlogbuch ab und schreibt sie in eine Datei, die mit `Out-File` auf dem Desktop des aktuellen Anwenders gelegt wird. Das Skript öffnet die produzierte Textdatei automatisch, nachdem die Datei angelegt wurde. Sie finden die Datei auf Ihrem Desktop und können sie auch von dort aus per Doppelklick öffnen, wenn Sie einen schnellen Überblick über die letzten Problemfälle des Systems bekommen möchten.

```
# Pfad zum Desktop
$Path = "$HOME\Desktop"

# Datei mit den neuesten 20 kritischen Systemevents erstellen
$FilePath = Join-Path -Path $Path -ChildPath 'FehlerEvents.txt'
Get-EventLog -LogName System -EntryType Error, Warning -Newest 20 |
    Format-Table -AutoSize -Wrap |
    Out-File -FilePath $FilePath -Width 120

notepad.exe $FilePath
```

Listing 3.3: Die letzten 20 Fehler und Warnungen des Systemlogbuchs auf den Desktop legen.

Neben `Out-File` stehen außerdem die Cmdlets der Familie `Content` zur Verfügung. Auch `New-Content` und `Set-Content` legen neue Dateien an und schreiben Inhalte in die Dateien.

Während `Out-File` Objekte indes zuerst in gut lesbare Textspalten übersetzt, schreiben `Content`-Cmdlets ausschließlich die reinen Daten in die Datei. Sie sind deshalb schneller als `Out-File`, sollten aber auch tatsächlich nur dann eingesetzt werden, wenn Sie reine Zahlen- oder Textlisten schreiben möchten. Den Unterschied in der Ausgabe verdeutlicht dieses Beispiel:

```
# Pfad zum Desktop
$Path = "$HOME\Desktop"

# unterschiedliche Ausgabe im Vergleich
$FilePath1 = Join-Path -Path $Path -ChildPath 'OutFile.txt'
$FilePath2 = Join-Path -Path $Path -ChildPath 'SetContent.txt'
$FilePath3 = Join-Path -Path $Path -ChildPath 'OutStringSetContent.txt'

$daten = Get-EventLog -LogName System -EntryType Error, Warning -Newest 20

$daten | Out-File -FilePath $FilePath1
$daten | Set-Content -Path $FilePath2
```

```
$daten | Out-String | Set-Content -Path $FilePath3 -Encoding Unicode

notepad.exe $FilePath1
notepad.exe $FilePath2
notepad.exe $FilePath3
```

Listing 3.4: Unterschiedliche Ausgabe von Out-File und Set-Content.

Genau genommen, entspricht `Out-File` intern also der folgenden Kombination:

```
Out-String | Set-Content -Encoding Unicode
```

Neben den genannten Cmdlets gibt es viele weitere, die ebenfalls als Teil ihrer Aufgabe Dateien anlegen. Dazu zählen beispielsweise viele Cmdlets mit dem Verb *Export*:

```
PS> Get-Command -Verb Export
```

Dateien finden

Um eine bestimmte Datei zu finden, sind in aller Regel drei Kriterien wichtig:

- In welchem Ordnerbaum soll gesucht werden?
- Um welchen Dateityp handelt es sich, und sind weitere Informationen über den Dateinamen bekannt?
- Was soll die Datei enthalten, die gesucht wird?

Nach Dateinamen oder Dateitypen suchen

Die Suche kann entsprechend von drei verschiedenen Cmdlets ausgeführt werden. Suchen Sie nach einem bestimmten Dateityp oder sind Namensteile bekannt, kann `Get-ChildItem` rekursiv einen ganzen Ordnerbaum durchsuchen. Mit dem Parameter `-Filter` geben Sie an, wonach gesucht wird.

Die folgende Zeile findet im Windows-Ordner alle Dateien, die mit *powershell* beginnen und die Erweiterung *.exe* tragen:

```
PS> Get-ChildItem -Path $env:windir -Filter powershell*.exe -Recurse -ErrorAction SilentlyContinue
```

Der Parameter `-ErrorAction SilentlyContinue` ignoriert dabei alle Fehlermeldungen, die bei der Suche auftreten können, wenn die Suche auf Unterordner stößt, auf die Sie keine Zugriffsberechtigungen haben. Sind Sie nur an den Pfadnamen interessiert, kann `Select-Object` die Ausgabe auf den Inhalt der Eigenschaft `FullName` beschränken, die normalerweise nicht sichtbar ist:

```
PS> Get-ChildItem -Path $env:windir -Filter powershell*.exe -Recurse -ErrorAction SilentlyContinue |
  Select-Object -ExpandProperty FullName

C:\WINDOWS\System32\WindowsPowerShell\v1.0\powershell.exe
C:\WINDOWS\System32\WindowsPowerShell\v1.0\powershell_ise.exe
(...)
```

-Filter und -Include: Unterschiede verstehen

Mit dem Parameter `-Filter` haben Sie eben festgelegt, wonach gesucht wird. Der Parameter `-Filter` wird direkt vom Laufwerkprovider verarbeitet, ist also besonders schnell. Allerdings wird er lediglich vom `FileSystem`-Provider unterstützt und funktioniert auf anderen Laufwerktypen nicht:

```
PS> Get-PSProvider

Name          Capabilities                          Drives
----          ------------                          ------
Registry      ShouldProcess, Transactions           {HKLM, HKCU}
Alias         ShouldProcess                         {Alias}
Environment   ShouldProcess                         {Env}
FileSystem    Filter, ShouldProcess, Credentials    {C, Z}
Function      ShouldProcess                         {Function}
Variable      ShouldProcess                         {Variable}
```

Außerdem verhält er sich manchmal etwas merkwürdig. Die folgende Zeile soll eigentlich nur PowerShell-Skripte mit der Erweiterung *.ps1* im Windows-Ordner finden. Tatsächlich werden aber auch Dateien gefunden, deren Erweiterung mit *.ps1* beginnt, zum Beispiel *.ps1xml*:

```
PS> Get-ChildItem -Path $env:windir -Filter *.ps1 -Recurse -ErrorAction SilentlyContinue |
Group-Object -Property Extension -NoElement

Count Name
----- ----
  660 .ps1
  342 .ps1xml
    2 .ps1xml_96095401
    2 .ps1xml_f5fc2012
    2 .ps1xml_b1460d8a
(...)
```

Um das zu verhindern, können Sie anstelle von `-Filter` auch den Parameter `-Include` einsetzen. Dieser arbeitet nicht auf Providerebene, sondern filtert die Ergebnisse nur nachträglich. Daher funktioniert `-Include` unabhängig von Provider und Laufwerktyp immer. Allerdings ist `-Include` im Vergleich zu `-Filter` sehr viel langsamer und liefert nur bei rekursiven Suchen Ergebnisse. Sie müssen also immer auch `-Recurse` angeben, um `-Include` nutzen zu können.

Ein Workaround für das Dateisystem ist daher, einfach beide Parameter einzusetzen. `-Filter` übernimmt dann die Grobvorauswahl, und `-Include` filtert diese Ergebnisse anschließend:

```
PS> Get-ChildItem -Path $env:windir -Filter *.ps1 -Include *.ps1 -Recurse -ErrorAction SilentlyCon
tinue | Group-Object -Property Extension -NoElement

Count Name
----- ----
  660 .ps1
```

Mehrere Top-Level-Ordner durchsuchen

Platzhalterzeichen können in Pfadnamen ebenfalls eingesetzt werden, und durch Verschachtelung von mehreren `Get-ChildItem`-Aufrufen lässt sich noch mehr erreichen. Die folgende Suche würde nur in denjenigen direkten Unterordnern suchen, die mit *Sys* beginnen:

```
PS> Get-ChildItem -Path $env:windir\Sys* -Directory


    Verzeichnis: C:\WINDOWS


Mode                LastWriteTime         Length Name
----                -------------         ------ ----
d-----        30.10.2015     08:24                System
d-----        25.11.2015     09:21                System32
d-----        30.10.2015     10:07                SystemApps
d-----        30.10.2015     08:24                SystemResources
d-----        16.11.2015     12:03                SysWOW64
```

Diese Ordner kann man nun erneut an `Get-ChildItem` leiten, sodass dieser zweite Aufruf nur noch folgende Top-Level-Ordner rekursiv durchsucht:

```
PS> Get-ChildItem -Path $env:windir\Sys* -Directory |
  Get-ChildItem -Filter powershell*.exe -Recurse -ErrorAction SilentlyContinue |
  Select-Object -ExpandProperty FullName

C:\WINDOWS\System32\WindowsPowerShell\v1.0\powershell.exe
C:\WINDOWS\System32\WindowsPowerShell\v1.0\powershell_ise.exe
C:\WINDOWS\SysWOW64\WindowsPowerShell\v1.0\powershell.exe
C:\WINDOWS\SysWOW64\WindowsPowerShell\v1.0\powershell_ise.exe
```

Hier sehen Sie besonders schön die mitgelieferten PowerShell-Hosts, die jeweils in einer 32-Bit- und einer 64-Bit-Variante vorliegen. Der erste Aufruf von `Get-ChildItem` liefert nur diejenigen Ordner, die durchsucht werden sollen. Diese werden dann an den zweiten Aufruf weitergeleitet, der darin rekursiv die Dateien sucht.

Wissen Sie bereits, wie viele Ergebnisse Sie benötigen, kann `Select-Object` mit dem Parameter `-First` die langwierige rekursive Suche abbrechen, sobald die gewünschte Anzahl von Ergebnissen erreicht ist, und so den Aufruf stark beschleunigen. Die folgende Zeile findet die erste *powershell.exe*-Datei im Windows-Ordner:

```
PS> Get-ChildItem -Path $env:windir -Filter powershell.exe -Recurse -ErrorAction SilentlyContinue |
  Select-Object -ExpandProperty FullName -First 1
```

Ab PowerShell 5 unterstützt `Get-ChildItem` außerdem den Parameter `-Depth`, mit dem die Verschachtelungstiefe einer rekursiven Suche festgelegt wird. Der Parameter `-Recurse` muss dann nicht mehr angegeben werden.

Alternative zur Rekursion

Eine rekursive Suche kann sehr lange dauern, weil dabei sämtliche Unterordner und alle darin vorhandenen Dateien durchsucht werden. Wenn Sie bereits wissen, auf welcher Ebene sich eine Datei befindet, beschleunigen Platzhalterzeichen im Pfad die Suche erheblich.

Die folgende Zeile liefert zum Beispiel alle Instanzen von *excel.exe* (Microsoft Excel) im *Programme*-Verzeichnis. Gefunden werden sowohl 32- als auch 64-Bit-Fassungen beliebiger Versionen:

```
Get-Item -Path 'c:\program*\Microsoft Office\Office*\excel.exe' | Select-Object -ExpandProperty
FullName
```

Ersetzen Sie in einem absoluten Pfad einfach die Stellen, die Sie nicht genau festlegen können, durch `*`. `Get-Item` findet daraufhin alle infrage kommenden Dateien.

Nach Dateiinhalten suchen

Falls Sie auch den Dateiinhalt als Suchkriterium einbeziehen möchten, werden die Ergebnisse anschließend an `Select-String` weitergeleitet. Dieses Cmdlet prüft, ob ein bestimmtes Wort oder eine Phrase in der Datei vorkommt. Voraussetzung ist, dass die Datei einen textbasierten Inhalt hat. Binäre oder speziell formatierte Dateien lassen sich damit nicht filtern. Das gilt auch für proprietäre Dateiformate wie Windows-Word-Dateien.

Die folgende Zeile findet alle PowerShell-Skripte im Windows-Ordner, die das Wort

```
Get-ChildItem -Path $env:windir -Filter *.ps1 -Recurse -ErrorAction SilentlyContinue |
  Select-String -Pattern 'Get-ChildItem' -List |
  Select-Object -ExpandProperty Path
```

`Select-String` findet normalerweise alle Textstellen (Zeilen) mit dem Suchwort und gibt diese aus. Wenn nur ein Ergebnis pro Datei gefunden werden soll, gibt man den Parameter `-List` an. Da der Code nicht die gefundene Textstelle liefern soll, sondern den Pfadnamen der Datei, wird anschließend mit `Select-Object` nur die normalerweise unsichtbare Eigenschaft `Path` ausgegeben.

Hinweis

Falls Sie sich gerade fragen, woher man weiß, dass das Ergebnis von **`Select-String`** eine versteckte Eigenschaft namens **`Path`** beinhaltet, ersetzen Sie einfach **`-ExpandProperty Path`** durch **`-Property *`**. Sie sehen so alle verfügbaren Eigenschaften.

Das Codebeispiel zeigt Ihnen also die Grundlage für universelle Suchwerkzeuge zum Finden von Dateien. Hier ist ein angepasstes Beispiel, das beliebige PowerShell-Skripte in Ihrem Benutzerprofil findet, wenn Sie ein entsprechendes Stichwort angeben. Das Skript wird indes keine Ergebnisse liefern, solange Sie nicht auch tatsächlich damit begonnen haben, eigene Skripte in Ihrem Benutzerprofil zu speichern.

```
$stichwort = Read-Host -Prompt 'Nach welchem Wort in Ihrem Skript suchen Sie'

Get-ChildItem -Path $home -Filter *.ps1 -Recurse -ErrorAction SilentlyContinue |
  Select-String -Pattern $stichwort -List |
  Select-Object -Property LineNumber, Line, FileName, Path |
  Out-GridView -Title 'Datei aussuchen' -OutputMode Multiple |
  Select-Object -ExpandProperty Path
```

Listing 3.5: Suchfunktion, um Skripte über ein Schlüsselwort wiederzufinden.

Achtung

Wenn Sie Informationen an **`Out-GridView`** schicken und den Parameter **`-OutputMode`** verwenden, wird aus dem GridView ein Dialogfeld. Dieses wartet dann so lange, bis Sie einen Eintrag auswählen und danach auf die Schaltfläche *OK* klicken oder bis Sie das Fenster per Klick auf *Abbrechen* schließen. Solange das GridView geöffnet ist, wartet PowerShell auf Ihre Reaktion und bleibt beschäftigt. Achten Sie also unbedingt darauf, das GridView nach Testläufen auch wieder zu schließen (es versteckt sich vielleicht hinter dem Editorfenster). Solange es geöffnet bleibt, können Sie in der PowerShell keine neuen Befehle starten.

Und noch eine zweite Besonderheit ist wichtig, wenn Sie das GridView als Auswahldialog verwenden. Solange es noch gefüllt wird, dürfen Sie darin keine Auswahl treffen. Erst wenn die Suche im Beispielskript komplett abgeschlossen ist, kann ein Eintrag im GridView ausgewählt werden. Klicken Sie danach unten rechts auf die Schaltfläche *OK*, um den Pfadnamen der Datei in der Konsole auszugeben.

Dieses Verhalten ist für den Anwender natürlich nicht besonders vorhersehbar. Er sieht ja nicht, wann das GridView komplett gefüllt ist. Klickt er zu früh, wird die getroffene Auswahl nicht weitergegeben.

Eine Möglichkeit, das Problem zu beheben, besteht darin, die Daten zunächst in einer Variablen zu sammeln und erst nach Abschluss der Suche an das GridView zu übergeben.

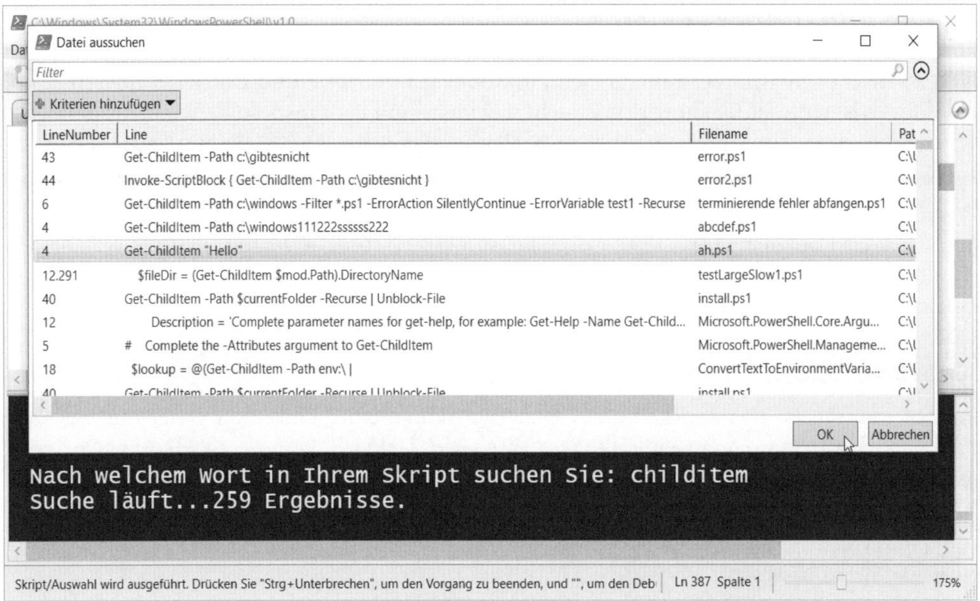

Abbildung 3.1: Komfortables Suchwerkzeug, um eigene Skripte per Stichwort zu finden und zu öffnen.

Wenn Sie nun noch einen kleinen Vorgriff auf die Pipeline-Cmdlets gestatten, kann das Auswahlwerkzeug die ausgewählte Datei sogar gleich im ISE-Editor öffnen:

```
# nach einem Stichwort fragen
$stichwort = Read-Host -Prompt 'Nach welchem Wort in Ihrem Skript suchen Sie'
Write-Host 'Suche läuft...' -NoNewline

# Skripte mit diesem Stichwort finden
$resultat = Get-ChildItem -Path $home -Filter *.ps1 -Recurse -ErrorAction SilentlyContinue |
  Select-String -Pattern $stichwort -List |
  Select-Object -Property LineNumber, Line, FileName, Path

# Anzahl der Ergebnisse melden
$anzahl = $resultat.Count
Write-Host "$anzahl Ergebnisse."

# nur wenn Skripte gefunden wurden, im GridView anzeigen ...
if ($anzahl -gt 0)
{
  $resultat |
```

```
    Out-GridView -Title 'Datei aussuchen' -OutputMode Multiple |
    Select-Object -ExpandProperty Path |
    Foreach-Object {
      # ... und jedes gefundene Skript mit der ISE öffnen:
      ise $_
    }
}
```

Listing 3.6: Skripte bequem per Stichwort finden und im ISE-Editor öffnen

Dateien und Ordner kopieren

`Copy-Item` ist ein sehr simpler Kopierbefehl, mit dem man Ordner und Dateien kopieren kann. Allerdings leistet dieser Befehl wirklich nicht viel mehr und lässt insbesondere ein ausgeklügeltes Fehlerhandling, die Unterstützung langer Pfadnamen über 256 Zeichen und schnelles Multithreading vermissen. Auch überschreibt `Copy-Item` ohne Rückfrage vorhandene Zieldateien. In erster Linie ist `Copy-Item` dafür gedacht, einfachere Dateikopieraktionen durchzuführen.

Spätestens das Kopieren ganzer Ordnerinhalte ist mit `Copy-Item` ein Wagnis, denn es verhält sich mitunter etwas sonderbar. Sie werden gleich mehr dazu erfahren. Schauen Sie sich zunächst jedoch an, wie Dateien mit `Copy-Item` kopiert werden.

Einzelne Datei kopieren

Unproblematisch ist das Anlegen einer Sicherheitskopie einer einzelnen Datei mit `Copy-Item` (jedenfalls dann, wenn man einkalkuliert, dass die Zieldatei kommentarlos überschrieben wird):

```
#requires -Version 3
# Datei anlegen:
$desktop = "$home\Desktop"
$original = Join-Path -Path $desktop -ChildPath 'original.txt'
$kopie = Join-Path -Path $desktop -ChildPath 'kopie.txt'

"Hallo Welt" | Set-Content -Path $original


# Sicherheitskopie erstellen:
Copy-Item -Path $original -Destination $kopie

# die zwei zuletzt geänderten Dateien auf dem Desktop auflisten:
Get-ChildItem -Path $desktop -File |
  Sort-Object -Property LastWriteTime -Descending |
  Select-Object -First 2
```

Listing 3.7: Sicherheitskopie einer Datei anlegen.

Mehrere Dateien kopieren

`Copy-Item` kann auch mehrere Dateien in einem Schritt kopieren. Dabei sind zwei Vorgehensweisen möglich.

- Im einfachsten Fall wird als `-Destination` ein bereits existierender Ordner angegeben. `Copy-Item` kopiert dann alle Dateien in diesen Ordner hinein. Dies setzt aber unbedingt voraus, dass der angegebene Zielordner bereits vorhanden ist. Ist er nicht vorhanden, wertet `Copy-Item` die Angabe für `-Destination` als neuen Dateinamen für die zu kopierende Datei.

- Im komplexeren Fall wird `-Destination` ein Skriptblock übergeben.

Bleiben wir zuerst beim einfacheren Szenario: Das folgende Skript sucht zuerst alle Dateien mit der Erweiterung *.log* aus dem Windows-Ordner und kopiert diese dann in einen gemeinsamen Ordner. Gleichnamige Dateien werden überschrieben:

```
#requires -Version 3

# Zielordner muss existieren!
$zielordner = 'C:\LogFiles'
# Zielordner anlegen oder überschreiben, falls vorhanden
# ACHTUNG: Ein vorhandener Zielordner wird komplett gelöscht!
$null = New-Item -Path $zielordner -ItemType Directory -Force

# alle .log-Dateien im Windows-Ordner finden ...
Get-ChildItem -Path $env:windir -Filter *.log -Recurse -ErrorAction Ignore -File |
  # ... und Dateien in Zielordner kopieren
  Copy-Item -Destination $zielordner

# Zielordner öffnen
explorer $zielordner
```

Listing 3.8: Alle .log-Dateien aus dem Windows-Ordner in einen anderen Ordner kopieren.

Während des Kopierens werden Sie möglicherweise Fehlermeldungen sehen, denn `Copy-Item` kann keine Dateien kopieren, die aktuell von anderen Programmen im Zugriff sind – eine weitere Einschränkung des Cmdlets. Immerhin aber öffnet sich danach der Zielordner und zeigt die kopierten Dateien an.

Was aber, wenn Sie beispielsweise Sicherheitskopien sämtlicher Dateien in einem Ordner anlegen wollen? In diesem Fall ist der Zielordner mit dem Ursprungsordner identisch, und es soll sich stattdessen der Name der jeweiligen Dateien ändern.

Das folgende Skript zeigt, wie so etwas funktioniert. Hierbei wird `-Destination` ein Skriptblock übergeben. Innerhalb des Skriptblocks steht die zu kopierende Datei jeweils in der Variablen `$_` zur Verfügung, und der Skriptblock wird für jede zu kopierende Datei einmal aufgerufen. Seine Aufgabe ist es, den Zieldateinamen zu berechnen.

Das folgende Skript legt Sicherheitskopien für alle PowerShell-Skripte an, die auf Ihrem Desktop liegen (speichern Sie also dort zuerst ein paar PowerShell-Skripte, weil das folgende Skript andernfalls nicht viel zu tun hätte):

```
#requires -Version 1
$desktop = "$home\Desktop"
Get-ChildItem -Path $desktop -Filter *.ps1 |
  Copy-Item -Destination {
           $datei = $_
           $name = $datei.Name
           $newname = $name + '.bak'
           Join-Path -Path $desktop -ChildPath $newname
         }
```

Listing 3.9: Sicherheitskopien für alle Skriptdateien auf dem Desktop anlegen.

Ordner kopieren

Möchte man mit `Copy-Item` ganze Ordner kopieren, gestaltet sich das viel schwieriger als gedacht. Den Grund dafür haben Sie eben schon kennengelernt: Wenn `-Destination` noch nicht existiert, kopiert `Copy-Item` die Quelle unter diesem Namen. Existiert `-Destination` dagegen und ist ein Ordner, wird die Quelle in diesen Ordner kopiert. Was beim Kopieren von Dateien nützlich ist, führt bei Ordnern zu einem völlig unvorhersehbaren Verhalten, denn `Copy-Item` verhält sich jetzt beim ersten Kopiervorgang anders als bei folgenden.

Was das konkret bedeutet, zeigt das nächste Beispiel. Es kopiert den PowerShell-Ordner mit all Ihren benutzerspezifischen Anpassungen, legt also eine Sicherheitskopie dieses Ordners an. Damit das klappt, sollte dieser Ordner natürlich existieren. Sie können aber natürlich auch `$profil` und `$ziel` ändern und eine Sicherheitskopie eines ganz anderen Ordners anlegen.

```
#requires -Version 1

# PowerShell-Profil kopieren
$profil = "$home\Documents\WindowsPowerShell"
$ziel = "$home\Documents\SicherheitskopiePSProfil"

$existiert = Test-Path -Path $profil
if (!$existiert)
{
        Write-Warning "Das Profil $profil existiert nicht - nichts zu kopieren!"
        return
}

Copy-Item -Path $profil -Destination $ziel -Recurse

explorer $ziel
```

Listing 3.10: Sicherheitskopie des PowerShell-Ordners anlegen.

Beim ersten Mal klappt alles wie gewünscht, und die Sicherheitskopie wird dank des Parameters `-Recurse` angelegt. Rufen Sie dasselbe Skript allerdings ein zweites Mal auf, verhält sich `Copy-Item` anders. Weil der Ordner, auf den `-Destination` verweist, jetzt bereits vorhanden ist, wird der Originalordner diesmal in den schon vorhandenen Ordner kopiert.

Dieses zunächst sonderbare Verhalten lässt sich erklären: Im ersten Teil dieses Abschnitts hatten Sie gesehen, wie es beim Kopieren von Dateien hilft. Allerdings ist dieses Verhalten zum Kopieren von Ordnern völlig ungeeignet.

Wollen Sie also Ordner kopieren oder ganz allgemein komplexere Kopierarbeiten vornehmen, greifen Sie lieber zu *robocopy.exe*. Dieses Konsolentool ist Bestandteil von Windows und kann in PowerShell sehr einfach aufgerufen werden:

```
#requires -Version 1

# PowerShell-Profil kopieren
$profil = "$home\Documents\WindowsPowerShell"
$ziel = "$home\Documents\SicherheitskopiePSProfil"

$null = robocopy.exe $profil $Ziel /R:0 /S

explorer $ziel
```

Listing 3.11: PowerShell-Profil zuverlässig mit robocopy.exe kopieren.

Das Skript ist nicht nur kürzer, sondern auch sehr viel schneller: *robocopy.exe* ist intelligent und kopiert Dateien nur, wenn sie sich von den Zieldateien unterscheiden. Außerdem kopiert *robocopy.exe* mit acht Threads gleichzeitig.

Dateien umbenennen

`Rename-Item` benennt Dateien und Ordner um, ohne sie zu kopieren.

Einzelne Datei

Hier zunächst ein simples Beispiel: Auf Ihrem Desktop wird eine Datei namens *datei.txt* angelegt. Darin werden die Ergebnisse des Befehls `Get-Process` gespeichert. Anschließend wird die Datei umbenannt. Auf dem Desktop liegt am Ende die Datei *prozesse.txt*.

```
#requires -Version 1

# Pfadnamen definieren:
$desktop = "$home\Desktop"
$path = Join-Path -Path $desktop -ChildPath datei.txt

# Ergebnisse von Get-Process in Textdatei speichern:
Get-Process | Format-Table -AutoSize -Wrap | Out-File -FilePath $path -Width 120

# Ausgabedatei umbenennen
Rename-Item -Path $path -NewName prozesse.txt
```

Listing 3.12: Datei anlegen und anschließend umbenennen.

Ganze Ordnerinhalte umbenennen

Spannender wird es, wenn `Rename-Item` ganze Ordnerinhalte umbenennt. Dazu wird `-NewName` ähnlich wie bei `Copy-Item` ein Skriptblock übergeben. In der Variablen `$_` steht wieder die umzubenennende Datei, und die Aufgabe des Skriptblocks ist es, den neuen Dateinamen zu berechnen.

Damit dabei keine wichtigen Dateien zerstört werden, legt das folgende Skript zuerst einen Testordner an. Er enthält alle JPEG-Bilder, die im Windows-Ordner zu finden sind:

```
#requires -Version 3

# Zielordner muss existieren!
$zielordner = 'C:\Testbilder'
# Zielordner anlegen oder überschreiben, falls vorhanden
# ACHTUNG: Ein vorhandener Zielordner wird komplett gelöscht!
$null = New-Item -Path $zielordner -ItemType Directory -Force

# alle .jpg-Dateien im Windows-Ordner finden ...
Get-ChildItem -Path $env:windir -Filter *.jpg -Recurse -ErrorAction SilentlyContinue -File |
  # ... und Dateien in Zielordner kopieren
  Copy-Item -Destination $zielordner

# Zielordner öffnen
explorer $zielordner
```

Listing 3.13: Alle JPEG-Bilder aus dem Windows-Ordner in einen Testordner kopieren.

Danach sollen alle Bilder umbenannt werden. Hierzu sendet `Get-ChildItem` alle Dateien im Ordner an `Rename-Item`. `Rename-Item` »berechnet« nun mit dem Skriptblock, der für `-NewName` angegeben wurde, für jede einzelne von `Get-ChildItem` gelieferte Datei den neuen Dateinamen.

Innerhalb des Skriptblocks, der für jede empfangene Datei einmal ausgeführt wird, steht die umzubenennende Datei in der Variablen `$_` zur Verfügung. Daraus kann die Dateierweiterung in der Eigenschaft `Extension` ausgelesen werden, denn die alte Dateierweiterung soll auch im neuen Dateinamen weiterverwendet werden.

Der neue Dateiname ergibt sich aus einem Zähler, der Variablen `$index`. Sie wird mit dem Operator `++` jeweils um eins erhöht. Damit sich diese Erhöhung auch tatsächlich auswirkt, muss die Variable `$index` allerdings mit dem Präfix `script:` angesprochen werden. Ohne dieses Präfix würde nur eine interne Variable `$index` innerhalb des Skriptblocks angesprochen, die bei jedem neuen Aufruf des Skriptblocks wieder neu angelegt würde – und der Zähler würde nie weiterzählen als bis 1.

Der endgültige neue Dateiname wird zum Schluss mit dem Operator `-f` erzeugt: Links von ihm steht die Textschablone für den neuen Dateinamen: `'Picture{0:d3}{1}'`. In den ersten Platzhalter (`{0}`) wird die laufende Nummer aus `$index` eingefügt, und zwar dreistellig (`d3`). In den zweiten Platzhalter (`{1}`) wird die Dateierweiterung eingefügt.

```
#requires -Version 1


$zielordner = 'C:\Testbilder'
$index = 0

# alle Dateien im Testordner ...
Get-ChildItem -Path $zielordner |
  # ... nach Größe aufsteigend sortieren ...
  Sort-Object -Property Length |
  # ... danach mit laufender Nummer umbenennen:
  Rename-Item -NewName {
          $datei = $_
          $extension = $_.Extension
          # Index um eins erhöhen
          $script:index++
          # neuen Dateinamen konstruieren
          'Picture{0:d3}{1}' -f $index, $extension
  }

  # Ordner öffnen
  explorer $zielordner
```

Listing 3.14: Alle Bilder im Ordner mit laufender dreistelliger Zahl umbenennen.

Nachdem das Skript ausgeführt wurde, sind alle Dateien im Ordner umbenannt (Abbildung 3.2). Ihr Name besteht nun aus dem Präfix *Picture* und einer dreistelligen fortlaufenden Zahl.

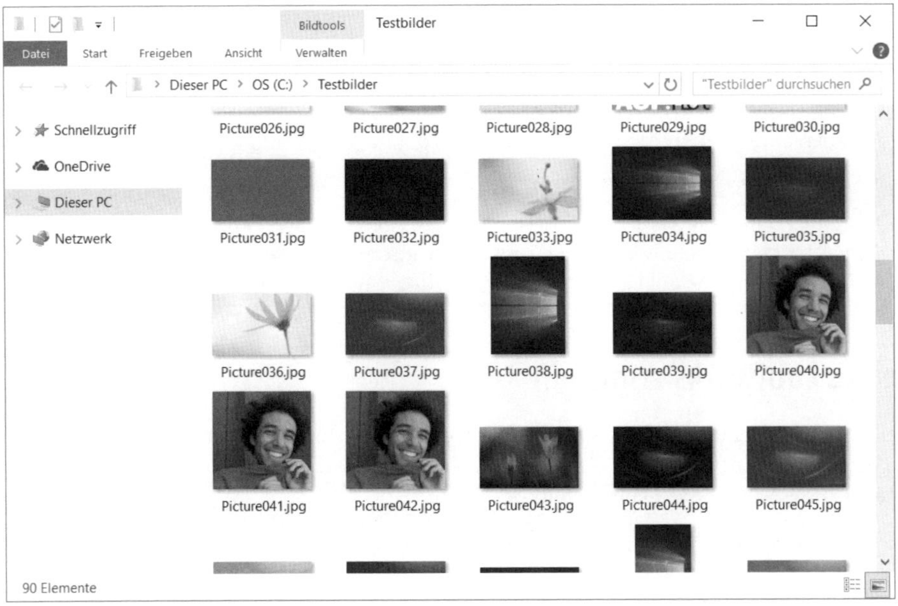

Abbildung 3.2: Alle Bilder innerhalb eines Ordners mit laufender Zahl umbenennen.

Dateien und Ordner löschen

Das Löschen von Dateien und Ordnern übernimmt `Remove-Item`. Wollen Sie mit diesem Cmdlet ganze Ordner samt Inhalt löschen, muss zusätzlich der Parameter `-Recurse` angegeben werden.

Hier ein kleines Aufräumskript, das überflüssige Dateien entsorgt, um Festplattenspeicher freizugeben: Zunächst werden die Verknüpfungen aus dem Ordner *Recent* entfernt, die für jede Datei angelegt werden, die man mit dem Explorer öffnet. Danach wird der temporäre Ordner bereinigt. Dabei kann es zu Fehlern kommen, falls temporäre Dateien oder Ordner gelöscht werden sollen, die noch verwendet werden. Solche Fehler unterdrückt das Skript dann einfach:

```
#requires -Version 1

# RECENT-Dateien löschen
Get-ChildItem -Path "$env:appdata\Microsoft\Windows\Recent" -Filter *.lnk |
  Remove-Item

# TEMP-Ordner löschen
Get-ChildItem -Path $env:temp | Remove-Item  -Recurse -ErrorAction SilentlyContinue
```

Listing 3.15: Überflüssige Dateien von der Festplatte löschen.

Achtung

Das Löschen von Dateien und Ordnern ist immer kritisch. Eines der größten Risiken ist dabei das Argument für *-Path*. Wenn Sie dieses Argument nicht wie im Beispiel als absoluten Pfad hardcodieren, sondern etwa als Variable übergeben, ist allergrößte Sorgfalt nötig.

Sollten Sie sich bei der Angabe der Variablen beispielsweise vertippen oder ist die Variable aus anderen Gründen versehentlich leer, verweist `-Path` automatisch auf den aktuellen Ordner. Sie würden in diesem Fall womöglich die völlig falschen Dateien und Ordner löschen. Das ist ein enormes Risiko.

Größe eines Laufwerks ermitteln

Die aktuelle Speicherbelegung eines Laufwerks ermittelt man mit `Get-PSDrive`. Dieses Cmdlet listet alle PowerShell-Laufwerke auf. Um nur Dateisystemlaufwerke zu sehen, wird die Ansicht mit `-Provider FileSystem` auf das Dateisystem beschränkt:

```
PS> Get-PSDrive -PSProvider FileSystem

Name           Used (GB)     Free (GB) Provider      Root
----           ---------     --------- --------      ----
C                 153,86        311,94 FileSystem    C:\
```

Man kann auch die Eigenschaften `Free` und `Used` aus dem Laufwerkobjekt erfragen und daraus die Gesamtgröße und die Speicherbelegung in Prozent ermitteln:

```
#requires -Version 1

$drive = Get-PSDrive -PSProvider FileSystem -Name C

$free = $drive.Free
$used = $drive.Used
$total = $free + $used
$percent = $used / $total

'Gesamt:    {0,10:n1} GB' -f ($total/1GB)
'Belegt:    {0,10:n1} GB' -f ($used/1GB)
'Frei:      {0,10:n1} GB' -f ($free/1GB)
'Belegung:    {0,10:p}' -f $percent
```

Listing 3.16: Speicherbelegung eines Laufwerks ermitteln.

Das Ergebnis könnte dann in etwa so aussehen:

```
Gesamt:         465,8 GB
Belegt:         153,9 GB
Frei:           311,9 GB
Belegung:        33,03 %
```

Größe eines Ordners ermitteln

Die Gesamtgröße eines Ordners wird Ihnen erstaunlicherweise von keinem Cmdlet frei Haus geliefert. Das ist auch nicht nötig, denn die Gesamtgröße eines Ordners ist ja einfach die Summe aller darin enthaltenen Dateien.

Deshalb genügt es, mit `Get-ChildItem` alle Dateien im Ordner aufzulisten. Das allein ist die tatsächlich dateisystemspezifische Aufgabe, die so aussehen könnte:

```
# die Größe dieses Ordners soll ermittelt werden
$Path = 'c:\windows'

# es sollen alle Dateien berücksichtigt werden
# (ersetzen Sie dies z. B. durch '*.log', um nur solche
# Dateien zu zählen)
$Filter = '*'

Get-ChildItem -Path $Path -Filter $Filter -File -ErrorAction SilentlyContinue
```

Das Ergebnis ist eine lange Dateiliste, und pro Datei findet sich die jeweilige Größe in der Spalte `Length`:

```
    Verzeichnis: C:\windows


Mode                LastWriteTime         Length Name
----                -------------         ------ ----
-a---l       10.07.2015     12:59          61952 bfsvc.exe
-a--s-       12.11.2015     16:37          67584 bootstat.dat
-a----       06.08.2015     12:22           6705 comsetup.log
-a----       21.11.2014     04:47          35851 CoreConnectedSingleLanguage.xml
-a----       01.04.2015     10:52             12 csup.txt
-a---l       20.08.2015     04:42         236544 DfsrAdmin.exe
```

Um diese Rohdaten ins gewünschte Format zu bringen, müsste nun aus all den Größenangaben die Summe gebildet werden. Summen zu bilden, ist keine wirklich dateisystemspezifische Aufgabe. Dies kann auch in ganz anderen Zusammenhängen wichtig sein. Deshalb wird die Aufgabe von einem anderen Cmdlet erledigt: `Measure-Object`. Wie es funktioniert, zeigt dieses einfache Beispiel:

```
PS> 1,4,7,12,55 | Measure-Object -Sum


Count    : 5
Average  :
Sum      : 79
Maximum  :
Minimum  :
Property :

PS> 1,4,7,12,55 | Measure-Object -Sum | Select-Object -ExpandProperty Sum
79
```

Kombiniert man beides, erhält man die Ordnergesamtgröße. Fügen Sie `Get-ChildItem` höchstens noch die Parameter `-Recurse` (damit auch die Unterordner durchsucht werden) und `-Force` (damit versteckte Dateien berücksichtigt werden) an:

```
# die Größe dieses Ordners soll ermittelt werden
$Path = 'c:\windows'

# es sollen alle Dateien berücksichtigt werden
# (ersetzen Sie dies z. B. durch '*.log', um nur solche
# Dateien zu zählen)
$Filter = '*'

$TotalSize = Get-ChildItem -Path $Path -Filter $Filter -File -ErrorAction SilentlyContinue -Recurse
-Force | Measure-Object -Property Length -Sum |  Select-Object -ExpandProperty Sum

"Die Gesamtgröße des Ordners $Path beträgt $TotalSize Bytes."

$TotalSizeMB = $TotalSize / 1MB

'Die Gesamtgröße des Ordners "{0}" beträgt {1:n1} MB.' -f $Path, $TotalSizeMB
```

Listing 3.17: Gesamtgröße eines Ordners feststellen.

Das Ergebnis sieht nach einiger Wartezeit ungefähr so aus:

```
Die Gesamtgröße des Ordners c:\windows beträgt 31833632517 Bytes.
Die Gesamtgröße des Ordners "c:\windows" beträgt 30.358,9 MB.
```

Die erste Textzeile wurde durch das einfache Einfügen der Variablen erzeugt, sieht aber etwas unübersichtlich aus.

Die zweite Textzeile nutzt den Operator `-f`, der links eine Textschablone und rechts die darin einzusetzenden Werte erwartet. Sie haben natürlich Recht, wenn Sie einwerfen, dass dieser Operator noch gar nicht erklärt worden ist. Er wird erst im Kapitel über Operatoren seinen Auftritt haben, soll aber hier trotzdem schon einmal zeigen, was er kann. Und vielleicht haben Sie ja Lust, jetzt bereits auszutüfteln, wie er die wesentlich schöner formatierte Textzeile erzeugt hat:

Die Platzhalter stehen in der Textschablone als Zahlen in geschweiften Klammern. `{0}` ist also der erste Platzhalter, in den der Inhalt von `$Path` eingefügt wird, und `{1}` ist der zweite Platzhalter, der den Wert aus `$TotalSizeMB` anzeigt. Der Zusatz `:n1` legt fest, dass genau eine Nachkommastelle sowie Tausendertrennzeichen zur Formatierung der Zahl verwendet werden. Und genau daher hat der Operator `-f` seinen Namen: Das »f« steht für »Formatierung« und kann Textausgaben und insbesondere Zahlen hübsch formatieren. Eigentlich gar nicht so schwierig, nur etwas ungewohnt.

Umgebungsvariablen

Im vorherigen Abschnitt hatten Sie auf den Windows-Ordner zugegriffen und dessen Pfad *c:\windows* verwendet. Das ist zwar der übliche Pfadname für den Windows-Ordner, aber vorgeschrieben ist er nicht. Windows kann auch in einen ganz anderen Ordner installiert worden sein.

Damit Skripte zuverlässig funktionieren, sollen absolute Pfadangaben möglichst vermieden werden. Erfragen Sie lieber mithilfe der Windows-Umgebungsvariablen (manchmal auch »Systemvariable« genannt), wo sich der Windows-Ordner tatsächlich befindet.

Alle Umgebungsvariablen auflisten

Alle Umgebungsvariablen werden vom Provider `Environment` und dem Laufwerk `env:` verwaltet. Eine Übersicht sämtlicher Umgebungsvariablen erhalten Sie beispielsweise so:

```
PS> Get-ChildItem -Path env:

Name                           Value
----                           -----
abc                            123
ALLUSERSPROFILE                C:\ProgramData
APPDATA                        C:\Users\Tobias\AppData\Roaming
asl.log                        Destination=file
(...)
```

`Get-ChildItem` unterstützt Platzhalterzeichen, sodass Sie die Suche auch einschränken können. Dieser Befehl liefert alle Umgebungsvariablen mit dem Schlüsselwort `dir`:

```
PS> dir env:\*dir*

Name                           Value
----                           -----
windir                         C:\WINDOWS
```

Auf einzelne Umgebungsvariablen zugreifen

Möchten Sie den Inhalt dieser Umgebungsvariablen abrufen, verwenden Sie die Variablensyntax. Achten Sie nur darauf, vor dem Variablennamen das betreffende Laufwerk anzugeben, auf dem sich die Information befindet:

```
PS> $env:windir
C:\WINDOWS
```

Umgebungsvariablen ändern

PowerShell kann Umgebungsvariablen auch ändern oder erweitern. Möchten Sie zum Beispiel PowerShell in die Lage versetzen, PowerShell-Module auch von einem USB-Stick nachzuladen, erweitern Sie die Umgebungsvariable `$env:PSModulePath` beispielsweise so:

```
PS> $env:PSModulePath += ';Z:\'
```

Ab sofort würde auch das Laufwerk Z:\ in die Modulsuche mit einbezogen, allerdings nur, bis Sie die PowerShell schließen. Änderungen an den Umgebungsvariablen wirken sich lediglich auf die Prozesskopie aus, gelten also nur für die aktuelle PowerShell-Sitzung (und alle von ihr aus gestarteten weiteren Prozesse).

Wollen Sie Umgebungsvariablen dauerhaft ändern, ist das nur über direkte Systemfunktionsaufrufe möglich. Diese werden an anderer Stelle beschrieben und sollen hier nur als Randnotiz der Vervollständigung dienen:

```
#requires -Version 1

# neue User-Umgebungsvariable anlegen
[Environment]::SetEnvironmentVariable('test', '123', 'User')
```

```
# Umgebungsvariable wieder löschen
[Environment]::SetEnvironmentVariable('test', $null, 'User')
```

Listing 3.18: Umgebungsvariable dauerhaft anlegen beziehungsweise löschen.

Ersetzen Sie `User` durch `Machine`, wenn Sie eine Umgebungsvariable für alle Anwender setzen oder löschen wollen. Dafür allerdings benötigen Sie Administratorrechte.

Hinweis

Denken Sie daran, dass PowerShell Umgebungsvariablen nur beim Start einliest und danach ausschließlich mit seiner Prozesskopie arbeitet. Wenn Sie also, wie eben beschrieben, neue Umgebungsvariablen systemweit anlegen, erkennt PowerShell diese erst beim nächsten Start.

Windows-Registrierungsdatenbank

Die Windows-Registrierungsdatenbank ist eine interne Datenbank, die viele Windows-Einstellungen verwaltet. Gerade wenn Einstellungen automatisch gesetzt werden sollen, wird sie wichtig: Anstatt also auf eine Schaltfläche zu klicken, könnte man das Resultat – möglicherweise eine Änderung in der Windows-Registrierungsdatenbank – direkt dort eintragen.

In diesem Abschnitt geht es indes weniger darum, *warum* Sie Informationen in der Registrierungsdatenbank lesen oder ändern wollen oder sollten (diese Frage sollten Sie selbst beantworten können), sondern eher um das *Wie*. Solange Sie also das *Warum* nicht selbstbewusst vertreten können, sollten Sie die Finger von Änderungen der Registrierungsdatenbank lassen oder wenigstens testweise ausschließlich eigene Schlüssel und Werte anlegen – so wie in den nachfolgenden Beispielen.

Die übliche Warnung, bevor Sie auf die Windows-Registrierungsdatenbank zugreifen: Informationen in der Windows-Registrierungsdatenbank sind oft lebenswichtig für Windows, und wer Daten darin beschädigt oder löscht, riskiert, dass Windows anschließend nicht mehr richtig oder überhaupt nicht mehr funktioniert.

Schlüssel suchen

Der Provider `Registry` ist in der Lage, die Inhalte der Registrierungsdatenbank zu lesen und zu verändern, und stellt dafür die Laufwerke *HKCU:* (für den Zweig *HKEY_CURRENT_USER*) und *HKLM:* (für den Zweig *HKEY_LOCAL_MACHINE*) zur Verfügung.

Um beispielsweise alle Schlüssel im Zweig *HKEY_LOCAL_MACHINE* zu finden, die das Wort »PowerShell« im Namen tragen, genügt diese Zeile:

```
PS> Get-ChildItem -Path HKLM:\ -Include *PowerShell* -Recurse -ErrorAction SilentlyContinue

    Hive: HKEY_LOCAL_MACHINE\SOFTWARE\Classes


Name                        Property
----                        --------
Microsoft.PowerShellCmdletDefi EditFlags         : 131072
```

```
nitionXML.1                    FriendlyTypeName : @"C:\WINDOWS\system32\windows
                               powershell\v1.0\powershell.exe"
                                                ,-120
(...)
```

Werte lesen

Die eigentlichen Informationen (Werte), die in einem Registry-Schlüssel hinterlegt sind, bezeichnet PowerShell als `ItemProperty`. Um alle Werte eines bestimmten Registry-Schlüssels sichtbar zu machen, genügt wiederum bloß eine Zeile:

```
PS> Get-ItemProperty -Path 'HKLM:\SOFTWARE\Microsoft\Windows NT\CurrentVersion'


SystemRoot                : C:\WINDOWS
BuildBranch               : th1
CurrentBuild              : 10240
CurrentMajorVersionNumber : 10
CurrentMinorVersionNumber : 0
CurrentType               : Multiprocessor Free
CurrentVersion            : 6.3
EditionID                 : Professional
InstallationType          : Client
InstallDate               : 1438856757
ProductName               : Windows 10 Pro
RegisteredOrganization    :
SoftwareType              : System
UBR                       : 16463
PathName                  : C:\WINDOWS
ProductId                 : 00330-80000-00000-AA620
DigitalProductId          : {164, 0, 0, 0...}
DigitalProductId4         : {248, 4, 0, 0...}
CurrentBuildNumber        : 10240
BuildLab                  : 10240.th1.150819-1946
BuildLabEx                : 10240.16463.amd64fre.th1.150819-1946
BuildGUID                 : ffffffff-ffff-ffff-ffff-ffffffffffff
InstallTime               : 130833303579534715
Customizations            : ModernApps
RegisteredOwner           : Tobias
PSPath                    : Microsoft.PowerShell.Core\Registry::HKEY_LOCAL_MACH
                            INE\SOFTWARE\Microsoft\Windows NT\CurrentVersion
PSParentPath              : Microsoft.PowerShell.Core\Registry::HKEY_LOCAL_MACH
                            INE\SOFTWARE\Microsoft\Windows NT
PSChildName               : CurrentVersion
PSDrive                   : HKLM
PSProvider                : Microsoft.PowerShell.Core\Registry
```

Der Befehl liefert sämtliche Werte zurück, die in dem angegebenen Registry-Schlüssel hinterlegt sind. Interessieren Sie sich für nur bestimmte Werte davon, setzen Sie `Select-Object` ein und geben an, welche Werte Sie ausgeben möchten.

Diese Zeile würde nur die Werte liefern, in deren Namen das Wort »Install« vorkommt:

```
PS> Get-ItemProperty -Path 'HKLM:\SOFTWARE\Microsoft\Windows NT\CurrentVersion' |
Select-Object -Property *Install*
```

```
InstallationType InstallDate        InstallTime
---------------- -----------        -----------
Client            1438856757 130833303579534715
```

Einzelne Werte lassen sich auch direkt auslesen. Dazu wird das Ergebnis des Befehls zunächst in einer Variablen gespeichert. Gibt man hinter dieser Variablen später einen Punkt ein, stehen die einzelnen Informationen zur Verfügung. Man kann so also nacheinander alle erforderlichen Werte aus der Variablen auslesen.

```
PS> $werte = Get-ItemProperty -Path 'HKLM:\SOFTWARE\Microsoft\Windows NT\CurrentVersion'
PS> $werte.RegisteredOwner
Tobias
PS> $werte.ProductName
Windows 10 Pro
```

Einzelne Werte lassen sich – beispielsweise mit dem Operator `-f` – auch zu einem Reporttext kombinieren:

```
PS> $werte = Get-ItemProperty -Path 'HKLM:\SOFTWARE\Microsoft\Windows NT\CurrentVersion'
PS> $schablone = 'Produktname: "{0}" Besitzer: "{1}"'
PS> $schablone -f $werte.ProductName, $werte.RegisteredOwner
Produktname: "Windows 10 Pro" Besitzer: "Tobias"
```

`Get-ItemProperty` erlaubt sogar Platzhalterzeichen in Pfadnamen und kann mehrere Pfadnamen auf einmal verarbeiten. So lässt sich mit nur einer Zeile ein ganzes Softwareinventar aus der Windows-Registrierungsdatenbank auslesen (Abbildung 3.3):

```
#requires -Version 2

$Path32Bit = 'HKLM:\SOFTWARE\Wow6432Node\Microsoft\Windows\CurrentVersion\Uninstall\*'
$Path64Bit = 'HKLM:\SOFTWARE\Microsoft\Windows\CurrentVersion\Uninstall\*'

Get-ItemProperty -Path $Path32Bit, $Path64Bit |
  Select-Object -Property DisplayName, DisplayVersion, UninstallString |
  Out-GridView
```

Listing 3.19: Installierte Software aus der Windows-Registrierungsdatenbank lesen.

Hier liest `Get-ItemProperty` alle Registry-Keys direkt unterhalb von *Uninstall* für beide Registry-Pfade aus und gibt die Werte `DisplayName`, `DisplayVersion` und `UninstallString` aus (sofern vorhanden).

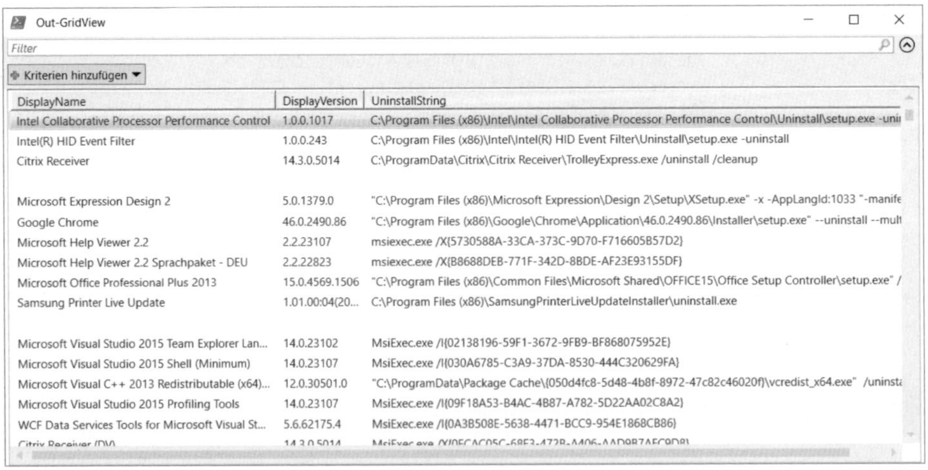

Abbildung 3.3: Installierte Software aus der Windows-Registrierungsdatenbank lesen.

Die Liste in Abbildung 3.3 weist allerdings einige Leerzeilen auf. Sie entstehen immer dann, wenn Registry-Schlüssel die gewünschten Werte gar nicht besitzen.

Neue Registry-Schlüssel anlegen

Registry-Schlüssel werden ganz ähnlich angelegt wie Ordner im Dateisystem – und genau das ist ja der Sinn des PowerShell-Laufwerkkonzepts: Sie sollen Ihr vorhandenes Wissen ohne große Änderung auch auf andere Aufgabenstellungen anwenden können.

Nutzen Sie entweder historische Aliase und Funktionen, wie `md` oder `mkdir`, oder das diesen Aliasen zugrunde liegende Cmdlet `New-Item`.

Alle folgenden Zeilen legen Registry-Schlüssel an. Mit dem Parameter `-Value` können Sie dem neuen Schlüssel auch gleich einen Standardwert zuweisen:

```
PS> md HKCU:\Software\Testkey1


    Hive: HKEY_CURRENT_USER\Software


Name                        Property
----                        --------
Testkey1

PS> mkdir HKCU:\Software\Testkey2

    Hive: HKEY_CURRENT_USER\Software


Name                        Property
----                        --------
Testkey2

PS> New-Item -Path HKCU:\Software\Testkey3 -Value 'Standardwert festgelegt'

    Hive: HKEY_CURRENT_USER\Software


Name                        Property
----                        --------
Testkey3                    (default) : Standardwert festgelegt
```

Auch hinter den Aliasen steckt eigentlich das Cmdlet `New-Item`. Es liefert den generierten Schlüssel als Objekt zurück. Weisen Sie den Rückgabewert `$null` zu, falls Sie die Ausgabe unterdrücken wollen:

```
PS> $null = New-Item -Path HKCU:\Software\Testkey4
```

Das Löschen von Schlüsseln funktioniert ähnlich: Entweder nutzen Sie die historischen Aliase, oder Sie greifen zu `Remove-Item`. Geben Sie den Parameter `-Recurse` an, damit auch Schlüssel gelöscht werden, die ihrerseits Unterschlüssel enthalten:

```
PS> del HKCU:\Software\Testkey1
PS> rd HKCU:\Software\Testkey2
PS> rmdir HKCU:\Software\Testkey3
PS> Remove-Item -Path HKCU:\Software\Testkey4 -Recurse
```

Weitere Aufgaben rund um Registry-Schlüssel erläutern die folgenden Beispiele:

```
# Testschlüssel anlegen
PS> New-Item –Path HKCU:\Testschlüssel1

# Registrierungsschlüssel umbenennen
PS> Rename-Item -Path HKCU:\Testschlüssel1 -NewName Testschlüssel2

# auf einen bestimmten Registrierungsschlüssel zugreifen
PS> Get-Item -Path HKCU:\Testschlüssel2

# Schlüsselbäume einschließlich ihrer Werte von einem Ort zu einem anderen kopieren:
PS> Copy-Item -Path HKLM:\Software\Microsoft\Windows\CurrentVersion\Uninstall\* -Destination
HKCU:\Testschlüssel2 -Recurse

# Unterschlüssel auflisten:
PS> Get-ChildItem -Path HKCU:\Testschlüssel2

# Schlüssel samt Inhalt löschen:
PS> Remove-Item -Path HKCU:\Testschlüssel2 -Recurse
```

Tipp

Am besten verfolgen Sie Ihre Experimente im grafischen Registrierungs-Editor, den Sie über den Befehl `regedit` auch direkt aus PowerShell heraus starten können. In der linken Spalte werden die Registrierungsschlüssel angezeigt. Die rechte Spalte zeigt die Registrierungswerte des Schlüssels an, der gerade in der linken Spalte markiert ist.

Sobald Sie Änderungen am Inhalt der Registrierungsdatenbank vornehmen, sollten Sie den Registrierungs-Editor durch resolutes Drücken auf F5 darauf aufmerksam machen, damit er seine Ansicht aktualisiert und die Änderungen auch sichtbar werden.

Werte hinzufügen, ändern und löschen

Die Werte der einzelnen Registrierungsschlüssel werden von PowerShell nicht als eigenständige Elemente des Laufwerks betrachtet. Sie gehören zu den jeweiligen Registrierungsschlüsseln. PowerShell nennt die Werte eines Registrierungsschlüssels deshalb nicht *Item*, sondern *ItemProperty*. Somit sind die entsprechenden Cmdlets mit `ItemProperty` im Namen zuständig, wenn Sie Werte anlegen, ändern oder löschen möchten:

```
# einen neuen Registrierungsschlüssel anlegen
PS> New-Item -Path HKCU:\Testschlüssel -Value 'Der Standardwert'

# Standardwert eines Schlüssels auslesen:
PS> (Get-ItemProperty -Path HKCU:\Testschlüssel).'(Default)'

# Standardwert eines Schlüssels nachträglich ändern:
PS> Set-ItemProperty -Path HKCU:\Testschlüssel -Name '(Default)' -Value 'Neuer Standardwert'

# einen DWORD-Wert hinzufügen
PS> Set-ItemProperty -Path HKCU:\Testschlüssel -Name Testwert1 -Value 12 -Type DWORD

# einen Binärwert hinzufügen:
PS> Set-ItemProperty -Path HKCU:\Testschlüssel -Name Testwert2 -Value (0..255) -Type Binary
```

```
# einen String hinzufügen
PS> Set-ItemProperty -Path HKCU:\Testschlüssel -Name Testwert3 -Value 'Test'

# einen Multi-String hinzufügen
PS> Set-ItemProperty -Path HKCU:\Testschlüssel -Name Testwert4 -Value 'Hello','World'
-Type MultiString

# alle Werte eines Schlüssels auf einmal lesen:
PS> Get-ItemProperty -Path HKCU:\Testschlüssel

# Wert eines Schlüssels löschen:
PS> Remove-ItemProperty -Path HKCU:\Testschlüssel -Name Testwert4

# einen bestimmten Wert lesen:
PS> (Get-ItemProperty -Path HKCU:\Testschlüssel).Testwert3

# Schlüssel samt Inhalt löschen:
PS> Remove-Item -Path HKCU:\Testschlüssel -Recurse

# Liste installierter Software anzeigen:
PS> Get-ItemProperty HKLM:\SOFTWARE\Microsoft\Windows\CurrentVersion\Uninstall\*  | Select-Object
DisplayName, Publisher
```

Profitipp

Aufgrund eines Bugs, der sich bereits seit PowerShell 1.0 durch alle Versionen zieht, ist es nicht möglich, den Standardwert eines Registrierungsschlüssels mit `Remove-ItemProperty` zu entfernen.

Als Workaround kann man aber notfalls dafür auf die Low-Level-.NET-Schnittstellen zugreifen, mit denen auch die Cmdlets intern arbeiten. Solche Zugriffe sind Thema in Teil E und daher noch ein klarer thematischer Vorgriff:

```
# Standardwert des Schlüssels HKCU:\Testschlüssel entfernen

# zuerst den übergeordneten Schlüssel öffnen:
PS> $key = Get-Item -Path HKCU:\

# dann den gewünschten Schlüssel mit Schreibrechten öffnen:
PS> $key2 = $key.OpenSubKey('Testschlüssel', 'ReadWriteSubTree')

# nun kann der Standardwert gelöscht werden:
PS> $key2.DeleteValue('')
```

Virtuelle Laufwerke und Provider

Provider (deutsch: Anbieter) kümmern sich hinter den Kulissen darum, die Informationen in den verschiedenen Informationsspeichern als Laufwerk bereitzustellen. Welche Provider es gibt, offenbart `Get-PSProvider`:

```
PS> Get-PSProvider

Name                 Capabilities              Drives
----                 ------------              ------
Alias                ShouldProcess             {Alias}
```

```
Environment         ShouldProcess                 {Env}
FileSystem          Filter, ShouldProcess, C... {C}
Function            ShouldProcess                 {Function}
Registry            ShouldProcess, Transactions {HKLM, HKCU}
Variable            ShouldProcess                 {Variable}
```

In der Spalte `Drives` werden die Laufwerke genannt, die der jeweilige Provider zur Verfügung stellt. Wie Sie sehen, ist der Provider `Environment` für das Laufwerk `env:` zuständig. Die klassischen Dateilaufwerke werden vom Provider `FileSystem` betreut, und der Zugang zur Registrierungsdatenbank wird durch den Provider `Registry` ermöglicht.

Tipp

Der Name eines Laufwerks wird stets ohne den abschließenden Doppelpunkt angegeben. Wollen Sie auf ein Laufwerk zugreifen, müssen Sie den Doppelpunkt immer anfügen. Um beispielsweise alle digitalen Zertifikate zu sehen, die auf Ihrem Computer installiert sind, könnten Sie erneut auf das altbewährte `Get-ChildItem` zugreifen:

```
PS> Get-ChildItem -Path cert:\ -Recurse
```

Denken Sie daran, dem Laufwerk einen Backslash (\) anzufügen, wenn Sie seinen Stammordner meinen. Ohne diesen verwendet PowerShell stattdessen den aktuellen Pfad des Laufwerks, und der kann auf einen ganz anderen Ort innerhalb des Laufwerks voreingestellt sein.

Die Spalte `Capabilities` verrät, was ein Provider leisten kann:

Capability	Beschreibung
`ShouldProcess`	Unterstützung für die allgemeinen Parameter `-WhatIf` und `-Confirm`, mit denen eine Aktion nur simuliert wird oder einzeln bestätigt werden muss.
`Filter`	Unterstützung für schnelle und direkte Filterung. Nur bei Providern, die diese Fähigkeit haben, kann beispielsweise der Parameter `-Filter` des Cmdlets `Get-ChildItem` eingesetzt werden. Bei allen übrigen Providern muss `Get-ChildItem` auf das langsamere `-Include` ausweichen.
`Credentials`	Die Fähigkeit, Anmeldedaten zu erfragen und den Benutzer am Informationsspeicher, der hinter dem jeweiligen Laufwerk steckt, unter anderen Anmeldedaten anzumelden.
`Transactions`	Die Fähigkeit, mehrere Änderungen zu einer sogenannten Transaktion zusammenzufassen, die dann in Gänze entweder tatsächlich durchgeführt oder ebenfalls in Gänze abgebrochen wird. Nur Provider, die Transaktionen unterstützen, können die Cmdlets der Familie `Transaction` nutzen, also beispielsweise mit `Start-Transaction` eine Transaktion beginnen und diese mit `Complete-Transaction` abschließen oder mit `Undo-Transaction` rückgängig machen.

Tabelle 3.2: Fähigkeiten eines Providers und was genau dahintersteckt.

Provider sind wie Cmdlets kein fester Bestandteil von PowerShell, sondern werden genau wie Cmdlets von Modulen zur Verfügung gestellt. Die Provider Alias, Environment, FileSystem, Function, Registry und Variable stammen aus Modulen, die PowerShell selbst mitbringt. Sie stehen also immer zur Verfügung. Weitere Provider können aber aus anderen Modulen nachgerüstet werden.

Das Modul `ActiveDirectory` aus RSAT (Remote Server Administration Toolkit, kostenlos erhältliche Software von Microsoft) liefert beispielsweise nicht nur viele zusätzliche Cmdlets zur Verwaltung des Active Directories (Benutzerverwaltung im Unternehmen), sondern auch den Provider `ActiveDirectory` sowie das Laufwerk *AD:*. Mit diesem Laufwerk kann der Inhalt des gesamten Unternehmens-Active-Directory durchsucht und verwaltet werden.

Auch die Datenbank Microsoft SQL Server bringt ein PowerShell-Modul mit einem neuen Provider und dem Laufwerk *SQL:* mit.

Hinweis

Provider stehen erst zur Verfügung, wenn das Modul geladen wurde, das den Provider liefert. Module werden automatisch geladen, sobald Sie ein Cmdlet aus dem Modul verwenden. Andernfalls muss das Modul manuell geladen werden. Haben Sie zum Beispiel die RSAT-Tools von Microsoft installiert und möchten den Provider `ActiveDirectory` beziehungsweise dessen Laufwerk *AD:* nutzen, könnten Sie mit folgender Zeile sicherstellen, dass dieses Modul auch tatsächlich geladen ist:

```
PS> Import-Module –Name ActiveDirectory
```

Neue PowerShell-Laufwerke

Provider können beliebig viele Laufwerke bereitstellen. Get-PSDrive listet zunächst nur die automatisch angelegten Laufwerke auf:

```
PS> Get-PSDrive

Name           Used (GB)     Free (GB) Provider      Root
----           ---------     --------- --------      ----
Alias                                  Alias
C                  89,62         11,54 FileSystem    C:\
Cert                                   Certificate   \
Env                                    Environment
Function                               Function
HKCU                                   Registry      HKEY_CURRENT_USER
HKLM                                   Registry      HKEY_LOCAL_MACHINE
Variable                               Variable
WSMan                                  WSMan
```

Weitere Laufwerke werden mit `New-PSDrive` hinzugefügt. Sinnvoll kann das zum Beispiel sein, wenn Sie es häufig mit einem bestimmten Ort auf einem Laufwerk zu tun haben. Die folgende Zeile liefert beispielsweise ein neues Laufwerk namens `Desktop:`, dessen Wurzelverzeichnis auf Ihren Desktop eingestellt ist:

```
PS> New-PSDrive -Name Desktop -PSProvider FileSystem -Root $HOME\Desktop
PS> Get-ChildItem -Path Desktop:
```

Mit neuen Laufwerken gelangen Sie auch an Teile der Registrierungsdatenbank, die von den automatisch vorhandenen Laufwerken aus nicht erreichbar sind.

Die nächsten Zeilen fügen ein Laufwerk namens *HKU:* hinzu, das auf den Registrierungszweig *HKEY_USERS* verweist (und nur mit vollen Administratorrechten gelesen werden kann):

```
PS> New-PSDrive -Name HKU -PSProvider Registry -Root HKEY_USERS
PS> Get-ChildItem -Path HKU: -ErrorAction SilentlyContinue
```

Wie fast alle Änderungen an den PowerShell-Einstellungen ist die Lebenszeit Ihrer Laufwerke jedoch beschränkt auf die aktuelle Sitzung. Sobald Sie PowerShell schließen und wieder öffnen, erinnert sich PowerShell an keine Ihrer Änderungen. Etwas später erfahren Sie, wie Sie Änderungen mithilfe eines Profilskripts dauerhaft verankern können.

Profitipp

Laufwerke erfüllen bei PowerShell eigentlich hauptsächlich eine Aufgabe: Sie legen fest, welcher Provider einen bestimmten Pfadnamen interpretieren soll. Nur so weiß PowerShell, wie ein Pfad eigentlich zu verstehen ist.

Das erklärt, warum Pfade ohne Laufwerkbuchstaben für Überraschungen sorgen können. UNC-Netzwerkpfade sind ein Beispiel dafür. Möchten Sie zum Beispiel testen, ob ein UNC-Pfad existiert (und also beispielsweise eine Netzwerkverbindung erreichbar ist), könnten Sie `Test-Path` einsetzen:

```
PS> Test-Path -Path '\\127.0.0.1\c$'
True
```

Der Pfad enthält indes keinen Laufwerkbuchstaben, und so weiß PowerShell nicht, welcher Provider den Pfad auswerten soll. Es wählt dann den Provider des aktuell eingestellten Laufwerks, und weil das meistens ein Dateisystempfad ist, wird der UNC-Pfad korrekterweise vom Provider `FileSystem` ausgewertet.

Das aber ist nur Zufall. Würden Sie den aktuellen Pfad so ändern, dass ein anderer Provider zuständig ist, würde der UNC-Pfad nun von diesem ausgewertet. Wechseln Sie also zum Beispiel in die Registrierungsdatenbank, wäre das Ergebnis eher überraschend:

```
PS> cd HKCU:\SOFTWARE
PS> Test-Path -Path '\\127.0.0.1\c$'
False
```

Eine Lösung für dieses Problem ist, den Namen des Providers vor dem Pfad anzugeben. So ist eindeutig festgelegt, welcher Provider für diesen Pfad zuständig ist:

```
PS> cd HKCU:\SOFTWARE
PS> Test-Path -Path 'FileSystem::\\127.0.0.1\c$'
True
```

Sobald Sie den Provider explizit zusammen mit dem Pfad angeben, benötigen Sie Laufwerkbuchstaben generell nicht mehr. Auf diese Weise kann man also auch auf beliebige Orte innerhalb der Registrierungsdatenbank zugreifen:

```
PS> dir Registry::


    Hive:


Name                           Property
----                           --------
HKEY_LOCAL_MACHINE
HKEY_CURRENT_USER
HKEY_CLASSES_ROOT
HKEY_CURRENT_CONFIG
HKEY_USERS
HKEY_PERFORMANCE_DATA          Global : {80, 0, 69, 0...}
                               Costly : {80, 0, 69, 0...}
```

Der Standardwert eines Registrierungsschlüssels, der in der rechten Spalte des Registrierungs-Editors als *(Standard)* oder `(Default)` aufgeführt wird, ist übrigens eigentlich ein Wert ohne Namen. Bei PowerShell heißt er immer `(Default)`. Weil dieser Name Sonderzeichen enthält (nämlich die runden Klammern), muss er in Anführungszeichen gesetzt werden.

Möchten Sie zum Beispiel den Standardwert des Schlüssels *HKEY_CLASSES_ROOT\.ps1* lesen, der Ihnen verrät, ob eine Anwendung mit PowerShell-Skriptdateien verknüpft ist – und falls ja, welche –, schreiben Sie:

```
PS> (Get-ItemProperty Registry::HKEY_CLASSES_ROOT\.ps1).'(Default)'
Microsoft.PowerShellScript.1
```

-Path oder -LiteralPath?

Die folgenden Platzhalterzeichen werden in Pfadnamen unterstützt (nicht jedoch für den Parameter `-Filter`, der kein Pfadname ist):

Zeichen	Beschreibung	Beispiel	Treffer	Kein Treffer
*	beliebig viele Zeichen	`a*`	Anwendung, App	Machine
?	ein beliebiges Zeichen	`?i`	Windows, Bin	Application
[]	eins der angegebenen Zeichen	`[wp]*`	Windows, Program	System, App
[a-z]	eins der Zeichen im Bereich	`[o-z]*`	Windows, Program	App, Common

Tabelle 3.3: Unterstützte Platzhalterzeichen in Pfaden.

Die folgende Zeile würde im Windows-Ordner alle Unterordner auflisten, die entweder mit »P« oder mit »W« beginnen:

```
PS> Get-ChildItem -Path "$env:windir\[pw]*" -Directory
```

Die meisten Cmdlets unterstützen die Platzhalterzeichen aus Tabelle 3.3 in Pfadnamen, aber nicht immer ist das erwünscht und kann manchmal sogar zu Problemen führen – nämlich genau dann, wenn der tatsächliche Pfadname Platzhalterzeichen enthält. In diesem Fall setzen Sie anstelle von `-Path` den Parameter `-LiteralPath` ein (sofern das Cmdlet diesen anbietet). `-LiteralPath` nimmt Platzhalterzeichen wörtlich.

Existenz eines Pfads prüfen

`Test-Path` prüft, ob ein Pfad existiert, und funktioniert mit Pfaden sämtlicher Provider. Sie können damit also nicht nur prüfen, ob ein Ordner oder eine Datei existiert, sondern ebenso gut, ob ein Registry-Schlüssel, eine Variable oder eine Umgebungsvariable vorhanden ist.

Und dieses Cmdlet kann noch einiges mehr. Im Dateisystem lässt sich zum Beispiel prüfen, ob ein Pfad eine Datei oder einen Ordner repräsentiert:

```
PS> Test-Path -Path c:\windows
True

PS> # ist es eine Datei?
PS> Test-Path -Path c:\windows -PathType Leaf

PS> # ist es ein Ordner?
PS> Test-Path -Path c:\windows -PathType Container
True
```

`Test-Path` kann ebenfalls prüfen, ob ein Pfad überhaupt möglich ist (unabhängig davon, ob er existiert). Im folgenden Beispiel liefert der erste Pfad `$true` zurück, weil es das Laufwerk *C:* gibt, und der zweite Aufruf `$false`, weil das Laufwerk *j:* nicht vorhanden ist.

```
PS> Test-Path -Path c:\machbar -IsValid
True
PS> Test-Path -Path j:\machbar -IsValid
False
```

Der Parameter `-isValid` prüft leider nicht, ob Sie verbotene Sonderzeichen im Pfad verwenden, sondern nur, ob Laufwerkbuchstabe und prinzipielle Syntax stimmen.

Das folgende Beispiel würde alle Laufwerkbuchstaben ausgeben, die belegt sind:

```
PS> 65..90 | ForEach-Object { [Char]$_ + ':\' } | Where-Object { Test-Path -Path $_ -IsValid }
C:\
```

`Test-Path` kommt sogar mit Platzhalterzeichen zurecht. Möchten Sie wissen, ob auf Ihrem Computer Microsoft Excel installiert ist, ohne dabei auf 32-/64-Bit-Fassungen und verschiedene Versionen achten zu müssen, ersetzen Sie die fraglichen Teile des Pfads mit *:

```
PS> $Path = 'C:\Program Files*\Microsoft Office\Office*\EXCEL.EXE'
PS> $excelVorhanden = Test-Path -Path $Path

PS> "Excel vorhanden: $excelVorhanden"
Excel vorhanden: True
```

Pfadnamen auflösen

Relative Pfadnamen werden von `Resolve-Path` in absolute Pfadnamen übersetzt werden, zum Beispiel so:

```
PS> Resolve-Path .\test.txt

Path
----
C:\Users\Tobias Weltner\test.txt
```

Wichtiger noch ist die Fähigkeit, auch Platzhalterzeichen zu unterstützen. Damit lassen sich ungefähre Pfadangaben konkretisieren. Wollen Sie zum Beispiel den Pfad zu Microsoft Excel herausfinden, ist das nicht immer leicht. Microsoft Excel kann in 32-Bit- und 64-Bit-Varianten vorliegen und noch dazu in verschiedenen Office-Versionen. Der ungefähre Pfadname ist aber stets gleich. `Resolve-Path` kann die Platzhalterzeichen auflösen und den oder die tatsächlich existierenden Pfade liefern:

```
# Platzhalterzeichen im Pfad auflösen:
PS> Resolve-Path -Path 'C:\Program Files*\Microsoft Office\Office*\EXCEL.EXE'

Path
----
C:\Program Files (x86)\Microsoft Office\Office15\EXCEL.EXE


# Pfad ermitteln:
PS> (Resolve-Path -Path 'C:\Program Files*\Microsoft Office\Office*\EXCEL.EXE').Path
C:\Program Files (x86)\Microsoft Office\Office15\EXCEL.EXE

# feststellen, ob Excel vorhanden ist:
PS> Test-Path -Path (Resolve-Path -Path 'C:\Program Files*\Microsoft
Office\Office*\EXCEL.EXE').Path
True
```

Kapitel 4
Anwendungen und Konsolenbefehle

In diesem Kapitel:

Ausführlich werden in diesem Kapitel die folgenden Aspekte erläutert:

- **Anwendungen:** Zum Start eines Anwendungsprogramms muss der absolute oder relative Pfadname angegeben werden, es sei denn, die Anwendung liegt in einem der Ordner, die in der Umgebungsvariablen `$env:path` festgelegt sind. Steht der Pfadname in Anführungszeichen, muss er mit dem Call-Operator (`&`) aufgerufen werden. Über `Start-Process` lassen sich Anwendungsprogramme außerdem mit vielen zusätzlichen Optionen starten.
- **Konsolenbefehle:** Das Textergebnis von Konsolenbefehlen (z. B. `ipconfig.exe`) kann direkt Variablen zugewiesen werden. Den numerischen »Error Level« des zuletzt ausgeführten Konsolenbefehls findet man in `$LASTEXITCODE`. Liefert ein Konsolenbefehl kommaseparierte Informationen, kann PowerShell diese mit `ConvertFrom-CSV` in strukturierte Objekte verwandeln.
- **Argumente:** Es hängt von der jeweiligen Anwendung ab, ob Benutzerargumente als Gesamttext oder als Array einzelner Texte erwartet werden. Interaktiv erfragte Benutzereingaben können einem Konsolenbefehl auch über die Pipeline übergeben werden, um den Befehl unbeaufsichtigt ausführen zu können.

- **Einschränkungen in der ISE:** Konsolenbefehle, die während der Ausführung Benutzereingaben erfordern, können im ISE-Editor nicht ausgeführt werden (es sei denn, die Argumente werden über die Pipeline übergeben). Deutsche Umlaute und Sonderzeichen gehen bei der Ausgabe von Konsolenbefehlen in der ISE verloren.
- **Fremde Prozesse steuern:** Die Cmdlets aus der Familie `Process` können auf alle laufenden Prozesse zugreifen, ihre Einstellungen ändern, sie beenden oder auch auf die Beendigung der Prozesse warten. Eine Liste der Cmdlets erhält man mit `Get-Command -Noun Process`.

In einer perfekten Welt wären alle Automationsprobleme mit Cmdlets lösbar, und dieses Buch wäre jetzt zu Ende. Ist es aber nicht. Ein kurzer Blick auf die Fülle der noch vor Ihnen liegenden Kapitel nährt den Verdacht, dass Cmdlets allein wohl doch nicht genügen, um die Welt zu retten. Es gibt einfach (noch) nicht genügend davon.

Cmdlets sind deshalb nicht das einzige Mittel, um Aufgaben zu lösen. Eine andere Gruppe von Problemlösern sind die vielfältigen Windows-Programme und Konsolenbefehle wie zum Beispiel *ipconfig.exe*, *robocopy.exe* oder *icacls.exe*, die über viele Jahre in der klassischen Befehlskonsole *cmd.exe* ihren Dienst verrichtet haben – und das auch weiterhin tun. PowerShell diskriminiert solche Befehle nicht, sondern heißt sie willkommen und führt sie gleichberechtigt genau wie Cmdlets aus:

```
PS> ipconfig

Windows-IP-Konfiguration

Ethernet-Adapter Ethernet:

   Verbindungsspezifisches DNS-Suffix: Speedport_W_921V_1_17_000
   Verbindungslokale IPv6-Adresse  . : fe80::e1a2:d0c:f7fc:f49c%12
   IPv4-Adresse  . . . . . . . . . . : 10.0.2.15
   Subnetzmaske  . . . . . . . . . . : 255.255.255.0
   Standardgateway . . . . . . . . . : 10.0.2.2
(...)

PS> ping 127.0.0.1

Ping wird ausgeführt für 127.0.0.1 mit 32 Bytes Daten:
Antwort von 127.0.0.1: Bytes=32 Zeit<1ms TTL=128
Antwort von 127.0.0.1: Bytes=32 Zeit<1ms TTL=128
(...)
```

Die Ergebnisse von Konsolenbefehlen lassen sich genau wie bei Cmdlets in Variablen speichern und auswerten:

```
PS> $info = ipconfig
PS> $info -like '*IPv4*'
   IPv4-Adresse  . . . . . . . . . . : 10.154.240.127
```

Und auch fensterbasierte Anwendungen dürfen ebenso direkt aufgerufen und gestartet werden, wodurch sich Windows-Funktionen, etwa die *Systemsteuerung* oder der *Geräte-Manager* (Abbildung 4.1), von PowerShell aus ohne Umwege durch verschlungene Menüs direkt öffnen lassen (immer vorausgesetzt, man weiß, wie der passende Befehl heißt):

```
PS> notepad
PS> control
PS> devmgmt
PS> wscui
PS> lpksetup
```

Programme starten

PowerShell startet externe Programme unbürokratisch, wenn Sie den Namen des Programms angeben:

```
PS> regedit
PS> tracert www.microsoft.com
PS> driverquery
```

Handelt es sich um eine Windows-Anwendung, öffnet sie ihr Fenster, und PowerShell setzt einfach seine Arbeit fort. Ist es dagegen eine Konsolenanwendung, teilt sie sich das Ausgabefenster mit PowerShell, und PowerShell wartet, bis die Konsolenanwendung wieder beendet ist.

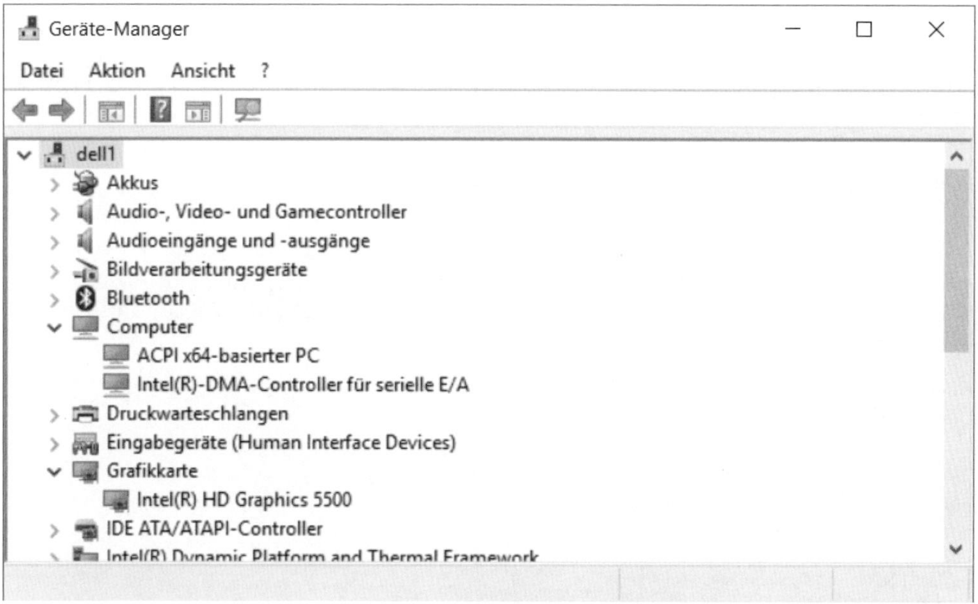

Abbildung 4.1: Mit Befehlen wie »devmgmt« einen schnellen Zugriff auf Systemdialoge des Betriebssystems erhalten.

Manche Programme lassen sich von PowerShell überraschenderweise jedoch nicht starten, obwohl sie nachweislich vorhanden sind:

```
PS> iexplore

iexplore : Die Benennung "iexplore" wurde nicht als Name eines Cmdlet, einer Funktion, einer
Skriptdatei oder eines ausführbaren Programms erkannt. Überprüfen Sie die Schreibweise des Namens,
oder ob der Pfad korrekt ist (sofern enthalten), und wiederholen Sie den Vorgang.
(...)
```

Damit PowerShell ein Programm finden kann, muss es sich in einem derjenigen Ordner befinden, die in der Umgebungsvariablen `$env:Path` aufgelistet sind. Nur die durchsucht PowerShell automatisch:

```
PS> $env:Path -split ';'
```

Liegt das Programm woanders, müssen Sie PowerShell schon verraten, wo genau. Dazu geben Sie den absoluten oder relativen Pfadnamen an, zum Beispiel so:

```
PS> & 'C:\Program Files\Internet Explorer\iexplore.exe'
PS> & 'C:\Program Files\Internet Explorer\iexplore.exe' www.powertheshell.com
```

Tipp

Nutzen Sie die Autovervollständigung, um Pfadnamen einzugeben:

```
PS> c:\pro↹
PS> & 'C:\Program Files'\int↹
PS> & 'C:\Program Files\Internet Explorer'\iexp↹
PS> & 'C:\Program Files\Internet Explorer\iexplore.exe'
```

Die Autovervollständigung findet nicht nur die Pfadbestandteile (drücken Sie mehrmals ↹, um alle Auswahlmöglichkeiten zu sehen), sie achtet auch automatisch darauf, Pfadnamen in Anführungszeichen zu setzen, wenn darin Sonderzeichen wie Leerzeichen vorkommen. Weil ein Pfadname in Anführungszeichen zu reinem Text wird, würde PowerShell ihn nun allerdings nicht mehr als Befehl verstehen und einfach den Text ausgeben:

```
PS> 'C:\Program Files\Internet Explorer\iexplore.exe'
C:\Program Files\Internet Explorer\iexplore.exe
```

Deshalb stellt die Autovervollständigung außerdem noch den Call-Operator **&** vor den Text, wie etwas weiter oben zu sehen. Er sorgt dafür, dass der Text von PowerShell als Befehl verstanden wird – als hätten Sie ihn direkt eingegeben. Können Sie nachvollziehen, was in diesem (zugegebenermaßen leicht skurrilen) Beispiel geschieht?

```
PS> $a = 'not'
PS> $b = 'epa'
PS> $c = 'D'
PS> & "$a$b$c"
```

Geben Sie einfach den Text ohne den Call-Operator aus. Dann wird sicher klarer, warum PowerShell den Windows-Editor gestartet hat:

```
PS> "$a$b$c"
notepaD
```

Wird ein Text in doppelte Anführungszeichen gefasst, ersetzt PowerShell alle darin vorkommenden Variablen durch ihren Inhalt. Die einzelnen Textbruchstücke werden so zu `notepaD` zusammengefügt, und der Call-Operator führt diesen Befehl aus. Die Groß-/Kleinschreibung wird von PowerShell dabei grundsätzlich ignoriert.

Auf Dauer ist die Eingabe langer Pfadnamen natürlich keine Lösung. Einfacher geht es auf eine der folgenden Arten: Sie könnten den Pfadnamen des Programms beispielsweise in einer eigenen Variablen speichern und diese dann mit dem Call-Operator aufrufen:

```
PS> $ie = 'C:\Program Files\Internet Explorer\iexplore.exe'
PS> & $ie www.powertheshell.com
```

Oder Sie legen einen neuen Alias auf den Programmpfad an:

```
PS> Set-Alias -Name ie -Value 'C:\Program Files\Internet Explorer\iexplore.exe'
PS> ie www.powertheshell.com
```

Schließlich könnten Sie auch den Ordner, in dem sich das Programm befindet, in die Umgebungsvariable `$env:Path` aufnehmen:

```
PS> $env:Path += ';C:\Program Files\Internet Explorer\'
PS> iexplore www.powertheshell.com
```

Alle drei Varianten – Variable, Alias und Umgebungsvariable – wirken sich allerdings nur in der aktuellen PowerShell-Sitzung aus. Wer länger etwas von diesen Änderungen haben möchte, sollte sie im Rahmen eines Profilskripts ausführen.

Optionen für den Programmstart festlegen

Haben Sie besondere Wünsche für den Programmstart, dann greifen Sie zu `Start-Process` und starten das Programm mit diesem Cmdlet. Es liefert viele optionale Parameter, mit denen Sie Sonderwünsche festlegen können.

Warten, bis ein Programm wieder beendet ist

Die folgende Zeile öffnet den Windows-Editor *synchron*. PowerShell wartet also so lange, bis der Editor geschlossen wird, bevor der Befehlsprompt zurückkehrt:

```
PS> Start-Process -FilePath notepad -Wait
```

Bei Konsolenanwendungen wartet PowerShell normalerweise ohnehin, bis der Konsolenbefehl seine Arbeit erledigt hat. Möchten Sie einen Konsolenbefehl *asynchron* ausführen, ihn also in seinem eigenen Fenster sich selbst überlassen und nicht auf ihn warten, gehen Sie folgendermaßen vor:

```
PS> Start-Process -FilePath systeminfo
```

Ein zweites Konsolenfenster öffnet sich, und darin wird der Befehl `systeminfo` parallel zu PowerShell ausgeführt. Sobald `systeminfo` fertig ist, schließt sich das Fenster – zusammen mit allen Hoffnungen, an die Resultate des Befehls zu gelangen. Die sind jetzt nämlich ebenfalls weg. Konsolenbefehle sollten also nur dann in einem Extrafenster parallel ausgeführt werden, wenn sie lediglich etwas eigenverantwortlich erledigen sollen, aber keine Ergebnisse an PowerShell zurückliefern müssen.

Programme unter anderem Benutzernamen ausführen

Wollen Sie ein Programm im Namen eines anderen Benutzers ausführen, greifen Sie zu `-Credential`. Die folgende Zeile startet den Windows-Editor als Benutzer *testfirma/testuser*:

```
PS> Start-Process -FilePath notepad.exe -WorkingDirectory C:\ -Credential testfirma/testuser
-LoadUserProfile
```

Ein Anmeldedialog erscheint, in den das passende Kennwort eingegeben wird. Danach startet Notepad unter dem Namen des angegebenen Benutzers.

Profitipp

Wann immer Sie `Start-Process` mit `-Credential` einsetzen, werden zwei andere Parameter essenziell: `-LoadUserProfile` lädt zusätzlich das Benutzerprofil des angegebenen Anwenders. Ohne das Benutzerprofil funktionieren manche Programme nicht. Außerdem legt `-WorkingDirectory` fest, in welchem Ordner das Programm startet. Wählen Sie einen Ordner aus, auf den der angegebene Benutzer auch tatsächlich Zugriffsrechte hat. Andernfalls wird nämlich Ihr augenblicklicher Ordner als Arbeitsverzeichnis verwendet, und die Chancen stehen sehr gut, dass der Anwender darauf nun keinerlei Zugriffsrechte hat oder das Laufwerk dieses Ordners noch nicht einmal sieht (falls es ein persönliches Netzwerklaufwerk ist). In beiden Fällen würde der Aufruf scheitern, und das Programm könnte nicht gestartet werden.

`Start-Process` bietet noch viele weitere Parameter, mit denen Sie zum Beispiel kontrollieren, wie eine Windows-Anwendung ihr Fenster anzeigt und ob die Anwendung Administratorrechte anfordern soll (Abbildung 4.2). Diese Zeile startet den Windows-Editor in einem maximierten Fenster mit Administratorrechten:

```
PS> Start-Process -FilePath Notepad -WindowStyle Maximized -Verb Runas
```

Abbildung 4.2: Programme von PowerShell aus mit vollen Administratorrechten starten.

`Start-Process` kann Ihnen mit `-PassThru` auch das Prozessobjekt zurückliefern, sodass Sie die Kontrolle über den gestarteten Prozess behalten und ihn später zum Beispiel jederzeit wieder schließen könnten. Diese Zeilen öffnen Notepad für genau fünf Sekunden und schließen es dann wieder:

```
PS> $prozess = Start-Process -FilePath Notepad -PassThru
PS> Start-Sleep -Seconds 5
PS> Stop-Process -InputObject $prozess
```

Nicht unterstützte Konsolenbefehle im ISE-Editor

Die meisten Konsolenbefehle verrichten ohne weitere Rückfragen ihren Dienst. Solche Konsolenbefehle können im ISE-Editor problemlos ausgeführt werden. Sobald ein Konsolenbefehl allerdings Rückfragen stellt, ergibt sich in der ISE ein Problem. Die ISE ist keine Konsolenanwendung. Damit sie dennoch Konsolenanwendungen ausführen kann, hält sie sich ein verstecktes Konsolenfenster, das man höchstens bei der Ausführung des ersten Konsolenbefehls kurz aufflackern sieht, bevor die ISE es sofort wieder versteckt.

Konsolenbefehle werden darin ausgeführt. Ihre Ergebnisse werden automatisch in den Vordergrund transportiert und in der ISE angezeigt. Dieser Mechanismus erlaubt aber keine interaktiven Ein- und Ausgaben. Die ISE kann also keine spontanen Tastatureingaben des Anwenders an die versteckte Konsole durchleiten und stellt auch keine Hinweismeldungen eines Konsolenprogramms dar.

Damit Sie in der ISE möglichst nicht in solch unangenehme Situationen geraten, unterhält diese eine Sperrliste. Programme, die in diese Sperrliste eingetragen sind, können in der ISE nur gestartet werden, wenn ihnen Argumente mitgegeben werden. Ohne Argumente – hier unterstellt die ISE dann einen interaktiven Aufruf – führt der Start zu einer Fehlermeldung. `$PSUnsupportedConsoleApplications` enthält diese Sperrliste:

```
PS> $psUnsupportedConsoleApplications
wmic
wmic.exe
cmd
cmd.exe
diskpart
diskpart.exe
edit.com
netsh
netsh.exe
nslookup
nslookup.exe
PowerShell
PowerShell.exe
```

Ohne weitere Argumente würde `nslookup` zu einer Fehlermeldung führen, denn ohne Argumente würde dieser Konsolenbefehl tatsächlich interaktiv nach Aufträgen fragen. Dasselbe gilt für Konsolenbefehle wie `wmic` oder `cmd`:

```
PS> nslookup

"nslookup" kann nicht gestartet werden. Interaktive Konsolenanwendungen werden nicht unterstützt.
Verwenden Sie das Start-Process-Cmdlet oder "PowerShell.exe starten" im Menü "Datei" zum Ausführen
der Anwendung. Verwenden Sie $psUnsupportedConsoleApplications zum Anzeigen/Ändern der Liste
blockierter Konsolenanwendungen, oder rufen Sie die Onlinehilfe auf.

PS> wmic

"wmic" kann nicht gestartet werden. Interaktive Konsolenanwendungen werden nicht unterstützt.
Verwenden (…)

PS> cmd

"cmd" kann nicht gestartet werden. Interaktive Konsolenanwendungen werden nicht unterstützt.
Verwenden (…)
```

Mit Argumenten aufgerufen, funktionieren die gleichen Konsolenbefehle hingegen einwandfrei auch in der ISE, weil dann keine interaktiven Eingaben nötig sind. Die notwendigen Eingaben wurden nun ja als Argument übergeben:

```
PS> nslookup www.powertheshell.com

Server:  speedport.ip
```

```
Address:  192.168.2.1

Name:    www.powertheshell.com
Address:  173.254.71.70
PS> wmic os get version
Version

6.2.9200
PS> cmd.exe /c dir %WINDIR%
(...)
```

Argumente an Anwendungen übergeben

Auch Anwendungen – insbesondere aber Konsolenbefehle – akzeptieren Argumente, mit denen Sie ähnlich wie mit Cmdlets Wünsche an den Befehl übermitteln. Welche Argumente eine Anwendung unterstützt, weiß nur die Anwendung selbst.

Hilfe für Konsolenbefehle anzeigen

Die allermeisten Anwendungen unterstützen den Parameter /?, mit dem man sich die unterstützten Parameter anzeigen lassen kann. Schauen Sie sich beispielsweise den Konsolenbefehl `systeminfo.exe` an, der Teil von Windows ist:

```
PS> systeminfo /?

SYSTEMINFO [/S System [/U Benutzername [/P [Kennwort]]]] [/FO Format] [/NH]

Beschreibung:
    Mit diesem Programm wird die Betriebssystemkonfiguration für
    einen lokalen bzw. Remotecomputer, inklusive Service Packs, angezeigt.

Parameterliste:
    /S       System              Bestimmt das Remotesystem mit dem die Verbindung
                                 hergestellt werden soll.
    /U       [Domäne\]Benutzer Bestimmt den Benutzerkontext unter dem
                                 der Befehl ausgeführt werden soll.
    /P       [Kennwort]          Bestimmt das Kennwort für den zugewiesenen
                                 Benutzerkontext. Bei Auslassung, wird dieses
                                 angefordert.
    /FO      format              Bestimmt das Format in dem die Ausgabe
                                 angezeigt werden soll.
                                 Gültige Werte: "TABLE", "LIST", "CSV".
    /NH                          Bestimmt, dass der "Spalten-Header" in der
                                 Ausgabe nicht angezeigt werden soll.
                                 Nur für Formate TABLE und CSV.
    /?                           Zeigt diese Hilfe an.


Beispiele:
    SYSTEMINFO
    SYSTEMINFO /?
    SYSTEMINFO /S System
    SYSTEMINFO /S System /U Benutzer
    SYSTEMINFO /S System /U Domäne\Benutzer /P Kennwort /FO TABLE
    SYSTEMINFO /S System /FO LIST
    SYSTEMINFO /S System /FO CSV /NH
```

Die Beispiele am Ende des Hilfetexts können genau so wie angegeben in PowerShell verwendet werden. Das ist allerdings nicht immer der Fall. Welche Fallstricke es bei der Angabe von Argumenten gibt, schauen wir uns als Nächstes an.

Beispiel: Lizenzstatus von Windows überprüfen

Auch viele Skripte geben mit dem Parameter /? Hilfestellung oder zeigen automatisch Informationen über die vorrätigen Parameter aus, wenn beim Aufruf falsche oder keine Parameter angegeben wurden. Hinter `slmgr` verbirgt sich zum Beispiel ein VBScript, das Teil von Windows ist und die Windows-Lizenzen verwaltet:

```
PS> Get-Command -Name slmgr

CommandType     Name                                               ModuleName
-----------     ----                                               ----------
Application     slmgr.vbs

PS> slmgr

Ungültige Kombination von Befehlszeilenparametern.

Windows-Software-Lizenzverwaltungstool
Syntax: slmgr.vbs [Computername [Benutzerkennwort]] [<Option>]
           Computername: Name des Remotecomputers (Standard: lokaler Computer)
           Benutzer:     Konto mit erforderlichen Rechten für Remotecomputer
           Kennwort:     Kennwort für das vorherige Konto

Globale Optionen:
/ipk <Product Key>
    Product Key installieren (ersetzt den vorhandenen Key)
/ato [Aktivierungs-ID]
    Windows aktivieren
/dli [Aktivierungs-ID | All]
    Lizenzinformationen anzeigen (Standard: aktuelle Lizenz)
/dlv [Aktivierungs-ID | All]
    Detaillierte Lizenzinformationen anzeigen (Standard: aktuelle Lizenz)
/xpr [Aktivierungs-ID]
    Ablaufdatum für aktuellen Lizenzstatus

Erweiterte Optionen:
/cpky
    Product Key aus Registrierung löschen (verhindert Offenlegungsangriffe)
(...)

PS> slmgr /dli

Name: Windows(R), Professional edition
Beschreibung: Windows(R) Operating System, RETAIL channel
Teil-Product Key: HMFDH
Lizenzstatus: Lizenziert
```

Anders als bei Konsolenanwendungen und Skripten sind die unterstützten Argumente bei Windows-Anwendungen meist un(ter)dokumentiert und erfordern etwas Kaffee und engagierte Google-Recherche im Internet.

Ergebnisse von Anwendungen weiterverarbeiten

Einzelne externe Programme aufzurufen, kann allein für sich schon durchaus nützlich sein, aber wenn Sie externe Programme in Skriptlösungen einbetten wollen, haben Sie vielleicht auch Interesse daran, die Ergebnisse dieser Programme in PowerShell zu empfangen und dort sinnvoll weiterzuverarbeiten.

Error Level auswerten

Konsolenbasierte Programme liefern meist einen numerischen Rückgabewert, den Error Level (Fehlerstufe). Was die zurückgemeldete Zahl bedeutet, bestimmt natürlich der Autor des Programms, und PowerShell liefert diese Zahl in der Variablen `$LASTEXITCODE` zur weiteren Auswertung an den Aufrufer – also Sie – zurück.

Was genau der zurückgelieferte Zahlenwert bedeutet, hängt vom jeweiligen Programm ab, aber es gibt die Konvention, dass der Rückgabewert »0« bedeutet, dass kein Fehler aufgetreten ist. Wenn also ein externes Programm den Wert 0 zurückliefert, zeigt PowerShell in der Variablen `$?` zusätzlich mit `$true` an, dass kein Fehler aufgetreten ist. Alle anderen Rückgabewerte sorgen dafür, dass `$?` den Wert `$false` enthält. Wenn Sie `$?` für Auswertungen heranziehen wollen, müssen Sie diesen Wert allerdings unmittelbar nach dem Aufruf des Befehls auswerten, denn PowerShell legt den Wert von `$?` nach jedem ausgeführten Befehl neu fest. Der Wert in `$LASTEXITCODE` dagegen bleibt länger erhalten, nämlich so lange, bis die nächste konsolenbasierte Anwendung ausgeführt wird.

Möchten Sie zum Beispiel herausfinden, ob eine bestimmte IP-Adresse oder Webseite in Ihrem Netzwerk erreichbar ist, können Sie diese Adresse mit `ping.exe` »anpingen«, was man sich ein wenig so vorstellen kann wie das Echolot aus der Schifffahrt, mit dem sich zum Beispiel U-Boote orten lassen. Wird das ausgesendete Signal an der angegebenen IP-Adresse »reflektiert« und kommt zu Ihnen zurück, wissen Sie nicht nur, dass es die IP-Adresse gibt, sondern auch, wie lange das Signal für die Reise gebraucht hat (im Gegensatz zu U-Booten können Sie daraus allerdings nicht die Entfernung des Remotecomputers ableiten, sondern höchstens die Qualität und Übertragungsgeschwindigkeit Ihres Netzwerks):

```
PS> ping www.tagesschau.de

Ping wird ausgeführt für a1838.g.akamai.net [62.154.232.146] mit 32 Bytes Daten:
Antwort von 62.154.232.146: Bytes=32 Zeit=44ms TTL=60
Antwort von 62.154.232.146: Bytes=32 Zeit=34ms TTL=60
Antwort von 62.154.232.146: Bytes=32 Zeit=30ms TTL=60
Antwort von 62.154.232.146: Bytes=32 Zeit=29ms TTL=60

Ping-Statistik für 62.154.232.146:
    Pakete: Gesendet = 4, Empfangen = 4, Verloren = 0
    (0% Verlust),
Ca. Zeitangaben in Millisek.:
    Minimum = 29ms, Maximum = 44ms, Mittelwert = 34ms
```

Zwar könnten Sie den von `ping` gelieferten Text nun untersuchen und daraus entnehmen, ob die angegebene Adresse erreichbar ist oder nicht. Einfacher ist es allerdings häufig, den (normalerweise unsichtbaren) numerischen Rückgabewert des Konsolenbefehls zurate zu ziehen. Bei `ping` lautet er 0, falls eine Antwort empfangen wurde, ansonsten 1.

```
PS> $LASTEXITCODE
0
```

Sind Sie nur am Rückgabewert eines Befehls interessiert, nicht aber an seiner Textausgabe, können Sie diese zum Beispiel an die besondere Variable `$null` weiterleiten, die alles, was man ihr übergibt, sofort wieder vergisst:

```
PS> ping.exe 10.10.10.10 -n 1 -w 500 > $null
PS> "Antwort erhalten (0) oder nicht (1): $LASTEXITCODE"
```

Wirkliche Begeisterungsstürme wird das allein noch nicht auslösen, denn noch fehlen Ihnen die Mittel, um daraus Hunderte oder Tausende von Webseiten oder IP-Adressen automatisiert anzupingen. Auch die Aussagekraft des Rückgabewerts ist nur so gut wie der Befehl, von dem er stammt, denn `ping` meldet auch dann freudig eine empfangene Antwort, wenn diese gar nicht vom adressierten Computer stammt, sondern lediglich von einem Router, der meldet, dass die IP-Adresse nicht in seinem Einzugsgebiet liegt:

```
PS> ping 169.254.1.2

Ping wird ausgeführt für 169.254.1.2 mit 32 Bytes Daten:
Antwort von 10.0.2.15: Zielhost nicht erreichbar.
(...)
Ping-Statistik für 169.254.1.2:
    Pakete: Gesendet = 4, Empfangen = 4, Verloren = 0
    (0% Verlust),

PS> $LASTEXITCODE
0
```

Außerdem verwenden viele Computer taktische Tarnkappen und antworten erst gar nicht auf den ausgesendeten Ping, um potenziellen Hausierern die Geschäftsgrundlage zu entziehen:

```
PS> ping www.microsoft.com

Ping wird ausgeführt für lb1.www.ms.akadns.net [64.4.11.42] mit 32 Bytes Daten:
Zeitüberschreitung der Anforderung.
(...)
Ping-Statistik für 64.4.11.42:
    Pakete: Gesendet = 4, Empfangen = 0, Verloren = 4
    (100% Verlust),

PS> $LASTEXITCODE
1
```

Fragen an Benutzer stellen mit choice.exe

Ob der numerische Rückgabewert eines Konsolenbefehls Ihnen helfen kann, ist also eine Einzelfallentscheidung. Nützlich ist er zum Beispiel bei `choice.exe`, einem (interaktiven) Konsolenbefehl, der dem Anwender Fragen stellt. Über dessen Parameter /? erhalten Sie eine Übersicht seiner Parameter (Abbildung 4.3).

Achtung

Erinnern Sie sich? Weil `choice.exe` interaktiv arbeitet, funktioniert er leider nicht in der ISE und kann nur in der PowerShell-Konsole eingesetzt werden.

Der folgende Aufruf fragt den Anwender etwa, ob er den Computer neu starten möchte (`/C` legt die erlaubten Antworten fest und `/M` die Frage an den Anwender), und gibt ihm für die Entscheidungsfindung 10 Sekunden Zeit (`/T`). Genügt das nicht, um den Anwender zu einer Reaktion zu bewegen – antwortet er also nicht –, wird die Default-Antwort (`/D`) genommen, in diesem Fall vorsichtshalber die Antwort `N` für »Nein«.

```
PS> choice /C JN /T 10 /D N /M "Wollen Sie den Computer neu starten?"
Wollen Sie den Computer neu starten? [J,N]?N

PS> $LASTEXITCODE
2

PS> choice /C JN /T 10 /D N /M "Wollen Sie den Computer neu starten?"
Wollen Sie den Computer neu starten? [J,N]?J

PS> $LASTEXITCODE
1
```

Der Befehl `choice.exe` startet den Computer in Wirklichkeit natürlich nicht neu, denn er stellt nur (beliebige) Fragen – besorgniserregend scheint eher zu sein, dass nirgendwo angezeigt wird, welche Auswahl der Benutzer getroffen hat. Diese ist nämlich unsichtbar und wird, wie Sie sich hoffentlich gerade denken, durch den Error Level in `$LASTEXITCODE` gemeldet. Die zurückgelieferte Zahl steht für die mit `/C` angegebene Auswahlmöglichkeit: eine 1 also für die erste Auswahlmöglichkeit und eine 2 für die zweite.

Tipp

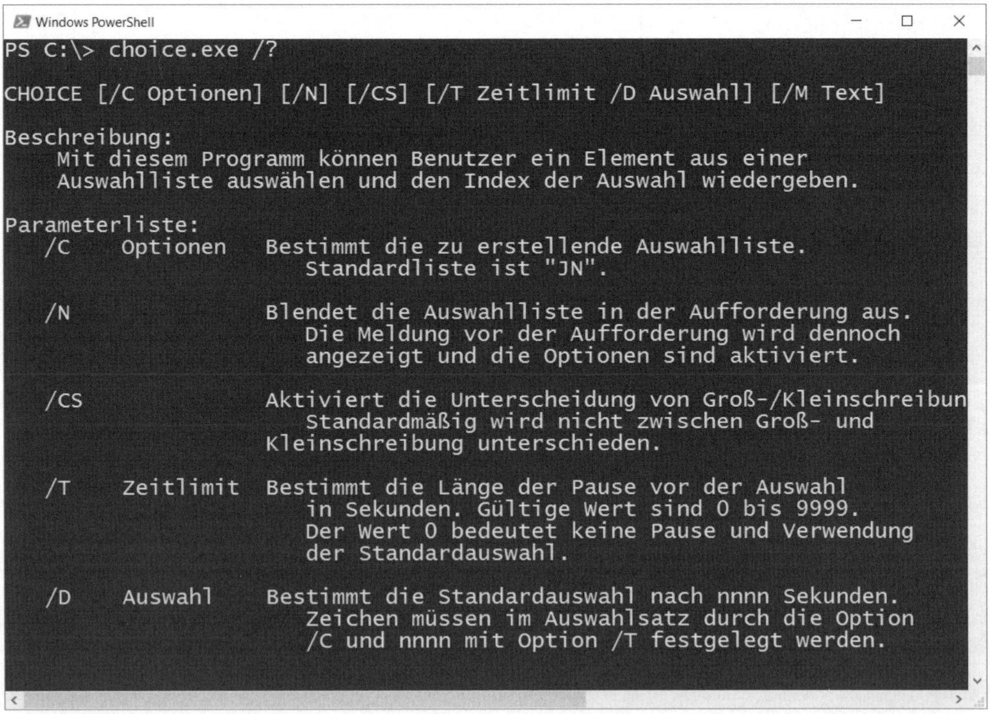

Abbildung 4.3: Interaktive Konsolenbefehle wie choice.exe funktionieren nur in echten Konsolenfenstern.

Damit PowerShell auf die Ergebnisse eines anderen Befehls reagiert, also zum Beispiel wirklich den Computer neu startet, wenn der Anwender auf J drückt, benötigen Sie sogenannte Bedingungen. Dass Bedingungen nicht wirklich kompliziert sind, zeigt ihr Einsatz in diesem kleinen Skript:

```
choice /C JN /T 10 /D N /M "Wollen Sie den Computer neu starten?"
If ($LASTEXITCODE -eq 1) { Restart-Computer -WhatIf }
```

Vorsicht: Dieses Skript würde nun *wirklich* den Computer neu starten, wenn Sie die passende Antwort geben (zumindest dann, wenn Sie im Code hinter `Restart-Computer` den Simulationsmodus `-WhatIf` entfernen). Denken Sie daran: Da `choice.exe` als interaktiver Konsolenbefehl in ISE nicht funktioniert, wäre ein Skript, das ihn einsetzt, in ISE auch nicht ausführbar. Häufig ist das nicht weiter schlimm, weil ISE in der Regel nur für die Entwicklung von PowerShell-Code eingesetzt wird, der in freier Wildbahn später in einer echten PowerShell-Konsole läuft. Trotzdem sind Inkompatibilitäten etwas, das man besser vermeiden sollte.

Rückgabetext auswerten

PowerShell kann den Ergebnistext eines Konsolenbefehls oder Skripts empfangen und auswerten – zumindest dann, wenn der Text in der PowerShell-Konsole ausgegeben wird. Erscheint der Text anderswo, zum Beispiel in einem separaten Konsolenfenster oder Dialogfeld, kommt PowerShell an solchen Text nicht heran.

```
PS> whoami.exe
w8ps\tobias

PS> $username = whoami.exe
PS> $username
w8ps\tobias

PS> "Angemeldeter User: $username"
Angemeldeter User: w8ps\tobias
```

Etwas größer ist die Herausforderung, wenn ein Befehl mehrere Zeilen Text ausgibt:

```
PS> driverquery

Modulname    Anzeigename            Treibertyp    Linkdatum
============ ====================== ============= ======================
1394ohci     OHCI-konformer 1394-Ho Kernel        26.07.2012 04:26:46
3ware        3ware                  Kernel        08.03.2012 21:33:45
ACPI         Microsoft ACPI-Treiber Kernel        26.07.2012 04:28:26
acpiex       Microsoft ACPIEx Drive Kernel        26.07.2012 04:25:57
acpipagr     ACPI-Prozessoraggregat Kernel        26.07.2012 04:27:16
AcpiPmi      ACPI-Energieanzeigetre Kernel        26.07.2012 04:27:33
(...)
```

Speichern Sie dieses Ergebnis in einer Variablen, wird daraus ein Array, und Sie greifen auf die einzelnen Zeilen über eckige Klammern zu. Das nächste Beispiel fischt sich die Zeilen 4 und 5 sowie die letzte Zeile heraus, denn die Nummerierung der Zeilen beginnt bei 0, und negative Indizes zählen von hinten:

```
PS> (driverquery) -like '*net*'

b06bdrv      Broadcom NetXtreme II  Kernel        14.05.2012 23:42:24
ebdrv        Broadcom NetXtreme II  Kernel        13.05.2012 17:32:42
IPNAT        IP Network Address Tra Kernel        26.07.2012 04:23:01
Ndu          Windows Network Data U Kernel        26.07.2012 04:23:41
NetBIOS      NetBIOS Interface      File System   26.07.2012 04:28:19
NetBT        NetBT                  Kernel        26.07.2012 04:24:26
srvnet       srvnet                 File System   26.07.2012 04:23:17
tdx          NetIO-Legacy-TDI-Suppo Kernel        26.07.2012 04:24:58
```

Die folgende Zeile listet alle laufenden Prozesse auf, die im Namen des gerade angemeldeten Benutzers laufen:

```
PS> (qprocess) -like ">$env:USERNAME*"

>tobias               console          1  2056  taskhostex.exe
>tobias               console          1  2152  explorer.exe
>tobias               console          1  2404  livecomm.exe
(...)
```

Ob so eine Filterung überhaupt nötig ist, steht auf einem anderen Blatt. Wie sich herausstellt, kann `qprocess.exe` über seine Argumente bereits nach Benutzernamen filtern:

```
PS> qprocess /?

Zeigt Informationen über Vorgänge an.

QUERY PROCESS [* | Prozess-ID | Benutzername | Sitzungsname | /ID:nn |
              Programmname]
  [/SERVER:Servername]

  *                   Zeigt alle sichtbaren Prozesse an.
  Prozess-ID          Zeigt Prozesse anhand der Prozess-ID an.
  Benutzername        Zeigt alle Prozesse an, die zum Benutzer gehören.
  Sitzungsname        Zeigt alle Prozesse der Sitzung an.
  /ID:nn              Zeigt alle Prozesse der Sitzung "nn" an.
  Programmname        Zeigt alle dem Programm zugeordnete Prozesse an.
  /SERVER:Servername Der abzufragende Remotedesktop-Hostserver.

PS> qprocess $env:USERNAME

 BENUTZERNAME         SITZUNGSNAME     ID   PID  ABBILD
>tobias               console           1  2056  taskhostex.exe
>tobias               console           1  2152  explorer.exe
>tobias               console           1  2404  livecomm.exe
(...)
```

Rückgabetexte in Objekte verwandeln

Leider liefern Konsolenbefehle lediglich unstrukturierten Text zurück, aus dem Sie sich danach mühsam die benötigten Informationen extrahieren müssen. Cmdlets sind hier klar im Vorteil – liefern sie doch strukturierte Informationen, die klar in einzeln ansprechbare Spalten untergliedert sind.

Dabei bedarf es häufig gar nicht viel Aufwand, auch die Ergebnisse von Konsolenbefehlen in echte Objekte zu verwandeln. Viele Konsolenbefehle unterstützen nämlich die Ausgabe im (strukturierten) CSV-Format (*Comma Separated Values*). PowerShell verwandelt CSV-Daten mithilfe von `ConvertFrom-CSV` bequem in Objekte.

```
PS> driverquery /FO CSV

"Modulname","Anzeigename","Treibertyp","Linkdatum"
"1394ohci","OHCI-konformer 1394-Hostcontroller","Kernel ","26.07.2012 04:26:46"
"3ware","3ware","Kernel ","08.03.2012 21:33:45"
"ACPI","Microsoft ACPI-Treiber","Kernel ","26.07.2012 04:28:26"
"acpiex","Microsoft ACPIEx Driver","Kernel ","26.07.2012 04:25:57"
(…)

PS> driverquery /FO CSV | ConvertFrom-CSV

Modulname           Anzeigename
---------           -----------
1394ohci            OHCI-konformer 1394-Hostcontroller
3ware               3ware
ACPI                Microsoft ACPI-Treiber
acpiex              Microsoft ACPIEx Driver
acpipagr            ACPI-Prozessoraggregatortreiber
AcpiPmi             ACPI-Energieanzeigetreiber
acpitime            Treiber für ACPI Wake Alarm
ADP80XX             ADP80XX
AFD                 Treiber für zusätzliche WinSock-Funktionen
(…)

PS> driverquery /FO CSV | ConvertFrom-CSV | Out-GridView
```

Die Informationen sind jetzt in einzelne Spalten untergliedert, genau wie bei objektorientierten Ergebnissen, die von Cmdlets stammen. Ein Klick auf eine Spaltenüberschrift sortiert das Ergebnis nun auch.

Rückgabetext analysieren

Vielleicht möchten Sie auch bloß das Ergebnis eines Konsolenbefehls analysieren, um daraus bestimmte Schlüsse zu ziehen. Wie könnte man dem Ergebnis von `ping.exe` beispielsweise entnehmen, ob ein Zielsystem geantwortet hat oder nicht?

```
PS> $ergebnis = ping www.tagesschau.de -n 1 -w 1000
PS> $ergebnis

Ping wird ausgeführt für a1838.g.akamai.net [217.89.105.154] mit 32 Bytes Daten:
Antwort von 217.89.105.154: Bytes=32 Zeit=26ms TTL=60

Ping-Statistik für 217.89.105.154:
    Pakete: Gesendet = 1, Empfangen = 1, Verloren = 0
    (0% Verlust),
Ca. Zeitangaben in Millisek.:
    Minimum = 26ms, Maximum = 26ms, Mittelwert = 26ms
```

Sie könnten beispielsweise nach dem Stichwort `Antwort` suchen, aber dann wäre Ihr Code auf deutsche Systeme beschränkt. Die Zeichenfolge `0%` würde anzeigen, dass alle abgesendeten Pakete empfangen wurden, aber dann würden auch Routerantworten als erfolgreich betrachtet.

Sie sehen also, dass die Analyse und sorgfältige Auswahl des richtigen Suchkriteriums knifflig sind. Wenn das Zielsystem erreichbar ist, gibt `ping` stets aus, *wie lange* der Ping unterwegs war. Antwortete das Zielsystem nicht oder gab es eine abschlägige Antwort vom Router, fehlt diese Angabe. Gesucht werden also Geschwindigkeitsangaben im Rückgabetext, und zwar so, dass die Ländereinstellungen keine Rolle spielen. Gefunden werden soll folglich eine Zeile, in der die im Folgenden fett hervorgehobenen Bereiche vorkommen, wobei die Zahl natürlich beliebig gehalten sein muss:

```
Minimum = 26ms, Maximum = 26ms, Mittelwert = 26ms
```

Somit lautet die Fragestellung:

Kommt in einer Zeile des Rückgabetexts von `ping.exe` *ein Textmuster mindestens zweimal vor, das aus einem Leerzeichen, einem Gleichheitszeichen, einem weiteren Leerzeichen, einer mehrstelligen Zahl und der Zeichenfolge »ms,« besteht?*

Muster beschreibt man mit sogenannten »regulären Ausdrücken« – Steckbriefe, die beschreiben, was Sie suchen. Dazu bieten reguläre Ausdrücke drei Fahndungsmöglichkeiten: Platzhalter (die festlegen, welche Art von Information Sie suchen, also beispielsweise Leerzeichen oder Zahlen), Quantifizierer (die festlegen, wie oft ein Muster vorkommt, also beispielsweise wie viele Stellen eine Zahl haben darf) und Anker (die feste Bestandteile suchen, zum Beispiel einen Wortanfang oder einen festen Text wie `ms,`). Das Muster für die gestellte Aufgabe sieht so aus:

```
PS> $muster = '(.*?\s=\s\d{1,8}ms,\s){2}'
```

Typischerweise verursachen reguläre Ausdrücke beim Erstkontakt Panikattacken, die aber üblicherweise nach Lektüre des zehnten Kapitels wieder abflauen. Für den Moment genügt es, zu wissen, dass dieses Muster genau das gesuchte Textmuster identifizieren kann. Um zu prüfen, ob das Muster in einer Zeile des Rückgabetexts vorkommt, setzten Sie den Operator `-match` ein:

```
PS> $ergebnis -match $muster
    Minimum = 26ms, Maximum = 26ms, Mittelwert = 26ms
```

Wie Sie sehen, funktioniert die Sache erstaunlich gut. Der Operator `-match` fischt aus den Textzeilen nur diejenigen heraus, die dem Muster entsprechen. Damit ist die Prüfung jetzt leicht: Es ist nur noch festzustellen, wie viele Zeilen `-match` zurückgeliefert hat. Sind es 0 Zeilen, war der Ping nicht erfolgreich. Ist es genau eine Zeile, war er erfolgreich und hat eine Antwort vom Zielsystem empfangen. Die Anzahl der Zeilen, die `-match` zurückgibt, findet sich in der Eigenschaft `Count`, denn das Ergebnis von `-match` ist ein Array. Jedes Array teilt in dieser Eigenschaft mit, wie viele Elemente es aufweist:

```
PS> $zeilen = $ergebnis -match $muster
PS> $zeilen.Count
1
```

Damit lässt sich jetzt eine kleine Funktion namens `Test-Online` erstellen, die intern das gute alte `ping.exe` einsetzt, um zu prüfen, ob ein System antwortet. Das Ergebnis ist stets ein einfach auszuwertendes `$true` oder `$false`:

```
function Test-Online($URL=$env:COMPUTERNAME)
{
  $muster = '(.*?\s=\s\d{1,8}ms,\s){2}'
  $zeilen = (ping.exe $URL -n 1 -w 500) -match $muster
  (($zeilen.Count -gt 0) -and ($zeilen -ne $false))
}
```

Laufende Programme steuern

Zur Verwaltung von Programmen liefert PowerShell eine kleine Familie von Cmdlets mit, die alle das Substantiv `Process` tragen:

```
PS> Get-Command -Noun Process

CommandType     Name                                               Version    Source
-----------     ----                                               -------    ------
Cmdlet          Debug-Process                                      3.1.0.0    Mic...
Cmdlet          Get-Process                                        3.1.0.0    Mic...
Cmdlet          Start-Process                                      3.1.0.0    Mic...
Cmdlet          Stop-Process                                       3.1.0.0    Mic...
Cmdlet          Wait-Process                                       3.1.0.0    Mic...
```

Feststellen, ob ein Prozess läuft

Möchten Sie wissen, ob ein bestimmter Prozess läuft, greifen Sie zu `Get-Process` und suchen den Prozess. So finden Sie heraus, wie viele Instanzen des Prozesses laufen. Das folgende Beispiel prüft, ob der Notepad-Editor ausgeführt wird und, falls ja, wie viele Instanzen laufen:

```
#requires -Version 1
$name = 'notepad'
$prozesse = Get-Process -Name $name -ErrorAction SilentlyContinue
$anzahl = $prozesse.Count
$läuft = $anzahl -gt 0

if ($läuft)
{
  "Es werden $anzahl Instanzen von $name ausgeführt."
}
else
{
  "$name läuft nicht."
}
```

Listing 4.1: Herausfinden, ob ein bestimmter Prozess ausgeführt wird.

Sie können den Prozessnamen in `$name` ändern, um ein anderes Programm zu überprüfen. Ändern Sie die Variable zum Beispiel in `excel`, wenn Sie wissen möchten, ob Microsoft Excel ausgeführt wird.

Auf einen Prozess warten

Soll PowerShell warten, bis ein bestimmter Prozess beendet ist, greifen Sie zu `Wait-Process`. Die folgende Zeile wartet maximal 20 Sekunden darauf, dass sämtliche Instanzen von Microsoft Excel geschlossen werden.

```
#requires -Version 2

# auf Microsoft Excel warten:
Wait-Process -Name excel -Timeout 10 -ErrorAction SilentlyContinue -ErrorVariable err
```

```
# Fehlermeldung auswerten:
if ($err.FullyQualifiedErrorId -eq 'ProcessNotTerminated,Microsoft.Power-
Shell.Commands.WaitProcessCommand')
{
  'Excel läuft immer noch.'
}
elseif ($err.FullyQualifiedErrorId -eq 'NoProcessFoundForGivenName,Microsoft.Power-
Shell.Commands.WaitProcessCommand')
{
  'Excel lief gar nicht.'
}
else
{
  'Excel wurde beendet.'
}
```

Listing 4.2: Warten, bis Microsoft Excel beendet wurde.

Das Skript kann eine von drei Meldungen ausgeben: Lief überhaupt kein Microsoft Excel, wird `Excel lief gar nicht.` ausgegeben. Wurde Excel nicht innerhalb von 20 Sekunden beendet, meldet das Skript `Excel läuft immer noch.` Wurde Excel innerhalb des Timeouts beendet, lautet die Meldung `Excel wurde beendet.`

Welche Situation vorliegt, erkennt das Skript an der Fehlermeldung, die von `Wait-Process` ausgegeben wurde. Mit `-ErrorAction SilentlyContinue` wurde die Fehlermeldung zwar unsichtbar gemacht, aber durch `-ErrorVariable err` in der Variablen `$err` gespeichert. Dort kann sie ausgewertet werden. Die Eigenschaft `FullyQualifiedErrorId` liefert die eindeutige Fehler-ID, auf die das Skript dann reagiert.

Einstellungen laufender Prozesse ändern

PowerShell kann die Priorität eines Prozesses im laufenden Betrieb ändern und damit kontrollieren, wie viel Rechenzeit dem Prozess zur Verfügung gestellt wird. Das funktioniert prinzipiell für jeden Prozess, auf den Sie mit `Get-Process` zugreifen können, ist aber insbesondere für PowerShell selbst interessant.

Wenn PowerShell ein Skript ausführt, verwendet es dafür so viel CPU-Leistung, wie es bekommen kann. Führen Sie also ein aufwendiges Skript aus, kann dadurch ein gesamter CPU-Kern mit Volllast belegt werden. Oft ist die Bearbeitung eines Skripts aber gar nicht so wichtig. Möchten Sie also CPU-Last einsparen und ein Skript lieber etwas gemütlicher ausführen, reduzieren Sie die Priorität des PowerShell-Prozesses vorübergehend etwas.

In der Variablen `$pid` finden Sie stets die Prozess-ID des aktuellen PowerShell-Prozesses. Die folgende Zeile liefert also immer den eigenen PowerShell-Prozess.

```
PS> $prozess = Get-Process -ID $PID
```

Dessen Eigenschaften lassen sich dann verändern. Das folgende Skript ermittelt rekursiv eine Liste mit allen Logfiles aus dem Windows-Ordner und schaltet dafür die Prozesspriorität vorübergehend auf `BelowNormal`. Alle anderen normalen Prozesse erhalten Vorrang vor dem PowerShell-Prozess, sodass das Skript andere Prozesse nicht beeinflusst.

```
#requires -Version 1

# Priorität verringern
$prozess = Get-Process -id $pid
$prozess.PriorityClass = 'BelowNormal'

$liste = Get-ChildItem -Path $env:windir -Filter *.log -Recurse -ErrorAction SilentlyContinue |
Select-Object -ExpandProperty Fullname

# Priorität wiederherstellen
$prozess.PriorityClass = 'Normal'
```

Listing 4.3: Priorität der PowerShell vorübergehend verringern.

Die folgenden Einstellungen sind für `PriorityClass` erlaubt: `Normal`, `Idle`, `High`, `RealTime`, `BelowNormal`, `AboveNormal`. Sie können die Priorität der PowerShell also auch erhöhen. Das allerdings kann das Betriebssystem aus dem Takt bringen: Es reagiert danach eventuell nur noch hakelig oder zeitweise gar nicht mehr. `Idle` dagegen würde das PowerShell-Skript nur noch ausführen, wenn gerade kein anderes Programm CPU-Zeit benötigt.

Hinweis

Falls Sie verwundert feststellen, dass sich die Ausführungszeit eines Skripts bei verschiedenen Prioritäten gar nicht nennenswert ändert, arbeiten Sie vielleicht mit einem sehr gut ausgestatteten System. Selbst bei der Einstellung **`Idle`** läuft das Skript nicht spürbar langsamer, wenn die CPU ohnehin nur Däumchen dreht und nicht ausgelastet ist.

Die meisten modernen Computer verfügen über Multicore-Prozessoren, die also aus mehreren logischen Einzelprozessoren bestehen. Verfügt ein Computer über mehr als einen Prozessor, kann er mehrere Aufgaben gleichzeitig ausführen, indem die Aufgaben auf die unterschiedlichen Prozessoren verteilt werden. Welchem Prozessor ein Prozess zugeordnet werden kann, verrät die Eigenschaft `ProcessorAffinity`:

```
PS> $prozess.ProcessorAffinity
15
```

Das Ergebnis ist eine Bitmaske, wobei jedes Bit für einen Prozessor steht. Indirekt können Sie darüber nebenbei herausfinden, über wie viele Prozessoren ein Computer verfügt, weil Prozesse wie Notepad als Vorgabe allen Prozessoren zugewiesen werden. Lautet das Ergebnis also 1, steht nur ein Prozessor zur Verfügung. Ist das Ergebnis 15 (binär: 1111), stehen vier Prozessoren zur Verfügung. Wollen Sie einen Prozess an einen bestimmten Prozessor binden, weisen Sie diesem die passende Bitmaske zu. Der folgende Aufruf würde Notepad mit dem Wert 4 (binär: 0100) exklusiv an Prozessor 3 binden:

```
PS> $prozess.ProcessorAffinity = 4
```

Allerdings kassieren Sie erwartungsgemäß eine Fehlermeldung, wenn Sie versuchen, einen Prozess an einen nicht vorhandenen Prozessor zu binden (was besonders diejenigen betrifft, deren Computer nicht über einen Multicore-Prozessor bzw. über mehrere Prozessoren verfügt und die deshalb auch keine Auswahlmöglichkeiten haben).

Die folgende Zeile liefert die Anzahl der logischen Prozessoren Ihres Systems:

```
PS> [Environment]::ProcessorCount
4
```

Prozesse vorzeitig abbrechen

Muss ein Prozess abgebrochen werden, kann dafür `Stop-Process` eingesetzt werden, was allerdings relativ ungehobelt vonstattengeht: Der Prozess wird sofort und ohne weitere Rückfragen beendet. Daten, die ein Anwender möglicherweise noch nicht gespeichert hat, gehen dabei verloren.

Ein höflicherer Weg bei Windows-Anwendungen ist, den Prozess zunächst nur aufzufordern, sich selbst zu beenden. Dem Prozess bleibt damit die Freiheit, dem Anwender noch anzubieten, seine Daten in Sicherheit zu bringen. Zuständig für diese Aufforderung ist die Methode `CloseMainWindow()`, die jedes Prozessobjekt unterstützt, das ein eigenes Anwendungsfenster betreibt. Der folgende Code öffnet zum Beispiel einen neuen Windows-Editor und speichert das zugehörige Prozess-Objekt in einer Variablen:

```
PS> $prozess = Start-Process -FilePath notepad -PassThru
```

Geben Sie nun beliebigen Text in den Editor ein, ohne ihn zu speichern. Danach fordern Sie den Prozess auf, sich zu schließen:

```
PS> $null = $prozess.CloseMainWindow()
```

Weil `CloseMainWindow()` zurückmeldet, ob es die Aufforderung an den gewünschten Prozess senden konnte oder nicht, wird diese im Augenblick unwichtige Randnotiz noch kurz in `$null` gespeichert, also vernichtet. Die Sache funktioniert: Es erscheint tatsächlich im Editor die übliche Nachfrage, ob der Anwender seine Daten speichern will, und anschließend beendet sich der Prozess. Allerdings hat der Anwender ein Schlupfloch: Klickt er auf *Abbrechen*, wird der Prozess nicht beendet. Ein Skript würde deshalb nach einer großzügigen Karenzzeit nachprüfen, ob der Prozess auch wirklich beendet wurde, und falls nicht, mit `Stop-Process` nachhelfen:

```
PS> $prozess.CloseMainWindow()
PS> $prozess | Wait-Process -Timeout 30 -ErrorAction Ignore
PS> $prozess | Stop-Process
```

`Wait-Process` gibt dem Anwender hier also maximal 30 Sekunden Zeit, ungesicherte Arbeiten zu speichern. Wenn der Prozess danach noch vorhanden ist, beendet `Stop-Process` ihn ohne Rücksicht auf Datenverluste.

Teil B
Aufgaben automatisieren

Kapitel 5

PowerShell-Skripte

In diesem Kapitel:

Ausführlich werden in diesem Kapitel die folgenden Aspekte erläutert:

- **PowerShell-Skripte:** Skripte sind Textdateien mit der Dateierweiterung *.ps1*. Sie können innerhalb der PowerShell ausgeführt werden, wenn die ExecutionPolicy dies zulässt. Am einfachsten lassen sich Skripte mit dem ISE-Editor verfassen, wenn darin der Skripteditorbereich eingeblendet wird (`Strg`+`R`). Um Skripte von außerhalb der PowerShell zu starten, muss ihnen `PowerShell.exe` vorangestellt werden. So lässt sich ein Skript auch automatisiert als *Geplante Aufgaben* ähnlich wie ein Dienst ausführen oder von klassischen Batchdateien aus starten.
- **Profilskripte:** Profilskripte sind normale PowerShell-Skripte, die jedoch einen besonderen Namen tragen und in fest definierten Ordnern gespeichert sein müssen (*$profile*). Sie werden dann automatisch bei jedem PowerShell-Start ausgeführt, um wiederkehrende Einstellungen oder Initialisierungen vorzunehmen.

- **Andere Skripte:** PowerShell kann Skripte anderer Sprachen ausführen, zum Beispiel Batchdateien oder VBScripts. Dazu wird dem Skript ähnlich wie bei PowerShell-Skripten der ausführende Host vorangestellt.
- **Sicherheit:** PowerShell-Skripte können mit einer digitalen Signatur versehen werden, die garantiert, dass sich der Skriptinhalt seit Anlegen der Signatur nicht verändert hat. Eine Signatur entspricht damit einem »Gütesiegel« oder einer »Verpackung«. Solange das Siegel nicht gebrochen bzw. die Verpackung nicht aufgerissen ist, kann man dem Inhalt leichter vertrauen.

Bisher haben Sie Befehle stets von Hand in die PowerShell eingegeben. Sicher waren darunter schon einige nützliche Befehle oder sogar Befehlskombinationen, die man häufiger gebrauchen könnte.

Skripte sind Textdateien mit der Dateierweiterung *.ps1*, die das möglich machen: Schreiben Sie die Befehlszeilen einfach genau in der Reihenfolge in die Textdatei, in der sie später ausgeführt werden sollen – fertig ist ein erstes Automationsskript.

Das könnten Sie später von Hand ausführen (zum Beispiel über einen Rechtsklick und den Kontextmenübefehl *Mit PowerShell ausführen*) oder auch automatisiert: Schreiben Sie den gewünschten Host (zum Beispiel *powershell.exe*) in eine Befehlszeile und fügen Sie dahinter den Parameter `-File` sowie den Pfad zu Ihrem PowerShell-Skript an. Auf diese Weise lassen sich Skripte zum Beispiel über die Windows-Funktion *Geplante Aufgaben* automatisch regelmäßig ausführen.

Sie können PowerShell-Skripte aber auch im ISE-Host öffnen und darin ausführen. Das ist besonders dann empfehlenswert, wenn Sie ein fremdes Skript zuerst genauer untersuchen wollen oder ein Skript nachträglich erweitern möchten.

PowerShell-Skripte verfassen

Ein PowerShell-Skript verfassen Sie am besten mit dem integrierten ISE-Editor. Falls der Skripteingabebereich gerade nicht zu sehen ist, blenden Sie ihn ein: Klicken Sie entweder rechts oben auf das Pfeilschaltflächensymbol oder drücken Sie [Strg]+[R].

Skriptcode eingeben

Geben Sie jetzt in diesen Texteditor, also den weißen Bereich, den PowerShell-Code ein (Abbildung 5.1), den Ihr Skript später ausführen soll, zum Beispiel diesen:

```
$geburtstag = Read-Host 'Wie lautet Ihr Geburtsdatum?'
$alter = New-TimeSpan $geburtstag
$alter
$tage = $alter.Days
"Sie sind $tage Tage alt!"
```

Listing 5.1: Erstes kleines Skript, um Ihr Alter zu bestimmen.

Erlaubt sind alle Befehle, die auch interaktiv eingesetzt werden können. Tatsächlich werden PowerShell-Skripte selten in einem Durchgang heruntergeschrieben. Meist probiert man einzelne Befehle zuerst in der interaktiven Konsole aus, und erst wenn sie tun, was sie sollen, werden die Zeilen ins Skript aufgenommen.

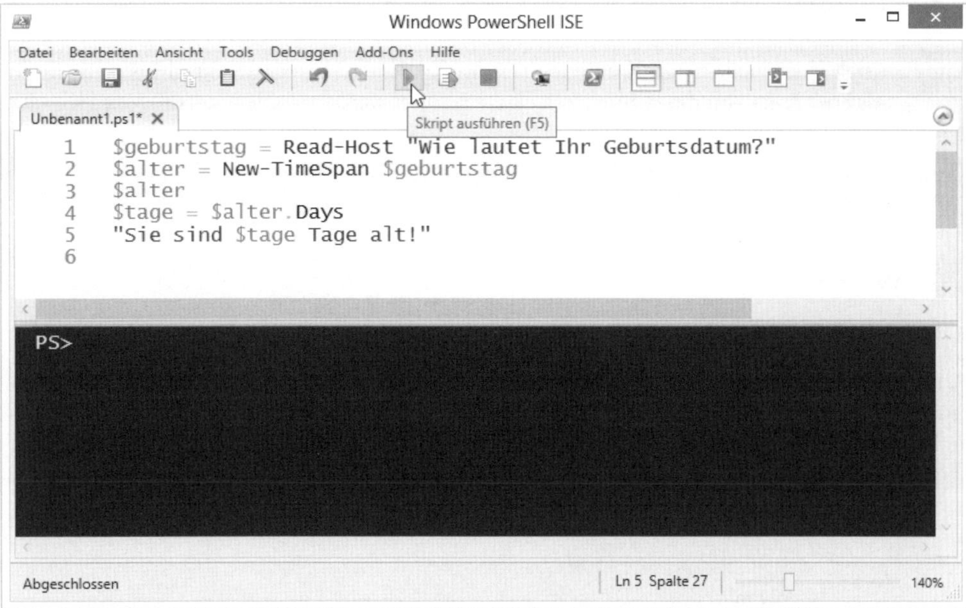

Abbildung 5.1: Ein kleines PowerShell-Skript im Skriptbereich von PowerShell ISE erstellen.

Tipp

Möchten Sie die aktuell in der Konsole von ISE angezeigte Befehlszeile in Ihr Skript übernehmen, klicken Sie in die Zeile und drücken `Strg`+`A`. So wird die gesamte Zeile markiert. Dann drücken Sie `Strg`+`C`, um die Zeile in die Zwischenablage zu legen. Klicken Sie anschließend in Ihrem Skript an die Stelle, an der die Zeile eingefügt werden soll, und drücken Sie `Strg`+`V`. Voilà! Schon ist die Zeile zu einem Teil Ihres Skripts geworden.

Eingabehilfen spüren Tippfehler auf

Noch während Sie den Skriptcode in den Editor eingeben, unterstützt dieser Sie mit IntelliSense und Farbcodierung. Insbesondere die Farbcodierung hilft dabei, Tippfehler schnell zu erkennen. Ist ein Wort im Skript nicht mit der erwarteten Farbe hinterlegt, stimmt etwas nicht, und Sie sollten Ihre Eingaben noch einmal mit zusammengekniffenen Augen untersuchen. Haben Sie vielleicht ein Anführungszeichen vergessen?

Farbe	Bedeutung
Rot	Variable
Blau	Befehl
Braun	Text
Grau	Operator
Schwarz	Objektbefehl

Tabelle 5.1: Die wichtigsten Farbcodierungen im ISE-Skriptbereich.

Skript ausführen

Sobald Sie den Skriptcode eingegeben haben, kann das Skript mit einem entschlossenen Druck auf F5 oder per Klick auf das grüne Dreieck ausgeführt werden. In der Konsole von ISE sehen Sie nun:

```
PS> $geburtstag = Read-Host "Wie lautet Ihr Geburtsdatum?"
$alter = New-TimeSpan $geburtstag
$alter
$tage = $alter.Days
"Sie sind $tage Tage alt!"

Wie lautet Ihr Geburtsdatum?:
```

ISE hat soeben Ihren Code einfach Zeile für Zeile im Mehrzeilenmodus in die Konsole eingefügt, und zwar so, als hätten Sie die Zeilen einzeln der Reihe nach von Hand eingetippt. Sobald alle Zeilen eingefügt sind, führt ISE den Code aus. Der fragt Sie sogleich mit `Read-Host` nach einem Geburtstag. Geben Sie ein Datum ein, berechnet PowerShell mit `New-TimeSpan` die Zeitdifferenz, gibt zuerst das Gesamtergebnis und danach einen lesefreundlicheren Text aus.

```
Wie lautet Ihr Geburtsdatum?: 12.6.1816

Days              : 71679
Hours             : 15
Minutes           : 32
Seconds           : 30
Milliseconds      : 201
Ticks             : 61931215502010998
TotalDays         : 71679,647571772
TotalHours        : 1720311,54172253
TotalMinutes      : 103218692,503352
TotalSeconds      : 6193121550,2011
TotalMilliseconds : 6193121550201,1

Sie sind 71679 Tage alt!
```

Sicherheitseinstellungen und Ausführungsrichtlinien

Eigentlich war das, was Sie gerade ausgeführt haben, noch gar kein Skript. Zu einem Skript wird es erst, wenn Sie Ihren Code per Klick auf das Diskettensymbol oder mit Strg+S speichern.

Führen Sie das gespeicherte Skript nun noch einmal aus, verhält sich ISE anders. Entweder wird jetzt der Pfadname zu Ihrem Skript aufgerufen (es werden also nicht mehr die einzelnen Befehlszeilen eingegeben), oder Sie kassieren eine Fehlermeldung wie diese hier:

```
PS> C:\Users\Tobias\Documents\testskript.ps1
Die Datei "C:\Users\Tobias\Documents\testskript.ps1" kann nicht geladen werden, da die Ausführung
von Skripts auf diesem System deaktiviert ist. Weitere Informationen finden Sie unter
"about_Execution_Policies" unter "http://go.microsoft.com/fwlink/?LinkID=135170".
(...)
```

Falls das geschieht, haben Sie die Skriptausführung noch nicht wie in Kapitel 1 beschrieben erlaubt. Blättern Sie entweder zurück zu Kapitel 1 oder schalten Sie die Skriptausführung einfach mit diesem Befehl frei:

```
PS> Set-ExecutionPolicy -Scope CurrentUser -ExecutionPolicy Bypass -Force
```

Profilskripte – die Autostartskripte

Profilskripte sind ganz normale PowerShell-Skripte, die allerdings beim Start von PowerShell automatisch ausgeführt werden. Man kann hier also alle Anweisungen hinterlegen, die bei jedem Start von PowerShell ausgeführt werden sollen, beispielsweise:

- Eigene Aliase mit `Set-Alias` anlegen.
- Eigene Laufwerke mit `New-PSDrive` anlegen.
- Zusätzliche Module mit `Import-Module` nachladen.
- Umgebungsvariablen ändern und erweitern.
- PowerShell-Einstellungen wie Farben oder Größe des Befehlspuffers festlegen.
- Die Eingabeaufforderung ändern (Funktion `prompt` überschreiben).

Auf diese Weise können Sie PowerShell ganz nach Ihren persönlichen Vorlieben einrichten. Mitunter tragen sich auch Erweiterungen hier ein, damit sie vollautomatisch geladen werden. Und so können Sie Profilskripte also einerseits dazu verwenden, PowerShell ganz nach Ihren Vorlieben einzurichten. Andererseits wissen Sie nun auch, wo sich die Einstellungen befinden, die PowerShell beim Start verändern. Löschen Sie die Profilskripte, erhalten Sie automatisch wieder ein fabrikfrisches PowerShell.

Hinweis

Auch für Profildateien gelten die Ausführungsrichtlinien. Erlauben diese die Ausführung von PowerShell-Skripten nicht, werden die Profildateien ebenfalls nicht ausgeführt. Falls eine Profildatei vorhanden ist und wegen fehlender Rechte nicht ausgeführt werden kann, erscheint beim Start von PowerShell eine entsprechende Fehlermeldung.

Vier verschiedene Profilskripte – pro Host

Profilskripte existieren anfangs nicht, und das ist auch nicht weiter schlimm. PowerShell sucht beim Start vier verschiedene Skriptdateipfade, und wenn diese existieren, wird das jeweilige Skript ausgeführt – sonst eben nicht. Der wichtigste Profilskriptpfad findet sich in `$PROFILE`:

```
PS> $PROFILE
C:\Users\Tobias\Documents\WindowsPowerShell\Microsoft.PowerShell_profile.ps1
```

Er gilt nur für Sie persönlich und nur für den aktuellen PowerShell-Host. Fragen Sie also den Inhalt von `$PROFILE` nicht aus der PowerShell-Konsole ab, sondern aus ISE heraus, sieht dieser anders aus:

```
PS> $PROFILE
C:\Users\Tobias\Documents\WindowsPowerShell\Microsoft.PowerShellISE_profile.ps1
```

Die PowerShell-Konsole und der ISE-Editor verfügen also über separate jeweils eigene Profilskripte. Das ist eine gute Sache, denn vielleicht wollen Sie die PowerShell-Konsole anders einrichten als den ISE-Editor, und nicht jeder Befehl funktioniert in beiden Hosts gleich gut.

Manche Einstellungen würden Sie aber vielleicht gern für alle Hosts gemeinsam festlegen, zum Beispiel eine angepasste Eingabeaufforderung. Diese soll sowohl in der klassischen Konsole als auch in ISE angezeigt werden. Zwar könnten Sie die Anweisungen in beide Profildateien eintragen, aber für solche Fälle verwendet PowerShell besser ein weiteres, hostunabhängiges Profilskript:

```
PS> $PROFILE.CurrentUserAllHosts
C:\Users\Tobias\Documents\WindowsPowerShell\profile.ps1
```

Wenn Sie Einstellungen festlegen möchten, die nicht nur für Ihr eigenes PowerShell gilt, sondern auch für das anderer Benutzer, greifen Sie zu den übrigen Profilskripten:

```
PS> $PROFILE.AllUsersAllHosts
C:\Windows\System32\WindowsPowerShell\v1.0\profile.ps1
PS> $PROFILE.AllUsersCurrentHost
C:\Windows\System32\WindowsPowerShell\v1.0\Microsoft.PowerShell_profile.ps1
PS> $PROFILE.CurrentUserAllHosts
C:\Users\Tobias\Documents\WindowsPowerShell\profile.ps1
PS> $PROFILE.CurrentUserCurrentHost
C:\Users\Tobias\Documents\WindowsPowerShell\Microsoft.PowerShell_profile.ps1
```

Die Wahl des Profils bestimmt also, für wen die Anweisungen darin wirksam werden.

Profil	Beschreibung
AllUsersAllHosts	Anweisungen gelten für alle Benutzer Ihres Computers und für alle PowerShell-Anwendungen. Sie benötigen Administratorrechte, um diese Profildatei zu ändern.
AllUsersCurrentHost	Anweisungen gelten für alle Benutzer Ihres Computers, aber nur für *PowerShell.exe* und *PowerShell_ISE.exe*. Sie benötigen Administratorrechte, um diese Profildatei zu ändern.
CurrentUserAllHosts	Anweisungen gelten nur für Sie und für alle PowerShell-Anwendungen.
CurrentUserCurrentHost	Anweisungen gelten nur für Sie und nur für den jeweiligen PowerShell-Host.

Tabelle 5.2: Vier verschiedene Profilskripte können für Initialisierungsaufgaben eingesetzt werden.

Falls mehrere Profilskripte existieren, werden sie in der Reihenfolge ausgeführt, in der sie in Tabelle 5.2 aufgeführt sind.

Profilskript anlegen und öffnen

Falls ein Profilskript noch nicht existiert, muss es zunächst angelegt werden, was nicht ganz trivial ist, weil dafür teilweise auch weitere Unterordner zu erstellen sind.

Das folgende Skript prüft, ob das Profilskript bereits existiert, und falls nicht, wird es samt eventuell noch fehlender Unterordner angelegt. Danach wird das Skript in der ISE geöffnet:

```
$Path = $profile.CurrentUserAllHosts
$vorhanden = Test-Path -Path $Path

if (-not $vorhanden)
{
    $null = New-Item -Path $Path -ItemType File -Force
}
ise $Path
```

Listing 5.2: Profilskript anlegen und öffnen.

Typische Profilskriptaufgaben durchführen

Ein gutes Profilskript richtet Ihren PowerShell-Arbeitsplatz gemütlich ein und kann die PowerShell beispielsweise so anpassen, wie Sie es am besten finden. Störend ist anfangs beispielsweise, dass die Eingabeaufforderung stets den aktuellen Pfadnamen anzeigt und dadurch sehr viel Raum einnimmt. Besser wäre es, wenn der aktuelle Pfadname in der Titelleiste angezeigt würde. Auch Fehlermeldungen sind wegen ihres schwarzen Hintergrunds nicht immer gut lesbar, daher wäre für Fehlermeldungen zu überlegen, stattdessen einen weißen Hintergrund zu verwenden.

Beides lässt sich ändern, wobei zunächst die Frage im Raum steht, welches Profilskript dafür am besten geeignet ist. Da beide Änderungen sowohl in der klassischen PowerShell-Konsole als auch in ISE nützlich sind, sollte das allgemeine Profilskript zum Zuge kommen, das Listing 5.2 bereits angelegt und geöffnet hatte. Falls es nicht mehr geöffnet ist, öffnen Sie es mit diesem Befehl:

```
PS> ise $profile.CurrentUserAllHosts
```

Im ISE-Editor wird jetzt das Skript *profile.ps1* geöffnet. Darin tragen Sie unterhalb des bestehenden Inhalts ein:

```
function prompt
{
  'PS> '
  $Host.UI.RawUI.WindowTitle = Get-Location
}

$Host.PrivateData.ErrorBackgroundColor = 'White'
$MaximumHistoryCount = 30KB
```

Listing 5.3: Eine bessere Promptfunktion sowie PowerShell-Grundeinstellungen einrichten.

Sobald Sie das Skript speichern und eine neue PowerShell-Instanz öffnen, ist der Prompt auf `PS>` zusammengeschmolzen, und ein unauffälliger Blick in die Titelleiste zeigt, dass der aktuelle Pfadname nun dort zu finden ist. Fehler werden wie gewünscht auf weißem Hintergrund präsentiert, und zusätzlich wurde der PowerShell-Befehlspuffer auf 30.720 Einträge erweitert.

Skripte außerhalb von PowerShell starten

Möchten Sie PowerShell-Skripte aus Windows heraus starten, zum Beispiel über eine Verknüpfung auf dem Desktop, aus Stapeldateien heraus oder vollautomatisch als geplante Aufgabe, ist das nicht einfach möglich. Anders als Stapeldateien und VBScript sind PowerShell-Skripte nämlich aus Sicherheitsgründen nicht mit einem ausführbaren Programm wie *PowerShell.exe* verknüpft.

Ein Doppelklick auf ein PowerShell-Skript öffnet folgerichtig auch höchstens einen Editor, führt das Skript aber nicht aus. Damit ein PowerShell-Skript ausführbar wird, muss es also manuell an *PowerShell.exe* übergeben werden. Dafür würde eigentlich die folgende Zeile genügen:

```
PowerShell.exe c:\pfad\zum\skript.ps1
```

Allerdings gehören zu einem sicheren und zuverlässigen Aufruf einige weitere Parameter, sodass der vollständige Aufruf so aussieht:

```
PowerShell.exe -noprofile -executionpolicy Bypass -file "c:\pfad\zum\skript.ps1"
```

Möchten Sie ein Skript beispielsweise per Verknüpfung vom Desktop aus starten, legen Sie dort per Rechtsklick und *Neu/Verknüpfung* eine neue Verknüpfung an und geben dann als Befehlszeile den eben genannten Befehl ein. Nur den Pfadnamen zu Ihrem Skript müssen Sie natürlich noch anpassen. Wenn Sie alles richtig gemacht haben, verwandelt sich danach das Symbol der Verknüpfung in ein blaues PowerShell-Icon, und wenn Sie die Verknüpfung doppelt anklicken, startet das Skript.

Es öffnet eine PowerShell-Instanz, also ein Konsolenfenster, und ehe Sie zweimal hinschauen können, ist das Fenster auch schon wieder zu. Sobald das Skript seine Arbeit erledigt hat, schließt sich PowerShell nämlich. Möchten Sie das Fenster anschließend geöffnet lassen, geben Sie entweder zusätzlich den Parameter `-NoExit` an (der vor `-File` stehen muss), oder Sie sorgen dafür, dass Ihr Skript nicht beendet wird. Fügen Sie ans Ende beispielsweise `Read-Host 'EINGABETASTE drücken'` ein, sodass das Skript darauf wartet, dass der Benutzer die Taste [↵] drückt. Auch dieser Befehl ist erlaubt, der auf einen beliebigen Tastendruck wartet:

```
cmd.exe /c pause
```

Hinweis

Wenn Sie ein PowerShell-Skript automatisiert über die Windows-Aufgabenplanung ausführen wollen, fragt diese Sie getrennt in zwei separaten Feldern nach einem ausführbaren Programm und nach dessen Argumenten. Das ausführbare Programm ist in diesem Fall *PowerShell.exe*, und der Rest der Zeile von oben stellt dann dessen Argumente dar.

- **-NoProfile:** Wie Sie gesehen haben, kann ein Profilskript die PowerShell-Umgebung grundlegend verändern. Möchten Sie sicherstellen, dass Ihr Skript in einer Standard-PowerShell-Umgebung ausgeführt wird, in der niemand Gelegenheit hatte, den Befehl `Get-ChildItem` beispielsweise über einen Alias in einen anderen Befehl zu verwandeln, ist dieser Parameter essenziell. Darüber hinaus beschleunigt er den Start.
- **-ExecutionPolicy:** Wie Sie ebenfalls gesehen haben, dürfen Skripte erst ausgeführt werden, wenn die Ausführungsrichtlinie dies zulässt. Ist sie noch nicht konfiguriert, läuft Ihr Skript nicht. Damit Sie sich nicht darauf verlassen müssen, können Sie mit diesem Parameter selbst die Ausführungsrichtlinie bestimmen. Sie wird dann mit dem Scope (Gültigkeitsbereich) `Process` festgelegt, gilt also nur für diesen Aufruf. Falls die übergeordneten Scopes `MachinePolicy` und/oder `UserPolicy` die Skriptausführung zentral gesteuert ausdrücklich verbieten, hilft dieser Parameter allerdings auch nicht weiter.
- **-File:** Alles, was diesem Parameter folgt, wird als Pfadname zur Skriptdatei verstanden. Deshalb muss dieser Parameter stets der *letzte* Parameter sein. Setzen Sie den Pfadnamen am besten in Anführungszeichen, damit Leerzeichen im Pfadnamen nicht zu Problemen führen, und verwenden Sie stets die »normalen« Anführungszeichen und nicht die bei PowerShell üblicheren »einfachen«. Denken Sie daran: Der Befehl soll ja außerhalb von PowerShell ausgeführt werden, und dort werden einfache Anführungszeichen nicht verstanden.

PowerShell-Startoptionen

`PowerShell`*.exe* unterstützt noch zahlreiche weitere Parameter, die aber weniger gebräuchlich sind. Eine vollständige Übersicht erhalten Sie so:

```
PS> PowerShell /?

PowerShell[.exe] [-PSConsoleFile <Datei> | -Version <Version>]
    [-NoLogo] [-NoExit] [-Sta] [-Mta] [-NoProfile] [-NonInteractive]
    [-InputFormat {Text | XML}] [-OutputFormat {Text | XML}]
(...)
```

Befehlsfolgen extern ausführen

PowerShell.exe kann mit dem Parameter `-Command` auch direkt PowerShell-Befehle entgegennehmen und ausführen. Das eignet sich insbesondere für kurze Codeteile und funktioniert selbst dann, wenn die Skriptausführung nicht erlaubt ist. Problematisch wird es aber, wenn Sie *PowerShell.exe* extern aufrufen, beispielsweise aus einer Batchdatei heraus. Dort kann es passieren, dass die Befehle, die Sie *PowerShell.exe* als Argument übergeben, nicht korrekt übertragen werden, weil die Umgebung möglicherweise den übergebenen Code zuerst nach eigenen Maßstäben überprüft (parst) und verändert.

Deshalb kann der Code, den PowerShell ausführen soll, auch »Base64-encodet« werden. Die so entstehende Zeichenfolge ist weitestgehend immun gegen Veränderungen. Base64-encodete Befehle lassen sich dann mit dem Parameter `-Encode` an *PowerShell.exe* übergeben.

Hier ist ein relativ simpler Weg, um PowerShell-Code in einen Base64-encodeten Aufruf zu übersetzen:

```
$code =
{
    # fügen Sie hier den PowerShell-Code ein, der ausgeführt werden soll:
    dir $env:windir -Filter *.ps1 -Recurse -ErrorAction SilentlyContinue
}

# nach Aufruf dieser Zeile finden Sie den kompletten Aufruf in der Zwischenablage:
((cmd /c echo PowerShell $code) -split ' -inputFormat ' )[0] | clip
```

Nachdem Sie diesen Code ausgeführt haben, liegt der Base64-encodete Aufruf in der Zwischenablage und kann von dort zum Beispiel in eine Batchdatei oder eine PowerShell-Konsole eingefügt werden. Der Code sieht ungefähr so aus (und besteht aus einer einzigen Zeile, auch wenn die Zeile hier im Buch aus Platzgründen umbrochen ist):

```
PowerShell -encodedCommand
DQAKACAAIAAgACAAZABpAHIAIAAkAGUAbgB2ADoAdwBpAG4AZABpAHIAIAAtAEYAaQBsAHQAZQByACAAKgAuAHAAcwAxACAALQ
BSAGUAYwB1AHIAcwBlACAALQBFAHIAcgBvAHIAQQBjAHQAaQBvAG4AIABTAGkAbABlAG4AdABsAHkAQwBvAG4AdABpAG4AdQBl
AAOACgA=
```

Führen Sie diesen Code aus, liefert PowerShell eine Liste sämtlicher PowerShell-Skripten im Windows-Ordner (oder das Ergebnis jedes anderen Codes, den Sie vor der Umwandlung in der Variablen `$code` vermerkt haben.

PowerShell-Code als geplante Aufgabe ausführen

Möchten Sie ein PowerShell-Skript oder -Befehl regelmäßig automatisiert ausführen lassen, legen Sie eine geplante Aufgabe an. Dazu öffnen Sie entweder die *Aufgabenplanung* in der *Systemsteuerung* unter *Verwaltung* und legen die Aufgabe assistentenunterstützt in der grafischen Oberfläche an, oder Sie greifen auf das Befehlszeilentool *schtasks.exe* zurück.

Mit schtasks.exe klassische Aufgaben einrichten

Die nächste Zeile richtet mithilfe von *schtasks.exe* eine neue Aufgabe ein (/`create`), die ein Skript (/`TR`) automatisch täglich (/`SC`) im Kontext des aktuellen Benutzers ausführt, dabei die höchstmöglichen Privilegien gewährt (/`RL`) und erlaubt, dass die PowerShell-Konsole während der Ausführung sichtbar ist (/`IT`).

```
PS> schtasks /create /TN Aufgabenname /TR "PowerShell.exe -NoProfile -ExecutionPolicy Bypass -File
%PUBLIC%\skriptname.ps1" /IT /RL HIGHEST /SC DAILY
```

Passen Sie in der Zeile den Pfadnamen zu Ihrem Skript an. Speichern Sie das Skript am besten im Ordner für öffentliche Dokumente, damit die Aufgabenplanung auf jeden Fall auf die Skriptdatei zugreifen kann, falls Sie das Skript später unter einem anderen Benutzernamen ausführen lassen wollen. Dieser Ordner findet sich in der Umgebungsvariablen `$env:PUBLIC`:

```
PS> $env:PUBLIC
C:\Users\Public
```

Um die neu eingerichtete Aufgabe in der Aufgabenplanung zu begutachten, gehen Sie so vor:

1. Starten Sie die *Aufgabenplanung* – am besten direkt aus PowerShell heraus: `taskschd.msc` [↵]. Das Fenster *Aufgabenplanung* öffnet sich.
2. Ihre Aufgabe erscheint in der Aufgabenplanung, wenn Sie in der linken Spalte auf den Zweig *Aufgabenplanungsbibliothek* klicken, und kann dort testweise manuell gestartet werden. Klicken Sie dazu die Aufgabe mit der rechten Maustaste an und wählen Sie *Ausführen*. In den Spalten *Status*, *Letzte Laufzeit* und *Ergebnis der letzten Ausführung* erhalten Sie Rückmeldungen und können sehen, ob das Skript erfolgreich ausgeführt wurde.

Die Spalte *Ergebnis der letzten Ausführung* zeigt übrigens den numerischen Rückgabewert des Skripts an, also jenen Wert, den das Skript an seinem Ende mit der Anweisung `Exit` festlegt. Wenn Sie also ein Skript per Aufgabenplanung ausführen lassen wollen, sollten Sie auch wirklich mit `Exit` einen Rückgabewert festlegen, denn andernfalls bleibt die Spalte bedeutungslos.

Tipp

Haben Sie die Aufgabe angelegt oder verändert, nachdem die Aufgabenplanung geöffnet war, drücken Sie in der Aufgabenplanung [F5], um die Ansicht zu aktualisieren. Sollte die Aufgabe nicht wie gewünscht ausgeführt werden, prüfen Sie zuerst den Befehlsaufruf, indem Sie mit der rechten Maustaste auf die Aufgabe klicken und *Eigenschaften* wählen. Klicken Sie dann auf die Registerkarte *Aktionen* und anschließend auf *Bearbeiten*. Rufen Sie den dort hinterlegten Befehl aus einer PowerShell-Konsole heraus auf. In der Aufgabenplanung können Sie Aufgaben auch wieder löschen. Dies funktioniert ebenfalls mit `schtasks`:

```
PS> schtasks /Delete /TN Aufgabenname
```

Die Aufgabe, die Sie in diesem Beispiel angelegt haben, wird im Kontext desjenigen Benutzers ausgeführt, der die Aufgabe eingerichtet hat. Die Aufgabe gelangt also nur dann zur Ausführung, wenn dieser Benutzer angemeldet ist. Dafür kann die Aufgabe mit dem Desktop dieses Benutzers interagieren, also beispielsweise die PowerShell-Konsole und Meldungen darin anzeigen.

Möchten Sie ein Skript lieber unter einem anderen Benutzerkonto und dergestalt ausführen, dass das Skript auch zur Ausführung gelangt, wenn niemand angemeldet ist (ähnlich einem Dienst), weisen Sie der Aufgabe ein passendes Benutzerkonto zu und legen in den Eigenschaften der Aufgabe fest, dass diese auch ausgeführt werden soll, wenn der Benutzer nicht angemeldet ist.

In diesem Fall allerdings wird die Aufgabe aus Sicherheitsgründen immer unsichtbar ausgeführt. Sie können dann also weder Meldungen ausgeben noch Benutzereingaben erfragen, und die Option `/IT` bleibt wirkungslos. Zudem müssen Sie darauf achten, dass der Benutzer, unter dessen Namen das Skript nun ausgeführt wird, auch tatsächlich Zugriffsrechte auf die Skriptdatei besitzt – die ja eventuell von einem ganz anderen Benutzer erstellt und gespeichert wurde.

Mit dem Modul PSScheduledJob Aufgaben anlegen

In PowerShell 3.0 wurde ein neues Modul namens `PSScheduledJob` hinzugefügt. Es enthält insgesamt sechs Cmdlets mit dem Tätigkeitsbereich `ScheduledJob`, mit dem sich ebenfalls Skripte als geplante Aufgabe anlegen lassen. Anders als bei *schtasks.exe* sind diese Cmdlets allerdings ausschließlich für die Verwaltung von PowerShell-Skripten zuständig und ignorieren andere Aufgaben der Aufgabenplanung.

```
PS> Get-Command -Noun ScheduledJob

CommandType Name                     ModuleName
----------- ----                     ----------
Cmdlet      Disable-ScheduledJob     PSScheduledJob
Cmdlet      Enable-ScheduledJob      PSScheduledJob
Cmdlet      Get-ScheduledJob         PSScheduledJob
Cmdlet      Register-ScheduledJob    PSScheduledJob
Cmdlet      Set-ScheduledJob         PSScheduledJob
Cmdlet      Unregister-ScheduledJob PSScheduledJob
```

Kapitel 6
Die PowerShell-Pipeline

Aufgaben automatisieren

In diesem Kapitel:

Ausführlich werden in diesem Kapitel die folgenden Aspekte erläutert:

- **Befehlsketten bilden:** Durch die Verkettung mehrerer Befehle mithilfe des Pipeline-Operators (|) lassen sich ohne klassische Programmierung viele Aufgaben lösen. Cmdlets funktionieren dabei wie Lego-Bausteine und können Informationen auf einheitliche Weise empfangen und weitergeben.
- **Streaming-Modus:** Über die Pipeline werden Ergebnisse zwischen Befehlen in Echtzeit weitergereicht. Alle beteiligten Befehle arbeiten gleichzeitig. Daher ist die Pipeline effizient und speicherschonend, aber langsam, weil immer nur ein Datensatz nach dem anderen bearbeitet wird.
- **Pipeline-SQL:** Im Kern bildet die Pipeline mit sechs Cmdlets die Datenbanksprache SQL ab. So kann man bestimmen, welche Informationen relevant sind, welche Datensätze herausgefiltert werden sollen, und man kann natürlich sortieren, gruppieren und zählen.
- **Eigene Pipeline-Befehle:** Mit `Foreach-Object` lassen sich schnell Pipeline-fähige Ad-hoc-Funktionen erstellen, mit denen die durch die Pipeline strömenden Daten in Echtzeit bearbeitet und umgeformt werden können.

Meist sind Aufgaben etwas komplexer und lassen sich nicht durch ein einzelnes Cmdlet lösen. Im letzten Kapitel haben Sie bereits gesehen, wie Sie Skripte dazu nutzen können, einzelne Befehle zu einer Lösung zusammenzufassen, und üblicherweise helfen dann Variablen dabei, die Ergebnisse von einem Befehl an den nächsten weiterzugeben.

Ein grundsätzlich anderes Verfahren, mehrere Befehle zu kombinieren, nutzt die »Pipeline«, die durch das Zeichen »|« repräsentiert wird. Hier werden die Ergebnisse eines Befehls direkt an den nächsten geschickt. Der Vorteil: Es sind keine Variablen und kein zusätzlicher Speicherplatz nötig. Außerdem erscheinen Ergebnisse meist schneller, weil die ersten Endergebnisse bereits am Ende der Pipeline erscheinen, noch bevor der erste Befehl der Pipeline seine Aufgabe beendet hat.

Sechs Cmdlets bilden das Herz dieser Pipeline, sie werden in diesem Kapitel vorgestellt. Wer mit ihnen vertraut ist, kann mit PowerShell plötzlich sehr viel mehr erreichen. Abbildung 6.1 zeigt, wo Sie sich in diesem Kapitel im PowerShell-Ökosystem befinden.

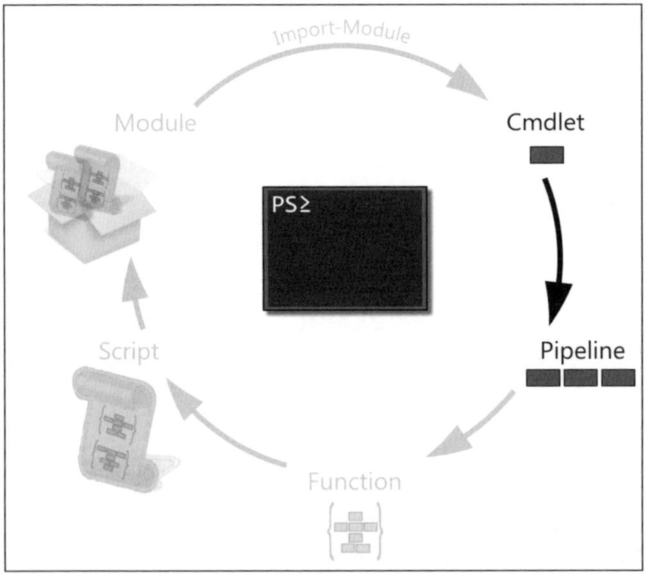

Abbildung 6.1: PowerShell-Level 2: Einzelne Befehle werden über die Pipeline kombiniert.

Aufbau der PowerShell-Pipeline

Man kann sich die PowerShell-Pipeline wie ein Förderband in einer Fabrik vorstellen: Vorn legt jemand Altmetall auf das Förderband, und nachdem die einzelnen Befehle das Rohmaterial schrittweise bearbeitet haben, fallen am Ende Dosenöffner heraus – oder eben was Sie sonst gerade benötigen (Abbildung 6.2).

Abbildung 6.2: Prinzipieller Aufbau der PowerShell-Pipeline.

Weniger bildlich gesprochen, stellt die Pipeline einen Streaming-Mechanismus dar: Der Pipeline-Operator | verbindet den Ausgabekanal eines Befehls direkt mit dem Eingabekanal des nächsten Befehls. Die Informationen können also *gleichzeitig* durch mehrere verkettete Befehle strömen. Die Pipeline ist damit nicht nur ein Weg, um mehrere Cmdlets zu neuen Lösungen zu verketten. Es ist außerdem ein moderner Streaming-Mechanismus, der ohne Variablen auskommt und besonders speicherschonend arbeitet.

Einige einfache Pipeline-Beispiele sind Ihnen schon begegnet und sahen zum Beispiel so aus:

```
PS> Get-Process -Name notepad | Stop-Process
PS> driverquery.exe /FO CSV | ConvertFrom-CSV
```

Im ersten Beispiel liefert ein Cmdlet bestimmte Prozesse, hier alle laufenden Instanzen des Windows-Editors *notepad.exe*, die dann vom zweiten sofort und ohne weitere Sicherheitsabfrage beendet werden.

Im zweiten Beispiel liefert ein Konsolenbefehl namens `driverquery.exe` kommaseparierte Daten, die dann vom folgenden Cmdlet in echte Objekte umgewandelt werden. Die Funktion der Pipeline als Datentransporteur ist bei diesen beiden Beispielen ziemlich offensichtlich.

Tipp

Nicht immer ist die Pipeline wirklich erforderlich. Einen Prozess können Sie beispielsweise auch direkt mit `Stop-Process` beenden:

```
PS> Stop-Process -Name notepad
```


Prinzipieller Aufbau der Pipeline

Zwar gibt es unendlich viele Kombinationsmöglichkeiten, doch die meisten Pipeline-Konstrukte sind nach einem einfachen Schema gewebt (Abbildung 6.2):

- **Rohdaten:** Am Anfang jeder Pipeline steht ein Datenbeschaffer. Das ist typischerweise ein Cmdlet mit dem Verb *Get*, es kann aber auch ein externes Programm wie *ipconfig.exe* sein, das Textinformationen in die PowerShell-Konsole liefert.
- **Industrieroboter:** Im Herzen der Pipeline sind zwar alle Cmdlets erlaubt, die Daten über die Pipeline empfangen können, aber typischerweise findet man hier vor allem Cmdlets mit dem Substantiv *Object*. Es dürfen so viele Cmdlets im Herzen der Pipeline miteinander kombiniert werden wie nötig. Die Aufgabe der Cmdlets ist, die Rohdaten in eine passende Form zu bringen, also zum Beispiel zu filtern, zu sortieren oder zu verändern.
- **Ausgabe:** Am Ende der Pipeline folgt auf Wunsch ein Ausgabe-Cmdlet. Notwendig ist das nicht. Ohne ein Ausgabe-Cmdlet werden die Ergebnisse der Pipeline in die Konsole geschrieben oder können einer Variablen zugewiesen werden – genau wie bei Einzelbefehlen.

  Möchte man die Ergebnisse dagegen lieber andernorts in Textform ausgeben, zum Beispiel in eine Datei umlenken, kommt ein Gespann aus zwei Cmdlets zum Einsatz, das die Verben *Format* (bestimmt das Layout) und *Out* (bestimmt das Ziel) tragen.

  Sollen die Daten lieber in Objektform an anderer Stelle ausgegeben werden, also mit weiterhin voneinander abgegrenzten Spalten, greift man zu Cmdlets mit dem Verb *Export* und kann die Ergebnisse dann beispielsweise als kommaseparierte Liste oder XML speichern.

Tipp

Am Anfang einer Pipeline kann natürlich auch eine Variable stehen. Enthält sie Daten, bearbeitet die Pipeline auch diese. Variablen am Anfang einer Pipeline sind meist jedoch ein Indiz dafür, dass das Pipeline-Konzept noch nicht richtig verstanden wurde.

Ein wesentlicher Vorteil der Pipeline ist ja gerade ihr Streaming-Mechanismus, der ohne Variablen auskommt: Die Daten werden direkt von einem Befehl zum anderen weitergereicht, und die ersten Ergebnisse erscheinen bereits, noch bevor die Pipeline-Befehle ihre Arbeit vollständig erledigt haben. Das ist besonders effizient, denn nirgendwo müssen Informationen zwischengespeichert werden, und der Anwender erhält so schnell wie möglich erste Ergebnisse:

```
PS> Get-HotFix | Where-Object HotfixID -like KB30*
```

Sammeln Sie die Rohdaten zunächst in einer Variablen, geben Sie wesentliche Vorteile der Pipeline preis: Die Variable verschwendet Speicherplatz, und die Ergebnisse erscheinen nicht mehr in Echtzeit, sondern erst nachdem die Variable gefüllt ist.

```
PS> $hotfixes = Get-HotFix
PS> $hotfixes | Where-Object HotfixID -like KB30*
```

Liegen die Informationen ohnehin schon fix und fertig in einer Variablen vor, ist es meist schneller und effizienter, klassische Konstruktionen zu wählen und nicht die PowerShell-Pipeline einzusetzen:

```
$hotfixes = Get-HotFix

foreach($hotfix in $hotfixes)
{
    if ($hotfix.HotFixID -like 'KB30*')
    {
        $hotfix
    }
}
```

Listing 6.1: Alle Hotfixes anzeigen, die mit »KB30« beginnen.

Oder noch einfacher: Sie setzen in diesem Fall direkt Vergleichsoperatoren ein:

```
$hotfixes = Get-HotFix
$hotfixes -like 'KB30*'
```

Es mag charmant sein, diesen Code sogar noch weiter zu verkürzen:

```
(Get-Hotfix) -like 'KB30*'
```

Dies ändert aber nichts daran, dass Sie nun auf wesentliche Vorteile der Pipeline verzichten. Sie verlieren den Echtzeitcharakter, müssen also erst mal warten, bis `Get-Hotfix` alle Daten beschafft hat. Und Sie verschwenden mehr Speicherplatz, weil zuerst alle Ergebnisse von `Get-Hotfix` gesammelt werden müssen, während die Pipeline sie in Echtzeit sofort verarbeitet hätte. Dafür ist das letzte Beispiel insgesamt schneller als die Pipeline, auch wenn die ersten Ergebnisse erst später sichtbar werden.

Welcher Ansatz besser ist – Einsatz der Pipeline oder klassische Konstrukte –, ist überhaupt keine Ideologiefrage, sondern eine nüchterne Abwägung der jeweiligen Vor- und Nachteile, also der Datenmengen, die ohne Pipeline zwischengespeichert werden müssen.

Die sechs wichtigsten Pipeline-Befehle

Im Herzen der meisten Pipelines kommen dieselben sechs Cmdlets zum Einsatz und bilden die bekannte Datenabfragesprache SQL ab.

Cmdlet	Aufgabe
`Select-Object`	Legt fest, welche Informationen pro Objekt angezeigt werden sollen. Kann darüber hinaus mit `-First`, `-Last` und `-Skip` nur bestimmte Ergebnisse ausgeben.
`Where-Object`	Legt fest, welche Objekte angezeigt werden sollen. Ein Filter bestimmt, welche Objekte erwünscht sind.
`Sort-Object`	Sortiert die Ergebnisse und entfernt Duplikate auf Wunsch.
`ForEach-Object`	Pipeline-Schleife: Der angegebene Code wird für jedes durch die Pipeline strömende Objekt einmal ausgeführt.
`Measure-Object`	Zählt die Ergebnisse und kann numerische Ergebnisse statistisch auswerten, also zum Beispiel Maximalwert und Durchschnitt berechnen. Bei Texten berechnet `Measure-Object` die Zeichen- und Worthäufigkeit.
`Group-Object`	Analysiert Verteilungshäufigkeiten: Gruppen mit identischen Eigenschaften können gruppiert werden.

Tabelle 6.1: Die sechs wichtigsten Cmdlets in der PowerShell-Pipeline.

Select-Object

Ergebnisse, die Sie von PowerShell erhalten, sind pure Informationen ohne eine bestimmte Gestalt. Es sind sogenannte »Objekte«, die zuerst jemanden benötigen, der ihren Inhalt darstellt.

Aufgefallen ist Ihnen das bislang vielleicht nicht, denn die PowerShell-Konsole ist genau so ein Jemand, der diese körperlose Objekte materialisieren und sichtbar darstellen kann. Liefert ein Befehl »Objekte« zurück, wandelt das in PowerShell integrierte *Extended Type System* (ETS) diese Objekte in lesbaren Text um. Das ETS ist also die entscheidende Schnittstelle, um überhaupt mit solch gestaltlosen Objekten arbeiten zu können.

Genau diese automatische Umwandlung geschieht also, wenn Sie ein Cmdlet wie `Get-Process` ausführen und die Ergebnisse in die Konsole ausgeben:

```
PS> Get-Process

Handles  NPM(K)    PM(K)      WS(K) VM(M)   CPU(s)     Id ProcessName
-------  ------    -----      ----- -----   ------     -- -----------
    185      19     3280       3424   104            2156 AppleMobileDeviceS...
    694      46    44636      38108 ...41     9,81   5176 ApplicationFrameHost
    237      14     9920       9232 ...04    77,52   5008 audiodg
    138      10     1688       1656    69            2164 BtwRSupportService
    166      12     2348      12920 ...50     0,03   8948 conhost
(...)
```

Jede Ergebniszeile entspricht einem laufenden Prozess, und die Spalten zeigen an, worin sich die verschiedenen Prozesse voneinander unterscheiden.

Selbst festlegen, welche Informationen wichtig sind

Was Sie in der PowerShell-Konsole erleben, ist indes nur eine willkürliche Repräsentation der an sich körperlosen Objekte. Diese Objekte können sich auch auf ganz andere Weise und in anderer Form materialisieren, je nachdem, wer mit der Darstellung beauftragt wird:

```
PS> Get-Process
PS> Get-Process | Format-List
PS> Get-Process | Out-GridView
PS> Get-Process | Out-Printer
```

`Get-Process` liefert in allen Fällen genau die gleichen Ergebnisobjekte, und trotzdem sieht das Ergebnis jeweils anders aus. Dabei wird deutlich: Die verschiedenen Ausgabemethoden bestimmen nicht nur, in welcher Form Objekte Gestalt annehmen (als Text in einer Konsolenausgabe beispielsweise oder als Spalten in einem separaten Fenster), sie bestimmen auch, wie detailreich die Objekte dargestellt werden. `Format-List` zeigt pro Prozess nur vier Informationen, `Out-GridView` dagegen acht.

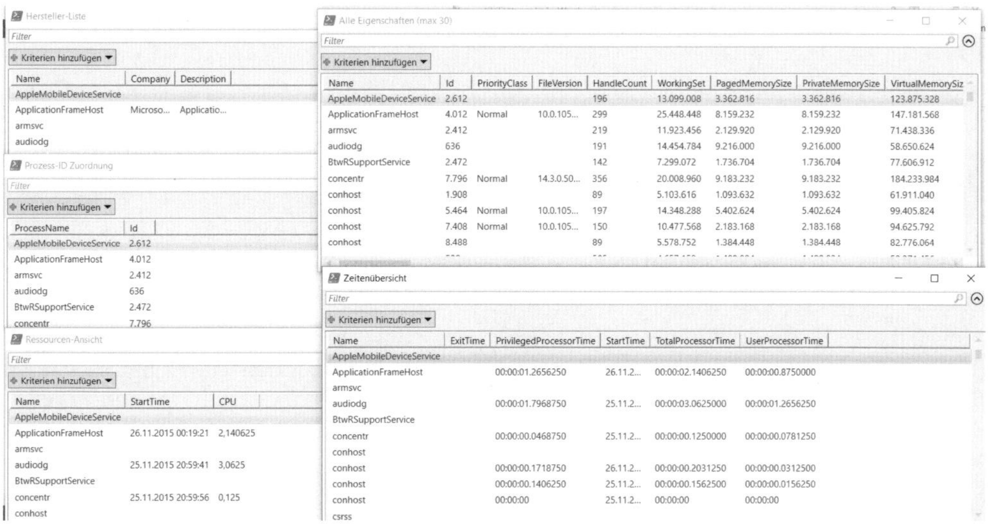

Abbildung 6.3: Ergebnis von Get-Process in unterschiedlichen Darstellungsweisen.

`Select-Object` gibt Ihnen die Freiheit, selbst zu bestimmen, welche Objekteigenschaften für Sie interessant sind. Noch wichtiger: Es kann auf Wunsch sämtliche Objekteigenschaften sichtbar machen, nicht bloß einen Teil davon.

In den folgenden Beispielen liefert `Get-Process` jeweils die körperlosen reinen Informationen, und `Select-Object` wählt daraus nacheinander jeweils unterschiedliche Eigenschaften aus. Obwohl also den folgenden Zeilen jedes Mal dieselben Grunddaten zugrunde liegen, liefert `Select-Object` jeweils ganz andere Antworten (Abbildung 6.3):

```
Get-Process |
  Select-Object -Property ProcessName, Id |
  Out-GridView -Title 'Prozess-ID Zuordnung'
```

```
Get-Process |
  Select-Object -Property Name, Company, Description |
  Out-GridView -Title 'Hersteller-Liste'

Get-Process |
  Select-Object -Property Name, StartTime, CPU |
  Out-GridView -Title 'Ressourcen-Ansicht'

Get-Process |
  Select-Object -Property Name, *Time* |
  Out-GridView -Title 'Zeitenübersicht'

Get-Process |
  Select-Object -Property * |
  Out-GridView -Title 'Alle Eigenschaften (max 30)'
```

Listing 6.2: Ergebnis von Get-Process auf verschiedene Fragestellungen anwenden.

Der Parameter `-Property` akzeptiert also einen oder mehrere (kommaseparierte) Eigenschaftennamen, die dann angezeigt werden. Auch Platzhalterzeichen (*) sind erlaubt, sodass sich bequem alle Eigenschaften mit einem bestimmten Stichwort darin ausgeben lassen – oder eben sogar alle Eigenschaften (wie im letzten Beispiel).

`Select-Object` verlangt nicht, dass Sie alle erwünschten Spalten ausschreiben. Sie haben ja bereits gesehen, dass der Parameter `-Property` Platzhalterzeichen unterstützt. So lassen sich mit wenig Tipparbeit ganze Gruppen von Spalten einblenden:

```
PS> Get-ChildItem -Path $env:windir | Select-Object -Property *Name*

PSChildName            BaseName             Name                 FullName
-----------            --------             ----                 --------
ABLKSR                 ABLKSR               ABLKSR               C:\Windows\ABLKSR
addins                 addins               addins               C:\Windows\addins
AppCompat              AppCompat            AppCompat            C:\Windows\AppCompat
AppPatch               AppPatch             AppPatch             C:\Windows\AppPatch
(…)

PS> Get-WmiObject -Class Win32_VideoController | Select-Object -Property Caption, *resolu*

Caption                         CurrentHorizontalResolution   CurrentVerticalResolution
-------                         ---------------------------   -------------------------
Intel(R) HD Graphics 4000                              1920                        1080


PS> Get-WmiObject -Class Win32_VideoController -Computer storage1 | Select-Object
-Property Caption, *resolu*

Caption                         CurrentHorizontalResolution   CurrentVerticalResolution
-------                         ---------------------------   -------------------------
Intel(R) 82945G Express Ch...                          1024                         768
```

Weitere Informationen anfügen

Select-Object reagiert erstaunlich gelassen auf Tippfehler: Geben Sie eine Objekteigenschaft an, die das zugrunde liegende Objekt gar nicht besitzt, fügt Select-Object diese kurzerhand hinzu. Deshalb führen solche Tippfehler nicht zu Fehlermeldungen, sondern zu leeren Spalten:

```
PS> Get-Process | Select-Object -Property ID, Name, Deskription

   Id Name                         Deskription
   -- ----                         -----------
 2156 AppleMobileDeviceService
 5176 ApplicationFrameHost
 5008 audiodg
 2164 BtwRSupportService
(...)
```

Man kann also bequem weitere Informationen hinzufügen. Sinnvoll wird das indes erst, wenn man solchermaßen erweiterte Objekte anschließend mit Foreach-Object nachbearbeitet, um die noch leeren zusätzlichen Spalten mit Informationen zu füllen.

Das folgende Beispiel macht schon einmal deutlich, wie sich einer Prozessliste eine weitere Spalte namens ComputerName mit dem Computernamen hinzufügen lässt, von dem diese Informationen erhoben wurden:

```
PS> Get-Process |
  Select-Object -Property ID, Name, ComputerName |
  ForEach-Object {
    $_.ComputerName = $env:COMPUTERNAME
    $_
  }

   Id Name                         ComputerName
   -- ----                         ------------
 2156 AppleMobileDeviceService     DELL1
 5176 ApplicationFrameHost         DELL1
 5008 audiodg                      DELL1
 2164 BtwRSupportService           DELL1
(...)
```

Ganz neue eigene Objekte sind auf diese Weise ebenfalls zu bekommen. So könnte man Informationen aus mehreren Quellen an einer Stelle konsolidieren. Die folgenden Zeilen liefern ein Objekt, das verschiedene Eckdaten Ihres Computers zusammenfasst:

```
$ergebnis = 1 | Select-Object -Property Name, BIOS, Datum
$ergebnis.Name = $env:COMPUTERNAME
$ergebnis.BIOS = Get-WmiObject -Class Win32_BIOS | Select-Object -ExpandProperty Version
$ergebnis.Datum = Get-Date

$ergebnis | Out-GridView -Title 'System-Informationen'
```

Listing 6.3: Eigenes Objekt erstellen und mit Informationen füllen.

Das neue Objekt entsteht, indem ein beliebiges Objekt – in diesem Fall die Zahl »1« – an Select-Object übergeben wird. Was dann geschieht, macht ganz besonders deutlich, wie Select-Object funktioniert:

- Zunächst legt Select-Object ein völlig neues leeres Objekt mit genau den Eigenschaften an, die mit dem Parameter -Property angefordert wurden

- Danach kopiert Select-Object die gleichnamigen Eigenschaften aus dem alten ins neue Objekt. Weil die Zahl 1 diese Eigenschaften offensichtlich nicht besitzt, bleiben alle neuen Eigenschaften leer. Select-Object liefert ein neues leeres Objekt mit den gewünschten Eigenschaften, die nun wie im Beispiel oben mit Informationen gefüllt werden können.

Hieraus wird deutlich, dass Select-Object auch dazu verwendet werden kann, Objekte zu »klonen«, also Kopien anzulegen. Kopien können aus verschiedenen Gründen wichtig sein.

Ein kopiertes Objekt kann zum Beispiel nach Lust und Laune geändert werden, während viele Originalobjekte schreibgeschützte Informationen enthalten.

-First, -Last und -Skip

Select-Object verfügt über weitere Parameter namens -First, -Last und -Skip. Brauchen Sie also beispielsweise nur die erste Information eines Befehls, verwenden Sie -First 1.

Die folgende Zeile sucht zum Beispiel rekursiv im gesamten Windows-Ordner nach der Datei *PowerShell.exe* und liefert den vollen Pfadnamen (FullPath) der ersten gefundenen Datei zurück:

```
PS> Get-ChildItem -Path c:\windows -Filter PowerShell.exe -ErrorAction SilentlyContinue -Recurse |
Select-Object -ExpandProperty FullName -First 1

C:\windows\System32\WindowsPowerShell\v1.0\PowerShell.exe
```

Der Parameter -First tut hier mehr, als zunächst gedacht: Sobald die gewünschte Anzahl von Ergebnissen vorliegt (in diesem Beispiel also 1), informiert Select-Object die vorherigen Cmdlets und fordert sie auf, die Arbeit einzustellen. Get-ChildItem stoppt daraufhin die weitere rekursive Suche im Windows-Ordner, die andernfalls noch viele Sekunden länger dauern könnte. Wollen Sie diese Optimierung ausnahmsweise abschalten, müssten Sie zusätzlich den Parameter -Wait angeben.

Mit -Skip können zudem die ersten x Ergebnisse ausgelassen werden. Das ist enorm praktisch, um beispielsweise die Spaltenüberschriften einer kommaseparierten Liste zu entfernen:

```
PS> systeminfo /FO CSV | Select-Object -Skip 1
```

Geliefert werden nun nur noch die eigentlichen kommaseparierten Daten, die man jetzt an eine vorhandene CSV-Datei anhängen könnte. Mit etwas Fantasie (und dem Operator -split) lassen sich die Einzelinformationen aber auch aufbrechen. Das Ergebnis ist eine Liste der Einzelinformationen, und weil bekannt ist, in welcher Reihenfolge der Befehl diese Informationen liefert, kann man nun gezielt (und sprachunabhängig) auf eine bestimmte Information zugreifen:

```
$infos = systeminfo.exe /FO CSV | Select-Object -Skip 1
$einzelinfos = $infos -split '","'
$betriebssystem, $architektur = $einzelinfos[1,13]
"Sie betreiben $betriebssystem auf $architektur"
```

Listing 6.4: Betriebssysteminformationen erfragen.

Das Ergebnis könnte dann so aussehen:

```
Sie betreiben Microsoft Windows 10 Pro auf x64-based PC
```

Unsichtbare Eigenschaften sichtbar machen

Möchten Sie mit `Select-Object` einen Überblick darüber bekommen, welche Informationen in den Ergebnissen eines Befehls schlummern – ohne jedoch jedes einzelne Ergebnis in epischer Informationsbreite auszugeben –, hängen Sie `Select-Object * -First 1` an den Befehl an.

Diese Zeile zeigt also exemplarisch am ersten gelieferten Prozess, welche Informationen typischerweise in Prozess-Objekten vorkommen:

```
PS> Get-Process | Select-Object -Property * -First 1


__NounName                 : Process
Name                       : AppleMobileDeviceService
Handles                    : 185
VM                         : 109256704
WS                         : 3674112
PM                         : 3358720
NPM                        : 19680
Path                       :
Company                    :
CPU                        :
(...)
```

Sonderfall -ExpandProperty

Möchten Sie nur eine einzige Information eines Objekts auslesen, kann Ihnen `Select-Object` das natürlich auch bieten. Geben Sie eben nur einen Eigenschaftennamen an.

Diese Zeile liefert beispielsweise die Version Ihrer PowerShell:

```
PS> # die Variable $host enthält Infos zu Ihrer PowerShell:
PS> $host


Name             : Windows PowerShell ISE Host
Version          : 5.0.10240.16384
InstanceId       : a7565b6e-f85f-492c-a154-a3d0f3ed1408
UI               : System.Management.Automation.Internal.Host.InternalHostUserI
                   nterface
CurrentCulture   : de-DE
CurrentUICulture : de-DE
PrivateData      : Microsoft.PowerShell.Host.ISE.ISEOptions
DebuggerEnabled  : True
IsRunspacePushed : False
Runspace         : System.Management.Automation.Runspaces.LocalRunspace

PS> # nur die Eigenschaft 'Version' ausgeben:
PS> $host | Select-Object -Property Version

Version
-------
5.0.10240.16384
```

Allerdings ist dieses Vorgehen oft nur semiclever, denn wenn Sie sowieso bloß eine Information benötigen, brauchen Sie eigentlich überhaupt keine Spaltenüberschriften mehr. Diese helfen ja nur, mehrere Informationen voneinander abzugrenzen.

Deshalb gilt die Faustregel: »Wenn Sie nur eine Information auswählen, verwenden Sie bei Select-Object den Parameter -ExpandProperty anstelle von -Property«. ExpandProperty packt also den Inhalt einer Spalte aus und arbeitet mit diesem Inhalt weiter. Schauen Sie mal, was geschieht, wenn Sie diese Faustregel beherzigen:

```
PS> # ohne Faustregel:
PS> $host | Select-Object -Property Version

Version
-------
5.0.10240.16384

PS> # mit Faustregel: -ExpandProperty anstelle von -Property
PS> $host | Select-Object -ExpandProperty Version

Major  Minor  Build  Revision
-----  -----  -----  --------
5      0      10240  16384
```

Hätten Sie das erwartet?

Die Eigenschaft Version enthält also wiederum ein Objekt, und wenn Sie es mit -ExpandProperty aus seiner Spalte befreien, wird es nicht länger als Text repräsentiert, sondern kann sich seiner Natur gemäß entfalten. Version enthält eine Versionsnummer, die nun ihre Eigenschaften Major, Minor, Build und Revision anzeigen kann.

Genau genommen ist auch hier wieder das ETS am Werk: Es wandelt die Objektinformation in eine Textform um. Schauen Sie sich die Umwandlung genauer an, einmal ohne und einmal mit ETS:

```
PS> # aktuelle PowerShell-Version bestimmen und in $version speichern:
PS> $version = $host | Select-Object -ExpandProperty Version

PS> # in Text "eingesperrtes" Objekt wird als einzeiliger Text repräsentiert:
PS> "$version"
5.0.10240.16384

PS> # "befreites" Objekt wird von ETS mit seinen Objekteigenschaften dargestellt
PS> $version

Major  Minor  Build  Revision
-----  -----  -----  --------
5      0      10240  16384
```

Tipp

Das gestaltlose Objekt, das sich in Version verbirgt, kann aber wiederum auch mit Select-Object abgefragt werden. Möchten Sie wirklich alle seine Informationen sehen? Bitte sehr:

```
PS> $host | Select-Object -ExpandProperty Version | Select-Object -Property *


Major         : 5
Minor         : 0
Build         : 10240
Revision      : 16384
MajorRevision : 0
MinorRevision : 16384
```

Anfangs wirkt das vielleicht ein wenig verwirrend. Entscheidend für ein Cmdlet ist aber lediglich, was der Vorgängerbefehl liefert. `$host` liefert die Grundinformationen. Das erste `Select-Object` liefert den Inhalt aus der Eigenschaft `Version` (eine Versionsnummer). Und das zweite `Select-Object` macht sämtliche seiner Eigenschaften sichtbar.

Wären Sie ausschließlich an der Hauptversion Ihrer PowerShell interessiert, könnten Sie das auch so formulieren:

```
PS> $host | Select-Object -ExpandProperty Version | Select-Object -ExpandProperty Major
5
```

Oder so:

```
PS> $v = $host | Select-Object -ExpandProperty Version | Select-Object -ExpandProperty Major
PS> "Meine PowerShell-Version ist $v
```

Ergebnis:

```
Meine PowerShell-Version ist 5
```

Besonders clever wäre dieser Code aber nicht. `Select-Object` ist nur ein Weg, um an Informationen eines Objekts zu gelangen. Es ist der Pipeline-Weg, der sich das Streaming zunutze macht, also besonders speicherschonend ist. Wenn die Informationen ohnehin bereits in einer Variablen wie `$host` vorliegen, ergibt er wenig Sinn. Hier ist die Punktschreibweise viel effizienter:

```
PS> $v = $Host.Version.Major
PS> "Meine PowerShell-Version ist $v
```

Mit der Punktschreibweise auf Einzelinformationen zugreifen

`Select-Object` ist wie alle Pipeline-Cmdlets ein Streaming-Cmdlet. Es soll also in Echtzeit aus einem Strom von Objekten die benötigten Informationen herauspicken.

Wenn Sie die Informationen indes bereits besitzen, zum Beispiel gespeichert in einer Variablen, steht neben dem Streaming-Mechanismus eine zweite Alternative zur Verfügung, die einfacher und schneller ist: die Punktschreibweise.

Die beiden folgenden Zeilen liefern Ihnen jeweils genau dieselbe Information, nämlich Ihre aktuelle PowerShell-Version. Die erste Zeile nutzt dazu den Streaming-Mechanismus und `Select-Object`. Die zweite Zeile greift mit der Punktschreibweise direkt auf die Einzelinformationen zu:

```
PS> $host | Select-Object -ExpandProperty Version | Select-Object -ExpandProperty Major
5

PS> $host.Version.Major
5
```

Die zweite Variante ist viel kürzer und lesbarer, jedenfalls dann, wenn man sich klarmacht, dass jeder Punkt genau das »sieht«, was der Befehl bis zu diesem Punkt bereits geliefert hat:

```
PS> $host.Version

Major  Minor  Build  Revision
-----  -----  -----  --------
5      0      10240  16384
```

```
PS> $host.Version.Major
5
```

Einschränkungen der Punktschreibweise

Die Punktschreibweise ist zwar schön kurz, aber auch wesentlich limitierter als `Select-Object`. Sie kann stets nur eine einzige Objekteigenschaft lesen. Während `Select-Object` mit Leichtigkeit für beliebig viele Objekte die benötigten Informationen aus einem Ergebnisstream herausliest und in Echtzeit anzeigt ...

```
Get-ChildItem -Path c:\windows -File | Select-Object -Property Length, FullName
```

... setzt die Punktschreibweise voraus, dass sich die Ergebnisse allesamt bereits in einer Variablen befinden (was Zeit und Speicherplatz kostet), und kann aus dieser Variabler immer nur Einzelwerte auslesen:

```
$listing = Get-ChildItem -Path c:\windows –File
$listing.FullName
$listing.Length
```

Weitere Verwirrung entsteht, wenn die Variable nicht nur ein Objekt enthält, sondern viele. Im letzten Beispiel enthält die Variable `$listing` alle Dateien aus dem Windows-Ordner. Fragt man mit der Punktschreibweise die Eigenschaft `FullName` ab, werden alle Dateinamen geliefert, aber bei `Length` nicht die Dateigrößen aller Dateien. `Length` liefert stattdessen die Anzahl der Dateien zurück.

```
PS> $listing.FullName
C:\windows\bfsvc.exe
C:\windows\bootstat.dat
C:\windows\comsetup.log
(...)
C:\windows\WMSysPr9.prx
C:\windows\write.exe

PS> $listing.Length
32
```

Die Antwort für dieses Phänomen: Immer wenn eine Variable mehr als einen Wert enthält, ist es ein sogenanntes Array. Mit der Punktschreibweise greifen Sie also zunächst auf das Array zu, nicht auf seinen Inhalt. Das können Sie sogar sehen, indem Sie in der ISE hinter `$listing` einen Punkt eingeben. Sofern `$listing` tatsächlich mit Werten gefüllt ist, öffnet sich ein IntelliSense-Menü. Darin finden Sie die Eigenschaft `Length`, die angibt, wie viele Werte das Array enthält. Genau diese Information hat die Punktschreibweise eben gerade auch geliefert.

In der Liste fehlt indes die Eigenschaft `FullName`. Diese Eigenschaft gibt es nicht bei Arrays. Es ist eine Eigenschaft einer Datei, findet sich also im Inhalt des Arrays. Auch das kann man in der ISE sichtbar machen: Greifen Sie mit eckigen Klammern auf ein Array-Element zu oder verwenden Sie `Select-Object` mit dem Parameter `-First`. Wenn Sie nun einen Punkt eingeben, erscheinen im IntelliSense-Menü die Eigenschaften der Dateien, darunter auch `FullName`:

```
PS> # aus Ergebnisliste NUR EIN Ergebnis auswählen:
PS> $listing[0].   # <- hier erscheint das IntelliSense-Menü

PS> # NUR EIN Ergebnis auswählen:
PS> $erstes = $listing | Select-Object -First 1
PS> $erstes.       # <- hier erscheint das IntelliSense-Menü
```

Where-Object

Zwar konnte `Select-Object` mit den Parametern `-First`, `-Last`, `-Skip` und `-Index` die Ergebnisse eines Befehls filtern, aber die Filterung orientierte sich ausschließlich an der *Position* des Ergebnisses und nicht an dessen *Inhalt*. Viel häufiger möchte man die Ergebnisse nach dem Inhalt filtern, und hierfür ist `Where-Object` zuständig. Es ist das zweitwichtigste Cmdlet in der Pipeline.

Where-Object: stets nur zweite Wahl

Bevor Sie `Where-Object` einsetzen, sollten Sie stets erst mal versuchen, seinen Einsatz zu vermeiden. Das ist oft möglich, wenn die vorausgehenden Cmdlets, die die eigentlichen Daten liefern, schon passende Filterparameter anbieten.

Die folgenden Zeilenpaare liefern jeweils das gleiche Resultat:

```
PS> Get-ChildItem -Path $env:windir -Filter *.txt
PS> Get-ChildItem -Path $env:windir | Where Extension -eq .txt
PS> Get-Alias -Definition Get-ChildItem
PS> Get-Alias | Where Definition -eq Get-ChildItem
PS> Get-Command -Noun Service
PS> Get-Command | Where Noun -eq Service
```

Die erste Variante (ohne `Where-Object`) ist nicht nur kürzer, sondern teilweise auch erheblich schneller – insbesondere wenn die Daten nicht wie hier lokal erhoben werden, sondern remote über das Netzwerk reisen müssen. Die beiden Varianten unterscheiden sich in der Art der Filterung:

- **Serverseitig (schnell):** Im jeweils ersten Fall ruft das Cmdlet von vornherein nur die notwendigen Informationen ab.
- **Clientseitig (langsam):** Im jeweils zweiten Fall muss das vorausgehende Cmdlet zuerst sämtliche Daten beschaffen, und erst danach sortiert `Where-Object` die unerwünschten Ergebnissätze aus.

Clientseitiger Universalfilter

`Where-Object` ist ein enorm praktischer Universalfilter, der immer dann eingesetzt wird, wenn der Datenlieferant selbst keine passenden Parameter zur Filterung anbietet. Dazu teilen Sie `Where-Object` mit, welches Kriterium die Daten erfüllen müssen.

Sie wählen also eine Spalte aus, deren Inhalt die Grundlage bilden soll, und greifen dann zu einem Vergleichsoperator. In ISE steht Ihnen dafür mit [Strg]+[Leertaste] sogar IntelliSense zur Verfügung (Abbildung 6.4), in der klassischen Konsole zumindest die Autovervollständigung über [Tab]:

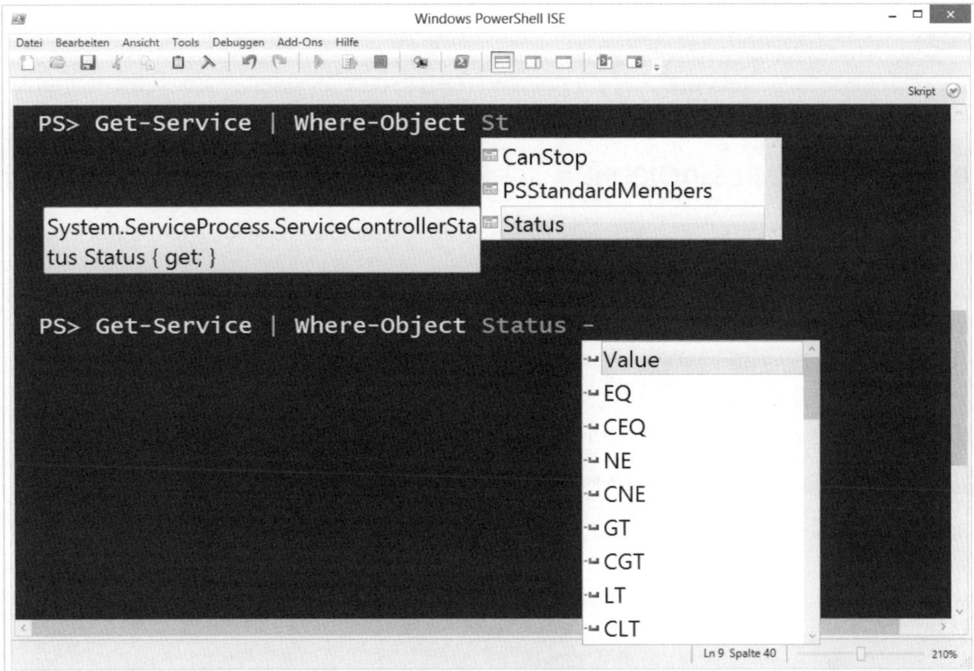

Abbildung 6.4: Autovervollständigung für Spaltennamen und Vergleichsoperatoren.

Diese Zeile listet alle Dienste auf, die aktuell gestoppt sind:

```
PS> Get-Service | Where-Object Status -eq Stopped
```

Und diese Zeile findet alle Dateien im Windows-Ordner, die größer sind als 1 MB:

```
PS> Get-ChildItem -Path $env:windir -File | Where-Object Length -gt 1MB
```

`Where-Object` prüft also für jedes Ergebnisobjekt, ob in der angegebenen Spalte der erwartete Inhalt steht. Das, was Sie hinter `Where-Object` angeben, ist also eine Bedingung. Ist sie erfüllt, darf das Objekt passieren, andernfalls wird es herausgefiltert.

Hinweis

Bedingungen verwenden Vergleichsoperatoren, die bestimmen, ob das Kriterium erfüllt ist oder nicht. Vergleichsoperatoren beginnen bei PowerShell immer mit einem Bindestrich. Dahinter folgt als Abkürzung, was der Operator vergleichen soll. `-lt` steht für `lower than`, also *kleiner als*. `-eq` prüft auf Gleichheit (*equal*), und `-gt` steht für *greater than*, also *größer als*. Die vollständige Übersicht über alle Vergleichsoperatoren liefert Kapitel 7 und natürlich die Hilfe:

```
PS> Get-Help -Name comparison -ShowWindow
```

Warum verwendet PowerShell eigentlich nicht die üblichen Vergleichsoperatoren `=`, `>` oder `<`? Dies liegt daran, dass diese Sonderzeichen schon anderweitig in Gebrauch sind: `>` und `<` stehen in der Konsole für Ein- und Ausgabeumleitungen (Redirection). Hier eine Ausgabeumleitung:

```
PS> Get-Process > $env:TEMP\ausgabe.txt
PS> Get-Service >> $env:TEMP\ausgabe.txt
PS> Invoke-Item -Path $env:TEMP\ausgabe.txt
```

Leere Elemente aussortieren

Ein beliebtes Einsatzgebiet von `Where-Object` ist, leere Elemente auszusortieren. Zum Beispiel liefert `Get-Process` sämtliche laufenden Prozesse. Nur echte Windows-Anwendungen besitzen ein Fenster, weswegen die Spalte `MainWindowTitle` auch nur bei diesen einen Inhalt hat. Dank `Where-Object` können Sie das folgende Problem meistern:

Erstellen Sie eine Liste der laufenden Windows-Anwendungen.

`Get-Process` liefert alle Prozesse, und `Where-Object` kann diejenigen aussortieren, bei denen `MainWindowTitle` leer ist. Das Ergebnis sind die gesuchten laufenden Windows-Anwendungen:

```
PS> Get-Process | Where-Object MainWindowTitle
```

Interessant, oder? Diesmal findet sich in der Bedingung hinter `Where-Object` überhaupt kein Vergleichsoperator. Wenn Sie nur prüfen wollen, ob eine Spalte „irgendwas" enthält, genügt es, lediglich den Spaltennamen anzugeben, der „irgendwas" enthalten soll. Die nächste Zeile liefert nur Prozesse, deren Hersteller angegeben ist:

```
PS> Get-Process | Where-Object Company | Select-Object -Property Name, Description, Company
```

Auch diese Zeile ist spannend:

```
PS> Get-WmiObject -Class Win32_NetworkAdapterConfiguration | Where-Object IPAddress
```

Sie ruft vom WMI-Dienst nur die Netzwerkkarteneinstellungen ab, bei denen eine IP-Adresse zugewiesen ist. Probieren Sie die Zeile einmal ohne `Where-Object` aus, und Sie werden erkennen, wie wertvoll es ist, mit `Where-Object` überflüssige Ergebnisse zu streichen.

Fortgeschrittene Syntax bietet noch mehr Möglichkeiten

Bis jetzt haben Sie `Where-Object` mit der vereinfachten Syntax eingesetzt, die aber erst ab PowerShell 3 unterstützt wird.

Die klassische Syntax bietet deutlich mehr Filtermöglichkeiten und funktioniert in allen PowerShell-Versionen. Bei der klassischen Syntax übergibt man `Where-Object` einen Skriptblock, also ein Stück PowerShell-Code. `Where-Object` führt diesen Code dann für jedes Ergebnisobjekt aus und prüft, ob der Code `$true` oder `$false` ergibt. Ist das Ergebnis `$true`, darf das Objekt durch die Pipeline. Andernfalls wird es herausgefiltert.

Innerhalb des Skriptblocks repräsentiert die besondere Variable `$_` das gerade zu untersuchende Objekt. Zur Veranschaulichung finden Sie wieder jeweils zwei Zeilen, die genau dasselbe verrichten – einmal in der neuen vereinfachten Syntax und danach in der klassischen abwärtskompatiblen Schreibweise:

```
PS> Get-Service | Where-Object Status -eq Stopped
PS> Get-Service | Where-Object { $_.Status -eq 'Stopped' }
PS> Get-ChildItem -Path $env:windir -File | Where-Object Length -gt 1MB
PS> Get-ChildItem -Path $env:windir -File | Where-Object { $_.Length -gt 1MB }
```

Eigentlich sind die Unterschiede gar nicht dramatisch:

- Die Bedingung wird in geschweiften Klammern in einen Skriptblock verpackt.
- Vor den Spaltennamen, der ausgewertet werden soll, wird die Zeichenfolge `$_.` gestellt.
- Alle Texte (wie zum Beispiel `Stopped` bei der Filterung der Dienste) müssen in Anführungszeichen gesetzt werden.

Wenn Sie sich damit anfreunden können, wird Ihr Code nicht nur abwärtskompatibel, sondern auch vielseitiger. Sie dürfen jetzt mehrere Bedingungen auf einmal angeben und können diese mit logischen Operatoren wie `-and`, `-or` und `-not` verknüpfen. Die nächste Zeile findet alle Bilddateien mit der Endung *.bmp* oder *.jpg*:

```
PS> Get-ChildItem -Path $env:windir -File -Recurse -ErrorAction SilentlyContinue |
Where-Object { $_.Extension -eq '.bmp' -or $_.Extension -eq '.jpg' }
```


In der vereinfachten Syntax sind lediglich logische Und-Verknüpfungen möglich, indem mehrere `Where-Object`-Anweisungen hintereinandergestellt werden. Eine Oder-Verknüpfung ist mit der vereinfachten Syntax dagegen nicht vorgesehen. Diese Anweisung liefert nur Prozesse, die eine Firmenangabe und eine Beschreibung haben (Abbildung 6.5):

```
PS> Get-Process | Where-Object Company | Where-Object Description | Select-Object Name, Company,
Description
```

Natürlich könnten die Ergebnisse wie immer über `Out-GridView` auch als Dialogfeld angezeigt und dann sogar durch Eingabe von Stichwörtern ins Textfeld durchsucht werden:

```
PS> Get-Process | Where-Object Company | Where-Object Description | Select-Object Name, Company,
Description | Out-GridView -Title Prozessliste
```

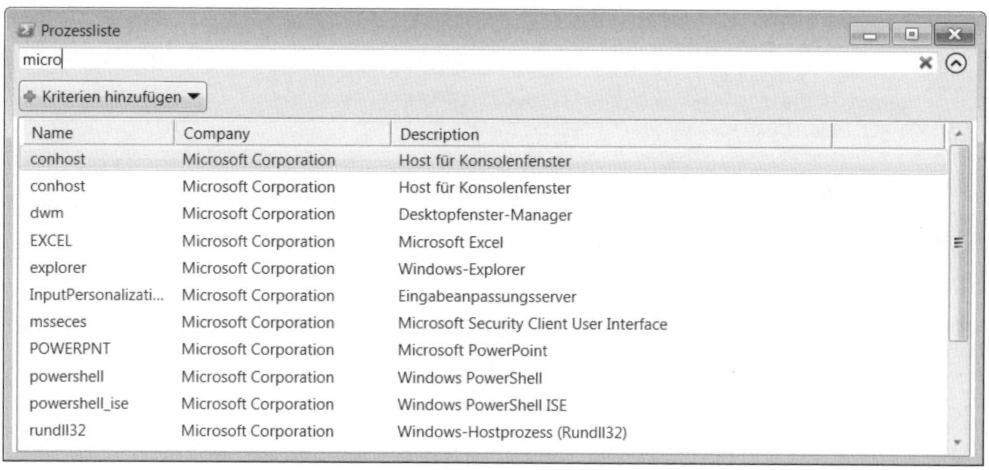

Abbildung 6.5: Alle Microsoft-Prozesse mit einer kurzen Funktionsbeschreibung als Extrafenster anzeigen.

Die folgende Zeile schließlich sucht nach potenziellen Problemdiensten, also Diensten, die normalerweise automatisch starten, aber nicht (mehr) laufen:

```
PS> Get-WmiObject Win32_Service | Where-Object Started -eq $false | Where-Object StartMode -eq Auto |
Select-Object Name, DisplayName, StartMode, ExitCode
```

Die Ergebnisse sind natürlich nicht automatisch Problemdienste, denn ein Dienst kann zwar automatisch starten, hat aber vielleicht nur einige Optimierungsaufgaben durchzuführen und beendet sich danach wieder. Die folgende Aufgabe wird Ihnen nun sicher keine größeren Schwierigkeiten mehr bereiten:

Erweitern Sie die Anweisung so, dass nur noch Dienste angezeigt werden, deren ExitCode nicht 0 ist!

Richtig: Sie brauchen nur einen weiteren Filter einzubauen:

```
PS> Get-WmiObject Win32_Service | Where-Object Started -eq $false | Where-Object StartMode -eq Auto |
Where-Object ExitCode -ne 0 | Select-Object Name, DisplayName, StartMode, ExitCode
```

Seien Sie aber nicht enttäuscht, wenn die Zeile nun gar nichts mehr zurückliefert. In diesem Fall gibt es einfach keine problematischen Dienste – eine gute Nachricht!

Tipp

Erinnern Sie sich? Setzen Sie **Where-Object** nur ein, wenn es nicht anders geht. In den letzten Beispielen geht es aber anders (und effizienter).

Get-ChildItem unterstützt beispielsweise den Parameter **-Include**, mit dem sich ebenfalls nach mehreren Dateitypen suchen lässt:

```
PS> Get-ChildItem -Path $env:windir -File -Recurse -ErrorAction SilentlyContinue -Include *.bmp,
*.jpg
```

Vergessen Sie nur nicht, das Platzhalterzeichen * vor die Dateierweiterung zu schreiben, denn **-Include** sucht Ihren Begriff im gesamten Dateinamen (und funktioniert übrigens nur zusammen mit **-Recurse**).

Get-WmiObject schließlich kann Ergebnisse mit dem Parameter **-Filter** in seiner eigenen WQL-Abfragesprache filtern. Problemdienste finden Sie also auch so:

```
PS> Get-WmiObject Win32_Service -Filter 'Started=False AND StartMode="Auto" AND ExitCode!=0' |
Select-Object Name, DisplayName, StartMode, ExitCode
```

Die WQL-Abfragesprache ist nicht PowerShell und verwendet Vergleichsoperatoren und Platzhalterzeichen, die sich an SQL orientieren. Möchten Sie beispielsweise über WMI alle Dienste abrufen, in deren Beschreibung (Eigenschaft **Description**) das Wort *Zertifikat* vorkommt, setzen Sie Platzhalterzeichen in WQL folgendermaßen ein:

```
PS> Get-WmiObject win32_service -Filter 'Description like "%zertifikat%"' | Select-Object Caption,
StartMode, State, ExitCode

Caption                                  StartMode State   ExitCode
-------                                  --------- -----   --------
BitLocker-Laufwerkverschlüsselungsdienst Manual    Stopped     1077
Zertifikatverteilung                     Manual    Running        0
Kryptografiedienste                      Auto      Running        0
Konfiguration für Remotedesktops         Manual    Running        0
```

Sort-Object

Sortieren ist eine Routineaufgabe, die von `Sort-Object` übernommen wird. Es sortiert beispielsweise primitive Datentypen wie Zahlenreihen oder Text und kann bei dieser Gelegenheit auf Wunsch mit `-Unique` auch gleich Dubletten entfernen:

```
PS> 'Hans', 'werner', 'Agnes', 'Tim' | Sort-Object

Agnes
Hans
Tim
werner

PS> 10,4,1,4,2 | Sort-Object

1
2
4
4
10

PS> 10,4,1,4,2 | Sort-Object -Unique

1
2
4
10
```

Gefällt Ihnen die Sortierreihenfolge nicht, drehen Sie sie mit `-Descending` einfach um. Die nächste Zeile liefert sechs Lottozahlen in umgedrehter Reihenfolge (die größten zuerst):

```
PS> 1..49 | Get-Random -Count 6 | Sort-Object -Descending

46
42
41
33
9
1
```


Cmdlet-Ergebnisse sortieren

Auch die Ergebnisse von Cmdlets lassen sich mit `Sort-Object` sortieren. Weil die meisten Cmdlets allerdings objektorientierte Ergebnisse mit zahlreichen Spalten (Eigenschaften) liefern, muss `Sort-Object` hier wissen, nach welcher Spalte sortiert werden soll. Diese geben Sie ganz ähnlich wie bei `Select-Object` mit `-Property` an. Und nun geschieht etwas Erstaunliches:

```
PS> Get-Service | Sort-Object -Property Name
PS> Get-ChildItem -Path $env:windir | Sort-Object -Property Length
PS> Get-ChildItem -Path $env:windir | Sort-Object -Property LastWriteTime
```

Die Sortierung funktioniert nämlich immer richtig, obwohl die Spalten ganz unterschiedliche Datentypen enthalten. `Sort-Object` sortiert die Dienste alphabetisch nach ihrem Namen, die Dateigrößen numerisch und die Datumsinformationen korrekt chronologisch.

Möglich ist dies, weil die Pipeline die Ergebnisse der Befehle nicht als Textzeilen übergibt, sondern als Objekte. Dadurch bleiben nicht nur die einzelnen Spalten (Objekteigenschaften) erhalten, sie legen auch den Datentyp fest, sodass Sie `Sort-Object` nicht selbst mitteilen müssen, nach welchem Sortieralgorithmus es sortieren soll. Das alles funktioniert immer automatisch richtig.

Falls Sie PowerShell mit vollen Administratorrechten gestartet haben und Wiederherstellungspunkte bei Ihrem Computer aktiviert sind, liefert die nächste Zeile mit `Get-ComputerRestorePoint` nach ganz ähnlichem Muster die Systemwiederherstellungspunkte, und zwar sortiert nach Typ:

```
PS> Get-ComputerRestorePoint | Sort-Object Description

CreationTime          Description                     SequenceNumber    EventType
------------          -----------                     --------------    -------
29.09.2015 23:02:03   Dell Update: Dell Wireless ... 10                BEGI...
23.09.2015 15:31:39   Scheduled Checkpoint            9                 BEGI...
```

Profitipp

Drei Dinge können bei der Sortierung allerdings schieflaufen:

- **Falscher Spaltenname:** Scheint `Sort-Object` Ihren Sortierauftrag einfach zu ignorieren, haben Sie vermutlich nicht den richtigen Spaltennamen angegeben. Entweder haben Sie sich vertippt, oder die Spalte heißt in der »Rote-Pille-Welt« anders. Oben haben Sie schon erfahren, wie Sie die echten Spaltennamen dann ermitteln.

- **Fehlermeldungen:** Kommt es zu einer Fehlermeldung, konnte `Sort-Object` nicht auf die angegebene Spalte bzw. ihren Inhalt zugreifen, zum Beispiel weil die Spalte Leerwerte enthält:

  ```
  PS> Get-HotFix | Sort-Object -Property InstalledOn

  Sort-Object : Ausnahme beim Abrufen von "InstalledOn": "Ausnahme beim Aufrufen von "Parse"
  mit 1 Argument(en):  "Die Zeichenfolge wurde nicht als gültiges DateTime erkannt.""
  ```

  Sie können dann entweder zuerst mit `Where-Object` Ergebnisse mit Leerwerten ausschließen oder die Fehlermeldungen unterdrücken.

  ```
  PS> Get-HotFix | Where-Object InstalledOn | Sort-Object -Property InstalledOn
  PS> Get-HotFix | Sort-Object -Property InstalledOn -ErrorAction Ignore
  ```

- **Absturz:** Dieser dramatische Fall kommt zum Glück eher selten vor, aber Sie müssen wissen, dass `Sort-Object` sämtliche Daten zuerst sammeln muss, um sie sortieren zu können. Wenn Sie astronomische Datenmengen an `Sort-Object` schicken, kann es sehr lange dauern, bis Sie ein Resultat erhalten. In Extremfällen geht Windows vorher der Arbeitsspeicher aus.

Sortierung mit anderen Cmdlets kombinieren

`Sort-Object` bereitet Ergebnisse nicht einfach nur optisch auf, sondern kann auch ganz neue Erkenntnisse liefern. Dazu kombinieren Sie das Cmdlet mit anderen Cmdlets aus diesem Kapitel. Die folgende Zeile pickt beispielsweise die fünf CPU-intensivsten Prozesse heraus und nennt ihre Namen:

```
PS> Get-Process | Sort-Object -Property CPU -Descending | Select-Object -First 5 -Property Name,
Description, CPU

Name            Description                     CPU
----            -----------                     ---
WINWORD         Microsoft Word            274,40625
PowerShell_ise  Windows PowerShell ISE    196,78125
explorer        Windows-Explorer          69,140625
Receiver        Citrix Receiver Application  58,375
DbrFactorySetup                           41,953125
```

Die zehn größten Speicherplatzfresser in Ihrem Benutzerprofil finden Sie dagegen folgendermaßen heraus:

```
PS> Get-ChildItem -Path $HOME -Recurse | Sort-Object -Property Length -Descending |
Select-Object -Property Length, FullName -First 10 | Format-Table -AutoSize

 Length FullName
 ------ --------
1118208 C:\Users\Tobias\config\WindowsFirewallLog.evtx
 460960 C:\Users\Tobias\config\WindowsFirewallConfig.txt
  69632 C:\Users\Tobias\config\WWANLog.evtx
  69632 C:\Users\Tobias\config\WLANAutoConfigLog.evtx
  69632 C:\Users\Tobias\config\WindowsFirewallLogVerbose.evtx
  69632 C:\Users\Tobias\config\WCMLog.evtx
  53751 C:\Users\Tobias\config\envinfo.txt
  44859 C:\Users\Tobias\config\WindowsFirewallEffectiveRules.txt
  42414 C:\Users\Tobias\Documents\PowerShell_transcript.20120828145700.txt
  36326 C:\Users\Tobias\config\WcnInfo.txt
```

Die ältesten laufenden Prozesse ermitteln Sie so:

```
PS> Get-Process | Sort-Object StartTime -Descending -ErrorAction Ignore | Select-Object -First 5 |
Select-Object -Property Name, StartTime
```

Tipp

Führen Sie diese Zeile in einer PowerShell-Instanz ohne Administratorrechte aus, kann `Sort-Object` die Information `StartTime` nur von Ihren eigenen Prozessen abrufen, für alle anderen kassieren Sie eine Fehlermeldung. Aber auch mit Administratorrechten erscheint mindestens eine Fehlermeldung, weil der Prozess `System` selbst von Administratoren nicht abgefragt werden darf. Weil diese Fehlermeldungen keine Konsequenzen haben, werden sie deshalb mit `-ErrorAction Ignore` unterdrückt.

Falls Sie gern jeden Tag etwas Neues über PowerShell lernen möchten, ohne sich zu überfordern, beauftragen Sie PowerShell einfach, Ihnen eine zufällig ausgewählte Hilfedatei zu präsentieren:

```
PS> Get-Random -InputObject (Get-Help about_*)  | Get-Help -ShowWindow
```

Hierbei liefert `Get-Help` alle Hintergrundinformationen (die sämtlich mit `about_` beginnen). `Get-Help` pickt zufällig eine davon heraus, die dann angezeigt wird (vorausgesetzt, Sie haben, wie in Kapitel 1 beschrieben, zuerst mit `Update-Help` die Hilfedateien aus dem Internet heruntergeladen).

Möchten Sie lieber zufällig ausgewählte Cmdlets näher anschauen, versuchen Sie es mit dieser Zeile:

```
PS> Get-Random -InputObject (Get-Help -Category Cmdlet) | Get-Help -ShowWindow
```

ForEach-Object

Die Aufgabe der Cmdlets in diesem Kapitel ist, innerhalb der Pipeline die Rohergebnisse eines Befehls schrittweise zu verfeinern. Manchmal ist die Aufgabe, die sich dabei stellt, aber so speziell, dass sich dafür keines der bisher vorgestellten Cmdlets eignet. In solchen Fällen greifen Sie zu Ihrem Joker: `ForEach-Object`.

Dieses Cmdlet ist ein völlig frei programmierbares Pipeline-Element. Es empfängt das jeweils über die Pipeline laufende Objekt und übergibt es Ihnen bzw. Ihrem Code. Der kann dann damit machen, was er mag, und dazu alle übrigen Befehle und Operatoren von PowerShell einsetzen. Nur darf Ihr Code nicht vergessen, sein Ergebnis zum Schluss wieder zurück in die Pipeline zu legen, damit der nächste Pipelinebefehl damit weiterarbeiten kann.

Grundprinzip: eine Schleife

Um zu verstehen, was `ForEach-Object` genau unternimmt und wozu das nützlich ist, beginnen wir bei einem Problem:

Generieren Sie eine Liste mit IP-Adressen von 192.168.2.1 bis 192.168.2.255!

Eine Zahlenreihe von 1 bis 255 können Sie bereits herstellen:

```
PS> 1..255
```

Jede einzelne dieser 255 Zahlen soll nun in eine IP-Adresse umgewandelt werden, indem die übrigen Oktets der Zahl vorangestellt werden. Mit `ForEach-Object` ist das kein Drama:

```
PS> 1..255 | ForEach-Object -Process { "192.168.2.$_" }

192.168.2.1
192.168.2.2
192.168.2.3
(...)
```

`ForEach-Object` empfängt also wie jeder andere Pipeline-fähige Befehl vom Vorgängerbefehl Daten. Der Vorgängerbefehl ist in diesem Fall zwar gar kein Befehl, sondern nur ein Haufen Zahlen, aber für die Pipeline spielt es keine Rolle, woher die Daten stammen, die man ihr zuführt. Die Zahlen wandern jetzt einzeln über die Pipeline und werden von Befehl zu Befehl weitergereicht. `ForEach-Object` empfängt also nacheinander alle 255 Zahlen, aber immer nur eine auf einmal.

Weil `ForEach-Object` keinen besonderen Bestimmungszweck hat, erwartet es von Ihnen eine Handlungsanweisung, die in Form eines Stücks Code geliefert wird. Der Code steht in geschweiften Klammern, die ihn als Skriptblock (ausführbaren PowerShell-Code) kennzeichnen. Sie erinnern sich: Geschweifte Klammern markieren Code, der *nicht sofort* ausgeführt wird. Runde Klammern markieren dagegen Code, der *sofort* zur Ausführung gelangt. Tatsächlich soll der Code nicht sofort ausgeführt, sondern zunächst an den Parameter `-Process` von `ForEach-Object` übergeben werden. Ob, wann und wie oft der Code ausgeführt wird, entscheidet danach `ForEach-Object`. Geschweifte Klammern sind also eine Art Transportcontainer für PowerShell-Code. Innerhalb des Codes repräsentiert die Variable `$_` das jeweilige Objekt, das gerade über die Pipeline empfangen wird.

Jetzt ist ein guter Zeitpunkt, sich die folgenden Fragen zu stellen, um so zu kontrollieren, ob Sie es auch wirklich verstanden haben:

Frage: Wie oft wird der Skriptblock im Beispiel oben ausgeführt?

Antwort: 255 Mal, nämlich so oft, wie Daten an `ForEach-Object` geliefert werden.

Frage: Was genau ist innerhalb des Skriptblocks in der Variablen $_ zu finden?

Antwort: Bei der ersten Ausführung die Zahl 1, danach 2 und so weiter.

Das Grundprinzip von `ForEach-Object` ist also eine Schleife, die so oft ausgeführt wird, wie Elemente über die Pipeline gesendet werden. Man könnte `ForEach-Object` deshalb auch tatsächlich als Schleife missbrauchen. Die nächste Zeile startet zehn Instanzen des Windows-Editors:

```
PS> 1..10 | ForEach-Object { notepad }
```


Ergebnisse verfeinern

`ForEach-Object` kann eng mit `Select-Object` zusammenarbeiten, um Ergebnisse aufzubereiten. Falls Sie zum Beispiel an den IP-Adressen Ihres Computers interessiert sind, kann diese Zeile sie ermitteln:

```
PS> Get-WmiObject win32_NetworkAdapterConfiguration |
    Where-Object IPAddress |
    Select-Object -Property Description, IPAddress, DHCPEnabled

Description                IPAddress                                 DHCPEnabled
-----------                ---------                                 -----------
Dell Wireless 1560 802.11ac {10.154.240.127, fe80::f460:bfb9:7d4:b24a}        True
```

Leider aber enthält die Spalte `IPAddress` neben der IPv4-Adresse noch eine IPv6-Adresse. Außerdem ist der Inhalt dieser Spalte ein Array (erkennbar an den geschweiften Klammern) und wird nicht komplett angezeigt.

Weil das Ergebnis von `Select-Object` stets eine Kopie des Originalobjekts ist, dürfen dessen Spalteninhalte beliebig verändert werden. Das kann `ForEach-Object` erledigen, indem es zuerst die IPv6-Adressen aus der Spalte streicht und dann den verbliebenen Inhalt als Text zurückschreibt:

```
Get-WmiObject win32_NetworkAdapterConfiguration |
    Where-Object IPAddress |
    Select-Object -Property Description, IPAddress, DHCPEnabled |
    ForEach-Object {
        $_.IPAddress = ($_.IPAddress | Where-Object { $_ -like '*.*' } ) -join ','
        $_
    }

Description                IPAddress      DHCPEnabled
-----------                ---------      -----------
Dell Wireless 1560 802.11ac 10.154.240.127        True
```

Group-Object

`Group-Object` ist ein Cmdlet, das man zwar nur selten benötigt, aber wenn es erforderlich wird, leistet es unschätzbare Dienste. Es gruppiert Objekte nach einer Gemeinsamkeit. Geben Sie zum Beispiel eine bestimmte Objekteigenschaft an, werden alle Objekte, die darin den gleichen Wert aufweisen, auf einen gemeinsamen Haufen gelegt.

Häufigkeiten feststellen

Ein Anwendungsbereich ist die Ermittlung von Häufigkeitsverteilungen. Dabei wird der Parameter -NoElement mit angegeben. Er sorgt dafür, dass nur die Häufigkeit der Elemente festgestellt wird. Die Elemente selbst werden nicht aufbewahrt, was Speicherplatz einspart:

```
PS> dir $env:windir | Group-Object Extension -NoElement

Count Name
----- ----
   58
    1 .NET
   12 .exe
    1 .dat
    7 .LOG
    1 .bin
    3 .ini
    1 .txt
    2 .xml
    2 .dll
    1 .prx

PS> Get-EventLog Application | Group-Object EntryType -NoElement

Count Name
----- ----
 3178 Information
   82 Error
   45 Warning
```

Interessieren Sie sich dafür, von welchen Herstellern die Software stammt, die gerade auf Ihrem Computer ausgeführt wird, rufen Sie die laufenden Prozesse ab und gruppieren diese nach der Eigenschaft Company:

```
PS> Get-Process | Group-Object Company -NoElement | Sort-Object Count -Descending
```

Das Ergebnis sind also jeweils Gruppen mit den Eigenschaften Count (wie viele Elemente enthalten die Gruppen jeweils?) und Name (was sind die gefundenen Inhalte der angegebenen Objekteigenschaft?).

Aufgabe: Die folgende Anweisung listet auf, welche Dateitypen wie häufig im Windows-Ordner vorkommen:

```
PS> Get-ChildItem $env:windir | Group-Object Extension -NoElement | Sort-Object Count -Descending
```

Allerdings werden auch Einträge mit leerem Namen gemeldet. Warum? Wie kann man diese eliminieren?

Lösung: Die Anweisung gruppiert den Inhalt des Windows-Ordners nach der Dateierweiterung, die in der Objekteigenschaft Extension steht. Ordner enthalten aber keine Dateierweiterung, sodass die leeren Einträge entweder Ordnern entsprechen oder tatsächlich Dateien ohne Dateierweiterung.

Beschränken Sie das Ergebnis von Get-ChildItem von vornherein auf Dateien:

```
PS> Get-ChildItem $env:windir -File | Group-Object Extension -NoElement |
Sort-Object Count -Descending
```

Aufgabe: Sie wollten eigentlich eine Liste der Hersteller laufender Programme erstellen und haben dazu folgenden Befehl verwendet:

```
PS> Get-Process | Group-Object Company -NoElement | Sort-Object Count -Descending

Count Name
----- ----
   41
   25 Microsoft Corporation
    2
    1 PowerISO Computing, Inc.
    1 Adobe Systems, Inc.
    1 Huawei Technologies Co...
    1 Idera
```

Überraschenderweise erhalten Sie zwei Gruppen ohne Namen. Können Sie sich vorstellen, warum?

Lösung: `Group-Object` bildet Gruppen stur gemäß dem, was es in der angegebenen Eigenschaft `Company` findet. Da Sie zwei Gruppen ohne Namen erhalten haben, wissen Sie, dass es zwei unterschiedliche »leere« Werte geben muss. Tatsächlich enthalten einige Prozesse gar keine Herstellerangabe. Die Eigenschaft ist dann leer und entspricht `$null`. Andere Prozesse weisen zwar eine Herstellerangabe auf, die aber aus einem leeren Text besteht. Für `Group-Object` sind dies zwei unterschiedliche Gruppen.

Um leere Gruppen zu vermeiden, können Sie vorher mit `Where-Object` filtern. Für `Where-Object` spielt es dabei keine Rolle, ob die Spalte `Company` vollkommen leer ist oder einen Leertext enthält – in jedem Fall fliegt der Eintrag aus der Pipeline:

```
PS> Get-Process | Where-Object Company | Group-Object Company -NoElement | Sort-Object
Count -Descending

Count Name
----- ----
   25 Microsoft Corporation
    1 PowerISO Computing, Inc.
    1 Adobe Systems, Inc.
    1 Huawei Technologies Co...
    1 Idera
```

Gruppen bilden

`Group-Object` kann aber auch dazu verwendet werden, gemischte Ergebnisse in klare Gruppen zu unterteilen. Dabei werden die beiden Parameter `-AsHashtable` und `-AsString` angegeben. Jetzt liefert `Group-Object` als Ergebnis eine Hashtable, und das Unterscheidungskriterium wird zum Schlüssel, mit dem man die jeweilige Gruppe abrufen kann:

```
$ergebnis = Get-Service | Group-Object -Property Status -AsHashTable -AsString

# alle laufenden Dienste abrufen
$ergebnis.Running

# alle gestoppten Dienste abrufen
$ergebnis.Stopped
```

Listing 6.5: Laufende und gestoppte Dienste gruppenweise abrufen.

Aufgaben automatisieren

Measure-Object

Manchmal benötigt man nur die Anzahl der Ergebnisse, sonst nichts. Vielleicht wollen Sie herausfinden, wie viele Programmdateien im Windows-Ordner liegen, wie viele Dienste derzeit gestoppt sind oder wie viele Prozessoren ein Computer besitzt. `Measure-Object` kann dann die Ergebnisse eines anderen Befehls zählen und die Fragen von gerade eben beantworten:

```
PS> Get-ChildItem -Path $env:windir -Filter *.exe | Measure-Object

Count    : 9
Average  :
Sum      :
Maximum  :
Minimum  :
Property :

PS> Get-Service | Where Status -eq Stopped | Measure-Object | Select-Object -ExpandProperty Count
93

PS> Get-WmiObject -Class Win32_Processor | Measure-Object | Select-Object -ExpandProperty Count
1
```

Das Ergebnis des ersten Befehls zeigt, dass `Measure-Object` auf Wunsch auch mehr Informationen liefert als die Anzahl. Wird nur die Anzahl in `Count` benötigt, sorgt ein nachfolgendes `Select-Object` dafür, dass lediglich der Inhalt dieser Spalte zurückgeliefert wird.

Schauen Sie sich doch einmal das folgende Beispiel an. Es ermittelt, ob der Windows-Editor ausgeführt wird und wie oft.

```
PS> $anzahl = Get-Process -Name notepad -ErrorAction Ignore | Measure-Object | Select-Object
-ExpandProperty Count
PS> $vorhanden = $anzahl -gt 0
PS> "Es laufen gerade $anzahl Editoren"
Es laufen gerade 0 Editoren

PS> "Läuft ein Editor? $vorhanden"
Läuft ein Editor? False
```

Ist dieser Ansatz optimal? Eher nicht. Weil Sie kaum davon ausgehen dürften, dass Hunderte oder gar Tausende von Notepad-Editoren ausgeführt werden, ist der Streaming-Mechanismus der Pipeline nicht nötig. Dieses Problem lässt sich eleganter mit der klassischen Punktschreibweise lösen:

```
PS> $anzahl = (Get-Process -Name notepad -ErrorAction Ignore).Count
```

Statistische Berechnungen

`Measure-Object` kann mehr als nur zählen und auch allgemeine statistische Berechnungen durchführen. Bei numerischen Informationen gehören dazu Durchschnitt, Summe sowie Minimal- und Maximalwerte:

```
PS> 1,4,6,2,5,7,4,12,-3  | Measure-Object -Sum -Average -Min –Max

Count    : 9
Average  : 4,22222222222222
Sum      : 38
```

```
Maximum  : 12
Minimum  : -3
Property :
```

Bei Textinformationen lassen sich Zeichen, Zeilen und Worthäufigkeiten analysieren:

```
PS> 'es war einmal ein kleiner lieber Wolf' | Measure-Object -Word -Character -Line

                         Lines                      Words                Characters Property
                         -----                      -----                ---------- --------
                             1                          7                        37
```

Ordnergrößen berechnen

Wollen Sie die Ergebnisse anderer Cmdlets von `Measure-Object` auswerten lassen, geben Sie wie bei den übrigen Cmdlets aus diesem Kapitel mit `-Property` erneut die Spalte an, die ausgewertet werden soll. Ist ihr Inhalt numerisch, stehen wieder die numerischen Berechnungen zur Verfügung.

Sie können nun also `Get-ChildItem` beauftragen, alle Dateien eines Ordners zu liefern und dann mit `Measure-Object` die Summe der Spalte `Length` zu bilden. Das ergibt die Gesamtgröße des Ordners. Die folgende Zeile führt dies für Ihr Benutzerprofil durch, aber Sie könnten anstelle von `$HOME` auch einen beliebigen anderen Ordnerpfad angeben:

```
PS> (Get-ChildItem -Path $HOME -File | Measure-Object -Property Length -Sum).Sum
```

Damit alle Unterordner sowie versteckte Dateien in die Größe einfließen, muss `Get-ChildItem` lediglich angewiesen werden, auch diese Dateien zu liefern. Der Rest bleibt gleich:

```
PS> (Get-ChildItem -Path $HOME -File -Recurse -Force -ErrorAction Ignore | Measure-Object -Property
Length -Sum).Sum
```

Enthält die Spalte, die Sie mit `-Property` angeben, keine Zahlen, sondern Text, stehen die statistischen Funktionen für Text zur Verfügung:

```
PS> Get-Content $env:windir\windowsupdate.log | Measure-Object -Character -Line –Word

                Lines                Words          Characters Property
                -----                -----          ---------- --------
                16700               216083             1967672
```

Mit »berechneten« Eigenschaften arbeiten

Sie haben in diesem Kapitel sechs wichtige Cmdlets kennengelernt, die im Herzen der Pipeline eingesetzt werden, um die Ergebnisse eines Befehls umzuformen und weiterzuverarbeiten. Zwei davon, nämlich `Where-Object` und `ForEach-Object`, waren besonders flexibel – ihnen kann man einen Skriptblock mit beliebigem PowerShell-Code übergeben.

Die übrigen vier – `Select-Object`, `Sort-Object`, `Measure-Object` und `Group-Object` – funktionieren etwas anders: Diesen teilen Sie über den Parameter `-Property` mit, auf welche Spalten sich diese Cmdlets beziehen sollen. Skriptcode ist nicht erforderlich. In Wahrheit dürfen Sie dreien dieser vier Cmdlets aber auch Skriptcode übergeben, was ihren Einsatz noch wesentlich flexibler macht.

Cmdlet	Einfache Syntax	Fortgeschrittene Syntax
`Where-Object`	`Where-Object Length -gt 1MB`	`Where-Object { $_.Length -gt 1MB }`
`ForEach-Object`	-	`ForEach-Object { "bearbeite $_" }`
`Select-Object`	`Select-Object Name, Length`	`Select-Object { $_.Name }, { $_.Length }`
`Sort-Object`	`Sort-Object Length`	`Sort-Object { $_.Length }`
`Measure-Object`	`Measure-Object Length`	-
`Group-Object`	`Group-Object Extension`	`Group-Object { $_.Extension }`

Tabelle 6.2: Einsatz der Cmdlets mit einfacher und fortgeschrittener Syntax.

Nun nämlich kann der Skriptblock selbst bestimmen, mit welchem Wert das Cmdlet sortiert, gruppiert oder darstellt. Schauen Sie sich das an einigen realen Aufgabenstellungen an, die sich jeweils nur mit der fortgeschrittenen Syntax lösen lassen:

Datentyp der Sortierung ändern

Sortieren Sie eine Liste mit IP-Adressen.

Das klingt einfacher, als es ist. Wer spontan `Sort-Object` einsetzt, stellt fest, dass das Sortierergebnis nicht stimmt. Für `Sort-Object` sind die IP-Adressen reiner Text und werden deshalb alphanumerisch sortiert:

```
PS> '80.1.12.100', '127.0.0.1', '217.89.12.100' | Sort-Object

127.0.0.1
217.89.12.100
80.1.12.100
```

Die Sortierung wäre alphanumerisch nur möglich, wenn alle Oktets der IP-Adresse dreistellig angegeben würden. So sehen aber die wenigsten IP-Adressen aus. Wenn Sie `Sort-Object` indes einen Skriptblock übergeben, kann darin der zu sortierende Wert in ein anderes Format konvertiert werden. IPv4-Adressen ähneln beispielsweise Versionsnummern, und wenn Sie die IP-Adressen (vorübergehend) in Versionsnummern umwandeln, entsteht eine korrekte Sortierung:

```
PS> '80.1.12.100', '127.0.0.1', '217.89.12.100' | Sort-Object { $_ -as [Version] }

80.1.12.100
127.0.0.1
217.89.12.100
```

Gruppierung nach bestimmten Textteilen

Stellen Sie mit den Rohdaten aus windowsupdate.log fest, an welchen Tagen wie viele Updates installiert wurden!

Mit `Get-Content` kann man den Inhalt eines textbasierten Protokolls lesen und mit `Where-Object` die Zeilen darin filtern, um beispielsweise nur diejenigen zu sehen, in denen das Schlüsselwort `successfully installed` ein installiertes Update signalisiert.

```
PS> Get-Content $env:windir\windowsupdate.log | Where-Object { $_ -like '*successfully installed*' }
```

Um festzustellen, an welchen Tagen wie viele Updates installiert wurden, bietet sich eigentlich `Group-Object` an. Allerdings müsste man dem Cmdlet für die Gruppenbildung irgendwie nur das Datum übergeben können, das immer am Anfang jeder Protokollzeile steht und zehn Zeichen lang ist.

Dazu übergeben Sie `Group-Object` einen Skriptblock. Die Variable `$_` repräsentiert darin das gelieferte Objekt, also jeweils eine Textzeile. Indem Sie nur die ersten zehn Zeichen der Zeile auswählen, kann `Group-Object` die gewünschte Information liefern und gruppiert die Zeilen nach dem Datum, das in diesen ersten zehn Zeichen jeweils steht:

```
PS> Get-Content $env:windir\windowsupdate.log | Where-Object { $_ -like '*successfully installed*' } |
Group-Object { $_.Substring(0,10) } -NoElement

Count Name
----- ----
   34 2012-08-16
    5 2012-08-17
    1 2012-08-20
    1 2012-08-21
(…)
```


Umwandlung von Byte in Megabyte

Zeigen Sie den Inhalt des Windows-Ordners so an, dass die Dateigrößen nicht in Byte dargestellt werden, sondern in Megabyte!

Zuständig für Spalten ist `Select-Object`. In der einfachen Syntax kann man zwar die Spalten auswählen, aber nicht ihren Inhalt ändern:

```
PS> Get-ChildItem -Path $env:windir | Select-Object  -Property Mode, LastWriteTime, Length, Name
```

In der fortgeschrittenen Syntax kann man den Inhalt der Spalte `Length` nun aber mit einem Skriptblock ändern. Der Skriptblock könnte dazu den Originalinhalt durch `1MB` teilen und das Ergebnis mit dem Operator `-f` noch etwas ansehnlicher formatieren:

```
PS> Get-ChildItem -Path $env:windir | Select-Object  -Property Mode, LastWriteTime, { '{0:0.00} MB'
-f ($_.Length/1MB) }, Name
```

Zwar funktioniert der Plan, er hat aber unschöne Effekte: Als Spaltenüberschrift wird nun Ihr Skriptblock genannt, und auch für Ordner wird jetzt »0,0 MB« angezeigt, obwohl `Length` bei Ordnern eigentlich leer sein sollte. Inhaltliche Unstimmigkeiten können Sie bereits lösen, indem Sie den Skriptcode intelligenter formulieren und zum Beispiel nur bei Dateien, aber nicht bei Ordnern tätig werden:

```
PS> $code = { If ($_.PSIsContainer -eq $false) { '{0:0.00} MB' -f ($_.Length/1MB) } }
PS> Get-ChildItem -Path $env:windir | Select-Object -Property Mode, LastWriteTime, $code, Name
```

Damit die Spalte einen ansehnlicheren Namen erhält, wäre es aber nötig, `Select-Object` neben dem Skriptcode (zur Berechnung des Spalteninhalts) auch einen Namen (für die Spaltenüberschrift) zu übergeben. Wie das geht, erfahren Sie als Nächstes.

Hashtables: mehrere Werte übergeben

Mit einer sogenannten Hashtable kann man mehrere Werte über »sprechende« Schlüsselnamen übergeben. Weiß der Aufrufer, unter welchem Wert Sie einen Schlüssel in die Hashtable geschrieben haben, kann er diesen Wert auch wieder abrufen. Die Schlüssel, nach denen `Select-Object` sucht, heißen `Name` (für die Spaltenüberschrift) und `Expression` (für den Skriptblock):

```
#requires -Version 3

# Hashtable erstellen und Spaltendefinition festlegen:
$LängeMB = @{}
$LängeMB.Name='Length (MB)'
$LängeMB.Expression=
{
  # Wenn das Objekt kein Ordner ist ...
  If ($_.PSIsContainer -eq $false)
  {
    # ... Length als MB ausgeben:
    '{0:0.00} MB' -f ($_.Length/1MB)
  }
}

Get-ChildItem -Path $env:windir -File |
  Select-Object -Property Mode, LastWriteTime, $LängeMB, Name
```

Listing 6.6: Dateigrößen in Megabyte anstatt in Byte anzeigen.

Profitipp

`Select-Object` findet Schlüssel ebenfalls, wenn sie nicht voll ausgeschrieben, aber eindeutig sind. Schlüssel können auch direkt bei der Definition der Hashtable angelegt werden. Mehrere Schlüssel werden mit Semikola getrennt, was den Zeilenumbruch ersetzt:

```
PS> $LängeMB = @{N='Length'; E={If ($_.PSIsContainer -eq $false) {'{0:0.00} MB' -f ($_.Length/
1MB)}}}
```

Semikola sind aber weder zwingend erforderlich noch ein besonderes Merkmal von Hashtables. Dieselbe Hashtable lässt sich auch ohne Semikolon anlegen, wenn stattdessen ein Zeilenumbruch eingefügt wird:

```
PS> $LängeMB = @{
  N='Length'
  E={
    If ($_.PSIsContainer -eq $false)
    {'{0:0.00} MB' -f ($_.Length/1MB)}
    }
  }
```

Mehrere Spalten in umgekehrter Sortierung

Um mit `Sort-Object` nach mehreren Spalten zu sortieren und die Sortierreihenfolge für jede Spalte einzeln anzugeben, setzen Sie Hashtables mit den Schlüsseln `Expression`, `Ascending` und `Descending` ein:

```
$kriterium1 = @{Expression='Company'; Ascending=$true }
$kriterium2 = @{Expression='CPU'; Descending=$true }
Get-Process | Where-Object { $_.Company -ne $null } | Sort-Object $kriterium1, $kriterium2 |
Select-Object Company, CPU
```

Listing 6.7: Zwei Spalten in umgekehrter Sortierreihenfolge ausgeben.

So erhalten Sie als Ergebnis eine Liste, in der die Prozesse in aufsteigender Reihenfolge nach Hersteller und innerhalb jedes Herstellers in absteigender Reihenfolge nach CPU-Belastung aufgeführt sind.

Mehrspaltige Anzeigen

`Format-Wide` dient dazu, möglichst viele Ergebnisse auf kleinstem Raum auszugeben. Deshalb kann dieses Cmdlet nur jeweils eine Objekteigenschaft wie beispielsweise den Dateinamen ausgeben. Spaltenüberschriften werden überhaupt nicht angezeigt:

```
PS> Get-ChildItem -Path $env:windir | Format-Wide Name -Column 3
```

Genügt Ihnen das nicht, könnten Sie die Eigenschaft, die angezeigt wird, auch mit einer Hashtable berechnen lassen und dabei mehrere Informationen verknüpfen. Das nächste Beispiel listet die Dateinamen und dahinter in Klammern den Tag und den Monat der letzten Änderung auf:

```
PS> $combined = @{Expression={ '{0} ({1:dd.MM.})' -f $_.Name, $_.LastWriteTime }}
PS> Get-ChildItem -Path $env:windir | Format-Wide $combined -Column 3
```

Ebenso gut könnten Sie aber auch das Alter der Datei in den Klammern hinter dem Dateinamen angeben (Abbildung 6.6):

```
PS> $combined = @{Expression={ '{0} ({1:#,##0} Tage)' -f $_.Name, ((New-Timespan $_.
LastWriteTime).Days) }}
PS> Get-ChildItem -Path $env:windir -Filter *.log | Format-Wide $combined -Column 3
```

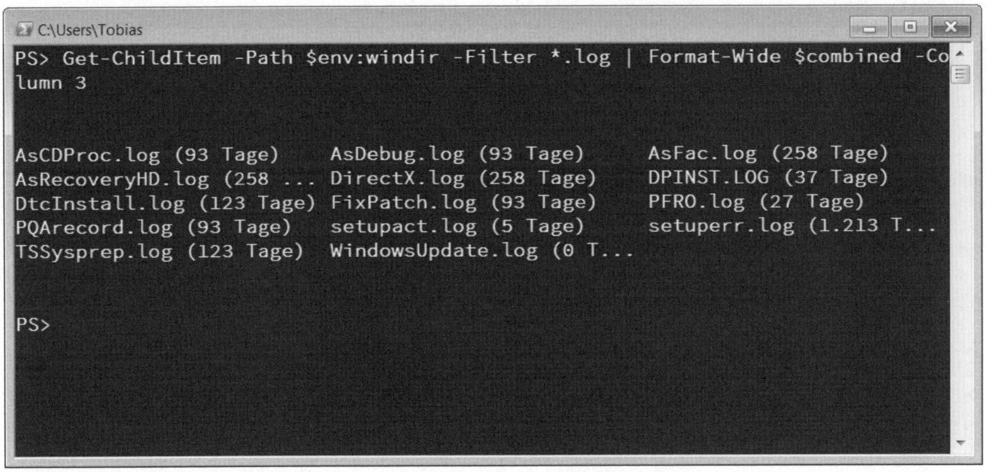

Abbildung 6.6: Alter von Protokolldateien in Tagen als dreispaltige Anzeige.

Berechnete Spalten hinzufügen

`Format-List` stellt die Ergebnisse in einer Liste untereinander (vertikal) dar. Eigene berechnete Eigenschaften werden über die Hashtable-Schlüssel `Name` und `Expression` festgelegt. Das folgende Beispiel gibt die zusätzlichen Eigenschaften `Alter` und `Datum` aus. Das Alter ist dabei das relative Alter der jeweiligen Datei, und `Datum` besteht nur aus dem Datumsanteil ohne die Uhrzeit:

```
PS> $alter = @{Name='Alter'; Expression={ (New-Timespan $_.LastWriteTime).Days }}
PS> $datum = @{Name='Datum'; Expression= { $_.LastWriteTime.ToLongDateString() }}
PS> dir $env:windir | Format-List Name, $alter, $datum
```

Über den zusätzlichen Hashtable-Schlüssel `FormatString` hätte man das Datum alternativ auch als Formatierungsanweisung übergeben können:

```
PS> $alter = @{Name='Alter'; Expression={ (New-Timespan $_.LastWriteTime).Days }}
PS> $datum = @{Name='Datum'; Expression= { $_.LastWriteTime}; FormatString='dddd, dd. MMMM'}
PS> Get-ChildItem -Path $env:windir | Format-List Name, $alter, $datum
```

Die Angabe für `FormatString` ist allerdings meist überflüssig, weil man das Format ohnehin über den Formatierungsoperator `-f` festlegen kann:

```
PS> $alter = @{Name='Alter'; Expression={ (New-Timespan $_.LastWriteTime).Days }}
PS> $datum = @{Name='Datum'; Expression= { '{0:dddd, dd. MMMM}' -f $_.LastWriteTime}}
PS> Get-ChildItem -Path $env:windir | Format-List Name, $alter, $datum
```

Spaltenbreite, Bündigkeit und Gruppenüberschriften

`Format-Table` gibt Objekteigenschaften als horizontal angeordnete Tabelle aus. Deshalb kann man hier zusätzlich mit dem Hashtable-Schlüssel `Width` definieren, wie breit eine Spalte sein soll, und mit `Alignment`, ob der Spalteninhalt linksbündig, rechtsbündig oder zentriert ausgegeben wird:

```
PS> $name = @{Name='Dateiname'; Expression={ $_.Name }; Width=30; Alignment='Left'}
PS> $groesse = @{Name='Größe (KB)'; Expression={'{0:n} KB' -f ($_.Length/1KB)}; Width=15;
Alignment='Right'}
PS> $alter = @{Name='Alter'; Expression={ (New-Timespan $_.LastWriteTime).Days }; Width=5;
Alignment='Center'}
PS> Get-ChildItem -Path $env:windir | Format-Table $name, $groesse, $alter
```

Das Ergebnis sähe dann ungefähr so aus:

```
Dateiname                          Größe (KB) Alter
---------                          ---------- -----
ABLKSR                                0,00 KB 1198
addins                                0,00 KB 1213
AppCompat                             0,00 KB  93
AppPatch                              0,00 KB  27
ar-SA                                 0,00 KB  576
assembly                              0,00 KB   5
ASUS                                  0,00 KB  123
Boot                                  0,00 KB 1213
(...)
aksdrvsetup.log                       0,53 KB  607
bfsvc.exe                            69,50 KB  729
bootstat.dat                         66,00 KB   0
DirectX.log                         209,97 KB  607

(...)
```

`Format-Table` kann nicht nur eine, sondern sogar zwei Hashtables verarbeiten. Zusätzlich zum Parameter `-Property` steht noch der Parameter `-GroupBy` zur Verfügung, der die Tabelle in mehrere Untertabellen gliedert. Erlaubte Schlüssel sind hier `Name`, `Expression` und `FormatString`. Das Ergebnis des Skriptblocks in `Expression` legt fest, in welche Gruppe ein Element eingeordnet wird.

Achtung

Der Gruppierungsausdruck gruppiert das Ergebnis zwar, sortiert es aber nicht. Damit nicht mehrere gleichnamige Gruppen entstehen, muss das Ergebnis also zuerst mit `Sort-Object` nach dem Kriterium sortiert werden, das dem Gruppierungsausdruck zugrunde liegt.

Möchten Sie die Ausgabe einer Dateiliste zum Beispiel nach Anfangsbuchstaben gruppieren, wäre dies eine Lösung:

```
PS> $gruppe = @{Name='Anfangsbuchstabe'; Expression={$_.Name.Substring(0,1).toUpper()}}
PS> Get-ChildItem -Path $env:windir | Sort-Object Name | Format-Table Name, LastWriteTime,
Length -group $gruppe -AutoSize
```

Das Ergebnis sieht aus wie gewünscht:

```
   Anfangsbuchstabe: A
Name                                  LastWriteTime       Length
----                                  -------------       ------
ABLKSR                                29.07.2009 07:20:19
addins                                14.07.2009 07:32:39
AppCompat                             06.08.2012 22:06:45
(…)
AsDebug.log                           06.08.2012 18:59:32 4319008
AsFac.log                             24.02.2012 02:33:34   84747
(…)

   Anfangsbuchstabe: B
Name          LastWriteTime       Length
----          -------------       ------
bfsvc.exe     20.11.2010 14:24:28  71168
Boot          14.07.2009 07:32:38
bootstat.dat  08.11.2012 09:03:40  67584
(…)
```

Der Ausdruck, der das Gruppierungskriterium erstellt, kann natürlich auch komplexer sein. Der folgende Code gruppiert die Dateien beispielsweise in `neu`, `älter` und `sehr alt`:

```
PS> $gruppe = @{Name='Alter'; Expression={
Switch ((New-Timespan $_.LastWriteTime).Days) {
{ $_ -lt 10 } { 'neu'; continue }
{ $_ -lt 30 } { 'älter'; continue }
{ $_ -ge 30 } { 'sehr alt'; continue }
default { 'Unbekannt' }
}}}

PS> Get-ChildItem -Path $env:windir | Sort-Object LastWriteTime -Desc | Format-Table Name,
LastWriteTime, Length -Group $gruppe -Auto
```

Teil C
Operatoren nutzen

Kapitel 7
Operatoren und Bedingungen

In diesem Kapitel:

Ausführlich werden in diesem Kapitel die folgenden Aspekte erläutert:

- **Operatoren:** Sie kombinieren zwei Informationen miteinander. Ein arithmetischer Operator (+) addiert, während ein Zuweisungsoperator (=) einen Wert einer Variablen oder Eigenschaft zuweist. Der Operator steht zwischen den beiden Informationen, die er kombinieren soll. Ausnahmsweise können Operatoren auch vor oder hinter einer einzelnen Information stehen und wirken nur auf diese Information (unäre Operatoren). Der Operator ++ erhöht beispielsweise den Inhalt einer Variablen um den Wert 1, sofern die Variable einen numerischen Inhalt hat.
- **Zuweisungsoperatoren:** Diese Gruppe von Operatoren weist Variablen und Objekteigenschaften neue Inhalte zu oder ergänzt schon vorhandenen Inhalt.
- **Vergleichsoperatoren:** Sie bilden die Grundlage für Entscheidungen und liefern bei einfachen Vergleichen stets `$true` oder `$false`. Werden Arrays verglichen, verhalten sich Vergleichsoperatoren wie Filter und liefern diejenigen Arrayelemente, auf die der Vergleich zutrifft.

- **Bedingungen:** Sie führen Code auf der Basis von booleschen Werten aus und lassen sich daher ideal mit Vergleichsoperatoren kombinieren, um Code nur in bestimmten Fällen auszuführen.

Operatoren sind eine nützliche Ergänzung zu Befehlen und oft unverzichtbar – Sie haben wahrscheinlich schon häufig in den vergangenen Kapiteln mit Operatoren gearbeitet, ohne es wahrgenommen zu haben:

- Mathematische Operatoren wie `+`, `-`, `*` und `/` führen Berechnungen durch.
- Zuweisungsoperatoren wie `=` oder `+=` weisen Variablen neue Werte zu.
- Vergleichsoperatoren wie `-eq`, `-ne` oder `-gt` vergleichen zwei Werte und melden, ob der Vergleich zutrifft oder nicht – die Grundlage für Entscheidungen (`Bedingungen`), die zum Beispiel Strukturen wie `If` oder Cmdlets wie `Where-Object` nutzen.

Operatoren – Aufbau und Namensgebung

Ein Operator steht üblicherweise zwischen zwei Dingen und verknüpft diese miteinander. Das ist so selbstverständlich, dass der Operator in den folgenden Anweisungen häufig gar nicht bewusst wahrgenommen wird:

```
PS> $variable = 'Wert'
PS> 1 + 4
5
PS> 7 -gt 12
False

PS> 'Hallo Welt' -like '*We*'
True

PS> $true -and $false
False

PS> $true -or $false
True
```

Die Operatoren in diesen Beispielen lauteten `=` (ein Zuweisungsoperator), `+` (ein arithmetischer Operator), `-gt` und `-like` (beides Vergleichsoperatoren) sowie `-and` und `-or` (beides logische Operatoren). Operatoren sind also in Familien unterteilt. Die PowerShell-Hilfe widmet jeder dieser Familien ein eigenes Hilfethema (jedenfalls dann, wenn Sie die Hilfe wie im ersten Kapitel beschrieben mit `Update-Help` heruntergeladen haben):

```
PS> help operator
about_Comparison_Operators          HelpFile
about_Logical_Operators             HelpFile
about_Operators                     HelpFile
about_Operator_Precedence           HelpFile
about_Type_Operators                HelpFile
```

Einige Operatoren wie `+` oder `=` sind Sonderzeichen, wie man sie aus anderen Skriptsprachen gewohnt ist. Die allermeisten Operatoren allerdings beginnen mit einem Bindestrich, gefolgt von wenigen Buchstaben, die häufig die Anfangsbuchstaben der Silben des ausgesprochenen Operators sind. `-gt` steht zum Beispiel für *greater than* und `-le` für *less or equal*.

Wie Operatornamen aufgebaut sind

Warum verwendet PowerShell für den Vergleich »größer als« eigentlich den Operatornamen -gt und nicht >, wie in anderen Sprachen auch? Weil PowerShell sehr viele Techniken vereint und bereits zahlreiche klassische Operatorzeichen anderweitig belegt sind. > ist zum Beispiel ein in Konsolen seit Urzeiten eingesetzter Umleitungsoperator:

```
PS> Get-Process > $env:TEMP\prozessliste.txt
```

Deshalb werden in PowerShell die meisten Operatoren nach einem anderen Schema benannt: Sie beginnen mit einem Bindestrich, gefolgt von den Anfangsbuchstaben der Silben des Klartextnamens oder einem ähnlichen Kurzwort.

Da auch Parameternamen in PowerShell mit einem Bindestrich beginnen, besteht Verwechslungsgefahr, zum Beispiel hier:

```
PS> 'Ihr Name lautet {0}.' -f $env:USERNAME
Ihr Name lautet Tobias.
```

Wo steht hier der Befehl, zu dem der Parameter -f gehört? Nirgends, denn -f ist ein Operator. Das »f« steht für »Formatierung«: Dieser Operator erwartet links eine Textschablone mit Platzhaltern und füllt die Platzhalter dann mit den Werten auf seiner rechten Seite auf. Er steht wie die meisten übrigen Operatoren zwischen den beiden Dingen, die er miteinander verbindet. Im ISE-Editor fällt die Unterscheidung zwischen Operatoren und Parametern aber leicht: Parameter sind dunkelblau, Operatoren hingegen hellgrau.

Unäre Operatoren

Es gibt auch »unäre« Operatoren, die seltener sind. Sie benötigen nur eine Information, die links oder rechts von ihnen stehen kann:

```
PS> $wert = 1
PS> $wert++
PS> $wert
2
```

Auf welcher Seite sich die Operatoren befinden, macht häufig einen entscheidenden Unterschied aus:

```
PS> $wert = 1
PS> $kopie = $wert++
PS> $kopie
1

PS> $wert = 1
PS> $kopie = ++$wert
PS> $kopie
2
```

Manche Operatoren können sowohl unär sein als auch mit zwei Informationen arbeiten. Der Textoperator -join fügt zum Beispiel als unärer Operator die Elemente eines Arrays zu einem String zusammen, wenn Sie den Operator davorstellen:

```
PS> (Get-WmiObject -Class Win32_BIOS).BIOSVersion
_ASUS_ - 1072009
```

```
BIOS Date: 06/05/12 16:39:27 Ver: 04.06.05
BIOS Date: 06/05/12 16:39:27 Ver: 04.06.05

PS> -join (Get-WmiObject -Class Win32_BIOS).BIOSVersion
_ASUS_ - 1072009BIOS Date: 06/05/12 16:39:27 Ver: 04.06.05BIOS Date: 06/05/12 16:39:27 Ver:
04.06.05
```

Alternativ dürfen Sie das Trennzeichen aber auch auf seiner rechten Seite angeben. Jetzt liefert der Operator kommaseparierte Listen:

```
PS> (Get-WmiObject -Class Win32_BIOS).BIOSVersion -join ', '
_ASUS_ - 1072009, BIOS Date: 06/05/12 16:39:27 Ver: 04.06.05, BIOS Date: 06/05/12 16:39:27 Ver:
04.06.05
```

Doppelte Arrayelemente können vorher mit den üblichen Pipeline-Befehlen natürlich aussortiert werden:

```
PS> ((Get-WmiObject -Class Win32_BIOS).BIOSVersion | Sort-Object -Unique) -join ', '
_ASUS_ - 1072009, BIOS Date: 06/05/12 16:39:27 Ver: 04.06.05
```

Zuweisungsoperatoren

Variablen sind universelle Zwischenspeicher, in denen man Ergebnisse vorübergehend ablegen kann. Zuweisungsoperatoren sorgen dafür, dass eine Variable einen (neuen oder aktualisierten) Wert erhält. Existiert die Variable noch nicht, wird sie bei der Zuweisung automatisch angelegt.

Der am häufigsten verwendete Zuweisungsoperator ist `=`. Er ist ausschließlich dazu da, einen neuen Wert an eine Variable zu übergeben, und ist kein Vergleichsoperator. Der Vergleichsoperator für Gleichheit heißt `-eq` und wird etwas später beschrieben:

```
$betrag = 300
$kurs = 1.04
$ergebnis = $betrag * $kurs

"$betrag USD zum Kurs von $kurs ergibt $ergebnis EUR"
```

Listing 7.1: Zuweisungsoperator einsetzen.

Variablen haben in aller Regel die Aufgabe, mehrere Skriptzeilen miteinander zu verbinden. Daher folgen sie üblicherweise einem einfachen »Strickmuster«: Sie werden zuerst auf der linken Seite angelegt und dann später auf der rechten Seite wieder eingesetzt:

```
$betrag = 300
$kurs = 1.04
$ergebnis = $betrag * $kurs

"$betrag USD zum Kurs von $kurs ergibt $ergebnis EUR"
```

Der Zuweisungsoperator kann auch in einem Schritt mehrere Variableninhalte festlegen, zum Beispiel um in einem Zug mehrere Variablen mit einem Ausgangswert zu initialisieren:

```
# mehrere Variablen in einem Schritt mit demselben Wert füllen:
PS> $a = $b = $c = 1
```

Mehreren Variablen unterschiedliche Werte zuweisen

Stehen rechts und links vom Zuweisungsoperator Arrays mit genau derselben Anzahl von Elementen, tauscht PowerShell die Werte gegeneinander aus. So lassen sich mehrere Variablen mit unterschiedlichen Werten belegen, aber auch Variableninhalte gegeneinander austauschen:

```
# mehrere Variablen in einem Schritt mit verschiedenen Werten füllen
PS> $Wert1, $Wert2 = 10, 20

# Variableninhalte gegeneinander tauschen:
PS> $Wert1, $Wert2 = $Wert2, $Wert1
```

Variableninhalte ändern

Der Zuweisungsoperator = setzt den Inhalt einer Variablen neu und überschreibt die vorhandenen Werte. Anders bei den übrigen Zuweisungsoperatoren: Sie ändern den bestehenden Variableninhalt und können numerische Inhalte zum Beispiel um eins erhöhen oder verringern:

```
PS> $wert = 1
PS> $wert++
PS> $wert
2
PS> $wert--
PS> $wert
1
```

Flexibler ist die folgende Gruppe von Zuweisungsoperatoren, die beliebige Werte zu bestehenden Werten hinzufügen oder entfernen kann:

```
PS> $wert+=10
PS> $wert
11
PS> $wert-=10
PS> $wert
1
```

Was genau diese Operatoren hinzufügen oder abziehen können, hängt von den Ausgangswerten ab. Enthält eine Variable bereits Text, kann man mit += weiteren Text anhängen:

```
PS> $meldung = 'Starte'
PS> $meldung += 'Arbeite'
PS> $meldung += 'Fertig'

PS> $meldung
StarteArbeiteFertig
```

Handelt es sich um ein Array, würde += dagegen neue Arrayelemente einfügen. Ein einziges Komma kann also erhebliche Unterschiede bewirken, denn durch das Komma wird `$meldung` zu einem Array, und `Starte` nur ein Element in diesem Array. Entsprechend fügt += die neuen Texte als weitere separate Arrayelemente hinzu:

```
PS> $meldung = ,'Starte'
PS> $meldung += 'Arbeite'
PS> $meldung += 'Fertig'

PS> $meldung
Starte
Arbeite
```

```
Fertig

PS> $meldung -join ' - '
Starte - Arbeite - Fertig
```

Vergleichsoperatoren

Vergleichsoperatoren liefern einen booleschen Wert zurück, also entweder `$true` (der Vergleich stimmt) oder `$false` (der Vergleich traf nicht zu). Nur wenn dem Vergleichsoperator ein Array mit mehreren Werten übergeben wird, arbeitet er als Filter und liefert dann diejenigen Elemente des Arrays zurück, die dem Vergleich entsprachen.

Tatsächlich sind Vergleichsoperatoren das Herzstück intelligenter Skripten, denn mit ihnen kann man Entscheidungen treffen. Hat ein Benutzer beispielsweise zugestimmt, und darf der Computer jetzt heruntergefahren werden? Sind noch mindestens 20 % Festplattenspeicher frei, oder muss aufgeräumt werden? Geht dem Notebook-Akku gerade die Energie aus, oder kann noch ein Backup gestartet werden?

Vergleichsoperatoren allein liefern indes nur das Ergebnis eines Vergleichs. Eine Entscheidung trifft dann eine Bedingung auf der Basis dieses Ergebnisses. Vergleichsoperatoren arbeiten also eng mit Bedingungen zusammen. Eine der einfachsten Bedingungen ist `if`, die die Codeschnipsel von eben um Aktionen bereichern könnte:

```
$ladezustand = Get-WmiObject -Class Win32_Battery |
  Measure-Object -Property EstimatedChargeRemaining -Average |
  Select-Object -ExpandProperty Average

$alarm = $ladezustand -lt 10

if ($ladezustand -eq $null)
{
  'Kein Akku vorhanden.'
}
elseif ($alarm -eq $true)
{
  'Hier könnte eine Alarmmeldung oder Aktion stehen'
}
else
{
  'Alles in Ordnung.'
}
```

Listing 7.2: Alarmmeldung bei niedrigem Akkustand ausgeben.

Eine Bedingung erwartet übrigens nur das *Ergebnis* eines Vergleichs, also einen booleschen Wert wie `$true` oder `$false`. `$alarm` ist als Ergebnis eines Vergleichs aber bereits ein boolescher Wert. Diese Variable enthält also schon `$true` oder `$false`, was sich durch den Vergleich auch nicht mehr ändert:

```
PS> $alarm
False

PS> $alarm -eq $true
False
```

Deshalb kann man sich einen weiteren Vergleich sparen und vereinfacht schreiben:

```
if ($alarm)
{
  'Hier könnte eine Alarmmeldung oder Aktion stehen'
}
(...)
```

Operator	Analogie	Beschreibung	Beispiel	Ergebnis
`-eq`	= oder ==	gleich	`10 -eq 15`	`$false`
`-ne`	<> oder !=	ungleich	`10 -ne 15`	`$true`
`-gt`	>	größer	`10 -gt 15`	`$false`
`-ge`	>=	größer oder gleich	`10 -ge 15`	`$false`
`-lt`	<	kleiner	`10 -lt 15`	`$true`
`-le`	<=	kleiner oder gleich	`10 -le 15`	`$true`
`-contains`		enthält	`1,2,3 -contains 1`	`$true`
`-notcontains`		enthält nicht	`1,2,3 -notcontains 1`	`$false`
`-in`		enthält, wie `-contains`, aber umgekehrte Reihenfolge (neu in PowerShell 3.0)	`'hallo' -in 'hallo','welt'`	`$true`
`-notin`		enthält nicht, wie `-notcontains`, aber umgekehrte Reihenfolge (neu in PowerShell 3.0)	`'hallo' -notin 'hallo','welt'`	`$false`
`-is`		Typgleichheit	`$array =1,2` `$array -is [array]`	`$true`
`-isnot`		Typungleichheit	`$array =1,2` `$array -isnot [array]`	`$false`
`-like`		Gleichheit mit Platzhaltern	`'Hallo' -like '*lo*'`	`$true`
`-notlike`		Ungleichheit mit Platzhaltern	`'Hallo' -notlike '*a*'`	`$false`
`-match`		Gleichheit mit regulärem Ausdruck	`'der 1. Mai' -match '\d'`	`$true`
`-notmatch`		Ungleichheit mit regulärem Ausdruck	`'Wort' -match '\bo'`	`$false`

Tabelle 7.1: Vergleichsoperatoren.

Unterscheidung zwischen Groß- und Kleinschreibung

Vergleiche unterscheiden nicht zwischen Groß- und Kleinschreibung, es sei denn, Sie wünschen es. Dann fügen Sie vor den Operatornamen ein `c` für *case* ein, verwenden also zum Beispiel `-ceq` statt `-eq`. Sie dürfen stattdessen auch ein `i` für *insensitive* voranstellen. Damit erreichen Sie zwar im Ergebnis keinen Unterschied zu den normalen (ebenfalls »insensitiven«) Operatoren (`-eq` und `–ieq` sind folglich identisch), machen aber deutlich, dass Sie ganz bewusst einen Vergleich ohne Berücksichtigung der Groß- und Kleinschreibung durchführen.

```
PS> $password = 'GeHEIm'
PS> $password -eq "geheim"
True

PS> $password -ieq "geheim"
True
```

```
PS> $password -ceq "geheim"
False
```

Unterschiedliche Datentypen vergleichen

Vergleichsoperatoren können nur dieselben Datentypen miteinander vergleichen, also beispielsweise Zahlen mit Zahlen oder Texte mit Texten. Wenn Sie verschiedene Datentypen miteinander vergleichen, sind die Ergebnisse manchmal nicht erwartungsgemäß:

```
PS> "12" -eq 012
True

PS> "012" -eq 012
False

PS> 123 -lt 123.4
True

PS> 123 -lt "123.4"
False (bei PowerShell 2.0), True (bei PowerShell 3.0)

PS> 123 -lt "123.5"
True
```

Diese teils sonderbaren Ergebnisse entstehen, weil PowerShell für den Vergleich zuerst einen der beiden Datentypen in den anderen umwandeln muss. Diese automatische Umwandlung führt allerdings nicht immer zu dem Resultat, das man intuitiv erwarten würde. Auf der sicheren Seite sind Sie nur, wenn Sie selbst die Datentypen vorher in ein gemeinsames Format gebracht hatten. Solange Sie aber Texte mit Texten oder Zahlen mit Zahlen vergleichen, entspricht das Ergebnis immer genau dem, was Sie intuitiv erwarten.

Der Datentyp des ersten Werts zählt

Wenn Sie prüfen, ob zwei Werte gleich sind, sollte es eigentlich keinen Unterschied machen, in welcher Reihenfolge Sie die beiden Werte miteinander vergleichen. Bei PowerShell spielt diese Reihenfolge aber eine Rolle, denn der erste Vergleich ergibt `True`, der zweite `False`:

```
PS> 012 -eq "012"
True

PS> "012" -eq 012
False
```

Weil die beiden Informationen unterschiedlichen Typs sind, muss PowerShell einen davon zuerst umwandeln und wählt dabei stets den linken. Im ersten Beispiel ist das eine Zahl, also wird auch der Text in eine Zahl umgewandelt – beide sind somit gleich. Im zweiten Beispiel steht links ein Text, also wird die Zahl auf der rechten Seite auch in einen Text umgewandelt, nämlich in den Text `"12"` (ohne die führende Null!). Die beiden Texte sind folglich unterschiedlich, und es wird entsprechend `False` gemeldet.

Automatisches Widening

In Ausnahmefällen richtet sich PowerShell auch nach dem Datentyp auf der rechten Seite. Wenn auf der rechten Seite ein »präziserer« Datentyp steht als auf der linken, nimmt Power-

Shell diesen Datentyp als Referenz. Ohne dieses automatische Widening würde nämlich der folgende Vergleich eigentlich `False` liefern:

```
PS> 123 -lt 123.3
True
```

Hätte sich PowerShell stur nach der linken Seite gerichtet, wäre die Gleitkommazahl in eine Ganzzahl verwandelt und entsprechend abgerundet worden. Beide Werte wären dann gleich, das Vergleichsergebnis mithin `False`. Weil so was allen intuitiven Prinzipien widersprechen würde, sorgt das Widening hier für das erwartete Vergleichsergebnis `True`. Das erklärt auch, warum der erste und der letzte der folgenden Vergleiche das erwartete Ergebnis liefert, der mittlere aber zumindest in PowerShell 2.0 nicht:

```
PS> 123 -lt 123.4
True

PS> 123 -lt "123.4"
False / True

PS> # False in PowerShell 2.0, True in PowerShell 3.0

PS> 123 -lt "123.5"
True
```

Im ersten Fall wurde der erste Wert als Ganzzahl angegeben, der zweite als Gleitkommazahl. Weil beide Werte Zahlen sind, wendet PowerShell das Widening an und wandelt den ersten Wert um. Danach wird verglichen, ob `123,0` kleiner ist als `123,4`. Ergebnis: `True`.

Im zweiten Fall wurde der erste Wert als Ganzzahl und der zweite als Text angegeben. Weil einer der Datentypen keine Zahl ist, sondern Text, gibt es kein eindeutig optimales Datenformat, und PowerShell 2.0 richtet sich stur nach dem Datentyp des ersten Werts – wandelt den Text also um in eine Ganzzahl. Aus `"123.4"` wird so die Ganzzahl `123`. Danach wird verglichen, ob `123` kleiner ist als `123`. Ergebnis bei PowerShell 2.0: `False`.

Im letzten Fall passiert im Grunde dasselbe, nur ergibt die Umwandlung des Texts `"123.5"` diesmal die Ganzzahl `124`, weil bei der Konvertierung automatisch gerundet wird, hier aufgerundet. Danach wird verglichen, ob `123` kleiner ist als `124`: Ergebnis: `True`.

Hinweis

Weil sich das Ergebnis des zweiten Vergleichs so haarsträubend falsch anfühlt, hat man ab PowerShell 3.0 das Widening nachgebessert und wendet es jetzt auch an, wenn ein Text in eine Zahl verwandelbar ist. Damit erhalten Sie `True`. Ab PowerShell 3.0 ergeben daher alle drei Vergleiche das intuitiv erwartete Ergebnis.

Vergleiche umkehren

Weil Vergleichsoperatoren einen booleschen Wert liefern, also `$true` oder `$false`, kann man ihr Ergebnis mit dem *logischen* Operator `-not` auch umdrehen. Die Kurzform für `-not` lautet übrigens `!`. Dasselbe gilt für Befehlsergebnisse, die boolesche Werte zurückgeben. `Test-Path` liefert zum Beispiel `$true`, wenn ein Ordner existiert. Dreht man sein Ergebnis um, liefert der Befehl `$true`, wenn der Ordner nicht existiert. Genau das Richtige für die folgende Bedingung, die einen Ordner nur dann anlegen soll, wenn er noch nicht vorhanden ist:

```
$Path = 'C:\bilderordner'

if (-not (Test-Path -Path $Path) )
{
  New-Item -Path $Path -ItemType Directory
  Write-Warning "Ordner '$Path' angelegt."
}
else
{
  Write-Warning "Ordner '$Path' existiert schon."
}
```

Sie hätten auch einen der Vergleichsoperatoren einsetzen können, um zu einem für die Bedingung auswertbaren booleschen Wert zu gelangen:

```
if ((Test-Path -Path $Path) -eq $false )
```

Achtung

Denken Sie an die runden Klammern, um Ihren Ausdruck eindeutig zu machen! Runde Klammern stehen für Code, der *sofort* (bzw. *zuerst*) ausgeführt werden soll. Zuerst soll `Test-Path` den Pfad prüfen. Danach erst soll sein Ergebnis weiterverarbeitet werden. Wenn Sie die Klammern vergessen, erhalten Sie schnell unerwartete Resultate:

```
PS> $a = 10
PS> $a -gt 10
False

# Dieses Ergebnis stimmt nicht:
PS> -not $a -gt 10
False

# So lautet das richtige Ergebnis:
PS> -not ($a -gt 10)
True
```

Ohne Klammern wertet `-not` den unmittelbar folgenden Ausdruck aus, also `$a`. Weil `$a` weder `$true` noch `$false` ist, wandelt PowerShell `$a` in einen booleschen Wert um. Das Ergebnis wäre erstaunlicherweise `$true`:

```
PS> [bool]$a
True
```

Der Grund: Alle Zahlenwerte ungleich `0` werden zu `$true`, nur der Zahlenwert `0` wird zu `$false` konvertiert:

```
PS> $a = 0
PS> [bool]$a
False
```

Vergleiche kombinieren

Weil jeder Vergleich entweder `True` oder `False` ergibt, können Sie mehrere Vergleiche mit logischen Operatoren verknüpfen, also kombinieren. Möchten Sie zum Beispiel eine Bedingung erstellen, die aus zwei Fragestellungen besteht, verknüpfen Sie das Ergebnis der beiden Einzelvergleiche mit dem logischen Operator `-and`. Die folgende Bedingung ergibt nur dann `True`, wenn beide Teilvergleiche `True` zum Ergebnis haben:

```
PS>  ( ($alter -ge 18) -and ($geschlecht -eq "m") )
```

Im Kopf eines Diskothekentürstehers könnte also unter Umständen die folgende PowerShell-Bedingung ablaufen:

```
PS> ( ($alter -ge 18) -and ($geschlecht -eq "m") ) -or ($geschlecht -eq "w")
```

Achten Sie bei logischen Operatoren darauf, dass diese nur `True` und `False` verknüpfen. Stellen Sie also einzelne Vergleiche in runde Klammern, weil Sie nur die Ergebnisse dieser Vergleiche verknüpfen wollen und nicht etwa die Vergleiche selbst.

Operator	Beschreibung	Linker Wert	Rechter Wert	Ergebnis
-and	Beide Bedingungen müssen erfüllt sein.	True False False True	False True False True	False False False True
-or	Eine der beiden Bedingungen muss mindestens erfüllt sein.	True False False True	False True False True	True True False True
-xor	Die eine oder die andere Bedingung muss erfüllt sein, aber nicht beide.	True False False True	True False True False	False False True True
-not	Dreht das Ergebnis um.	(entfällt)	True False	False True

Tabelle 7.2: Logische Operatoren.

Vergleiche auf Arrays anwenden

Vergleichsoperatoren werden auf jedes Element eines Arrays angewendet und funktionieren dann wie ein Filter: Zurückgeliefert werden diejenigen Arrayelemente, bei denen der Vergleich `$true` ergeben hat. Im einfachsten Fall verwenden Sie den Vergleichsoperator `-eq` (*equal*), um alle Elemente in einem Array zu finden, die dem angegebenen Element entsprechen:

```
PS> 1,2,3,4,3,2,1 -eq 3
3
3
```

Im Array befanden sich zwei Elemente mit dem Wert 3. Diese beiden Elemente wurden zurückgeliefert. Umgekehrt geht es auch: Möchten Sie nur die Elemente eines Arrays sehen, die nicht dem Vergleichswert entsprechen, verwenden Sie zum Beispiel `-ne` (*not equal*):

```
PS> 1,2,3,4,3,2,1 -ne 3
1
2
4
2
1
```

Die übrigen Vergleichsoperatoren funktionieren entsprechend: Mit `-ge` (*greater or equal*) finden Sie zum Beispiel alle Elemente, die mindestens so groß sind wie das Vergleichselement:

```
PS> 1,2,3,4,3,2,1 -ge 3
3
4
3
```

Interessiert Sie nur, wie viele Elemente Ihrem Vergleich entsprachen? Das, was der Vergleichsoperator in diesen Beispielen zurückliefert, ist wiederum ein Array, dessen `Count`-Eigenschaft Ihnen die gesuchte Anzahl verrät. Speichern Sie dazu das Ergebnis des Vergleichs entweder in einer neuen Variablen oder setzen Sie den gesamten Ausdruck in runde Klammern, damit er ausgewertet wird und das Ergebnisarray liefert, bevor Sie anschließend dessen `Count`-Eigenschaft abfragen:

```
PS> $ergebnis = 1,2,3,4,3,2,1 -ge 3
PS> $ergebnis.Count
3

PS> (1,2,3,4,3,2,1 -ge 3).Count
3
```

Möchten Sie wissen, ob das Vergleichselement überhaupt im Array vorkommt (unabhängig davon, wie oft), greifen Sie zu `-contains`:

```
PS> 1,2,3,4,3,2,1 -contains 3
True
```

Auch die Textvergleichsoperatoren `-like` und `-match` funktionieren mit Arrays und liefern dann alle Arrayelemente, die dem Muster entsprechen. Die Textinformationen können zum Beispiel von textbasierten Befehlen wie `ipconfig.exe` stammen. Es lassen sich aber auch ganze Textdateien mit `Get-Content` einlesen und dann filtern.

```
PS> (ipconfig) -like '*IPv4*'
   IPv4-Adresse  . . . . . . . . . . : 192.168.2.109
```

Ohne diese Automatik hätten Sie selbst eine Schleife bauen müssen:

```
# klassische Schleife:
foreach($zeile in (ipconfig))
{
    if ($zeile -like '*IPv4*')
    {
      $zeile
    }
}

# Pipeline-Schleife mit Bedingung:
ipconfig | Where-Object { $_ -like '*IPv4*' }
```

Hinweis

Nur Vergleichsoperatoren können direkt mit Arrays umgehen. Der arithmetische Modulo-Operator `%` liefert beispielsweise nur ungerade Zahlen, kommt aber nicht mit Arrays zurecht und muss deshalb einzeln auf die Arrayelemente angewendet werden. Hier müssen Sie also selbst für die Schleife sorgen:

```
PS> 1..10 % 2
Fehler beim Aufrufen der Methode, da [System.Object[]] keine Methode mit dem Namen "op_Modulus"
enthält.

PS> 1..10 | Where-Object { $_ % 2 }
1
3
5
7
9
```

Bedingungen

Mit Bedingungen kann man steuern, ob bestimmte Codeteile ausgeführt oder übersprungen werden sollen. Die meisten Bedingungen erwarten dazu einen booleschen Wert, also `$true` oder `$false`, der in der Regel von einem Vergleichsoperator stammt.

if-Bedingung

Die klassischste Bedingung heißt `if` und kann mit den Schlüsselwörtern `elseif` und `else` ergänzt werden. In Listing 7.3 gibt ein Skript zum Beispiel je nach Tageszeit eine andere Meldung aus.

```
$datum = Get-Date
$stunde = $datum.Hour

$vormittag =  $stunde -gt 6 -and $stunde -lt 12
$mittag = $stunde -ge 12 -and $stunde -le 13
$nachmittag = $stunde -gt 13 -and $stunde -lt 18
$abend = $stunde -ge 18

if ($vormittag)
{
  'Guten Morgen!'
}
elseif ($mittag)
{
  'Guten Hunger!'
}
elseif ($nachmittag)
{
  'Bald ist Feierabend ...!'
}
elseif ($abend)
{
  'Bis morgen!'
}
else
{
  'Es herrscht Nacht ...'
}
```

Listing 7.3: Die if-Konstruktion führt den Vergleich nicht selbst durch.

Der Aufbau dieser Konstruktion ist leicht zu verstehen, wenn man die Bedeutung der verschiedenen Klammern berücksichtigt: Geschwungene Klammern bezeichnen immer Code, der nicht sofort ausgeführt wird. Die Codeteile in den geschwungenen Klammern (die *Skriptblöcke*) werden also nicht von Ihnen ausgeführt, sondern stattdessen in die Hände der `if`-Konstruktion gegeben. Diese entscheidet, welcher davon tatsächlich ausgeführt wird.

Dazu schaut `if` jeweils in den runden Klammern nach, ob der Inhalt dem Wert `$true` entspricht. Sobald das der Fall ist, wird der zugehörige Skriptblock ausgeführt und die Konstruktion verlassen. Selbst wenn also folgende `elseif`-Anweisungen ebenfalls zutreffend wären, werden sie nicht mehr ausgeführt.

Der if-Konstruktion ist es gleichgültig, was genau Sie in den runden Klammern formulieren. Runde Klammern bezeichnen stets Code, der sofort ausgeführt wird, und so führt die if-Konstruktion den Code in den runden Klammern aus, um festzustellen, ob er $true ergibt. In Listing 7.3 hat die if-Konstruktion den Vergleich nicht selbst durchgeführt, sondern Variablen genutzt, die bereits einen booleschen Wert enthielten. Man kann die Vergleiche aber auch direkt in den runden Klammern durchführen und sich die Variablen sparen. Das führt indes häufig zu unübersichtlicherem Code:

```
$datum = Get-Date
$stunde = $datum.Hour

if ($stunde -gt 6 -and $stunde -lt 12)
{
  'Guten Morgen!'
}
elseif ($stunde -ge 12 -and $stunde -le 13)
{
  'Guten Hunger!'
}
elseif ($stunde -gt 13 -and $stunde -lt 18)
{
  'Bald ist Feierabend ...!'
}
elseif ($stunde -ge 18)
{
  'Bis morgen!'
}
else
{
  'Es herrscht Nacht ...'
}
```

Listing 7.4: Die if-Konstruktion führt den Vergleich selbst durch.

Switch-Bedingung

Soll immer gegen dieselbe Ausgangsvariable getestet werden, kann die Sonderform von if verwendet werden: switch. Die switch-Konstruktion führt zu kompakterem Code:

```
$datum = Get-Date
$stunde = $datum.Hour

Switch ($stunde)
{
  { $_ -gt 6 -and $_ -lt 12 }  { 'Guten Morgen!' }
  { $_ -ge 12 -and $_ -le 13 } { 'Guten Hunger!' }
  { $_ -gt 13 -and $_ -lt 18 } { 'Bald ist Feierabend ...!' }
  { $_ -ge 18 }                { 'Bis morgen!' }
  default                      { 'Es herrscht Nacht ...' }
}
```

Listing 7.5: Die switch-Konstruktion führt mehrere Vergleiche durch.

Im Gegensatz zu if führt switch normalerweise immer sämtliche Vergleiche durch. Treffen mehrere zu, werden alle zugeordneten Skriptblöcke ausgeführt. Möchte man das nicht, kann man in den Skriptblöcken das Schlüsselwort break einsetzen. Es verlässt die switch-Konstruktion sofort.

Die `switch`-Konstruktion wird beispielsweise gern eingesetzt, um numerische Rückgabewerte in Klartextnamen umzuwandeln. Werden statische Werte verglichen, benötigt man den ersten Skriptblock nicht. Listing 7.6 zeigt dies an einem Beispiel. Die auszuwertende Fehlernummer wird hierbei per `Get-Random` zufällig aus einem Wertebereich von 0 bis 10 gewählt.

`switch` wertet die Fehlercodes aus. Alle bekannten Fehlercodes ergeben eine Klartextmeldung. Nicht abgedeckte Fehlercodes werden von `default` als »unbekannt« gemeldet und als Zahl ausgegeben. Innerhalb des Skriptblocks steht der aktuell verglichene Wert in `$_` bereit.

```
$errorcode = Get-Random -Maximum 10

switch ($errorcode)
{
  0           { 'OK.' }
  1           { 'Keine Holzkohle' }
  2           { 'Grillanzünder nicht vorhanden' }
  5           { 'Bratwurst not found'}
  7           { 'Gluttemperatur zu niedrig'}
  default     { "Unbekannte Fehlernummer $_" }
}
```

Listing 7.6: Diskrete Fehlernummern in Klartextmeldungen übersetzen.

Profitipp

Numerische Werte lassen sich auch über Arrays in Klartextnamen übersetzen, indem der Index des Arrayelements dem zu übersetzenden Code entspricht. Das funktioniert aber nur bei Fehlercodes, die bei 0 beginnen und durchgängig dokumentiert sind.

Hashtables können dagegen ähnlich wie `switch` nur ausgewählte Fehlercodes behandeln. Anders als `switch` verfügen sie aber nicht über einen `default`-Mechanismus, mit dem man bequem die nicht dokumentierten Fehler behandeln könnte. Deshalb bräuchte man hier eine separate `if`-Bedingung. `switch` ist kürzer und übersichtlicher. Vergleichen Sie Listing 7.6 mit Listing 7.7! Beide leisten dasselbe – welches finden Sie angenehmer zu lesen?

```
$info = @{
  0 = 'OK.'
  1 = 'Keine Holzkohle'
  2 = 'Grillanzünder nicht vorhanden'
  5 = 'Bratwurst not found'
  7 = 'Gluttemperatur zu niedrig'
 }

$errorcode = Get-Random -Maximum 10
if ($info.ContainsKey($errorcode) -eq $false)
{
  "Unbekannter Fehler $errorcode"
}
else
{
  $info[$errorcode]
}
```

Listing 7.7: Diskrete Fehlercodes mit einer Hashtable übersetzen.

Operatoren nutzen

`Switch` kennt viele weitere Sonderformen und kann zum Beispiel auch reguläre Ausdrücke oder Platzhalterzeichen verwenden sowie direkt Textdateien einlesen und zeilenweise filtern. Diese Sonderformen werden hier nicht weiter vertieft. Sie erhalten aber eine komplette Übersicht darüber mit folgender Zeile (vorausgesetzt, Sie haben, wie im ersten Kapitel gezeigt, die PowerShell-Hilfe aus dem Internet heruntergeladen):

```
PS> Get-Help -Name about_switch -ShowWindow
```

Der Befehl öffnet ein Hilfefenster mit weiteren Beispielen und Optionen (Abbildung 7.1).

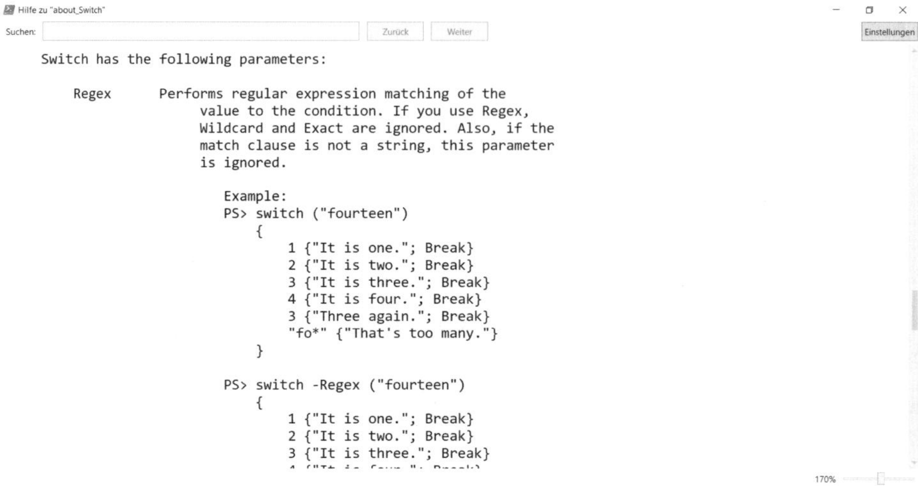

Abbildung 7.1: Hilfe zu Switch liefern zahlreiche Sonderoptionen und Beispiele.

Where-Object

Auch `Where-Object` ist eine Bedingung, führt aber anders als `if` und `switch` als Resultat keinen Code aus, sondern filtert Daten: Die Objekte, die beim Vergleich `$false` ergeben, werden herausgefiltert. Die folgende Zeile liefert also die aktuelle Stunde, aber nur, wenn es aktuell zwischen 6 und 12 Uhr ist – was reichlich wenig Sinn ergibt:

```
PS> (Get-Date).Hour | Where-Object { $_ -ge 6 -and $_ -le 12 }
```

`Where-Object` ist nur dann sinnvoll, wenn tatsächlich Daten gefiltert werden sollen. Die folgende Zeile liefert alle ungeraden Zahlen eines Wertebereichs:

```
PS> 1..10 | Where-Object { $_ % 2 }
```

Der Modulo-Operator `%` ergibt stets den Rest einer Division. Teilt man also Zahlen durch 2, ist der Rest bei geraden Zahlen 0. Der Wert 0 entspricht dem booleschen Wert `$false`:

```
PS> [bool]0
False
```

Deshalb werden alle geraden Zahlen herausgefiltert, und nur die ungeraden Zahlen bleiben übrig.

Kapitel 8

Textoperationen und reguläre Ausdrücke

In diesem Kapitel:

Ausführlich werden in diesem Kapitel die folgenden Aspekte erläutert:

- **Texte zusammenfügen:** Mit dem Operator `-join` werden mehrere Textteile zu einem Gesamttext zusammengefügt. Doppelte Anführungszeichen integrieren auf einfache Weise Variableninhalte in Text. Mehr Kontrolle erlaubt der Operator `-f`. Er entspricht der .NET-Methode `[String]::Format()`.
- **Einfache Textoperationen:** Texte beinhalten bereits alle wichtigen Methoden, um Textteile zu finden und aus einem Gesamttext herauszuschneiden.
- **Reguläre Ausdrücke:** Sie beschreiben ein Textmuster und können dieses Muster in Texten finden (`-match`), ersetzen (`-replace`) und den Text unterteilen (`-split`).

Eigentlich sind die Operatoren aus dem letzten Kapitel auch zuständig dafür, Textstellen in Texten zu finden und zu ersetzen. Weil aber der Umgang mit Text bei der Automation meist sehr wichtig ist – es sollen beispielsweise schnell alle Fehlermeldungen aus einem Report gefunden oder Kundennamen in Konfiguationsdateien angepasst werden –, sollen die dafür verwendeten Operatoren hier ihr eigenes Kapitel bekommen.

Texte zusammenfügen

Möchten Sie lediglich mehrere Textteile zu einem Gesamttext zusammenfügen, verwenden Sie den Operator `-join`. Wird er unär verwendet, fügt er die Textteile nahtlos zusammen:

```
PS> $texte = 'erster Text', 'zweiter Text'
PS> -join $texte
erster Textzweiter Text
```

Gibt man auf der linken Seite die Texte und auf der rechten Seite ein Trennzeichen an, wird stattdessen das Trennzeichen verwendet, um die Texte zu verbinden:

```
PS> $texte = 'erster Text', 'zweiter Text'
PS> $texte -join ', '
erster Text, zweiter Text
```

Der Operator `-join` wird in erster Linie dazu eingesetzt, um Arrays in eine Textzeile zu verwandeln. Das folgende Beispiel generiert Lottozahlen und fügt das Array mit Zufallszahlen zu einem kommaseparierten Text zusammen:

```
$lottozahlen = 1..49 | Get-Random -Count 6 | Sort-Object
$lottozahlen -join ', '
```

Listing 8.1: Lottozahlen als kommaseparierte Liste.

Die Inhalte des Arrays könnten ebenso gut auch umschlossen werden, wie dieses Beispiel zeigt:

```
$lottozahlen = 1..49 | Get-Random -Count 6 | Sort-Object
$text = $lottozahlen -join '] ['
"[$text]"
```

Listing 8.2: Arrayelemente mit Zeichen umschließen.

Das Ergebnis sieht nun ähnlich aus wie dieses:

```
[1] [8] [15] [18] [32] [34]
```

Die Umwandlung von Arrayelementen in einen Text kann auch dabei helfen, Informationen im CSV-Format zu speichern. Das CSV-Format kann nämlich keine Arrays abbilden und ersetzt diese normalerweise durch den Datentyp des Arrays. Wandelt man das Array vor dem Export in einen Text um, bleiben die Informationen erhalten. Das nächste Beispiel ruft Einträge aus dem Ereignislogbuch ab. Darin sind Informationen als Array in der Eigenschaft `ReplacementStrings` vorhanden. Diese werden vor dem Export in eine Textliste verwandelt und lassen sich dadurch in Excel darstellen:

```
$path = "$env:temp\report.csv"

Get-EventLog -LogName System -Newest 10 |
  Select-Object -Property TimeWritten, Message, EntryType, ReplacementStrings |
  ForEach-Object {
    $_.ReplacementStrings = $_.ReplacementStrings -join ', '
    $_
  } |
  Export-CSV -Path $path -UseCulture -NoTypeInformation -Encoding UTF8

Invoke-Item -Path $path
```

Listing 8.3: Arrays vor dem Export als CSV in eine Textzeile verwandeln.

Listing 8.8 zeigt etwas später einen weiteren Anwendungsfall, bei dem `-join` dabei hilft, einen einfachen Passwortgenerator zu erstellen.

Der Formatierungsoperator »-f«

Der Formatierungsoperator `-f` kann ganz ähnlich wie doppelte Anführungszeichen Variableninhalte in statischen Text integrieren, doch bietet er viel mehr Kontrolle und löst deshalb die Probleme von eben mit eigenen Mitteln.

```
# Beispiel Lottozahlen
$lottozahlen = 1..49 | Get-Random -Count 7
$zusatzzahl = $lottozahlen[0]
$zahlen = $lottozahlen[1..6] | Sort-Object

'Die Lottozahlen lauten {0} und die Zusatzzahl ist {1}' -f ($zahlen -join ','), $zusatzzahl

# Beispiel PowerShell-Version
'Die PowerShell-Version lautet {0}' -f $host.Version

# Beispiel Benutzername
'{0}: angemeldeter Benutzer' -f $env:username
```

Listing 8.4: Der Operator -f trennt statischen Text von einzusetzenden dynamischen Inhalten.

Wenn Sie genauer hinschauen, werden Sie sehen, dass `-f` auf seiner rechten Seite ein Array mit Informationen verlangt. Die Textschablone auf seiner linken Seite enthält in geschwungenen Klammern die Indexposition des Arrayelements, das an dieser Stelle eingefügt werden soll:

```
PS> $infos = (Get-Date), "Hallo", $env:username

PS> $infos.Count
3

PS> $infos[0]

Donnerstag, 28. Januar 2016 23:26:38



PS> $infos[1]
Hallo

PS> $infos[2]
Tobias

PS> '{1} {2}, heute ist {0}' -f $infos
Hallo Tobias, heute ist 28.01.2016 23:26:38
```

Die Platzhalter selbst haben dieses Format:

```
{Index [ ,Breite ][ : FormatString ]}
```

- **Index:** Pflicht. Index des Platzhalters. Der Index entspricht der Indexzahl des Arrays und beginnt immer bei 0. Der maximal mögliche Wert entspricht dem höchsten Index des Arrays. Bei einem Array mit drei Werten darf der Index also eine Zahl zwischen 0 und 2 sein.

- **`Breite`:** Optional. Mindestbreite in Zeichen. Ist der Inhalt des Platzhalters größer, wird der Platz erweitert. Ein positiver Wert als Mindestbreite führt zu einer rechtsbündigen Darstellung, ein negativer Wert zu einer linksbündigen.
- **`FormatString`:** Optional. Gibt ein bestimmtes Format an. Der Inhalt des Platzhalters muss sich in diesem Format darstellen lassen. Werden beispielsweise bestimmte Zahlenformate festgelegt, darf der Platzhalter keinen Text anzeigen.

Im einfachsten Fall gibt man im Platzhalter nur den Index an:

```
PS> $vordergrund, $hintergrund = $Host.UI.RawUI.ForegroundColor, $Host.UI.RawUI.BackgroundColor
PS> 'Aktuelle Vordergrundfarbe: {0}. Aktuelle Hintergrundfarbe: {1}' -f $vordergrund, $hintergrund
Aktuelle Vordergrundfarbe: White. Aktuelle Hintergrundfarbe: DarkMagenta
```

Dem Operator `-f` ist es gleichgültig, ob Sie auf seiner rechten Seite ein Array mit dem Komma selbst anlegen oder bereits ein fertiges Array übergeben:

```
PS> $farben = $Host.UI.RawUI.ForegroundColor, $Host.UI.RawUI.BackgroundColor
PS> 'Aktuelle Vordergrundfarbe: {0}. Aktuelle Hintergrundfarbe: {1}' -f $farben
Aktuelle Vordergrundfarbe: White. Aktuelle Hintergrundfarbe: DarkMagenta
```

Bündige Spalten herstellen

Geben Sie im Platzhalter eine Mindestbreite an, lassen sich (bei Schriftarten mit einheitlicher Zeichenbreite zumindest) bündige Spalten erzeugen:

```
Get-Service |
  ForEach-Object {
    '{0,-35} : {1,-28}' -f $_.Name, $_.Status
  }
```

Listing 8.5: Dienste als bündige Tabelle ausgeben.

Das Ergebnis könnte so aussehen:

```
AdobeARMservice                     : Running
AGSService                          : Running
AJRouter                            : Stopped
(...)
```

Die minimale Spaltenbreite wurde im Beispiel als negative Zahl angegeben. Dadurch werden die Spalten durchgehend linksbündig ausgerichtet. Üblicherweise überlässt man es besser dem ETS von PowerShell, Spalten auszugeben und korrekt zu formatieren. Mit `Format-Table` und dessen Parameter `-AutoSize` bestimmt PowerShell auf Wunsch selbst die notwendige minimale Spaltenbreite:

```
Get-Service |

  Format-Table -Property Name, Status -AutoSize
```

Listing 8.6: PowerShell formatiert bündige Tabellen automatisch.

Falls die nun erscheinenden Spaltenüberschriften unerwünscht sind, kann man diese mit dem Parameter `-HideTableHeaders` auch ausblenden. Die manuelle Formatierung der Spaltenbreiten ist aber immer dann wichtig, wenn Sie eigene Vorstellungen über Spaltenbreite und Bündigkeit umsetzen möchten.

Zahlen formatieren

Glänzen kann der Operator -f, wenn Sie die Inhalte zusätzlich formatieren möchten. Für Serverlisten benötigen Sie vielleicht führende Nullen. Die liefert `-f` auf Wunsch sehr leicht:

```
PS> 7..12 | ForEach-Object { 'PC_{0:d4}' -f $_ }
PC_0007
PC_0008
PC_0009
PC_0010
PC_0011
PC_0012
```

Hinter dem Platzhalterzeichen wird das gewünschte Format nach einem Doppelpunkt angegeben. `d` steht für *Digits*, und die Zahl dahinter legt die Anzahl der Digits fest.

Auch Rundungen und die Begrenzung auf eine bestimmte Anzahl von Nachkommastellen leistet `-f` auf diese Weise. Das Format `n` erzeugt Fließkommazahlen, und die Zahl dahinter gibt die Zahl der Nachkommastellen an – Rundung inklusive. Das folgende Beispiel gibt die Größe des Laufwerks C:\ in Gigabyte mit einer Nachkommastelle an:

```
$driveC = Get-WmiObject -Class Win32_LogicalDisk -Filter 'DeviceID="C:"'
$sizeByte = $driveC.Size
$sizeGB = $sizeByte / 1GB

'Festplatte C:\ Größe: {0:n1} GB' -f $sizeGB
```

Listing 8.7: Größe des Laufwerks C:\ in Gigabyte mit einer Nachkommastelle angeben.

Das Ergebnis sieht entsprechend so aus:

```
Festplatte C:\ Größe: 465,8 GB
```

Die Formatierungszeichen braucht man sich nicht unbedingt zu merken. Man kann sein Wunschformat auch mit den Zeichen `0` (immer sichtbare Stelle) und `#` (potenziell sichtbare Stelle) zusammenstellen:

```
'Festplatte C:\ Größe: {0:#,##0.0} GB' -f $sizeGB
```

Tabelle 8.1 listet die gebräuchlichsten Formatierungszeichen für Sie auf. Damit lassen sich dann sogar Dezimalzahlen in hexadezimaler Schreibweise ausgeben:

```
PS> '{0} entspricht hexadezimal 0x{0:x10}' -f 46118343220
46118343220 entspricht hexadezimal 0x0abcde1234

PS> '{0} entspricht hexadezimal 0x{0:X10}' -f 46118343220
46118343220 entspricht hexadezimal 0x0ABCDE1234
```

Platzhalter	Beschreibung	Beispiel	Ergebnis
#	Ziffernstelle optional	`"{0:(#).##}" -f $wert`	(1000000)
0	Ziffernstelle Pflicht	`"{0:00.0000}" -f $wert`	1000000,0000
.	Dezimaltrennzeichen	`"{0:0.0}" -f $wert`	1000000,0
,	Tausendertrennzeichen	`"{0:0,0}" -f $wert`	1.000.000
d	Dezimalzahl (*decimal*)	`"{0:d}" -f $wert`	1000000

Tabelle 8.1: Zahlen formatieren. $wert wird dabei als 1000000 (eine Million) angenommen.

Platzhalter	Beschreibung	Beispiel	Ergebnis
n	Tausendertrennzeichen mit Nachkommastellen	`"{0:n}" -f $wert`	1.000.000,00
f	Festkommazahl (*fixed point*)	`"{0:f}" -f $wert`	1000000,00
x	hexadezimal, Kleinbuchstaben	`"0x{0:x4}" -f $wert`	0xf4240
X	hexadezimal, Großbuchstaben	`"0x{0:X4}" -f $wert`	0xF4240
%	Prozentwert	`"{0:0%}" -f $wert`	100000000%
c	Währung (*currency*)	`"{0:c}" -f $wert`	1.000.000,00 €
e	Exponentialschreibweise (wissenschaftlich)	`"{0:e}" -f $wert` `"{0:00e+0}" -f $wert`	1,000000e+006 10e+5
g	generisch (*general*)	`"{0:g}" -f $wert`	1000000
,.	ganzzahliges Vielfaches von 1.000	`"{0:0,.} " -f $wert`	1000

Tabelle 8.1: Zahlen formatieren. $wert wird dabei als 1000000 (eine Million) angenommen. (Forts.)

Datums- und Zeitangaben formatieren

Für Zeit- und Datumswerte sind die Formatierungen in den folgenden beiden Tabellen 8.2 und 8.3 zuständig. Wie sich die Formatstrings konkret auswirken, zeigt zuerst ein kleiner Codeschnipsel, der eine zweispaltige Beispieltabelle mit fester Spaltenbreite herstellt und dabei auf das Wissen der letzten Abschnitte aufbaut:

```
$datum= Get-Date
$formate = 'd;D;f;F;g;G;m;r;s;t;T;u;U;y;dddd;MMMM;dd;yyyy;M/yy;dd-MM-yy' -split ';'

$formate | ForEach-Object {
  "{0,-30} {1:$_}" -f "Format '$_' liefert:", $datum
}
Format 'd' liefert:           10.11.2012
Format 'D' liefert:           Samstag, 10. November 2012
Format 'f' liefert:           Samstag, 10. November 2012 12:28
(...)
```

Ein Datumsformat kann entweder vollkommen frei mit den allgemeinen Platzhaltern definiert werden:

Platzhalter	Beschreibung	Beispiel	Ergebnis
dd	Tag	`"{0:dd}" -f $datum`	10
ddd	Name des Tages (Kürzel)	`"{0:ddd}" -f $datum`	Sa
dddd	Name des Tages (ausgeschrieben)	`"{0:dddd}" -f $datum`	Samstag
gg	Ära	`"{0:gg}" -f $datum`	n. Chr.
hh	Stunde 2-stellig (12-Stunden-Format)	`"{0:hh}" -f $datum`	12
HH	Stunde 2-stellig (24-Stunden-Format)	`"{0:HH}" -f $datum`	12
mm	Minuten	`"{0:mm}" -f $datum`	28
MM	Monat	`"{0:MM}" -f $datum`	11
MMM	Monatsname (Kürzel)	`"{0:MMM}" -f $datum`	Nov
MMMM	Monatsname (ausgeschrieben)	`"{0:MMMM}" -f $datum`	November
ss	Sekunden	`"{0:ss}" -f $datum`	51

Tabelle 8.2: Datumswerte individuell formatieren.

Platzhalter	Beschreibung	Beispiel	Ergebnis
tt	AM oder PM (nur englisch)	`"{0:tt}" -f $datum`	–
yy	Jahr 2-stellig	`"{0:yy}" -f $datum`	12
yyyy	Jahr 4-stellig	`"{0:YY}" -f $datum`	2012
zz	Zeitzone (kurz)	`"{0:zz}" -f $datum`	+01
zzz	Zeitzone (lang)	`"{0:zzz}" -f $datum`	+01:00

Tabelle 8.2: Datumswerte individuell formatieren. (Forts.)

Oder Sie greifen zu den speziellen Formatplatzhaltern, die bereits die gebräuchlichsten Datums- und Zeitformate darstellen, ohne dass Sie das jeweilige Format selbst definieren müssen:

Platzhalter	Beschreibung	Beispiel	Ergebnis
D	kurzes Datumsformat	`"{0:d}" -f $datum`	10.11.2012
D	langes Datumsformat	`"{0:D}" -f $datum`	Samstag, 10. November 2012
T	kurzes Zeitformat	`"{0:t}" -f $datum`	12:28
T	langes Zeitformat	`"{0:T}" -f $datum`	12:28:51
F	Datum und Uhrzeit komplett (kurz)	`"{0:f}" -f $datum`	Samstag, 10. November 2012 12:28
F	Datum und Uhrzeit komplett (lang)	`"{0:F}" -f $datum`	Samstag, 10. November 2012 12:28:51
G	Standarddatum (kurz)	`"{0:g}" -f $datum`	10.11.2012 12:28
G	Standarddatum (lang)	`"{0:G}" -f $datum`	10.11.2012 12:28:51
M	Tag numerisch, Monat ausgeschrieben	`"{0:M}" -f $datum`	10 November
R	RFC1123-Datumsformat	`"{0:r}" -f $datum`	Sat, 10 Nov 2012 12:28:51 GMT
S	sortierbares Datumsformat	`"{0:s}" -f $datum`	2012-11-10T12:28:51
u	universell sortierbares Datumsformat	`"{0:u}" -f $datum`	2012-11-10 12:28:51Z
U	universell sortierbares GMT-Datumsformat	`"{0:U}" -f $datum`	Samstag, 10. November 2012 11:28:51
Y	Jahr/Monat-Muster	`"{0:Y}" -f $datum`	November 2012

Tabelle 8.3: Datumswerte formatieren.

Profitipp

Welche Platzhalterzeichen in einem Formatstring angegeben werden dürfen, hängt vom Datentyp ab, den Sie anzeigen wollen. Dezimalzahlen etwa kann man mit `x` hexadezimal darstellen, aber nur, wenn es sich um Ganzzahlen und nicht um Gleitkommazahlen handelt. Bei einem Datum lässt sich mit `dddd` der Wochentag anzeigen, was wiederum bei einer Zahl oder einem Text nicht funktionieren würde. Die Platzhalterzeichen der verschiedenen Tabellen in diesem Abschnitt funktionieren nicht nur mit dem Operator `-f`, `Get-Date` verwendet genau die gleichen Platzhalterzeichen mit seinem Parameter `-Format`:

```
PS> Get-Date -Format dddd
Samstag
```

Alle sonstigen Datentypen, die Formatierungen unterstützen, verfügen über eine Methode namens `ToString()`, die ebenfalls eine Unterstützung für diese Platzhalterzeichen bietet:

```
PS> $datum = Get-Date
PS> $datum.ToString('dddd')
Samstag

PS> $zahl = 123
PS> $zahl.ToString('n2')
123,00
```

Mit `ToString()` kann man auch leicht die Platzhalterzeichen ermitteln, die für einen bestimmten Datentyp erlaubt sind – indem man der Methode einen ungültigen Platzhalter vorsetzt. Die Fehlermeldung listet dann zumindest bei manchen Datentypen die gültigen Platzhalterzeichen auf:

```
PS> [System.GUID]::NewGUID()

Guid
----
0e4e4253-830d-4ef2-87c1-873164bfb111

PS> $guid = [System.GUID]::NewGUID()
PS> $guid.ToString('?')
Ausnahme beim Aufrufen von "ToString" mit 1 Argument(en):  "Format String can be only "D", "d", "N",
"n", "P", "p", "B", "b", "X" or "x"."

PS> $guid.ToString('D')
cd76407f-5243-4f22-8a88-8d3c895dade7

PS> $guid.ToString('B')
{cd76407f-5243-4f22-8a88-8d3c895dade7}

PS> $guid.ToString('X')
{0xcd76407f,0x5243,0x4f22,{0x8a,0x88,0x8d,0x3c,0x89,0x5d,0xad,0xe7}}
```

Textstellen finden und extrahieren

Texte werden von PowerShell in Objekten vom Typ String gespeichert. Ein String ist ein Array aus einzelnen Zeichen, und deshalb kann man jeden String auch wie ein Array behandeln, wenn man nur einzelne Zeichen daraus lesen möchte. Die folgende Zeile ermittelt zum Beispiel den Laufwerkbuchstaben eines Dateipfads:

```
PS> $profile
C:\Users\Tobias\Documents\WindowsPowerShell\Microsoft.PowerShellISE_profile.ps1

PS> $profile[0]
C
```

Jedes String-Objekt verfügt darüber hinaus über die Methoden (Befehle) aus Tabelle 8.4. Alle diese Methoden können direkt über den Punkt angesprochen werden. Um also einen Pfadnamen wahlweise in Klein- oder Großbuchstaben zu verwandeln, genügen diese Zeilen:

```
PS> $profile
C:\Users\Tobias\Documents\WindowsPowerShell\Microsoft.PowerShellISE_profile.ps1

PS> $profile.ToUpper()
C:\USERS\TOBIAS\DOCUMENTS\WINDOWSPowerShell\MICROSOFT.PowerShellISE_PROFILE.PS1
```

```
PS> $profile.ToLower()
c:\users\tobias\documents\windowsPowerShell\microsoft.PowerShellise_profile.ps1
```

Funktion	Beschreibung	Beispiel
`EndsWith()`	Prüft, ob der Text mit einer bestimmten Zeichenfolge endet.	`("Hello").EndsWith("lo")`
`IndexOf()`	Bestimmt die erste Position eines Vergleichstexts.	`("Hello").IndexOf("l")`
`IndexOfAny()`	Bestimmt die erste Position eines beliebigen Zeichens aus einem Vergleichstext.	`("Hello").IndexOfAny("loe")`
`LastIndexOf()`	Findet die letzte Position des angegebenen Zeichens.	`("Hello").LastIndexOf("l")`
`LastIndexOfAny()`	Findet die letzte Position eines beliebigen Zeichens der angegebenen Zeichenfolge.	`("Hello").LastIndexOfAny("loe")`
`PadLeft()`	Erweitert den Text auf die angegebene Länge und fügt auf der linken Seite Leerzeichen hinzu (rechtsbündiger Text).	`("Hello").PadLeft(10)`
`PadRight()`	Erweitert den Text auf die angegebene Länge und fügt auf der rechten Seite Leerzeichen hinzu (linksbündiger Text).	`("Hello").PadRight(10) + "World!"`
`Remove()`	Entfernt ab der angegebenen Position die gewünschte Anzahl von Zeichen.	`("Hello World").Remove(5,6)`
`Replace()`	Ersetzt Zeichen durch andere Zeichen.	`("Hello World").Replace("l", "x")`
`Split()`	Konvertiert den Text mit den angegebenen Trennzeichen in ein Array.	`("Hello World").Split("l")`
`StartsWith()`	Prüft, ob der Text mit den angegebenen Zeichen beginnt.	`("Hello World").StartsWith("He")`
`Substring()`	Extrahiert Zeichen aus dem Text.	`("Hello World").Substring(4, 3)`
`ToCharArray()`	Konvertiert Text in ein Array mit Einzelzeichen.	`("Hello World").ToCharArray()`
`ToLower()`	Verwandelt den Text in Kleinbuchstaben.	`("Hello World").ToLower()`
`ToUpper()`	Verwandelt den Text in Großbuchstaben.	`("Hello World").ToUpper()`
`Trim()`	Entfernt Leerzeichen links und rechts.	`("  Hello  ").Trim() + "World"`
`TrimEnd()`	Entfernt Leerzeichen rechts.	`("  Hello  ").TrimEnd() + "World"`
`TrimStart()`	Entfernt Leerzeichen links.	`("  Hello  ").TrimStart() + "World"`

Tabelle 8.4: Wichtige Methoden des String-Objekts.

Texte splitten

Oft enthält ein Text wiederkehrende Ankerpunkte. Ein Pfadname unterteilt seine Pfadbestandteile zum Beispiel mithilfe eines Backslashs (\). Mit der Methode `Split()` kann der Text an solchen Ankerzeichen aufgetrennt werden. Sie erhalten ein Array mit den Textbruchstücken, aus dem Sie dann die gewünschten Teile herauslesen. Die folgenden Beispiele zeigen das:

```
PS> $teile = $profile.Split('\')

# Laufwerkbuchstaben ermitteln:
PS> $teile[0]
C:
```

```
# Dateinamen ermitteln
PS> $teile[-1]
Microsoft.PowerShellISE_profile.ps1

# Dateiextension ermitteln:
PS> $profile.Split('.')[-1]
ps1
```

`Split()` unterscheidet wie die meisten String-Methoden zwischen Groß- und Kleinschreibung. Zudem dürfen Sie bei `Split()` nur genau ein Zeichen angeben, an dem der Text getrennt werden soll. Dafür ist `Split()` aber auf Wunsch in der Lage, die Anzahl der gewünschten Textbruchstücke zu berücksichtigen:

```
PS> 'HP667I,Printer,Farbe,SW'.Split(',')
HP667I
Printer
Farbe
SW

PS> 'HP667I,Printer,Farbe,SW'.Split(',', 3)
HP667I
Printer
Farbe,SW
```

Hinweis

Weil das Aufteilen von Pfadnamen häufig benötigt wird, liefert PowerShell dafür ein eigenes Cmdlet namens `Split-Path`. Es liefert die gleichen Informationen wie eben, kann aber nur das tun, was sein Erfinder programmiert hat. Im Gegensatz zur universellen `Split()`-Methode finden Sie damit zum Beispiel nicht die Dateierweiterung heraus:

```
PS> Split-Path -Path $profile -Qualifier
C:

PS> Split-Path -Path $profile -Leaf
Microsoft.PowerShellISE_profile.ps1
```

Splitting kann man auch einsetzen, um sich lästige Tipparbeit zu sparen. Anstelle mühsam viele einzelne Zeichen jeweils in Anführungszeichen zu setzen, splitten Sie:

```
$zeichen = 'a','b','c','d','e','f','g','h','i','j','k','l','m','n','o','p',
'q','r','s','t','u','v','w','x','y','z','0','1','2','3','4','5','6','7','8','9',
'!','"','§','$','%','&','/','(',')','=','?'

$zeichen = 'a,b,c,d,e,f,g,h,i,j,k,l,m,n,o,p,q,r,s,t,u,v,w,x,y,z,0,1, 2,3,4,5,6,7,8,9,!,",§,$,%,&,
/,(,),=,?'.Split(',')
```

Ebenfalls praktisch ist die Methode `ToCharArray()`, die die einzelnen Zeichen eines Texts als Array liefert:

```
$zeichen = 'abcdefghijklmnopqrstuvwxyz0123456789!"§$%&/()=?'.ToCharArray()
```

Mit den einzelnen Zeichen in `$zeichen` könnte jetzt ein sehr simpler Kennwort-Zufallsgenerator erzeugt werden, bei dem der Operator `-join` die zufällig gewählten sieben Zeichen wieder zu einem Text zusammensetzt:

```
$zeichen = 'abcdefghijklmnopqrstuvwxyz0123456789!"§$%&/()=?'.ToCharArray()
-join (Get-Random -InputObject $zeichen -Count 7)
```

Listing 8.8: Simpler Passwortgenerator.

Wirklich beliebig lang kann das Kennwort so übrigens nicht werden, denn `Get-Random` zieht keinen Buchstaben doppelt. Sollen auch Doppelgänger erlaubt sein, ist eine Schleife nötig:

```
$zeichen = 'abcdefghijklmnopqrstuvwxyz0123456789!"§$%&/()=?'.ToCharArray()
-join (1..20 | ForEach-Object { Get-Random -InputObject $zeichen })
```

Informationen in Texten finden

Wird eine bestimmte Information innerhalb eines Texts gesucht, greifen viele Skriptprogrammierer auf die klassischen Methoden zurück, die im String-Objekt vorhanden sind. Dies ist ein bewährter Ansatz, den Sie in PowerShell auch weiterhin nutzen können. Allerdings kann man solche Aufgaben mit regulären Ausdrücken wesentlich einfacher lösen. Doch schauen wir uns zunächst die klassischen Methoden an. Die folgende Zeile liefert mit `Substring()` immer die vier Textzeichen ab Position 7 (die Zählung beginnt bei 0):

```
PS> 'Hallo Welt.'.Substring(6,4)
Welt
```


Positionen bestimmen und Text extrahieren

Das funktioniert natürlich nur, wenn Sie schon wissen, wo sich der gesuchte Textbereich befindet. Um diesen Textbereich zu ermitteln, können `IndexOf()` und `LastIndexOf()` eingesetzt werden. Sie ermitteln die Position eines Suchtexts, jeweils ausgehend vom Anfang oder vom Ende eines Texts:

```
$text = 'Hallo Welt.'
$positionAnfang = $text.IndexOf('Hallo') + 6
$positionEnde = $text.IndexOf('.', $positionAnfang+1)
$text.Substring($positionAnfang, $positionEnde - $positionAnfang)
```

Listing 8.9: Position eines Worts innerhalb eines Texts bestimmen.

Tatsächlich findet Listing 8.9 das Wort »Welt« und würde auch jedes andere Wort nach »Hallo« und vor dem nächstfolgenden ».« finden. Nur ist dieser Ansatz aufwendig und auch fehlerträchtig. Wenn der Text nicht genau so aufgebaut ist wie vermutet, liefert der Code nicht das gewünschte Ergebnis. Würde der Text zum Beispiel nicht mit einem Punkt enden, sondern mit einem Ausrufezeichen, würden Sie anstelle der Ausgabe einen Fehler erhalten. `$positionEnde` wäre jetzt nämlich -1 (was »nicht gefunden« entspricht).

Reguläre Ausdrücke

Mithilfe eines regulären Ausdrucks und des Operators `-match` findet sich das Wort hinter »Hello« sehr einfach. Nur die Konzeption des passenden regulären Ausdrucks ist auf den ersten Blick nicht so trivial. Der reguläre Ausdruck, der das gesuchte Textmuster beschreibt, würde in diesem Beispiel so aussehen:

```
$muster = 'Hallo (\w{1,})'
```

Kennt man das Muster, ergibt sich folgender Code:

```
$text = 'Hallo Welt.'
$muster = 'Hallo (\w{1,})'
if ($text -match $muster)
{
  $Matches[1]
}
else
{
  Write-Warning 'nicht gefunden!'
}
```

Listing 8.10: Textmuster in Text finden.

Wenn also `-match` das gesuchte Muster im Text findet, wird der Inhalt des Textmusters in der ersten runden Klammer zurückgegeben (`$Matches[1]`). `$Matches` enthält also im Index 0 alle Ergebnisse und in den weiteren Indizes die Inhalte der runden Klammern im Muster. Im Beispiel enthält das Muster nur eine runde Klammer, sodass `$Matches` die Indizes 0 (alles) und 1 (erste runde Klammer) liefert:

```
PS> $Matches

Name                           Value
----                           -----
1                              Welt
0                              Hallo Welt
```

Reguläre Ausdrücke: Textmustererkennung

Reguläre Ausdrücke sind eine sonderbare Sache: Sie sind leichter zu schreiben als zu lesen. Das macht den Einstieg etwas holprig, denn normalerweise liest man zuerst Code, bevor man ihn selbst schreibt. Schauen wir uns daher zunächst an, woraus jeder reguläre Ausdruck eigentlich besteht und wie man damit Textmuster beschreibt. Es gibt genau drei Zutaten:

- **Anker:** Unveränderliche Begriffe im Text, an denen sich der reguläre Ausdruck »festhalten« kann. Anker können unveränderliche Zeichenfolgen sein, aber auch ein Textanfang oder -ende oder ein Wortanfang oder -ende.
- **Platzhalter:** Ein Platzhalter steht stets für genau ein Zeichen. Um welches Zeichen es sich handeln kann, bestimmt der gewählte Platzhalter. Es gibt Platzhalter für Zahlen, für alphanumerische Zeichen, für »Whitespace« (beinhaltet Leerzeichen und Tabulatoren) sowie den Universalplatzhalter. Er listet in eckigen Klammern die erlaubten Zeichen auf.
- **Quantifizierer:** Weil ein Platzhalter für genau ein Zeichen steht, folgt dem Platzhalter gegebenenfalls ein Quantifizierer. Er legt fest, wie oft dieses Zeichen erscheinen kann. Der universellste Quantifizierer besteht aus geschwungenen Klammern und gibt die Mindest- und Höchstzahl an.

Erste Schritte: Mit Textmustern arbeiten

Bevor Sie diese Bestandteile genauer kennenlernen, lassen Sie uns ein erstes kleines Praxisbeispiel damit versuchen. Nehmen wir an, ein Logbuch enthält Zeilen mit Servernamen wie diese:

```
Mar 18, 2016Server_07786success
```

Muster definieren

Wollte man den Servernamen aus dieser Zeile heraustrennen, könnte man zunächst den Anker `Server_` identifizieren. Danach folgt eine fünfstellige Zahl. Das erste Muster sähe so aus:

```
$muster = 'Server_\d{5}'
```

Nach dem Anker folgt der Platzhalter für eine Zahl (\d, d = Digit = Zahl). Der Quantifizierer legt fest, dass es genau fünf Zahlen sein müssen. Und so würde der komplette Code dazu aussehen:

```
$text = 'Mar 18, 2016Server_07786success'
$muster = 'Server_\d{5}'

if ($text -match $muster)
{
  $Matches[0]
}
```

Listing 8.11: Servernamen aus Text auslesen.

Profitipp

Ein Anker ist feststehender, unveränderlicher Text, also im letzten Beispiel der Begriff `Server_`. Wenn Sie Text wörtlich meinen, müssen Sie indes sicherstellen, dass in diesem Text keine Sonderzeichen vorkommen, die der reguläre Ausdruck falsch verstehen könnte, beispielsweise als Platzhalterzeichen. Weil man nicht alle Sonderzeichen im Kopf haben kann, gibt es eine einfache Taktik, um einen Anker herzustellen, der aus normalem Text besteht:

```
PS> [RegEx]::Escape('Server_')
Server_
```

Wie Sie sehen, enthält der Anker `Server_` keine problematischen Sonderzeichen. Wenn doch mehrdeutige Zeichen entdeckt worden wären, hätte das Ergebnis diese Zeichen mit einem \ entwertet. Falls Ihr Anker also beispielsweise `(Server.Name)` hätte lauten sollen, würde Ihnen die `Escape()`-Methode verraten, dass Sie stattdessen in Ihrem Muster `\(Server\.Name\)` hätten schreiben müssen. Sowohl die runden Klammern als auch der Punkt sind nämlich Sonderzeichen, die entwertet werden müssen, wenn man sie wörtlich meint:

```
PS> [RegEx]::Escape('(Server.Name)')
\(Server\.Name\)
```

Viele Treffer pro Datei finden

Zwar kann `-match` pro Zeile immer nur ein Ergebnis finden, aber trotzdem können Sie damit auch mehrere Treffer in einer Logbuchdatei finden – vorausgesetzt, es gibt immer nur einen Treffer pro Zeile. Lassen Sie uns dazu zunächst ein Testskript nutzen, dass eine Dummy-Logbuchdatei mit 1.000 zufälligen Servernamen generiert:

```
$path = "$env:temp\sample.log"

1..1000 | ForEach-Object {
  '{0:MMM dd, yyyy} Server_{1:d5} {2}' -f (Get-Date), (Get-Random -Maximum 99999), ('success',
'failure' | Get-Random)
```

```
} | Set-Content -Path $Path -Encoding UTF8

notepad $path
```

Listing 8.12: Beispiellogbuch mit 1.000 Einträgen erstellen.

Das generierte Beispiel-Logfile wird anschließend im Notepad-Editor geöffnet und enthält wie gewünscht 1.000 zufällige Einträge.

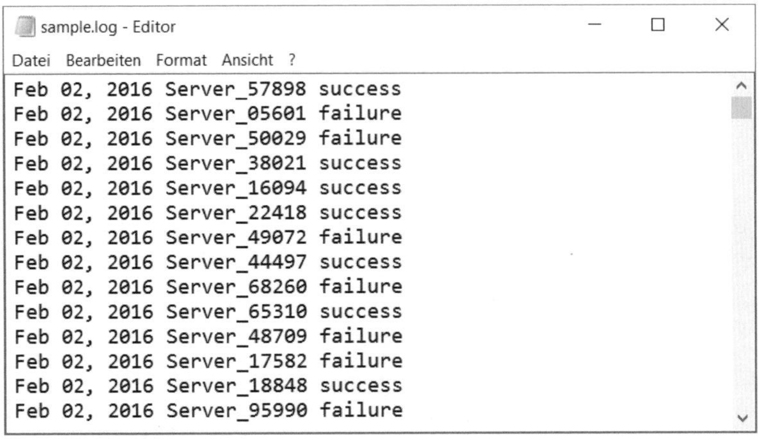

Abbildung 8.1: Inhalt des Beispiellogbuchs.

Der reguläre Ausdruck kann nun in Sekundenbruchteilen alle Servernamen aus dem Logbuch lesen:

```
$path = "$env:temp\sample.log"
$muster = 'Server_\d{5}'

Get-Content -Path $path |
  Where-Object { $_ -match $muster } |
  ForEach-Object { $Matches[0] }
```

Listing 8.13: Servernamen aus dem Beispiellogbuch extrahieren.

Hierbei kommt eine Kombination aus `Where-Object` und `Foreach-Object` zum Einsatz: `Where-Object` prüft mit `-match`, ob sich in der aktuell gelesenen Zeile ein Treffer befindet. Wenn ja, wird diese Zeile an `Foreach-Object` geleitet, und `Foreach-Object` liest danach die gewünschte Information aus `$Matches`.

Muster erweitern

Als Nächstes könnte man das Muster erweitern, um zusätzliche Informationen zu ernten. Vielleicht interessieren Sie sich nicht nur für den Servernamen, sondern auch für den Status des Servers, also die folgende Information. Das Muster könnte dann so aussehen:

```
$muster = 'Server_\d{5}\s{1,}\w{1,}'
```

Nach dem Servernamen wird also mindestens ein Whitespace (`\s`) erwartet, also ein Leerzeichen oder ein Tabulator. Danach wird mindestens ein alphanumerisches Zeichen (`\w`) gesucht.

Wenn Sie dieses Muster in Listing 8.13 verwenden, erhalten Sie alle gesuchten Informationen, allerdings als einen einzigen Text:

```
...
Server_68447 failure
Server_09037 success
Server_14110 failure
Server_31380 failure
...
```

Einzelinformationen mit runden Klammern abgrenzen

Mithilfe runder Klammern haben Sie aber die Möglichkeit, im Muster einzelne Informationen voneinander abzugrenzen. `$Matches[0]` liefert dann nach wie vor den vollständigen Treffer, aber nun können Sie in `$Matches[1]` den Inhalt der ersten runden Klammer und in `$Matches[2]` den Inhalt der zweiten runden Klammer abrufen:

```
$path = "$env:temp\sample.log"
$muster = '(Server_\d{5})\s{1,}(\w{1,})'

Get-Content -Path $path |
  Where-Object { $_ -match $muster } |
  ForEach-Object { $matches[1], $matches[2] }
```

Listing 8.14: Zwei Einzelinformationen separat abrufen.

Listing 8.14 liefert nun nacheinander jeweils den Servernamen und dann dessen Status zurück. Das ist zwar schon besser, aber schöner wäre es, wenn das Ergebnis als Objekt geliefert würde.

Ergebnisse in echte Objekte verwandeln

Damit die Ergebnisse als Objekt geliefert werden und nicht als Serie von Einzelinformationen, geben Sie den runden Klammern zuerst eindeutige Namen. Jetzt sind diese Informationen in `$Matches` nicht mehr über den numerischen Index abrufbar, sondern über den angegebenen Namen. Und weil `$Matches` in Wirklichkeit eine Hashtable ist, kann man daraus über `New-Object` ein Objekt generieren. Nun braucht man nur noch mit `Select-Object` die gewünschten Eigenschaften anzeigen zu lassen, also die Namen anzugeben, die man den runden Klammern zugewiesen hat. Klingt komplex, ist es aber nicht, wie das nächste Beispiel zeigt:

```
$path = "$env:temp\sample.log"
$muster = '(?<Server>Server_\d{5})\s{1,}(?<Status>\w{1,})'

Get-Content -Path $path |
  Where-Object { $_ -match $muster } |
  ForEach-Object {
    New-Object -TypeName PSObject -Property $matches |
    Select-Object -Property Server, Status
  }
```

Listing 8.15: Mehrere Informationen aus einem Textlogbuch als Objekt zurückliefern.

Das Ergebnis sind nun echte Objekte, die in `Server` den Servernamen und in `Status` dessen Status melden:

Operatoren nutzen

```
Server       Status
------       ------
Server_57898 success
Server_05601 failure
Server_50029 failure
Server_38021 success
Server_16094 success
Server_22418 success
Server_49072 failure
(...)
```

Bestandteile eines regulären Ausdrucks

Wie Sie gerade gesehen haben, besteht ein regulärer Ausdruck aus drei Zutaten: aus Ankern, Platzhaltern und Quantifizierern. Welche es gibt, zeigen die folgenden Tabellen.

Anker

Neben den Ankern aus Tabelle 8.5 sind auch Textanker erlaubt, also statischer Text, der immer in genau der angegebenen Weise im Text vorkommt. Denken Sie bei Textankern nur daran, etwaige Sonderzeichen im Text mit einem vorangestellten \ zu entwerten. Wie das bequem mit `Escape()` geschieht, haben Sie ja bereits gesehen.

Baustein	Beschreibung
`$`	Ende der Zeichenkette (bei mehrzeiligen Texten ist `\Z` eindeutiger)
`\A`	Anfang der Zeichenkette, auch bei mehrzeiligen Texten
`\b`	Wortgrenze
`\B`	Keine Wortgrenze
`\G`	nach dem letzten Treffer (keine Überlappungen)
`\Z`	Ende der Zeichenkette oder vor einem Zeilenumbruch
`\z`	Ende der Zeichenkette
`^`	Anfang der Zeichenkette (bei mehrzeiligen Texten ist `\A` eindeutiger)

Tabelle 8.5: Anker.

Platzhalter

Neben den vielen vordefinierten Platzhalterzeichen aus Tabelle 8.6 verdienen vor allen Dingen die eckigen Klammern besondere Aufmerksamkeit, denn damit lassen sich die erlaubten Zeichen frei definieren. Ein hexadezimales Zeichen wird zum Beispiel durch diesen Platzhalter beschrieben:

```
[0-9a-f]
```

Ein Platzhalter steht immer genau für ein Zeichen. Erwarten Sie mehr als ein Zeichen, fügen Sie anschließend einen Quantifizierer ein (Tabelle 8.7).

Baustein	Beschreibung
`.`	genau ein beliebiges Zeichen außer einem Zeilenumbruch (entspricht `[^\n]`)
`[^abc]`	alle Zeichen außer den angegebenen
`[^a-z]`	alle Zeichen außer denen im angegebenen Bereich

Tabelle 8.6: Platzhalter für ein einzelnes Zeichen.

Baustein	Beschreibung
[abc]	eines der angegebenen Zeichen
[a-z]	eines der Zeichen im Bereich
\a	Bell (ASCII 7)
\c	beliebiges in einem XML-Namen erlaubtes Zeichen
\cA-\cZ	Control+A bis Control+Z, entsprechend ASCII 1 bis ASCII 26
\d	eine Zahl (entspricht [0-9])
\D	beliebiges Zeichen außer Zahlen
\e	Escape (ASCII 27)
\f	Form Feed, also Seitenumbruch (ASCII 12)
\n	Zeilenumbruch
\r	Wagenrücklauf
\s	Leerzeichen, Tabulator oder Zeilenumbruch
\S	beliebiges Zeichen außer Leerzeichen, Tabulator und Zeilenumbruch
\t	Tabulatorzeichen
\uFFFF	Unicode-Zeichen mit dem hexadezimalen Code FFFF (das Euro-Symbol trägt beispielsweise den Code 20AC)
\v	vertikaler Tabulator (ASCII 11)
\w	Buchstabe, Ziffer oder Unterstrich
\W	beliebiges Zeichen außer Buchstaben
\xnn	bestimmtes Zeichen, wobei nn den hexadezimalen ASCII-Code festlegt
.*	beliebig viele beliebige Zeichen (einschließlich gar keinem Zeichen)

Tabelle 8.6: Platzhalter für ein einzelnes Zeichen. (Forts.)

Quantifizierer

Mit einem Quantifizierer bestimmen Sie, wie oft ein Platzhalterzeichen mindestens und höchstens vorkommen darf. `\d{1,3}` steht also für eine Zahl, die ein- bis dreimal vorkommen darf, also für eine bis zu dreistellige Zahl. Der Quantifizierer `{x,y}` ist der universellste und kann alle anderen ersetzen. Die übrigen Quantifizierer existieren nur aus Bequemlichkeit.

Normalerweise liefert ein Quantifizierer so viele Zeichen wie möglich, schöpft also den Maximalwert aus. Das nennt man »greedy« (gierig). Sind Sie an der Mindestanzahl interessiert – genannt »lazy« (faul) –, wird dem Quantifizierer ein `?` angehängt.

Quantifizierer	Anzahl	Entspricht	Umfang
*	0, 1 oder mehr	{0,}	längstes Muster
*?	0, 1 oder mehr	{0,}?	kürzestes Muster
?	0, 1	{0,1}	längstes Muster
??	0, 1	{0,1}?	kürzestes Muster
+	1 oder mehr	{1,}	längstes Muster
+?	1 oder mehr	{1,}?	kürzestes Muster
{n}	genau n		-
{n,m}	mindestens n, höchstens m		längstes Muster
{n,m}?	mindestens n, höchstens m		kürzestes Muster
{n,}	mindestens n		längstes Muster
{n,}?	mindestens n		kürzestes Muster

Tabelle 8.7: Quantifizierer.

Längste oder kürzeste Fassung?

Als Vorgabe versucht ein Muster stets, den längstmöglichen Treffer zu finden. Das ist aber nicht immer erwünscht. Im folgenden Beispiel sind zwei HTML-Links enthalten. Das Muster beschreibt einen Link, aber `-match` würde den Text vom Anfang des ersten Links bis zum Ende des zweiten Links liefern:

```
$quellcode = '<a href="eine adresse">Link 1</a><a href="noch eine">Link 2</a>'
$pattern = '<a href="(?<link>.*)".*>(?<text>.*)</a>'
if ($quellcode -match $pattern) { $Matches }
```

Listing 8.16: Längstmöglichen Treffer finden.

Hier das Ergebnis:

```
Name                           Value
----                           -----
link                           eine adresse">Link 1</a><a href="noch eine
text
0                              <a href="eine adresse">Link 1</a><a href="...
```

Geben Sie hinter einem Quantifizierer ein `?` an, wird nicht der längstmögliche Treffer gefunden, sondern der kürzeste:

```
$quellcode = '<a href="eine adresse">Link 1</a><a href="noch eine">Link 2</a>'
$pattern = '<a href="(?<link>.*?)".*?>(?<text>.*?)</a>'
if ($quellcode -match $pattern) { $Matches }
```

Listing 8.17: Kürzestmöglichen Treffer finden.

Jetzt sieht das Ergebnis so aus:

```
PS> $Matches

Name                           Value
----                           -----
link                           eine adresse
text                           Link 1
0                              <a href="eine adresse">Link 1</a>
```

Das Muster findet nun den ersten Link, der im Text vorkommt. Der Operator `-match` kann grundsätzlich immer nur den ersten Treffer in einem Text finden. Möchten Sie mehrere Treffer finden, muss man auf die Betriebssystemfunktion `Matches()` zurückgreifen. Diese sähe so aus (mehr zu Betriebssystem-Funktionen finden Sie in Teil D):

```
$quellcode = '<a href="eine adresse">Link 1</a><a href="noch eine">Link 2</a>'
$pattern = '(?i)<a href="(?<link>.*?)".*?>(?<text>.*?)</a>'
[RegEx]::Matches($quellcode, $pattern)
```

Listing 8.18: Mehrere Treffer in einem Text finden.

Das Ergebnis:

```
Groups   : {<a href="eine adresse">Link 1</a>, eine adresse, Link 1}
Success  : True
Captures : {<a href="eine adresse">Link 1</a>}
Index    : 0
Length   : 33
Value    : <a href="eine adresse">Link 1</a>
```

```
Groups   : {<a href="noch eine">Link 2</a>, noch eine, Link 2}
Success  : True
Captures : {<a href="noch eine">Link 2</a>}
Index    : 33
Length   : 30
Value    : <a href="noch eine">Link 2</a>
```

Textstellen ersetzen

Einfache Ersetzungen in Texten erledigt die String-Methode `Replace()`. Allerdings unterscheiden diese Ersetzungen zwischen Groß- und Kleinschreibung. Deshalb werden im folgenden Beispiel nicht alle Servernamen ersetzt:

```
PS> $text = 'Server002 hängt. Starten Sie server002 neu!'
PS> $text.Replace('Server002', 'Server003')

Server003 hängt. Starten Sie server002 neu!
```

Möchten Sie die Groß- und Kleinschreibung ignorieren, können Sie auf den Operator `-replace` ausweichen. Weil dieser einen regulären Ausdruck erwartet, sollte der zu ersetzende Text immer mit `Escape()` maskiert werden:

```
PS> $text = 'Server002 hängt. Starten Sie server002 neu!'
PS> $text -replace [Regex]::Escape('Server002'), 'Server003'

Server003 hängt. Starten Sie Server003 neu!
```

Sie können indes natürlich die Platzhalterzeichen des regulären Ausdrucks nutzen und auf diese Weise auch *mehrere* Zeichen durch *genau ein* Zeichen ersetzen. Um beispielsweise mehrfache Leerzeichen durch nur genau ein Leerzeichen zu ersetzen, verwenden Sie diesen Ausdruck:

```
PS> $text = 'Hier stehen    mehr     Leerzeichen     als      erforderlich     .'
PS> $text -replace '\s{2,}', ' '
Hier stehen mehr Leerzeichen als erforderlich .
```

Gesucht werden zwei oder mehr (`{2,}`) Leerzeichen (`\s`), die dann durch genau ein Leerzeichen ersetzt werden. Dass nun vor dem abschließenden Punkt ebenfalls ein Leerzeichen steht, ist kein Fehler, sondern ergibt sich aus dem regulären Ausdruck, der mehrere Leerzeichen ja nur auf genau eines reduziert.

Möchten Sie Leerzeichen vor einem Punkt entfernen, könnte man eine weitere Ersetzung vornehmen und diese auch verketten, zum Beispiel so:

```
PS> $text = 'Hier stehen    mehr     Leerzeichen     als      erforderlich     .'
PS> $text -replace '\s{2,}', ' ' -replace '\s{1,}\.'
Hier stehen mehr Leerzeichen als erforderlich
```

Allerdings wäre der Punkt nun ebenfalls verschwunden, denn er war ja Bestandteil des zu ersetzenden Textmusters. `\s{1,}\.` bedeutet: Ersetze ein oder mehrere Leerzeichen und den folgenden Punkt.

Split und Join: eine mächtige Strategie

Die Operatoren `-split` und `-join` bilden zusammen eine Lösung für viele Textaufgaben, bei denen Textbereiche ausgetauscht werden sollen. Ein Austausch von Textteilen über `-replace` eignet sich nämlich nicht immer.

Möchten Sie beispielsweise Pfadnamen systematisch ändern, also vielleicht die Pfadnamen aus einer Testumgebung auf Pfadnamen in einer Produktionsumgebung umstellen, könnte man die Pfade zuerst in einzelne Bestandteile aufsplitten und dann gezielt Pfadteile entfernen oder umbenennen:

```
PS> $Path = 'c:\testumgebung\abteilung1\testing\Benutzerkonten'
PS> $Path.Split('\') -notlike 'test*' -join '\'
c:\abteilung1\Benutzerkonten
```

Hierbei werden alle Pfadbestandteile, die mit `test` beginnen, aus dem Pfad herausgenommen.

Auch neue Pfadbestandteile lassen sich hinzufügen, indem das Array mit den Pfadbestandteilen erweitert wird:

```
PS> $Path = 'c:\testumgebung\abteilung1\testing\Benutzerkonten'
PS> [System.Collections.ArrayList]$teile = $Path.Split('\') -notlike 'test*'
PS> $teile.Insert(1, 'Produktionsumgebung')
PS> $teile -join '\'
c:\Produktionsumgebung\abteilung1\Benutzerkonten
```

Die Teile werden in diesem Beispiel nicht in einem normalen Array gespeichert, sondern in einer `ArrayList`. Diese funktioniert wie ein normales Array, aber mit `Insert()` lassen sich neue Arrayelemente an beliebigen Stellen einfügen. So fügt das Beispiel an der zweiten Position (Index 1) einen neuen Ordnernamen ein, bevor der Pfad mit `-join` wieder aufgebaut wird.

Alternativ könnten Sie Arrayelemente aber auch einfach nur umbenennen:

```
PS> $Path = 'c:\testumgebung\abteilung1\testing\Benutzerkonten'
PS> $teile = $Path.Split('\') -notlike 'test*'
PS> $teile[0] = 'C:\Produktionsumgebung'
PS> $teile -join '\'
C:\Produktionsumgebung\abteilung1\Benutzerkonten
```

Nach verschiedenen Zeichen splitten

In den letzten Beispielen wurde zum Aufsplitten des Pfadnamens die String-Methode `Split()` verwendet, weil sie einfach zu verwenden und das Trennzeichen kein regulärer Ausdruck ist. Deshalb musste das Trennzeichen nicht maskiert werden. Dennoch hätten Sie anstelle von `Split()` auch den Operator `-split` verwenden können:

```
PS> $Path = 'c:\testumgebung\abteilung1\testing\Benutzerkonten'
PS> $teile = $Path -split '\\' -notlike 'test*'
PS> $teile[0] = 'C:\Produktionsumgebung'
PS> $teile -join '\'
C:\Produktionsumgebung\abteilung1\Benutzerkonten
```

Da `-split` einen regulären Ausdruck erwartet, muss nun lediglich das Trennzeichen \ maskiert, also als \\ angegeben werden. Dafür kann `-split` wesentlich flexibler Texte aufsplitten als `Split()` und zum Beispiel nach mehreren Zeichen gleichzeitig splitten. Das folgende Beispiel zerlegt einen Text in einzelne Wörter, indem es an jedem nicht alphanumerischen Zeichen trennt:

```
PS> 'Hallo, dies ist ein kleiner Test. Mal sehen (ob das geht).' -split '\W'

Hallo

dies
ist
ein
kleiner
Test

Mal
sehen

ob
das
geht
```

Das Ergebnis stimmt, enthält aber noch Lücken, die entstehen, wenn mehrere durch `\W` repräsentierte Zeichen aufeinanderfolgen, zum Beispiel ein Komma und ein Leerzeichen. Abhilfe schafft ein Quantifizierer, mit dem Sie festlegen, dass die Trennstelle aus *mindestens einem* Zeichen bestehen soll:

```
PS> 'Hallo, dies ist ein kleiner Test. Mal sehen (ob das geht).' -split '\W{1,}'
Hallo
dies
ist
ein
kleiner
Test
Mal
sehen
ob
das
geht
```

Teil D
Betriebssystem-Funktionen einsetzen

Kapitel 9

Mit Objekten arbeiten

In diesem Kapitel:

Ausführlich werden in diesem Kapitel die folgenden Aspekte erläutert:

- **Hinter Informationen stecken Objekte:** Ergebnisse der PowerShell werden in Form von Objekten geliefert. Für fast jede Art von Information – Zahlen, Texte, Dateien, Benutzerkonten etc. – gibt es maßgeschneiderte Objekte, die optimal dafür geeignet sind, diesen Informationstyp darzustellen und zu verwalten. Meist handelt es sich um Objekte aus dem riesigen Fundus des .NET Framework, die PowerShell gegebenenfalls noch ergänzt hat.
- **Eigenschaften und Methoden:** Ein Objekt enthält Eigenschaften (was das Objekt »ist«) und Methoden (was das Objekt »kann«). Sie werden gemeinsam als »Member« eines Objekts bezeichnet. `Get-Member` kann die Eigenschaften und Methoden eines Objekts anzeigen.
- **Punktschreibweise:** Gibt man hinter einer Variablen einen Punkt an, erhält man direkten Zugriff auf die Eigenschaften und Methoden des Objekts, das in der Variablen gespeichert ist. Enthält die Variable ein Array mit vielen Objekten, können ab PowerShell 3.0 auch die Eigenschaften und Methoden der Einzelobjekte im Array angesprochen werden.

- **Änderbare Eigenschaften:** Manche Eigenschaften eines Objekts sind änderbar, andere nicht. `Get-Member` verrät, welche Eigenschaften geändert werden können. Bei remotefähigen Technologien wie WMI oder ADSI müssen Änderungen an den Eigenschaften explizit zurückgeschrieben werden, um wirksam zu werden.

Auf den ersten Blick erscheint PowerShell wie eine textbasierte Befehlskonsole: Sie geben einen Befehl ein, und in der Konsole erscheinen die Ergebnisse als Text. Dieser erste Eindruck trügt aber. Nur wenn Sie die Ergebnisse eines Befehls nicht weiterverwenden, wandelt die PowerShell-Konsole sie in Text um. Sie werden also erst dann zu Text, wenn sie in die Konsole ausgegeben werden.

Vorher aber sind alle Informationen Objekte. Objekte sind im Gegensatz zu Text strukturiert. Die einzelnen darin enthaltenen Informationen lassen sich zum Beispiel gezielt ansprechen. Ist ein Objekt dagegen erst auf Text reduziert worden, hat man diese Möglichkeit nicht mehr.

Schauen Sie sich zum Beispiel an, was geschieht, wenn Sie den Inhalt der Variablen `$host` in die Konsole ausgeben. Diese Variable wird von PowerShell vordefiniert und enthält Informationen über das Hostprogramm, mit dem Sie gerade PowerShell ausführen:

```
PS> $host


Name             : Windows PowerShell ISE Host
Version          : 5.0.10586.63
InstanceId       : 6624a30a-d9f8-4fe4-a0ef-0703ea20bec4
UI               : System.Management.Automation.Internal.Host.InternalHostUserInt
                   erface
CurrentCulture   : de-DE
CurrentUICulture : de-DE
PrivateData      : Microsoft.PowerShell.Host.ISE.ISEOptions
DebuggerEnabled  : True
IsRunspacePushed : False
Runspace         : System.Management.Automation.Runspaces.LocalRunspace
```

Sie erhalten eine Aufstellung verschiedener Informationen, mit denen Sie jetzt in der Konsole nicht mehr viel anfangen können. Wollten Sie die Version ermitteln, müssten Sie den Text durchsuchen.

Solange die Informationen aber noch nicht ausgegeben wurden, sind sie strukturiert, und Sie müssen an die Variable `$host` lediglich einen Punkt anhängen, um bequem auf alle Einzelinformationen zugreifen zu können. Es kostet Sie also nur eine einzige Zeile, um gezielt die aktuelle PowerShell-Version herauszufinden.

```
PS> $host.Version

Major  Minor  Build  Revision
-----  -----  -----  --------
5      0      10586  63
```

Dabei passiert aber noch weitaus mehr. Wenn Sie genau hinschauen, sehen Sie sogar, wie sich die Informationen in der Eigenschaft `PSVersion` »entfalten«, sobald Sie sie abrufen. Wurde die Version zuvor nur als `5.0.10240.16384` angezeigt, stellt sie sich nun als neues Objekt mit vier getrennten Eigenschaften dar, die Sie anschließend wiederum mit dem Punkt einzeln ansprechen können:

```
PS> $host.Version.Major
5
```

Man kann sich den Punkt in einer objektorientierten Welt also wie den Backslash (\) in einem Pfadnamen vorstellen: Die Reise beginnt auf oberster Ebene, nämlich dort, wo die Daten zu finden sind. Danach beschreibt man mit den Punkten den »Pfadnamen«, der zur gewünschten Information führt. Oder einfach: Geben Sie hinter einem Objekt einen Punkt an, und schon zeigt Ihnen das IntelliSense-Menü des ISE-Editors, was in diesem Objekt auf nächster Ebene zu finden ist (Abbildung 9.1).

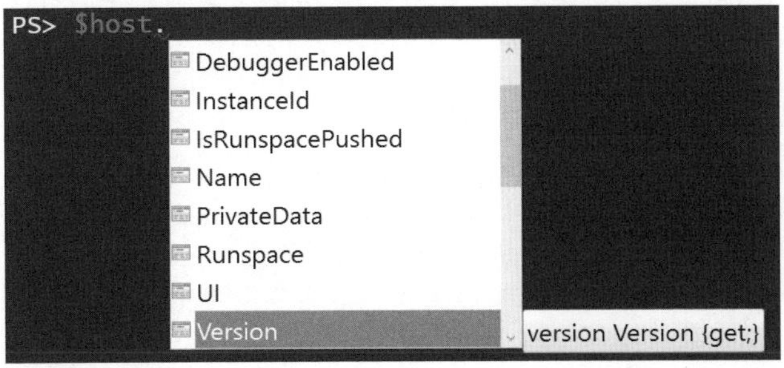

Abbildung 9.1: Über einen Punkt greift man auf die Eigenschaften und Methoden von Objekten zu.

In der IntelliSense-Liste erscheinen zwei verschiedene Arten von Einträgen: Neben den eigentlichen Informationen, die man *Eigenschaften* nennt und die mit einem »Zettel« gekennzeichnet werden, listet IntelliSense unter Umständen auch Befehle auf, die *Methoden* genannt werden und mit einem rosafarbenen Quader markiert sind (Abbildung 9.2). Möchten Sie zum Beispiel aus einem Text die fünf Zeichen ab Position 4 ermitteln, wäre dies der Aufruf:

```
PS> "Hallo Welt".Substring(3,5)
lo We
```

Die genaue Syntax eines solchen Befehls liefert PowerShell im ISE-Editor im Tooltipp des IntelliSense-Menüs, wenn Sie einen Befehl darin auswählen (Abbildung 9.2).

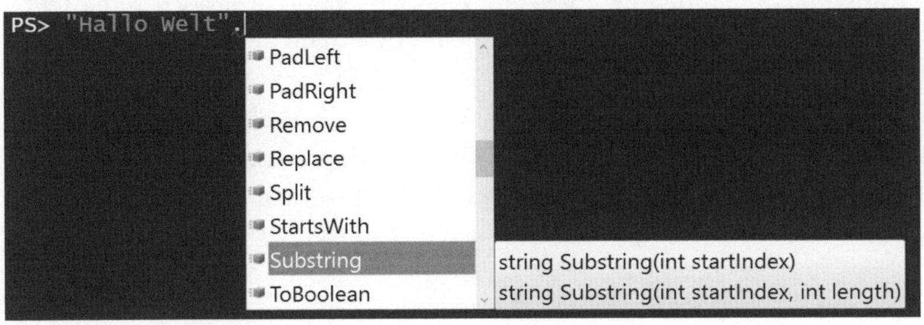

Abbildung 9.2: Methoden sind Befehle, die das Objekt bereitstellt.

Dieselbe Information sehen Sie, wenn Sie den Befehl ohne runde Klammern aufrufen:

```
PS> "Hallo Welt".Substring

OverloadDefinitions
-------------------
string Substring(int startIndex)
string Substring(int startIndex, int length)
```

In Wirklichkeit ist PowerShell also eine Welt voller Objekte, und alles, was Befehle und Cmdlets liefern, sind ebenfalls Objekte, mit denen man sehr viel mehr machen kann als mit reinem Text. PowerShell beinhaltet demnach zwei Welten: einerseits die simple textbasierte Welt und andererseits die dahinter tatsächlich verborgene objektorientierte Welt. In diesem Kapitel werden Sie wie der Protagonist Neo im Science-Fiction-Klassiker »Die Matrix« die rote Pille schlucken: Sie verlassen die vertraute und simple textbasierte (aber in Wahrheit nur simulierte) Welt und betreten die komplexere, mehrdimensionale (aber mächtige) reale Welt der Objekte.

Eigenschaften und Methoden

In einem klassischen IT-Kurs würde man Sie im Zusammenhang mit Objekten relativ schnell mit diesen Fachbegriffen malträtieren: *Objekt*, *Instanz*, *Klasse*, *Typ* sowie *Member (Mitglied)*, *Eigenschaft* (*Property*) und *Methode*. Tatsächlich sind diese Begriffe nicht ganz unwichtig, aber beschreiben eigentlich ganz einfache Dinge:

- **Klasse, Typ:** Die »Sorte« eines Objekts.
- **Objekt, Instanz:** Ein reales Objekt einer bestimmten »Sorte«.
- **Eigenschaft (Property):** Was etwas »ist« (unverwechselbare Merkmale, Information).
- **Methode:** Was etwas »kann« (Fähigkeiten, Befehle).
- **Member:** Sammelbegriff für Eigenschaften und Methoden.

Die IT hat sich diese Begriffe als Analogie geborgt: Ein laufender Prozess ist beispielsweise »ein reales Objekt« (eine Instanz oder auch ein Objekt) der Sorte (des Typs oder auch der Klasse) `Process`.

Eigenschaften

Wodurch unterscheidet sich ein beliebiger Prozess von allen übrigen Prozessen? Durch seine *Eigenschaften* – etwa durch seine eindeutige Prozess-ID, seinen Name und auch seine CPU-Belastung. Solche Eigenschaften eines Objekts werden von PowerShell angezeigt und können mit `Select-Object` ausgewählt werden.

`Get-Process` liefert zum Beispiel alle gerade laufenden Prozesse. Sie alle sind von derselben »Sorte« (vom selben Typ oder derselben Klasse). Deswegen zeigt PowerShell alle in einer gemeinsamen Tabelle an. Die Spaltenüberschriften zeigen die verschiedenen Eigenschaften dieser Prozesse. Sie sehen also auf einen Blick, worin sich die Prozesse voneinander unterscheiden:

```
PS> Get-Process

Handles  NPM(K)    PM(K)      WS(K) VM(M)   CPU(s)     Id  SI ProcessName
-------  ------    -----      ----- -----   ------     --  -- -----------
    241      30    82664      68156   347    28,11    872   1 Adobe CEF Helper
    235      21    56708      27752   308     7,33   6584   1 Adobe CEF Helper
  26121      44    40860      59540   273   209,45   6344   1 Adobe Desktop Service
    210      16     4388       4352   102    90,13   6832   1 AdobeIPCBroker
    194      12     2492       7804    73            2520   0 AGSService
    246      20     3852       7228   120            2612   0 AppleMobileDeviceService
    553      26    18976      34688 ...11     2,38  20868   1 ApplicationFrameHost
    111       8     1196        892    54            2464   0 armsvc
    326      16     3264      16924 ...60     0,41  30876   1 browser_broker
    142      10     1700       1260    74            2500   0 BtwRSupportService
     35       3      428        264    11     0,03   8012   1 CCLibrary
```

Jede Zeile der Tabelle entspricht also einem anderen Prozess, und genau genommen repräsentiert jede Zeile ein echtes »lebendiges« Process-Objekt. Nur bei der Ausgabe dieser Information reduziert PowerShell die Objekte zu Textzeilen.

Eigenschaften lesen

Beauftragen Sie Select-Object mit dem Parameter -Property mithilfe des Platzhalterzeichens *, alle Eigenschaften anzuzeigen, präsentiert sich die detailreiche Objektnatur. Es werden jetzt sehr viel mehr Informationen pro Prozess geliefert als vorher, und weil das ziemlich viele sein können, wird im folgenden Beispiel mit -First 1 nur das erste gelieferte Prozess-Objekt sichtbar gemacht:

```
PS> Get-Process | Select-Object -Property * -First 1

__NounName                 : Process
Name                       : notepad
Handles                    : 64
VM                         : 75407360
WS                         : 397312
PM                         : 2027520
NPM                        : 7320
Path                       : C:\Windows\system32\notepad.exe
Company                    : Microsoft Corporation
CPU                        : 0,0936006
FileVersion                : 6.1.7601.17514 (win7sp1_rtm.101119-1850)
ProductVersion             : 6.1.7601.17514
Description                : Editor
Product                    : Betriebssystem Microsoft® Windows®
Id                         : 12064
(...)
```

Tipp

In den Beispielen zeigt PowerShell die Ergebnisse wahlweise als Tabelle oder als Liste an. Welches Format PowerShell wählt, hängt davon ab, wie viele Eigenschaften angezeigt werden sollen. Sind es zu viele, um sinnvoll nebeneinander angezeigt zu werden, schaltet PowerShell automatisch um in die Listendarstellung.

Aus der Liste *sämtlicher* Eigenschaften könnte man nun diejenigen aussuchen, die Sie gerade interessant finden, beispielsweise:

```
PS> Get-Process | Select-Object -Property ProcessName, Company, Description, MainWindowTitle

ProcessName        Company            Description        MainWindowTitle
-----------        -------            -----------        ---------------
notepad            Microsoft Corpo... Editor             Unbenannt - Editor
```

Wer sich also auf die Objektnatur der PowerShell einlässt, kann den Ergebnissen eines Befehls sehr viel mehr Informationen entlocken – und sogar Konfigurationsaufgaben erledigen, wenn Sie eine Eigenschaft nicht nur lesen, sondern vielleicht sogar ändern.

Eigenschaften ändern

Manche Eigenschaften dürfen auch verändert werden. Erlaubt ist das allerdings nur dann, wenn dadurch keine Lüge entsteht. Schließlich beschreiben die Eigenschaften das Objekt (was es »ist«). Änderungen an Eigenschaften sind also nur erlaubt, wenn sich das Objekt durch diese Änderung ebenfalls entsprechend verändert.

Die Eigenschaft `PriorityClass` meldet zum Beispiel bei Prozessen, welche Priorität der Prozess erhält (wie viel Rechenzeit ihm im Vergleich zu anderen Prozessen zugestanden wird). Im folgenden Beispiel wird ein neuer Windows-Editor gestartet, und anschließend wird dessen `PriorityClass` untersucht:

```
# ein Notepad öffnen und das Process-Objekt mit -PassThru
# zurückfordern. Dieses Objekt soll untersucht werden:
PS> $ProzessObjekt = Start-Process -FilePath notepad -PassThru

# Default-Ausgabe der wichtigsten Prozess-Eigenschaften:
PS> $ProzessObjekt

Handles  NPM(K)    PM(K)      WS(K) VM(M)   CPU(s)     Id ProcessName
-------  ------    -----      ----- -----   ------     -- -----------
     64       7     1980        388    72     0,09  12064 notepad


# selbst auswählen, welche Eigenschaften angezeigt werden sollen:
PS> $ProzessObjekt | Select-Object -Property ProcessName, Id, Handles, PriorityClass

ProcessName   Id Handles PriorityClass
-----------   -- ------- -------------
notepad     9220     182        Normal


# auf eine einzelne Eigenschaft zugreifen:
PS> $ProzessObjekt.PriorityClass
Normal
```

Eigenschaften verhalten sich wie Variablen, und so können Sie den Inhalt einer Eigenschaft nicht nur abrufen, sondern ihm auch neue Werte zuweisen. Allerdings sollten Sie der Eigenschaft einen gültigen Wert zuweisen. Andernfalls erhalten Sie eine Fehlermeldung:

```
PS> $ProzessObjekt.PriorityClass = 'hoch'

Ausnahme beim Festlegen von "PriorityClass": "Der Wert "hoch" kann nicht in den Typ
"System.Diagnostics.ProcessPriorityClass" konvertiert werden. Fehler: "Der Bezeichner "hoch" kann
keinem gültigen Enumeratornamen zugeordnet werden. Geben Sie einen der folgenden Enumeratornamen
an, und wiederholen Sie den Vorgang: Normal, Idle, High, RealTime, BelowNormal, AboveNormal.""
```

Die Fehlermeldung zeigt an ihrem Ende an, welche Werte gültig gewesen wären. Anstelle von `hoch` muss es also `High` heißen. Diesen neuen Wert dürfen Sie der Eigenschaft zuweisen:

```
PS> $ProzessObjekt.PriorityClass = 'high'
PS> $ProzessObjekt.PriorityClass
High
```

Erlaubt war diese Änderung, weil der Prozess hierdurch tatsächlich eine höhere Priorität erhielt, wie ein Blick in den Task-Manager beweist (Abbildung 9.3). Sie müssen dazu im Task-Manager unter *Ansicht/Spalten auswählen* die Spalte *Basispriorität* einblenden.

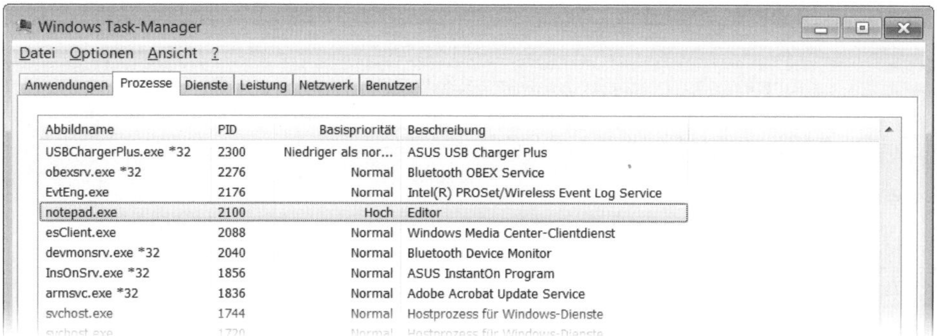

Abbildung 9.3: Die Änderung der Objekteigenschaft war erlaubt, weil sich das Objekt dadurch geändert hat.

Die meisten anderen Eigenschaften dürfen dagegen nicht verändert werden. Sie sind schreibgeschützt (konstant), weil das Objekt diese Änderung nicht umsetzen kann. Prozesse tragen beispielsweise zeitlebens dieselbe ID-Nummer, daher ist die Eigenschaft `ID` auch nicht änderbar:

```
PS> $ProzessObjekt.ID
2100

PS> $ProzessObjekt.ID = 12345
"ID" ist eine schreibgeschützte Eigenschaft.
```

Tipp

Eigenschaften sind Variablen, die nicht von PowerShell stammen, sondern von dem Objekt verwaltet werden, das Sie gerade ansprechen.

Methoden

Ein Prozess kann mit seinen Eigenschaften nicht nur Informationen über seinen Zustand *berichten*, sondern auch Dinge *tun*. Gültige Befehle bei Prozessen sind zum Beispiel `GetType()`, `CloseMainWindow()` sowie `Kill()`. Methoden unterscheiden sich bereits rein formal von Eigenschaften durch die runden Klammern, die immer am Ende des Methodennamens stehen. Diese runden Klammern gehören zum Methodennamen dazu und dürfen auch nicht wie bei anderen Skriptsprachen durch ein Leerzeichen abgetrennt werden. Methoden werden genau wie Eigenschaften vom IntelliSense-Menü angezeigt, wenn Sie mit dem Punkt auf ein Objekt zugreifen:

```
PS> $ProzessObjekt = Start-Process -FilePath notepad -PassThru
PS> $ProzessObjekt.GetType()

IsPublic IsSerial Name                                     BaseType
-------- -------- ----                                     --------
True     False    Process                                  System.Compone...


PS> $ProzessObjekt.GetType().Name
Process

PS> $ProzessObjekt.GetType().FullName
System.Diagnostics.Process
```

```
PS> $ProzessObjekt.CloseMainWindow()
True
```

Falls Sie die Klammern hinter einer Methode ganz weglassen, gibt PowerShell die *Signatur* der Methode zurück, also eine Art Mini-Betriebsanleitung, aus der zumindest rudimentär hervorgeht, welche Informationen eine Methode von Ihnen erwartet:

```
PS> $ProzessObjekt.Kill

OverloadDefinitions
-------------------
void Kill()

PS> $ProzessObjekt.CloseMainWindow

OverloadDefinitions
-------------------
bool CloseMainWindow()

PS> $ProzessObjekt.WaitForExit

OverloadDefinitions
-------------------
bool WaitForExit(int milliseconds)
void WaitForExit()
```

Diese Signaturen verraten Ihnen, wie die Methode aufgerufen wird (ob sie also in ihren runden Klammern weitere Informationen benötigt) und was für Informationen die Methode an Sie zurückliefert:

- Die Methode `Kill()` erwartet von Ihnen zum Beispiel keinerlei Information und liefert auch nichts zurück: Der Rückgabewert ist vom Typ `void` (`void` heißt »ungültig« und zeigt an, dass kein Wert geliefert wird).
- Die Methode `CloseMainWindow()` erwartet ebenfalls keine Informationen von Ihnen, liefert aber `$true` oder `$false` zurück (der zurückgegebene Typ ist `bool`). `$true` bedeutet in diesem Fall, dass der Wunsch, das Fenster zu schließen, an das Fenster des Prozesses übermittelt werden konnte, und `$false`, dass das nicht möglich war.
- Die Methode `WaitForExit()` schließlich hat zwei Signaturen: Entweder rufen Sie die Methode ohne Argumente auf. Dann wartet PowerShell (notfalls ewig), bis der Prozess wieder beendet ist. Oder Sie geben eine maximale Wartefrist in Millisekunden an. Dann wartet `WaitForExit()` höchstens so lange wie angegeben und gibt `$true` oder `$false` zurück, je nachdem, ob der Prozess in dieser Zeit beendet wurde oder nicht.

Tipp

Die Methoden eines Objekts verfügen zwar leider über keine eingebaute Hilfe, aber Sie werden gleich erfahren, wie Sie im Internet mehr über die Funktionsweisen einzelner Methoden herausfinden.

Der Unterschied zwischen `CloseMainWindow()`, `Kill()` und dem Cmdlet `Stop-Process` ist übrigens: `Kill()` ist die Methode, die intern von `Stop-Process` selbst eingesetzt wird. Sie beendet den Prozess sofort. Ungespeicherte Informationen gehen also verloren. `CloseMainWindow()` dagegen sendet eine Schließen-Aufforderung an das Hauptfenster eines Prozesses und entspricht damit genau dem, was geschieht, wenn der Anwender dieses Hauptfenster per Maus schließt. Enthält die Anwendung noch ungespeicherte Daten, erscheint wie üblich eine Sicherheitsabfrage, und wenn der Anwender darin auf *Abbrechen* klickt, wird der Prozess doch nicht beendet.

Lassen Sie uns die Methoden von eben in einigen Praxisbeispielen anwenden.

Listing 9.1 nutzt das Timeout von `WaitForExit()` und startet einen Notepad-Editor. Wenn Sie ihn innerhalb von drei Sekunden schließen, bemerkt das Skript dies und setzt die Ausführung unmittelbar fort. Wenn nicht, gibt das Skript nach diesen drei Sekunden Wartezeit eine andere Meldung aus:

```
$ProzessObjekt = Start-Process -FilePath notepad -PassThru
$ergebnis = $ProzessObjekt.WaitForExit(3000)
if ($ergebnis)
{
  'Prozess wurde innerhalb von 3 Sekunden beendet und läuft nicht mehr.'
}
else
{
  'Prozess wurde in den letzten 3 Sekunden nicht beendet und läuft noch.'
}
```

Listing 9.1: Maximal drei Sekunden auf die Beendigung des Notepad-Editors warten.

Listing 9.2 schließt einen beliebigen Prozess zunächst auf »nette« Weise mit `CloseMainWindow()`: Der Anwender erhält die Chance, ungesicherte Arbeiten zu speichern. Wenn das innerhalb der angegebenen Zeit nicht zum Beenden des Prozesses führt oder wenn der Prozess gar kein eigenes Hauptfenster besitzt, das geschlossen werden könnte, wird `Kill()` eingesetzt.

Wenn Sie Listing 9.2 starten, öffnet sich ein neues Notepad-Fenster. Geben Sie darin einige Textzeilen ein, ohne die Datei zu speichern. Dann wechseln Sie zurück zu PowerShell und drücken [↵]. PowerShell sendet nun dem Prozess die Aufforderung, sein Hauptfenster zu schließen. Der Anwender sieht daraufhin ein Dialogfeld, das ihn auffordert, ungesicherte Daten zu speichern.

Tut er das oder verwirft er die Informationen per Klick auf *Abbrechen*, schließt sich Notepad, und PowerShell endet. Andernfalls wartet PowerShell maximal 5.000 Millisekunden. Ist Notepad dann noch immer nicht geschlossen, wird es mit `Kill()` sofort beendet.

```
# maximal 5 Sekunden warten, bis der Prozess
# gekillt wird
$Timeout = 5000

$prozess = Start-Process -FilePath notepad -PassThru
$null = Read-Host "Geben Sie Text in den Editor ein, und drücken Sie dann hier ENTER!"

# Schließen-Aufforderung an Prozess senden:
$erfolg = $prozess.CloseMainWindow()

if ($erfolg)
{
    # maximal 5 Sekunden darauf warten, dass der Prozess
    # beendet wird
    $null = $prozess.WaitForExit($Timeout)
}

# wenn der Prozess noch läuft, sofort beenden:
if ($prozess.HasExited -eq $false)
{
    $prozess.Kill()
}
```

Listing 9.2: Einen Prozess beenden und dem Anwender anbieten, ungesicherte Informationen zu speichern.

Eigenschaften und Methoden anzeigen

Woher weiß man eigentlich, welche Eigenschaften und Methoden ein Objekt besitzt? Eine Antwort lieferte bereits `Select-Object`: Gibt man hier einen Platzhalter (*) an, werden alle Eigenschaften des Objekts aufgelistet. Methoden zeigt `Select-Object` indes nicht an. `Select-Object` gibt ausschließlich Eigenschaften zurück.

In den IntelliSense-Listen des ISE-Editors dagegen sehen Sie auch die Methoden: Eigenschaften werden mit einem Zettelsymbol gekennzeichnet und Methoden mit einem roten Quader. Markieren Sie einen Eintrag in der IntelliSense-Liste und warten einen Augenblick, liefert ein Tooltippfenster zusätzliche Informationen (Abbildung 9.4): bei Eigenschaften den Rückgabetyp (zum Beispiel `string`, wenn die Eigenschaft Text zurückgibt) sowie Informationen darüber, ob die Eigenschaft nur gelesen (`get;`) oder auch verändert werden darf (`get;set;`).

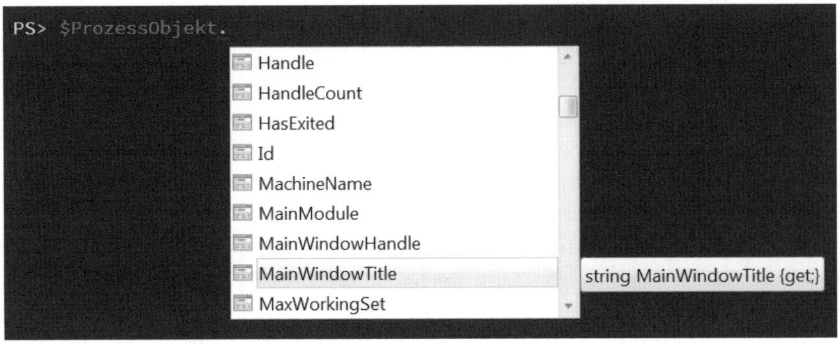

Abbildung 9.4: Die Member eines Objekts (Eigenschaften und Methoden) werden in PowerShell ISE angezeigt.

Bei Methoden sehen Sie im Tooltippfenster die Informationen, die man der Methode innerhalb der runden Klammern übergeben kann, sowie den Datentyp des Rückgabewerts. Über `Get-Member` kann man diese Informationen auch direkt in die PowerShell-Konsole ausgeben. `Get-Member` liefert zuoberst hinter `TypeName` außerdem den Namen des Datentyps. Prozesse sind also vom Typ `System.Diagnostics.Process`.

```
PS> $ProzessObjekt | Get-Member

   TypeName: System.Diagnostics.Process

Name                       MemberType     Definition
----                       ----------     ----------
Handles                    AliasProperty  Handles = Handlecount
Name                       AliasProperty  Name = ProcessName
NPM                        AliasProperty  NPM = NonpagedSystemMemorySize
PM                         AliasProperty  PM = PagedMemorySize
VM                         AliasProperty  VM = VirtualMemorySize
WS                         AliasProperty  WS = WorkingSet
Disposed                   Event          System.EventHandler Disposed(System.Object,...
ErrorDataReceived          Event          System.Diagnostics.DataReceivedEventHandler...
Exited                     Event          System.EventHandler Exited(System.Object, S...
OutputDataReceived         Event          System.Diagnostics.DataReceivedEventHandler...
BeginErrorReadLine         Method         void BeginErrorReadLine()
BeginOutputReadLine        Method         void BeginOutputReadLine()
CancelErrorRead            Method         void CancelErrorRead()
CancelOutputRead           Method         void CancelOutputRead()
(...)
```

Hilfe für Objekteigenschaften und -methoden finden

Weil die internen Eigenschaften und Methoden eines Objekts keine Cmdlets sind, verfügen sie auch nicht über eine eingebaute Hilfe. Im Internet sind die Eigenschaften und Methoden vieler Objekte aber bestens beschrieben. Dazu müssen Sie nur zwei Dinge wissen: den Typ des Objekts (wird Ihnen von `Get-Member` verraten und steht ganz oben hinter `TypeName`) und den Namen der Eigenschaft oder Methode, die Sie interessiert.

Danach surfen Sie zu einer Suchmaschine wie beispielsweise *www.google.de* und tippen beide Angaben mit einem nachgestellten `site:msdn.microsoft.com` ein, was bewirkt, dass Sie die Hilfe aus MSDN erhalten. Schreiben Sie also zum Beispiel `System.Diagnostics.Process WaitForExit site:msdn.microsoft.com` (Abbildung 9.5).

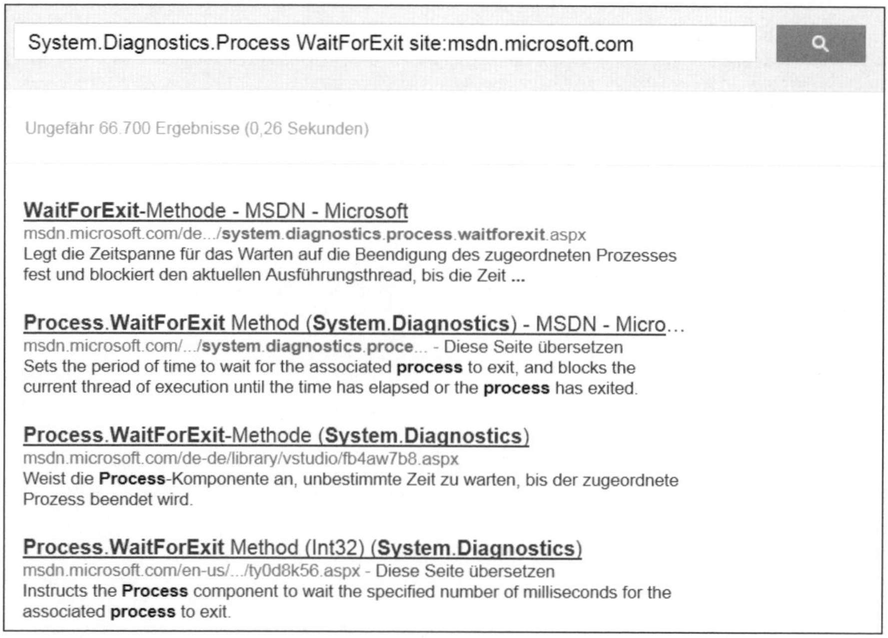

Abbildung 9.5: Nach Hilfe zu einer Eigenschaft oder Methode suchen.

Sofern es sich um ein Objekt handelt, das von Microsoft entwickelt wurde, erscheinen sofort viele Links auf Dokumentationen, und darin finden Sie alle erdenklichen Informationen (Abbildung 9.6).

Process.WaitForExit-Methode (Int32) msdn

.NET Framework 4.5 | Andere Versionen | Dieser Artikel wurde noch nicht bewertet - Dieses Thema bewerten.

Weist die Process-Komponente an, für die Dauer von angegebenen Millisekunden zu warten, bis der zugeordnete Prozess beendet wird.

Namespace: System.Diagnostics
Assembly: System (in System.dll)

Syntax

C# | C++ | F# | VB — Kopieren

```
public bool WaitForExit(
        int milliseconds
)
```

Parameter

milliseconds
Typ: System.Int32
Die Zeitspanne in Millisekunden, die auf die Beendigung des zugeordneten Prozesses gewartet werden soll.Der Höchstwert ist der größtmögliche Wert einer 32-Bit-Ganzzahl, der für das Betriebssystem unendlich bedeutet.

Rückgabewert

Typ: System.Boolean
true , wenn der zugeordnete Prozess beendet wurde, andernfalls **false**.

Ausnahmen

Ausnahme	Bedingung
Win32Exception	No process Id has been set, and a Handle from which the Id property can be determined does not exist. Bessere Übersetzung vorschlagen
SystemException	Es wurde keine Id für den Prozess festgelegt, und es ist kein Handle vorhanden, über das die Id-Eigenschaft bestimmt werden kann. - oder - Diesem Process-Objekt ist kein Prozess zugeordnet.

Abbildung 9.6: Detaillierte Informationen zur Methode WaitForExit() abrufen.

Stammt der Objekttyp von einem anderen Hersteller, lassen Sie bei der Suche im Internet den Zusatz »site:msdn.microsoft.com« weg.

Ergebnisse eines Befehls untersuchen

Lassen wir die gerade besprochenen Verfahren noch einmal Revue passieren, denn sie funktionieren immer nach demselben Muster. Das Ergebnis eines Befehls lässt sich zum Beispiel immer mit `Select-Object` untersuchen, um sämtliche darin enthaltenen Informationen sichtbar zu machen:

```
# ohne Select-Object zeigt PowerShell nur wenige Informationen an:
PS> Get-Date

Donnerstag, 28. Januar 2016 22:27:21


# mit Select-Object sehen Sie sämtliche Informationen (Eigenschaften):
PS> Get-Date | Select-Object -Property *
```

```
DisplayHint : DateTime
DateTime    : Donnerstag, 28. Januar 2016 22:27:27
Date        : 28.01.2016 00:00:00
Day         : 28
DayOfWeek   : Thursday
DayOfYear   : 28
Hour        : 22
Kind        : Local
Millisecond : 444
Minute      : 27
Month       : 1
Second      : 27
Ticks       : 635896168474448664
TimeOfDay   : 22:27:27.4448664
Year        : 2016
```

Oder Sie greifen im ISE-Editor zu IntelliSense. In der IntelliSense-Liste sehen Sie nun sowohl die Eigenschaften als auch die Methoden:

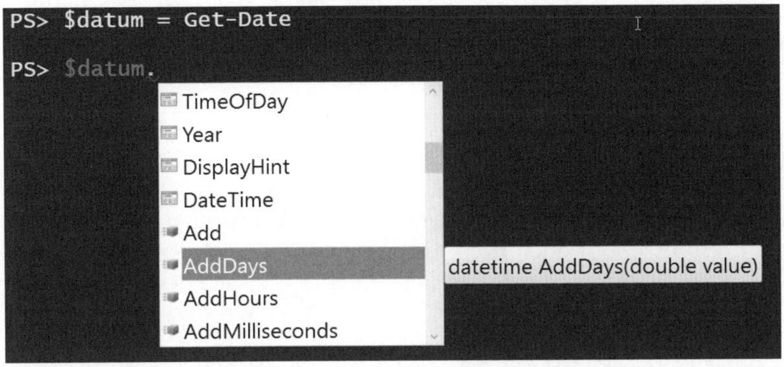

Abbildung 9.7: Eigenschaften und Methoden im IntelliSense-Menü.

Schließlich können Sie die Eigenschaften und Methoden eines Objekts auch auflisten, indem Sie das Ergebnis eines Befehls an `Get-Member` weiterleiten:

```
PS> Get-Date | Get-Member


   TypeName: System.DateTime

Name              MemberType     Definition
----              ----------     ----------
Add               Method         datetime Add(timespan value)
AddDays           Method         datetime AddDays(double value)
AddHours          Method         datetime AddHours(double value)
AddMilliseconds   Method         datetime AddMilliseconds(double value)
AddMinutes        Method         datetime AddMinutes(double value)
AddMonths         Method         datetime AddMonths(int months)
(...)
```

`Get-Member` verrät Ihnen zuerst den Namen des zugrunde liegenden Objekttyps, und danach folgt eine Liste mit allen Eigenschaften und Methoden. Im Gegensatz zu `Select-Object` liefert `Get-Member` also auch die Methoden. Es zeigt aber keine konkreten Informationen an, sondern beschreibt nur den Aufbau des Objekttyps. `Select-Object` dagegen zeigt pro Objekt die darin enthaltenen Informationen an.

Um also die Ergebnisse eines Befehls gründlich zu erforschen, ergänzen sich diese beiden Cmdlets ideal und sollten (nacheinander) angewendet werden.

Unterschiedliche Objekttypen

Es kann durchaus sein, dass ein Befehl mehr als einen Objekttyp zurückliefert. Wenn Sie beispielsweise mit `Get-ChildItem` den Inhalt eines Ordners ausgeben, können sich darin Dateien und Ordner befinden, die von unterschiedlichen Objekttypen repräsentiert werden. `Get-Member` listet dann alle Objektdefinitionen nacheinander auf:

```
PS> Get-ChildItem -Path $env:windir | Get-Member
```

Möchten Sie lediglich wissen, wie die Objekttypen eigentlich heißen, die ein Befehl zurückliefert, hilft diese Zeile:

```
PS> Get-ChildItem -Path $env:windir | Get-Member | Select-Object -ExpandProperty TypeName |
Sort-Object -Unique
System.IO.DirectoryInfo
System.IO.FileInfo
```

Nach Objekttypen filtern

Wissen Sie, von welcher »Sorte« die Objekte sind, die ein Befehl liefert (kennen Sie also deren Typnamen), lassen sich Ergebnisse jetzt auch nach dieser Sorte filtern. Wollen Sie beispielsweise ausschließlich Dateien eines Ordner-Listings sehen, könnten Sie nach dem betreffenden Objekttyp filtern:

```
PS> Get-ChildItem -Path $env:windir | Where-Object { $_ -is [System.IO.FileInfo] }
```

Der Operator `-is` prüft also, ob ein Objekt von einem bestimmten Typ ist, und ein Typ selbst wird in PowerShell durch eckige Klammern repräsentiert. Welche Typen ein Befehl überhaupt liefert, hatte Ihnen ja bereits `Get-Member` verraten.

Das Beispiel von eben ist nicht allzu nützlich, weil `Get-ChildItem` seit PowerShell 3.0 mit dem Parameter `-File` sowieso Dateien filtern kann. Das Grundprinzip ist wichtig. Listen Sie zum Beispiel mit `Get-ChildItem` nicht irgendeinen Dateisystemordner auf, sondern den Zertifikatspeicher, kommen darin ganz andere Objekttypen zum Einsatz:

```
PS> Get-ChildItem cert:\ -Recurse |
 Get-Member |
 Select-Object -ExpandProperty TypeName |
 Sort-Object -Unique
```

Das Ergebnis sieht in etwa so aus:

```
Microsoft.PowerShell.Commands.X509StoreLocation
System.Security.Cryptography.X509Certificates.X509Certificate2
System.Security.Cryptography.X509Certificates.X509Store
```

Die drei gefundenen Objekttypen repräsentieren einen Zertifikatordner, ein Zertifikat und einen Zertifikatspeicher. Interessieren Sie sich ausschließlich für eine Liste von Zertifikaten, wüssten Sie nun, was zu tun ist:

```
PS> Get-ChildItem cert:\ -Recurse |
  Where-Object {
    $_ -is [System.Security.Cryptography.X509Certificates.X509Certificate2]
  }
```

Sie könnten sich jetzt mit `Get-Member` anzeigen lassen, welche Eigenschaften und Methoden Zertifikate zu bieten haben, und daraus dann eine Lösung schaffen, die abgelaufene Zertifikate findet:

```
# gesamten Inhalt des Zertifikatspeichers auslesen
Get-ChildItem cert:\ -Recurse |
# nur Zertifikate berücksichtigen
Where-Object {
  $_ -is [System.Security.Cryptography.X509Certificates.X509Certificate2]
} |
# nur abgelaufene Zertifikate
Where-Object {
  $_.NotAfter -lt (Get-Date)
} |
# nur Name und Ablaufdatum anzeigen
Select-Object -Property FriendlyName, NotAfter, Subject |
Out-GridView -Title 'Abgelaufene Zertifikate'
```

Listing 9.3: Abgelaufene Zertifikate finden.

Das Ergebnis ist vielleicht überraschend, denn möglicherweise entdecken Sie dabei Zertifikate, die längst abgelaufen sind:

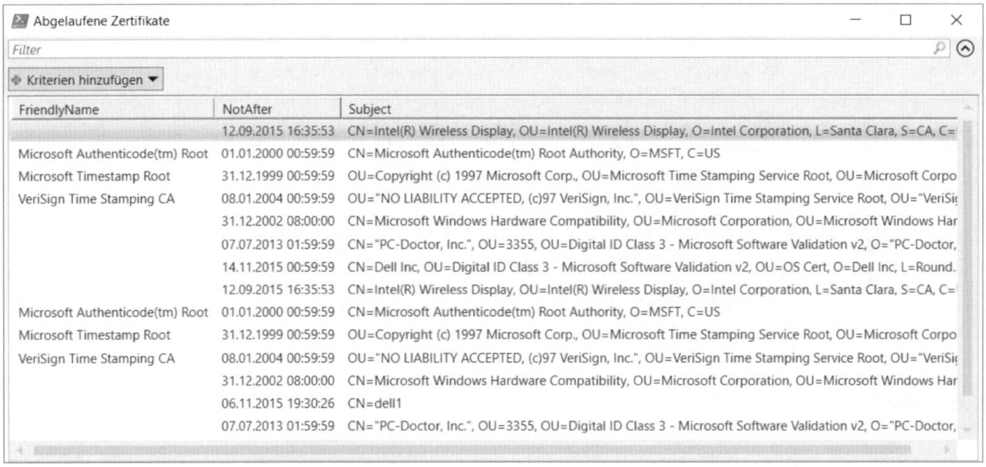

FriendlyName	NotAfter	Subject
	12.09.2015 16:35:53	CN=Intel(R) Wireless Display, OU=Intel(R) Wireless Display, O=Intel Corporation, L=Santa Clara, S=CA, C=
Microsoft Authenticode(tm) Root	01.01.2000 00:59:59	CN=Microsoft Authenticode(tm) Root Authority, O=MSFT, C=US
Microsoft Timestamp Root	31.12.1999 00:59:59	OU=Copyright (c) 1997 Microsoft Corp., OU=Microsoft Time Stamping Service Root, OU=Microsoft Corpo
VeriSign Time Stamping CA	08.01.2004 00:59:59	OU="NO LIABILITY ACCEPTED, (c)97 VeriSign, Inc.", OU=VeriSign Time Stamping Service Root, OU="VeriSi
	31.12.2002 08:00:00	CN=Microsoft Windows Hardware Compatibility, OU=Microsoft Corporation, OU=Microsoft Windows Har
	07.07.2013 01:59:59	CN="PC-Doctor, Inc.", OU=3355, OU=Digital ID Class 3 - Microsoft Software Validation v2, O="PC-Doctor,
	14.11.2015 00:59:59	CN=Dell Inc, OU=Digital ID Class 3 - Microsoft Software Validation v2, OU=OS Cert, O=Dell Inc, L=Round.
	12.09.2015 16:35:53	CN=Intel(R) Wireless Display, OU=Intel(R) Wireless Display, O=Intel Corporation, L=Santa Clara, S=CA, C=
Microsoft Authenticode(tm) Root	01.01.2000 00:59:59	CN=Microsoft Authenticode(tm) Root Authority, O=MSFT, C=US
Microsoft Timestamp Root	31.12.1999 00:59:59	OU=Copyright (c) 1997 Microsoft Corp., OU=Microsoft Time Stamping Service Root, OU=Microsoft Corpo
VeriSign Time Stamping CA	08.01.2004 00:59:59	OU="NO LIABILITY ACCEPTED, (c)97 VeriSign, Inc.", OU=VeriSign Time Stamping Service Root, OU="VeriSi
	31.12.2002 08:00:00	CN=Microsoft Windows Hardware Compatibility, OU=Microsoft Corporation, OU=Microsoft Windows Har
	06.11.2015 19:30:26	CN=dell1
	07.07.2013 01:59:59	CN="PC-Doctor, Inc.", OU=3355, OU=Digital ID Class 3 - Microsoft Software Validation v2, O="PC-Doctor,

Abbildung 9.8: Abgelaufene Zertifikate finden.

Änderbare Eigenschaften finden

`Get-Member` kann auch änderbare Eigenschaften eines Objekts finden:

```
# Inhalt des Windows-Ordners untersuchen
Get-ChildItem -Path $env:windir |
  # alle Eigenschaften finden
  Get-Member -MemberType *Property |
```


Betriebssystem-Funktionen einsetzen

```
# die sich ändern lassen
Where-Object { $_.Definition -like '*set;*' } |
Select-Object -Property * |
Sort-Object Name |
Out-GridView
```

Listing 9.4: Alle Eigenschaften finden, die sich ändern lassen.

Hier wird das Ergebnis von `Get-ChildItem` von `Get-Member` untersucht. Damit ausschließlich die Eigenschaften angezeigt werden, die man ändern darf, filtert `Where-Object` und lässt nur Eigenschaften durch, in deren Eigenschaft `Definition` die Zeichenfolge `set;` vorkommt. Das Ergebnis wird nach Name sortiert und im GridView ausgegeben (Abbildung 9.9).

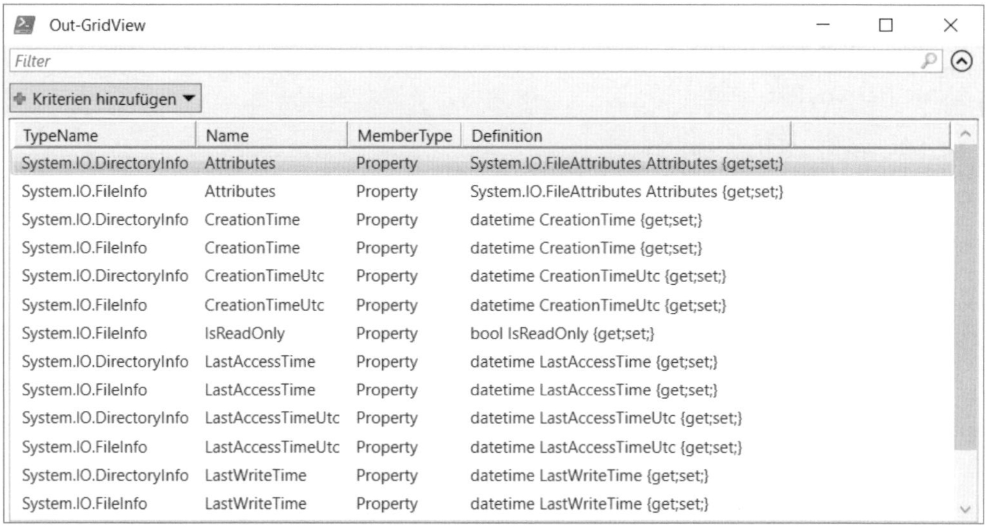

TypeName	Name	MemberType	Definition
System.IO.DirectoryInfo	Attributes	Property	System.IO.FileAttributes Attributes {get;set;}
System.IO.FileInfo	Attributes	Property	System.IO.FileAttributes Attributes {get;set;}
System.IO.DirectoryInfo	CreationTime	Property	datetime CreationTime {get;set;}
System.IO.FileInfo	CreationTime	Property	datetime CreationTime {get;set;}
System.IO.DirectoryInfo	CreationTimeUtc	Property	datetime CreationTimeUtc {get;set;}
System.IO.FileInfo	CreationTimeUtc	Property	datetime CreationTimeUtc {get;set;}
System.IO.FileInfo	IsReadOnly	Property	bool IsReadOnly {get;set;}
System.IO.DirectoryInfo	LastAccessTime	Property	datetime LastAccessTime {get;set;}
System.IO.FileInfo	LastAccessTime	Property	datetime LastAccessTime {get;set;}
System.IO.DirectoryInfo	LastAccessTimeUtc	Property	datetime LastAccessTimeUtc {get;set;}
System.IO.FileInfo	LastAccessTimeUtc	Property	datetime LastAccessTimeUtc {get;set;}
System.IO.DirectoryInfo	LastWriteTime	Property	datetime LastWriteTime {get;set;}
System.IO.FileInfo	LastWriteTime	Property	datetime LastWriteTime {get;set;}

Abbildung 9.9: Alle änderbaren Eigenschaften von Objekten finden.

Im Beispiel zeigt das Ergebnis, dass `Get-ChildItem` zwei Objekttypen zurückliefert: `System.IO.FileInfo` (repräsentiert eine Datei) und `System.IO.DirectoryInfo` (repräsentiert einen Ordner). Die meisten änderbaren Eigenschaften sind für beide gleich, `IsReadOnly` allerdings ist nur bei Dateien vorhanden. Wieder etwas gelernt: Möchten Sie künftig eine Datei mit einem Schreibschutz versehen (oder ihn entfernen), verwenden Sie diesen Aufruf:

```
# Testdatei anlegen:
PS> $file = New-Item -Path $HOME\Desktop\Testdatei.txt -ItemType File

# Schreibschutz einschalten:
PS> $file.isReadOnly = $true
```

Auf Ihrem Desktop liegt nun die Datei *Testdatei.txt*, und wenn Sie sich deren Eigenschaften ansehen, ist der Schreibschutz tatsächlich aktiviert. Lust auf mehr? Ein Blick in Abbildung 9.9 zeigt weitere änderbare Eigenschaften von Dateien. Ändern Sie doch gleich mal das Erstellungs- und Änderungsdatum mit den Eigenschaften `CreationTime` und `LastWriteTime`! Das allerdings funktioniert natürlich erst, wenn Sie den Schreibschutz vorübergehend wieder ausschalten:

```
PS> $file.isReadOnly = $false
PS> $file.CreationTime = '1633-12-03 19:33:12'
```

```
PS> $file.LastWriteTime = '1812-05-08 12:33:00'
PS> $file.isReadOnly = $true
```

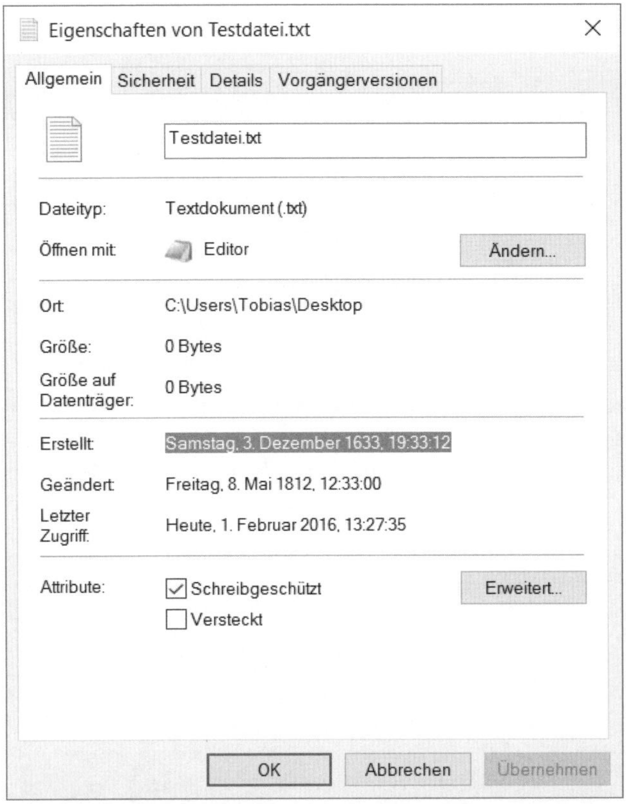

Abbildung 9.10: Schreibgeschützte Datei mit Erzeugungsdatum in der frühen Neuzeit: im 17. Jahrhundert.

Primitive Datentypen sind auch Objekte

Informationen werden in PowerShell *immer* durch ein Objekt repräsentiert. Das gilt auch für ganz primitive Informationen wie Text, Zahlen oder andere Ergebnisse. Diese können ebenfalls mit `Get-Member` untersucht werden und bieten höchst nützliche Eigenschaften und Methoden:

```
PS> 'Ich bin ein Text' | Get-Member

   TypeName: System.String

Name             MemberType          Definition
----             ----------          ----------
Clone            Method              System.Object Clone()
CompareTo        Method              int CompareTo(System.Object value), int Compare..
(...)
ToUpper          Method              string ToUpper(), string ToUpper(System.Globali..
ToUpperInvariant Method              string ToUpperInvariant()
Trim             Method              string Trim(Params char[] trimChars), string Tr..
TrimEnd          Method              string TrimEnd(Params char[] trimChars)
TrimStart        Method              string TrimStart(Params char[] trimChars)
```

```
Chars           ParameterizedProperty char Chars(int index) {get;}
Length          Property              System.Int32 Length {get;}

PS> 1 | Get-Member

   TypeName: System.Int32

Name        MemberType Definition
----        ---------- ----------
CompareTo   Method     int CompareTo(System.Object value), int CompareTo(int value)
Equals      Method     bool Equals(System.Object obj), bool Equals(int obj)
GetHashCode Method     int GetHashCode()
GetType     Method     type GetType()
GetTypeCode Method     System.TypeCode GetTypeCode()
ToString    Method     string ToString(), string ToString(string format), string ToSt...
```

Eigenschaften lesen

Befindet sich das Ergebnis eines Befehls in einer Variablen, kann man mit dem Punkt die Eigenschaften und Methoden des enthaltenen Objekts darin ansprechen. Jede Variable besitzt zum Beispiel die Eigenschaft `Count`, über die Sie herausfinden, wie viele Informationen darin gespeichert sind:

```
PS> $a = Get-Date

PS> $a.Count
1

PS> $b = 1..20

PS> $b.Count
20

PS> $c = Get-Service

PS> $c.Count
239
```

Hinweis

Die immer vorhandene Eigenschaft `Count` wurde in PowerShell 3.0 eingeführt. In PowerShell 2.0 verfügen nur Arrays und Container über diese Eigenschaft.

Um die Punktschreibweise verwenden zu können, speichern Sie die Ergebnisse eines Befehls also zunächst in einer Variablen und greifen dann mit dem Punkt auf diese Variable zu:

```
PS> $datum = Get-Date

PS> $datum.DayOfWeek
Thursday
```

Alternativ könnten Sie auch runde Klammern einsetzen: So wird zuerst der Befehl ausgeführt, und danach liefern die runden Klammern die Ergebnisse des Befehls – auf die Sie wieder mit dem Punkt zugreifen dürfen:

```
PS> (Get-Date).DayOfWeek
Thursday
```

Tipp

Beim Einsatz von runden Klammern zeigt der ISE-Editor oft kein IntelliSense-Menü mehr an. ISE kann den Objekttyp (und damit den Inhalt des IntelliSense-Menüs) nur ermitteln, wenn bekannt ist, um welche Daten es sich handelt. Bei runden Klammern werden aber keine Daten gespeichert, sondern jeweils durch die Ausführung eines Befehls frisch geliefert. ISE müsste also den Befehl in den runden Klammern heimlich ausführen, nur um feststellen zu können, welche Daten er liefert. Befehle dürfen aber natürlich nur von Ihnen selbst ausgeführt werden und nicht heimlich durch IntelliSense; deswegen kann das IntelliSense-Menü in diesem Fall keine Vorschläge liefern.

Dass der ISE-Editor trotzdem in vielen Fällen auch bei runden Klammern IntelliSense-Listen zeigt, liegt am Befehl selbst, der in den runden Klammern steht. Viele Befehle definieren im Vorfeld, welche Rückgabewerte sie liefern *würden*, und diese Information nutzt ISE dann für seine IntelliSense-Menüs.

Eigenschaften von vielen Objekten gleichzeitig abrufen

Oft liefern Befehle mehr als ein Ergebnis. Diese Ergebnisse werden dann von PowerShell als Array verpackt, und immer, wenn das geschieht, zeigt IntelliSense die gleiche Auswahl:

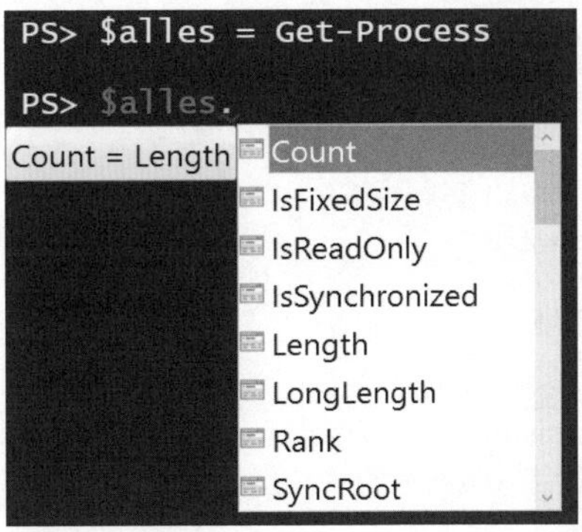

Abbildung 9.11: IntelliSense zeigt bei einem Array immer die gleichen Eigenschaften an.

Die Punktschreibweise zeigt stets die Eigenschaften und Methoden genau desjenigen Objekts an, das Sie ansprechen. In Abbildung 9.11 ist `$alles` ein Array, und das IntelliSense-Menü zeigt daher korrekterweise die Eigenschaften an, die jedes Array der Welt zu bieten hat – unabhängig davon, was das Array gerade enthält.

Pipeline entpackt Arrays automatisch

Nicht so jedoch bei `Get-Member`. Leiten Sie das Array über die Pipeline an `Get-Member`, zeigt `Get-Member` akkurat an, wie die Objekte aufgebaut sind, die sich im Array befinden. Verantwortlich dafür ist indes allein die PowerShell-Pipeline und nicht `Get-Member`, denn die Pipeline packt jedes Array aus und leitet grundsätzlich immer nur dessen Inhalt einzeln weiter:

```
PS> $alles | Get-Member

   TypeName: System.Diagnostics.Process

Name                       MemberType     Definition
----                       ----------     ----------
Handles                    AliasProperty  Handles = Handlecount
Name                       AliasProperty  Name = ProcessName
NPM                        AliasProperty  NPM = NonpagedSystemMemorySize64
PM                         AliasProperty  PM = PagedMemorySize64
SI                         AliasProperty  SI = SessionId
VM                         AliasProperty  VM = VirtualMemorySize64
WS                         AliasProperty  WS = WorkingSet64
Disposed                   Event          System.EventHandler Disposed(System....
(...)
PrivateMemorySize64        Property       long PrivateMemorySize64 {get;}
(…)
```

Der »Auspackmechanismus« der Pipeline ist es also auch, der bei `Select-Object` dafür sorgt, dass der Inhalt des Arrays angezeigt wird:

```
PS> $alles = Get-Process

PS> $alles | Select-Object -Property Name, Company, Description

Name                     Company                      Description
----                     -------                      -----------
Adobe CEF Helper         Adobe Systems Incorporated Adobe CEF Helper
Adobe CEF Helper         Adobe Systems Incorporated Adobe CEF Helper
Adobe Desktop Service    Adobe Systems Incorporated Creative Cloud
AdobeIPCBroker           Adobe Systems Incorporated Adobe IPC Broker
AGSService
AppleMobileDeviceService
ApplicationFrameHost     Microsoft Corporation        Application Frame Host
armsvc
browser_broker           Microsoft Corporation        Browser_Broker
BtwRSupportService
CCLibrary                Adobe Systems Incorporated CCLibraries
```

`Select-Object` ist das Mittel der Wahl, wenn Sie mehrere Eigenschaften eines Objekts anzeigen möchten, und wegen des automatischen Auspackmechanismus der Pipeline spielt es keine Rolle, ob es sich um ein einzelnes Objekt oder um viele Objekte handelt.

»Automatic Unrolling«: Punktschreibweise bei Arrays

Auch bei der Punktschreibweise gibt es einen automatischen Auspackmechanismus, ähnlich wie bei der Pipeline. Er wird *Automatic Unrolling* genannt, wurde mit PowerShell 3.0 eingeführt und sorgt dafür, dass Sie bei einem Array mit der Punktschreibweise nicht nur die Eigenschaften des Arrays angeben können, sondern auch die seines Inhalts.

```
PS> $dll = Get-ChildItem c:\windows\system32\*.dll

PS> $dll.VersionInfo

ProductVersion   FileVersion      FileName
--------------   -----------      --------
10.0.10586.0     10.0.10586.0 ... C:\windows\system32\aadauthhelper.dll
10.0.10586.0     10.0.10586.0 ... C:\windows\system32\aadcloudap.dll
10.0.10586.0     10.0.10586.0 ... C:\windows\system32\aadtb.dll
10.0.10586.0     10.0.10586.0 ... C:\windows\system32\AboveLockAppHost.dll
(...)
```

Obwohl also das IntelliSense-Menü die Eigenschaft `VersionInfo` gar nicht anzeigt, weil das Array `$dll` diese Eigenschaft nicht kennt, funktioniert der Code trotzdem. Automatic Unrolling geht dabei so vor: Wird die gewünschte Eigenschaft nicht im Array selbst gefunden, fragt PowerShell die Eigenschaft automatisch in einer Schleife für alle im Array enthaltenen Objekte ab. Intern wird dabei also dieser Code ausgeführt:

```
PS> $dll = Get-ChildItem c:\windows\system32\*.dll

PS> $dll | ForEach-Object { $_.VersionInfo }

ProductVersion   FileVersion      FileName
--------------   -----------      --------
10.0.10586.0     10.0.10586.0 ... C:\windows\system32\aadauthhelper.dll
10.0.10586.0     10.0.10586.0 ... C:\windows\system32\aadcloudap.dll
10.0.10586.0     10.0.10586.0 ... C:\windows\system32\aadtb.dll
10.0.10586.0     10.0.10586.0 ... C:\windows\system32\AboveLockAppHost.dll
10.0.10586.0     10.0.10586.0 ... C:\windows\system32\accessibilitycpl.dll
10.0.10586.0     10.0.10586.0 ... C:\windows\system32\accountaccessor.dll
10.0.10586.0     10.0.10586.0 ... C:\windows\system32\AccountsControlInternal.dll
10.0.10586.0     10.0.10586.0 ... C:\windows\system32\AccountsRt.dll
10.0.10586.0     10.0.10586.0 ... C:\windows\system32\ACCTRES.dll
10.0.10586.0     10.0.10586.0 ... C:\windows\system32\acledit.dll
(...)
```

Achtung

Automatic Unrolling dient in erster Linie Ihrer Bequemlichkeit. Wenn Sie es einsetzen, riskieren Sie aber zwei Dinge: Erstens ist Ihr Code nicht mehr kompatibel zu PowerShell 2.0, und zweitens kann es zu Mehrdeutigkeiten kommen. Was, wenn die gewünschte Eigenschaft sowohl im Array als auch im Arrayinhalt vorkommt? In diesem Fall greift PowerShell zur nächstgelegenen Eigenschaft, also zu derjenigen des Arrays.

Automatic Unrolling ist niemals zwingend erforderlich, denn es bildet ja nur eine bequeme Schleife, in der die Array-Elemente einzeln angesprochen werden. Alle drei folgenden Verfahren liefern dasselbe Resultat:

```
PS> $dll = Get-ChildItem c:\windows\system32\*.dll | Select-Object -First 5

# Automatic Unrolling (ab PowerShell 3.0):
PS> $dll.VersionInfo

ProductVersion   FileVersion      FileName
--------------   -----------      --------
10.0.10586.0     10.0.10586.0 ... C:\windows\system32\aadauthhelper.dll
10.0.10586.0     10.0.10586.0 ... C:\windows\system32\aadcloudap.dll
10.0.10586.0     10.0.10586.0 ... C:\windows\system32\aadtb.dll
10.0.10586.0     10.0.10586.0 ... C:\windows\system32\AboveLockAppHost.dll
10.0.10586.0     10.0.10586.0 ... C:\windows\system32\accessibilitycpl.dll


# -ExpandProperty (alle PS-Versionen):
PS> $dll | Select-Object -ExpandProperty VersionInfo

ProductVersion   FileVersion      FileName
--------------   -----------      --------
10.0.10586.0     10.0.10586.0 ... C:\windows\system32\aadauthhelper.dll
10.0.10586.0     10.0.10586.0 ... C:\windows\system32\aadcloudap.dll
10.0.10586.0     10.0.10586.0 ... C:\windows\system32\aadtb.dll
10.0.10586.0     10.0.10586.0 ... C:\windows\system32\AboveLockAppHost.dll
10.0.10586.0     10.0.10586.0 ... C:\windows\system32\accessibilitycpl.dll
```

```
# Foreach-Object (alle PS-Versionen):
PS> $dll | ForEach-Object { $_.VersionInfo }

ProductVersion   FileVersion      FileName
--------------   -----------      --------
10.0.10586.0     10.0.10586.0 ... C:\windows\system32\aadauthhelper.dll
10.0.10586.0     10.0.10586.0 ... C:\windows\system32\aadcloudap.dll
10.0.10586.0     10.0.10586.0 ... C:\windows\system32\aadtb.dll
10.0.10586.0     10.0.10586.0 ... C:\windows\system32\AboveLockAppHost.dll
10.0.10586.0     10.0.10586.0 ... C:\windows\system32\accessibilitycpl.dll
```

Die letzten beiden Verfahren sind indes abwärtskompatibel zu PowerShell 2.0 und beschränken sich ausschließlich auf den Inhalt eines Arrays, sodass hier Mehrdeutigkeiten ausgeschlossen sind.

Eigenschaften ändern

Wollen Sie eine Eigenschaft ändern, weisen Sie ihr ähnlich wie bei einer Variablen einen neuen Wert zu. Viele Einstellungen der PowerShell werden zum Beispiel über Eigenschaften des Objekts in `$Host` geregelt. Alle Sonderfarben verwaltet die Eigenschaft `PrivateData`, und alle sind änderbar:

```
PS> $Host.PrivateData

ErrorForegroundColor    : Red
ErrorBackgroundColor    : White
WarningForegroundColor  : Yellow
WarningBackgroundColor  : Black
DebugForegroundColor    : Yellow
DebugBackgroundColor    : Black
VerboseForegroundColor  : Yellow
VerboseBackgroundColor  : Black
ProgressForegroundColor : Yellow
ProgressBackgroundColor : DarkCyan

PS> $Host.PrivateData | Get-Member -MemberType *Property

   TypeName: Microsoft.PowerShell.ConsoleHost+ConsoleColorProxy

Name                    MemberType Definition
----                    ---------- ----------
DebugBackgroundColor    Property   System.ConsoleColor DebugBackgroundColor    {get;set;}
DebugForegroundColor    Property   System.ConsoleColor DebugForegroundColor    {get;set;}
ErrorBackgroundColor    Property   System.ConsoleColor ErrorBackgroundColor    {get;set;}
ErrorForegroundColor    Property   System.ConsoleColor ErrorForegroundColor    {get;set;}
ProgressBackgroundColor Property   System.ConsoleColor ProgressBackgroundC... {get;set;}
ProgressForegroundColor Property   System.ConsoleColor ProgressForegroundC... {get;set;}
VerboseBackgroundColor  Property   System.ConsoleColor VerboseBackgroundColor {get;set;}
VerboseForegroundColor  Property   System.ConsoleColor VerboseForegroundColor {get;set;}
WarningBackgroundColor  Property   System.ConsoleColor WarningBackgroundColor {get;set;}
WarningForegroundColor  Property   System.ConsoleColor WarningForegroundColor {get;set;}
```

Möchten Sie Fehlermeldungen leichter lesbar machen, schalten Sie deren Hintergrundfarbe beispielsweise mit der Eigenschaft `ErrorBackgroundColor` auf `White` um:

```
PS> $Host.PrivateData.ErrorBackgroundColor = 'White'
PS> 1/$null
```

Der provozierte Fehler erscheint nun auf weißem Grund. Die Eigenschaft durfte also geändert werden, weil das zugrunde liegende Objekt die Änderung umgesetzt hat und folglich weiterhin von der geänderten Eigenschaft korrekt beschrieben wurde.

Methoden aufrufen

Dass Objekte nicht nur Eigenschaften (Informationen) enthalten, sondern auch Befehle, haben Sie bereits gesehen. Um die Methoden eines Objekts aufzulisten, verwenden Sie wie bei den Eigenschaften `Get-Member` und übergeben diesem als `-MemberType`-Parameter diesmal den Wert `*method` anstelle von `*property`. Schauen Sie sich zum Beispiel an, welche Methoden ein einfacher Text enthält:

```
PS> 'Ich bin ein kleiner Text' | Get-Member -MemberType *method

   TypeName: System.String

Name             MemberType Definition
----             ---------- ----------
Clone            Method     System.Object Clone()
CompareTo        Method     int CompareTo(System.Object value), int CompareTo(string s..
Contains         Method     bool Contains(string value)
CopyTo           Method     System.Void CopyTo(int sourceIndex, char[] destination, in..
EndsWith         Method     bool EndsWith(string value), bool EndsWith(string value, S..
(…)
Trim             Method     string Trim(Params char[] trimChars), string Trim()
TrimEnd          Method     string TrimEnd(Params char[] trimChars)
TrimStart        Method     string TrimStart(Params char[] trimChars)
```

Der kleine unscheinbare Text enthält eine ganze Armada von Befehlen, denn auch Texte, Zahlen und Daten sind in PowerShell Objekte. Ohne `Get-Member` hätte Ihnen der ISE-Editor ebenfalls über kurz oder lang gezeigt, dass Texte Befehle enthalten – jedenfalls dann, wenn Sie direkt hinter einem Text irgendwann zufällig einen Punkt angegeben hätten (Abbildung 9.12).

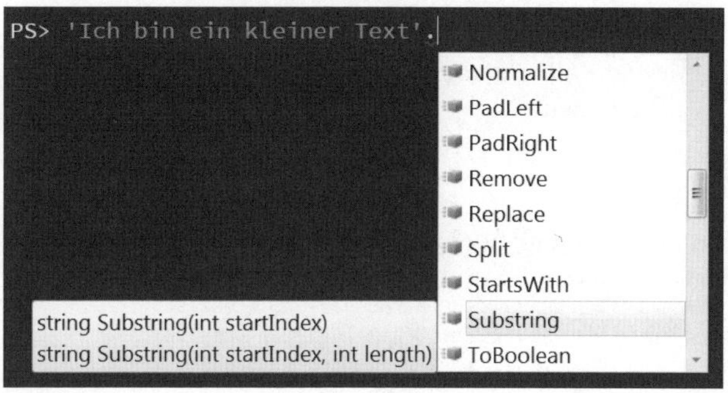

Abbildung 9.12: Das IntelliSense-Menü zeigt Objektmethoden mitsamt ihren Signaturen (Überladungen).

Im IntelliSense-Menü erscheinen die Methoden mit einem pinkfarbenen Würfel und sind klar von den Eigenschaften zu unterscheiden. Texte, genauer Textobjekte, enthalten also selbst bereits alles, was für den Umgang mit dem im Objekt gespeicherten Text so nötig sein könnte:

```
# Text in Großbuchstaben verwandeln:
PS> 'Beispieltext'.toUpper()
BEISPIELTEXT

# Text in Kleinbuchstaben verwandeln:
PS> 'Beispieltext'.toLower()
beispieltext

# prüfen, ob Datei bestimmte Endung aufweist:
PS> 'C:\test\testdatei.txt'.toLower().EndsWith('.txt')
True

# prüfen, ob Datei bestimmten Anfang aufweist:
PS> 'C:\test\testdatei.txt'.toLower().StartsWith('C:\')
True

# erste Position eines Suchworts im Text bestimmen:
PS> 'tobias.weltner@email.de'.IndexOf('@')
14

# letzte Position eines Stichworts im Text bestimmen:
PS> 'tobias.weltner@email.de'.LastIndexOf('@')
14

# Text bis zu einer bestimmten Position ausgeben:
PS> $email = 'tobias.weltner@email.de'
PS> $position = $email.IndexOf('@')
PS> $email.SubString(0, $position)
tobias.weltner

# Text ab einer bestimmten Position ausgeben:
PS> $email.SubString($position+1)
email.de
```

Eine Methode mit mehreren Signaturen

Manche Methoden lassen sich auf mehr als eine Art aufrufen. Man spricht dann von Methoden mit unterschiedlichen Signaturen oder von *Überladungen*. Zwei Beispiele mit zwei unterschiedlichen Objekten sollen zeigen, was das bedeutet.

Trim kann mehr als Leerzeichen entfernen

Ein Text-Objekt (Typ *String*) verfügt unter anderem über die Methode `Trim()`. Mit ihr kann man überflüssige Leerzeichen auf beiden Seiten des Texts abschneiden:

```
PS> $text = '     ein Text mit Leerzeichen zu beiden Seiten     '

PS> 'Text ohne Trim: "{0}".' -f $text
Text ohne Trim: "     ein Text mit Leerzeichen zu beiden Seiten     ".

PS> 'Text mit Trim: "{0}".' -f $text.Trim()
Text mit Trim: "ein Text mit Leerzeichen zu beiden Seiten".
```

Wenn Sie `Trim()` untersuchen, werden Sie feststellen, dass die Methode zwei Signaturen besitzt. Man sagt auch, die Methode sei *überladen*. Rufen Sie `Trim()` ohne die Klammern auf, sehen Sie die Überladungen:

```
PS> 'Text'.Trim

OverloadDefinitions
-------------------
string Trim(Params char[] trimChars)
string Trim()
```

`Trim()` kann ohne Argumente aufgerufen werden und entfernt dann Leerzeichen, Tabulatoren und Zeilenumbrüche. Oder Sie geben mit `trimChars` selbst an, was für Zeichen an den Textenden abgeschnitten werden sollen. Das Argument ist vom Typ `char[]`. Der Typ `char` steht für genau ein Zeichen, und weil es ein Array ist (`[]`), dürfen es beliebig viele einzelne Zeichen sein. Ein Text ist zufällig genau das – eine Ansammlung vieler einzelner Zeichen – und kann deshalb in den Typ `char[]` umgewandelt werden. Schauen Sie einmal, ob Sie diesen Code nachvollziehen können:

```
PS> 'c:\test\'.Trim('\')
c:\test

PS> 'explorer.exe'.Trim('.exe')
plorer
```

Im ersten Beispiel ist die Sache eindeutig: `Trim()` schneidet umgekehrte Schrägstriche ab, »normalisiert« also einen Ordnerpfad und stellt sicher, dass der Pfadname *auf keinen Fall* mit einem Backslash endet.

Überraschender ist das Ergebnis des zweiten Beispiels, denn hier liefert `Trim()` als Ergebnis »plorer«. `Trim()` schneidet alle Buchstaben ab, die ihm angegeben werden. Es wertet den Text, den Sie übergeben, also als jeweils eigenständige Zeichen und nicht als zusammengehörigen Text. Deshalb zeigt die Signatur von `Trim()` an, dass dieses Argument vom Typ `char[]` ist (Liste einzelner Zeichen) und kein String (Zeichenkette). Daher führt auch dies zum selben Resultat:

```
PS> 'explorer.exe'.Trim('x.e')
plorer
```

Kapitel 10

Typen verwenden

In diesem Kapitel:

Ausführlich werden in diesem Kapitel die folgenden Aspekte erläutert:

- **Typ:** Der »Typ« eines Objekts ist seine »Sorte«. Er gibt an, was für Informationen sich mit einem Objekt darstellen lassen.
- **Typkonvertierung:** Hierbei wird eine Information in einen anderen Typ umgewandelt, der diese Information möglicherweise besser darstellen kann als sein ursprünglicher Typ.
- **Typisierte Variable:** Eine Variable, der ein fester Typ zugewiesen ist. Werden solch einer Variablen Informationen zugewiesen, die einen *anderen* Typ haben, wandelt PowerShell die Informationen automatisch in den Typ um, auf den die Variable festgelegt ist. Kann die Information nicht umgewandelt werden, wird ein Fehler ausgelöst. Typisierte Variablen bilden dadurch einen Schutzmechanismus, denn durch den Umwandlungsfehler fällt sofort auf, sollten der Variablen grob ungeeignete Informationen zugewiesen werden.
- **Statische Methoden:** Typen enthalten Eigenschaften und Methoden, die man »statisch« nennt. Sie lassen sich als praktische Befehlserweiterung nutzen.
- **Neue Objekte:** Mit `New-Object` lassen sich neue Objekte eines gewünschten Typs herstellen.

- **Typen nachladen:** Typen, auf die Sie zugreifen, müssen geladen sein. PowerShell lädt nur die Typen, die es selbst benötigt. Um auf andere Typen zuzugreifen, werden diese Typen mit `Add-Type` zuerst nachgeladen.

Alle Informationen, die PowerShell liefert, werden durch unterschiedliche Sorten von Objekten repräsentiert. Die Sorte eines Objekts bezeichnet man als »Typ«. Normalerweise entscheidet PowerShell automatisch, welcher der passendste Typ für eine Information ist, aber mitunter gibt es weit bessere Datentypen, die den Umgang mit Informationen dann vereinfachen.

Deshalb erfahren Sie in diesem Kapitel nun auch alle Geheimnisse rund um Datentypen und wie Sie selbst entscheiden, welche Datentypen PowerShell verwendet, um Ihre Informationen zu repräsentieren.

Ob Sie dieses Kapitel in einem Zug durchlesen, bleibt natürlich Ihnen überlassen. Ziemlich sicher ist aber, dass Sie immer wieder zu diesem Kapitel zurückkehren werden, denn es erklärt viele Grundlagen, die zwar extrem nützlich sind, aber häufig erst im Kontext anderer Kapitel Sinn ergeben.

Typumwandlungen

Informationen werden von PowerShell immer in Form von Objekten gespeichert. Um eine Information möglichst genau abzubilden, wählt man hierfür einen passenden Objekttyp. Normalerweise erledigt PowerShell dies automatisch. Mit der Methode `GetType()` kann man den Typ eines Objekts sichtbar machen:

```
PS> "Hallo".GetType().FullName
System.String

PS> (12).GetType().FullName
System.Int32

PS> (12.892).GetType().FullName
System.Double

PS> $true.GetType().FullName
System.Boolean

PS> (Get-Date).GetType().FullName
System.DateTime
```

Nicht immer ist diese automatische Entscheidung aber optimal. Manchmal kann es sich lohnen, Informationen ausdrücklich in einem anderen Typ zu speichern als dem, den PowerShell vorschlägt.

Automatische Typzuweisung durch PowerShell

Wenn Sie beispielsweise einer Variablen ein Datum zuweisen, kann PowerShell nicht wissen, dass es sich tatsächlich um ein Datum handelt. Das Datum wird deshalb als Text gespeichert – genauer gesagt, in einem Objekt vom Typ `String`:

```
PS> $datum = '1.3.2000'

PS> $datum
```

```
1.3.2000

PS> $datum.GetType().FullName
System.String
```

Hinweis

Beginnt ein Typname mit `System.`, wie zum Beispiel in `System.String`, darf man `System.` ruhig weglassen. `String` und `System.String` bezeichnen in PowerShell also denselben Typ.

Ein Objekt vom Typ `String` ist optimal darauf ausgelegt, mit Texten umzugehen, und deshalb könnten Sie mit seinen Methoden auch Textteile daraus herausschneiden oder den Text in Großbuchstaben anzeigen:

```
PS> $datum.Substring(0,2)
1.

PS> $datum.ToUpper()
1.3.2000
```

Sie erfahren aber nicht den Wochentag und könnten auch nicht etwa einen Tag vom Datum abziehen, um das gestrige Datum zu ermitteln.

Explizite Umwandlung in einen anderen Typ

Wenn Sie auf Datum und Zeit spezialisierte Funktionalitäten nutzen möchten, sollte die Information besser in einem Objekt vom Typ `DateTime` gespeichert werden. Der Text lässt sich in einen solchen Typ umwandeln, jedenfalls dann, wenn er prinzipiell ein gültiges Datum beschreibt. Entweder stellen Sie dazu den gewünschten Typnamen in eckigen Klammern vor die Information, oder Sie setzen den Operator `-as` ein und geben den Typ auf dessen rechter Seite an:

```
PS> [DateTime]'1.3.2000'

Montag, 3. Januar 2000 00:00:00


PS> '1.3.2000' -as [DateTime]

Mittwoch, 1. März 2000 00:00:00
```

Beide Fälle nennt man »explizite« Umwandlung, weil Sie explizit (ausdrücklich) darauf bestanden haben, dass PowerShell den Datentyp ändert. Wie sich herausstellt, erhalten Sie hierdurch eine ganz andere Darstellung des Datums: Nun wird der Wochentag genannt. Allerdings funktionieren die beiden Umwandlungsarten ganz unterschiedlich:

- **Umwandlung durch vorangestellten Typnamen:** Die Umwandlung wird »kulturneutral« durchgeführt, orientiert sich also immer an den amerikanischen Formaten. Deshalb wird das Datum hier im Format Monat-Tag-Jahr interpretiert. Enthält der Text ein ungültiges Datum, wird ein Fehler gemeldet.
- **Umwandlung durch den Operator -as:** Die Umwandlung erfolgt mit der aktuellen Kultur. Auf einem deutschen System wird also ein deutsches Datumsformat erwartet. Kann der

Text nicht umgewandelt werden, erhalten Sie keinen Fehler, sondern bekommen nur »nichts« zurückgeliefert.

Wenn die Umwandlung glückt, wird das Datum nun von einem Objekt des Typs `DateTime` repräsentiert. Dieses Objekt verfügt über ganz andere Eigenschaften und Methoden als das ursprüngliche Objekt vom Typ `String`. Seine Eigenschaften und Methoden erlauben zwar nicht mehr, Textbestandteile zu extrahieren oder in Großbuchstaben umzuwandeln, dafür ist es jetzt aber leicht, den Wochentag oder das Datum vor zehn Tagen zu bestimmen:

```
PS> $datum = '1.3.2000' -as [DateTime]

PS> $datum.GetType().FullName
System.DateTime

PS> $datum.DayOfWeek
Wednesday

PS> $datum.AddDays(-10)

Sonntag, 20. Februar 2000 00:00:00
```

Eine Typumwandlung wird also immer dann eingesetzt, wenn es einen besseren Objekttyp gibt, mit dem eine Information dargestellt werden kann. Und das kann häufig der Fall sein:

```
PS> [System.Version]'3.5.12.112'

Major  Minor  Build  Revision
-----  -----  -----  --------
3      5      12     112

PS> [System.Net.IPAddress]'192.168.2.110'

Address            : 1845668032
AddressFamily      : InterNetwork
ScopeId            :
IsIPv6Multicast    : False
IsIPv6LinkLocal    : False
IsIPv6SiteLocal    : False
IPAddressToString  : 192.168.2.110

PS> ([System.Net.IPAddress]'192.168.2.110').AddressFamily
InterNetwork

PS> ([System.Net.IPAddress]'192.168.2.110').AddressFamily -eq 'InternetWork'
True

PS> [System.Net.Mail.Mailaddress]'tobias.weltner@email.de'

DisplayName          User                 Host                 Address
-----------          ----                 ----                 -------
                     tobias.weltner       email.de             tobias.weltner@e...

PS> ([System.Net.Mail.Mailaddress]'tobias.weltner@email.de').User
tobias.weltner
PS> ([System.Net.Mail.Mailaddress]'tobias.weltner@email.de').Host
email.de
```

Testumwandlungen zum Validieren

Nicht immer spielen bei der Typumwandlung kulturelle Unterschiede eine Rolle. Wandeln Sie zum Beispiel eine Fließkommazahl in eine Integerzahl um, spielt die Kultur keine Rolle. Anschließend ist die Zahl in jedem Fall eine ganze Zahl und wurde bei der Umwandlung entsprechend gerundet.

```
PS> [Int]7.890
8

PS> 7.890 -as [Int]
8
```

Allerdings kann man den Operator `-as` sehr gut für Testumwandlungen nutzen, weil er keinen Fehler auslöst, falls die Umwandlung nicht möglich ist. Der folgende Code würde eine Benutzereingabe prüfen und nur akzeptieren, wenn die Eingabe numerisch ist:

```
do
{
  $eingabe = Read-Host 'Eine Zahl'

} until ($eingabe -as [Int])
```

Listing 10.1: Die Schleife fragt, bis eine Zahl eingegeben wurde.

Ersetzen Sie in Listing 10.1 den Typ `[Int]` durch den Typ `[DateTime]`, würde die Schleife fortan nur bei einer gültigen Datumseingabe verlassen.

Entsprechend könnte die folgende Funktion `Test-IPv4` prüfen, ob es sich bei einem Wert um eine gültige IPv4-Adresse handelt:

```
PS> function Test-IPv4 {param($IPAddress)($IPAddress -as [System.Net.IPAddress]).AddressFamily -eq
'InternetWork'}

# ist das eine IPv4-Adresse?
PS> Test-IPv4 10.10.10.12
True

# ist das eine IPv4-Adresse?
PS> Test-IPv4 fe80::81ba:9d60:8e5:cf93%13
False
```

Aber Vorsicht, manchmal lassen sich auch Werte umwandeln, an die Sie gar nicht gedacht haben:

```
PS> Test-IPv4 -IPAddress 22
True
```

Dezimalzahlen sind nämlich ebenfalls gültige IPv4-Adressen. Sie könnten die Funktion `Test-IPv4` aber mit einem zusätzlichen simplen Textvergleich spezifischer machen:

```
function Test-IPv4
{
  param($IPAddress)

  $IP = $IPAddress -as [System.Net.IPAddress]
  $IP.AddressFamily -eq 'InternetWork' -and $IPAddress -like '*.*.*.*'
}
```

Listing 10.2: Testfunktion für IPv4-Adressen.

Das Ergebnis wäre nun sehr präzise:

```
PS> Test-IPv4 -IPAddress 10.10.12.100
True

PS> Test-IPv4 -IPAddress 22
False

PS> Test-IPv4 -IPAddress 10.10.12.300
False
```

Verkettete Umwandlungen

Typumwandlungen lassen sich beliebig verketten. Das Ergebnis einer Typumwandlung kann also sofort weiter in den nächsten Typ umgewandelt werden. Im folgenden Beispiel wird ein einzelnes Zeichen vom Typ `Char` aus einem ASCII-Code generiert:

```
PS> $tab = [Char]9
```

Ein Zeilenumbruch aus zwei ASCII-Codes kann durch eine erste Umwandlung in ein Array vom Typ `Char` (`Char[]`) und eine zweite Umwandlung in den Typ `String` geschehen:

```
PS> $crlf = [string][Char[]](13,10)
```

Entsprechend könnte man durch eine Liste von ASCII-Codes auch Buchstabenlisten erzeugen:

```
PS> [String][Char[]](65..90)
A B C D E F G H I J K L M N O P Q R S T U V W X Y Z

PS> -join [Char[]](65..90)
ABCDEFGHIJKLMNOPQRSTUVWXYZ
```

Hinweis

Wie Sie sehen, führt die Umwandlung von einem Array aus `Char` zu einem `String` dazu, dass nach jedem Buchstaben ein Leerzeichen ausgegeben wird. Der Operator `-join` fügt die Array-Elemente ohne dieses Leerzeichen zusammen.

Schließlich könnte ein Text in seine ASCII-Codes zerlegt werden, indem man den Text zuerst in ein Array vom Typ `Char` umwandelt und dieses dann in ein Array vom Typ `Byte`:

```
PS> [Byte[]][Char[]]'Hello World!'
72
101
108
108
111
32
87
111
114
108
100
33
```

Profitipp

Auf diese Weise können Sie nun also Textfolgen als Binäreinträge in die Registrierungsdatenbank schreiben:

```
PS> $text = 'Hello World!'

PS> New-Item -Path HKCU:\Software\Testschlüssel
PS> New-ItemProperty HKCU:\Software\Testschlüssel MeinWert -Value ([Byte[]][Char[]]$text) -Type
Binary
```

Umwandlungen bei Cmdlets

Cmdlets wie `Sort-Object` richten sich bei der Sortierung normalerweise nach dem vorhandenen Datentyp. Deshalb wird die folgende Liste alphabetisch und nicht numerisch sortiert:

```
PS> '1','10','2','4' | Sort-Object
1
10
2
4
```

Übergeben Sie dem Parameter `-Property` hingegen einen Skriptblock, erscheint das zu sortierende Element darin in `$_`, und Sie können ihm vor der Sortierung einen anderen Typ zuweisen. Diese Typumwandlung gilt nur für die Sortierung selbst. Das Ergebnis der Sortierung behält den ursprünglichen Datentyp. Diese Zeile sortiert also die Liste numerisch:

```
PS> '1','10','2','4' | Sort-Object -Property { [double]$_ }
1
2
4
10
```

So lässt sich auch eine Liste von IP-Adressen unter Zuhilfenahme des ähnlichen Typs `System.Version` korrekt sortieren:

```
PS> '100.1.2.3', '23.12.100.10', '4.5.6.7' | Sort-Object
100.1.2.3
23.12.100.10
4.5.6.7

PS> '100.1.2.3', '23.12.100.10', '4.5.6.7' | Sort-Object -Property { [System.Version]$_ }
4.5.6.7
23.12.100.10
100.1.2.3
```

Neue Objekte durch Typumwandlungen

Streng genommen produziert natürlich jede Typumwandlung ein neues Objekt, aber wenn Sie eine Fließkommazahl in eine Ganzzahl verwandeln oder einen Text in ein Datum, ähneln sich die Objekte zumindest.

Mitunter kann eine Umwandlung aber auch zu gänzlich neuartigen Objekten führen. Am pluripotentesten ist die Umwandlung von Hashtables. Diese lassen sich in jeden beliebigen Typ umwandeln, und die Schlüssel in der Hashtable werden anschließend automatisch den gleichnamigen Eigenschaften des entstandenen Objekts zugewiesen.

Listing 10.3 legt zum Beispiel zuerst in `$hashtable` eine Hashtable mit einer Reihe von Schlüssel/Wert-Paaren an. Danach wird die Hashtable in den Typ `Microsoft.Win32.OpenFileDialog` umgewandelt. Das Ergebnis ist ein Dialogfenster, das mit `ShowDialog()` geöffnet wird und in `FileName` den ausgewählten Dateipfad zurückliefert:

```
$hashtable = @{
    MultiSelect = $false
    CheckFileExists = $true
    InitialDirectory = "$Home\Documents"
    Title = 'PowerShell Skript auswählen'
    Filter = 'PS-Skript|*.ps1|Alles|*.*'
}

$dialog = [Microsoft.Win32.OpenFileDialog]$hashtable
$ok = $dialog.ShowDialog()
if ($ok)
{
  $dialog.FileName
}
```

Listing 10.3: Ein Öffnen-Dialogfenster anzeigen.

Hinweis

Das Dialogfenster öffnet sich einstweilen nur, wenn Sie den Code im ISE-Editor ausführen. In der PowerShell-Konsole fehlt dagegen der Typ `Microsoft.Win32.OpenFileDialog` und ist unbekannt.

```
PS C:\> [Microsoft.Win32.OpenFileDialog]
Der Typ [Microsoft.Win32.OpenFileDialog] wurde nicht gefunden.
(...)
```

Das liegt daran, dass der ISE-Editor diesen Typ bereits für seine eigenen Zwecke geladen hatte, während die Konsole ihn nicht benötigt. Damit der Code auch in der PowerShell-Konsole funktioniert, müssten Sie den Typ mit der folgenden Zeile von Hand laden:

```
PS> Add-Type -AssemblyName PresentationFramework
```

Danach ist der Typ `Microsoft.Win32.OpenFileDialog` auch in der PowerShell-Konsole bekannt:

```
PS> [Microsoft.Win32.OpenFileDialog]

IsPublic IsSerial Name                                     BaseType
-------- -------- ----                                     --------
True     False    OpenFileDialog                           Microsoft.Win32.FileDialog
```

Mehr zum Nachladen von Typen erfahren Sie etwas weiter unten in diesem Kapitel.

Was ist hier geschehen? Wenn Sie sich den Inhalt von `$dialog` anschauen, finden Sie in diesem Objekt viele Eigenschaften, die so heißen wie die Schlüssel in der Hashtable. Die Hashtable hat also diese Eigenschaften initialisiert.

```
PS> $dialog


Multiselect      : False
ReadOnlyChecked  : False
ShowReadOnly     : False
AddExtension     : True
CheckFileExists  : True
CheckPathExists  : True
DefaultExt       :
DereferenceLinks : True
SafeFileName     :
SafeFileNames    : {}
FileName         :
FileNames        : {}
Filter           : PS-Skript|*.ps1|Alles|*.*
FilterIndex      : 1
InitialDirectory : C:\Users\Tobias\Documents
RestoreDirectory : False
Title            : PowerShell Skript auswählen
ValidateNames    : True
CustomPlaces     : {}
Tag              :
```

StringBuilder: schneller Texte zusammensetzen

Texte werden in `String`-Objekten gespeichert, die allerdings immer eine feste Größe haben. Soll sich ein Text nachträglich ändern und möchten Sie beispielsweise neue Textteile hinzufügen, geht das eigentlich gar nicht. PowerShell legt notgedrungen in solchen Fällen einfach ein neues größeres `String`-Objekt an und kopiert den alten Text in das neue Objekt. Das kostet viel Zeit und wirkt sich besonders dann störend aus, wenn Sie häufig die Größe eines Texts ändern – zum Beispiel in einer Schleife.

Listing 10.4 testet dies anhand einer Schleife, die 100.000 Mal Text zu einem `String`-Objekt hinzufügt. Selbst auf einem sehr schnellen System dauert das über eine Minute.

```
Measure-Command {
  $text = 'Start'

  for ($x = 1; $x -lt 100000; $x ++)
  {
    $text += 'neuer Text'
  }
}
```

Listing 10.4: Ausführungsgeschwindigkeit messen, wenn Text erweitert wird.

Wandeln Sie den Ausgangstext dagegen in ein Objekt vom Typ `Text.StringBuilder` um, erhalten Sie ein Objekt, das auf das Hinzufügen von neuem Text spezialisiert ist. Mit `Append()` und `AppendLine()` lassen sich neue Texte hinzufügen, ohne dass dabei ständig ein neues `String`-Objekt hergestellt zu werden braucht (Listing 10.5). Beide Methoden liefern den Index zurück, an dem der neue Text eingefügt wurde. Weil man diesen Index meistens nicht benötigt, weist man ihn `$null` zu.

Sobald die Stringmanipulationen fertiggestellt sind, kann das StringBuilder-Objekt mit seiner Methode ToString() wieder in einen normalen Text zurückverwandelt werden. Anstelle von einer Minute wird nun deutlich weniger als eine Sekunde (!) für dasselbe Resultat benötigt.

```
Measure-Command {
  $text = [Text.StringBuilder]'Start'

  for ($x = 1; $x -lt 100000; $x ++)
  {
    $null = $text.Append('neuer Text')
  }

  $gesamttext = $text.ToString()
}
```

Listing 10.5: Der Einsatz eines StringBuilder beschleunigt die Aufgabe dramatisch.

Hinweis

Der Performanceunterschied zwischen den beiden Ansätzen vergrößert sich überproportional. Während er bei 10.000 Schleifendurchläufen vielleicht noch kaum spürbar ist, führt er bereits bei 100.000 Schleifendurchläufen zu minutenlangen Verzögerungen.

ArrayList: Arrays schneller und komfortabler machen

Arrays besitzen ähnlich wie Strings immer eine feste Größe, die sich nicht ändern lässt. Hier besteht also dasselbe Performanceproblem, wenn Sie nachträglich neue Elemente einem Array hinzufügen oder daraus entfernen. Jedes Mal muss dazu ein komplett neues Array angelegt und die alten Elemente in das neue Array übernommen werden. Listing 10.6 soll dem Array $array, das anfangs die Werte 1, 2 und 3 enthält, weitere 99.997 Werte hinzufügen und benötigt dafür viele Minuten! Das Ergebnis ist ein Array mit 100.000 Elementen.

```
Measure-Command {
  $array = 1,2,3

  for ($x = 4; $x -lt 10000; $x ++)
  {
    $array += $x
  }
}

$array.Count
```

Listing 10.6: Arraymanipulationen sind langsam, weil dabei ständig neue Arrays erzeugt werden.

Sehr viel schneller geht es, wenn Sie das Array in den Typ Collections.ArrayList umwandeln. Ähnlich wie beim StringBuilder ist dieses Objekt spezialisiert darauf, Elemente zu einem Array hinzuzufügen oder daraus zu entfernen. Entsprechend löst Listing 10.7 dasselbe Problem in weniger als einer einzigen Sekunde:

```
Measure-Command {
  $array = 1,2,3
  $array = [Collections.ArrayList]$array

  for ($x = 4; $x -lt 100000; $x ++)
```

```
    {
      $null = $array.Add($x)
    }
}

$array.Count
```

Listing 10.7: Neue Elemente in eine ArrayList aufnehmen.

Dass bei normalen Arrays jede Änderung der Arraygröße ein neues Array produziert, beweist das folgende Beispiel. `GetHashCode()` liefert dabei jeweils die eindeutige ID-Nummer des Arrays. Ändert sich diese, ist ein neues Objekt entstanden:

```
PS> $array = 1..3

# Digitalen Fingerabdruck des Arrays ausgeben:
PS> $array.GetHashCode()
48015737

# Neues Element ans Ende des Arrays anfügen:
PS> $array += 'Neues Element'

# Das Array wurde neu angelegt (anderer Hash):
PS> $array.GetHashCode()
25961440
```

Eine `ArrayList` ist nicht nur schneller, weil es keine neuen Objekte produziert, sondern kann mit `RemoveAt()` und `Insert()` auch Elemente gezielt an bestimmten Arraypositionen entfernen oder einfügen:

```
PS> $array = 1..3

# Array in ArrayList umwandeln:
PS> $arrayNeu = [Collections.ArrayList]$array

# Inhalt des Arrays sichtbar machen:
PS> $arrayNeu
1
2
3

# Hashcode des Arrays ausgeben:
PS> $arrayNeu.GetHashCode()
4341305

# Element an Position 1 (zweites Element) streichen:
PS> $arrayNeu.RemoveAt(1)
PS> $arrayNeu
1
3

# neues Element an Position 2 (nach dem dritten Element) einfügen:
PS> $arrayNeu.Insert(1, 'neu!')
PS> $arrayNeu
1
neu!
3

# Hashcode hat sich nicht geändert, das Array bleibt die ganze Zeit erhalten:
PS> $arrayNeu.GetHashCode()
4341305
```

WMI-Objekte ansprechen

WMI (*Windows Management Instrumentation*) liefert vielfältige Informationen über den Computer und könnte beispielsweise auf folgende Art den Speicherplatz auf Laufwerk C:\ ermitteln:

```
PS> Get-WmiObject -Class Win32_LogicalDisk -Filter 'DeviceID="C:"'


DeviceID     : C:
DriveType    : 3
ProviderName :
FreeSpace    : 320822194176
Size         : 500148727808
VolumeName   : OS
```

Tatsächlich hat jedes WMI-Objekt einen eindeutigen Pfadnamen, den man über `__Path` ermitteln kann:

```
PS> $driveC = Get-WmiObject -Class Win32_LogicalDisk -Filter 'DeviceID="C:"'
PS> $driveC.__Path
\\DELL1\root\cimv2:Win32_LogicalDisk.DeviceID="C:"
```

Kennt man den Pfad zu einem WMI-Objekt, braucht man diesen Pfad nur in den Typ `[WMI]` umzuwandeln und erhält sofort das betreffende Objekt:

```
PS> [WMI]'\\DELL1\root\cimv2:Win32_LogicalDisk.DeviceID="C:"'


DeviceID     : C:
DriveType    : 3
ProviderName :
FreeSpace    : 320820932608
Size         : 500148727808
VolumeName   : OS
```

Für lokale WMI-Instanzen ist im Grunde sogar nur der Name der WMI-Klasse nötig, sodass Sie mit einer einzigen Zeile die Speicherbelegung eines bestimmten Laufwerks ermitteln können:

```
PS> [WMI]'Win32_LogicalDisk.DeviceID="C:"'


DeviceID     : C:
DriveType    : 3
ProviderName :
FreeSpace    : 320820908032
Size         : 500148727808
VolumeName   : OS
```

LDAP-Pfade in Benutzerkonten verwandeln

Benutzerkonten verfügen ebenfalls über einen eindeutigen Pfad. Im Active Directory wird er über das Präfix `LDAP://` als *Distinguished Name* angegeben und könnte zum Beispiel so aussehen:

```
LDAP://CN=Tobias,CN=Users,DC=firma,DC=de
```

Selbst lokale Benutzerkonten sind über Pfadnamen ansprechbar. Hier lautet das Präfix `WinNT://`, und der Pfad zum eingebauten Administratorkonto sieht entsprechend so aus:

```
WinNT://Administrator
```

Möchte man das Benutzerkonto direkt ansprechen, wandelt man diesen Pfadnamen in den Typ `[ADSI]` um (*Active Directory Service Interface*). Im folgenden Beispiel greifen Sie auf Ihr aktuelles Benutzerkonto zu und ermitteln, wann die letzte Anmeldung stattfand:

```
PS> $user = [ADSI]"WinNT://$env:USERDOMAIN/$env:USERNAME,user"
PS> $user | Select-Object -Property *
PS> $user.LastLogin

Mittwoch, 21. November 2012 17:18:13
```

Achtung

Der Providername unterscheidet zwischen Groß- und Kleinschreibung und muss genauso angegeben werden wie abgebildet.

Nutzen Sie den Zugriff auf Benutzerkonten via ADSI nur für die »tief hängenden Früchte«: Falls das gelieferte Objekt die benötigte Information schnell und einfach liefert, ist es eine legitime Technik. Möchten Sie indes komplexere Dinge tun, ist das zwar über ADSI immer möglich, kann jedoch höchst kompliziert werden.

Empfehlenswerter ist dann der Einsatz des Moduls **`ActiveDirectory`**, das kostenlos als Teil von RSAT (*Remote Server Administration Toolkit*) zum Download bereitsteht und zahlreiche Cmdlets liefert, mit denen sich Konten in einem Active Directory verwalten lassen. Diese Cmdlets kümmern sich dann hinter den Kulissen automatisch darum, ADSI die gewünschten Informationen zu entlocken.

Multiple Treffer mit regulären Ausdrücken

Selbst reguläre Ausdrücke (Textmuster) lassen sich konvertieren. So erhalten Sie ein `RegEx`-Objekt, mit dem nun Texte nach genau diesem Muster durchsucht werden können:

```
$text = 'Meine E-Mail lautet tobias.weltner@irgendwo.de. Alternativ können Sie auch an
tobias@somewhere.com oder tobias.weltner@powertheshell.com mailen.'

$regex = [regex]'(?i)\b[A-Z0-9._%+-]+@[A-Z0-9.-]+\.[A-Z]{2,4}\b'

$regex.Matches($text).Value
```

Listing 10.8: Einen Text nach E-Mail-Adressen durchsuchen.

Das Ergebnis sind die E-Mail-Adressen, die in `$text` enthalten sind:

```
tobias.weltner@irgendwo.de
tobias@somewhere.com
tobias.weltner@powertheshell.com
```

Mehr zu regulären Ausdrücken haben Sie bereits in Kapitel 8 erfahren.

Implizite Umwandlung und typisierte Variablen

Typumwandlungen müssen nicht immer unbedingt ausdrücklich (explizit) geschehen. Manchmal passiert es auch ganz unsichtbar und automatisch (implizit). In diesem Abschnitt lernen Sie die verschiedenen Situationen kennen, in denen PowerShell ohne Ihr Zutun den Typ von Informationen ändert.

Typisierte Variablen

Normalerweise sind Variablen nicht auf einen bestimmten Typ spezialisiert. Sie speichern alles, was ihnen zugewiesen wird – auch versehentlich zugewiesene falsche Dinge. Deshalb kann man Variablen streng typisieren, ihnen also einen festen Typ zuweisen. Fortan akzeptiert die Variable nur noch Informationen des betreffenden Typs, und wenn der Variablen ein anderer Typ zugewiesen wird, wandelt sie ihn automatisch (implizit) um.

Deshalb sind streng typisierte Variablen ein wichtiges Sicherheitsnetz und Qualitätsmerkmal: Dadurch, dass Sie einer Variablen einen erwarteten Typ zuweisen, fällt sofort auf, wenn der Variablen später aus Versehen ein grob ungeeigneter Wert zugewiesen wird.

Sie typisieren eine Variable, indem der gewünschte Typ bei der ersten Zuweisung vor die Variable geschrieben wird. Solange Sie der Variablen auf diese Weise nicht einen neuen Wert zuweisen, bleibt sie auf den Datentyp festgelegt:

```
# die Variable $test wird auf den Datentyp "DateTime" festgelegt:
PS> [datetime]$test = '1.1.2000'
PS> $test
Samstag, 1. Januar 2000 00:00:00

# neue Zuweisungen werden automatisch (implizit) in diesen Typ umgewandelt:
PS> $test = '10.10.2013'
PS> $test
Donnerstag, 10. Oktober 2013 00:00:00

PS> $test = '1.Nov'
PS> $test
Donnerstag, 1. November 2001 00:00:00

# ungeeignete Werte führen zu einem Umwandlungsfehler:
PS> $test = 'kein Datum'
Der Wert "kein Datum" kann nicht in den Typ "System.DateTime" konvertiert werden. Fehler: "Die
Zeichenfolge wurde nicht als gültige DateTime erkannt. Ein unbekanntes Wort beginnt bei Index 0."
```

Typisierte Parameter

Die implizite Typkonvertierung wird auch bei Parametern eingesetzt, ohne dass Sie es vielleicht bisher wahrgenommen haben. Wenn Sie beispielsweise eine neue Skriptausführungsrichtlinie festlegen, geben Sie einfach nur den Namen der Richtlinie an. Dieser Aufruf erlaubt zum Beispiel die uneingeschränkte Skriptausführung:

```
PS> Set-ExecutionPolicy -Scope CurrentUser -ExecutionPolicy Bypass -Force
```

In Wahrheit erwartet der Parameter -ExecutionPolicy aber gar keinen String, sondern Informationen vom Typ ExecutionPolicy, wie die Syntax des Befehls zeigt:

```
PS> Get-Help -Name Set-ExecutionPolicy -Parameter ExecutionPolicy

-ExecutionPolicy <ExecutionPolicy>
    Specifies the new execution policy. Valid values are:
(...)
```

Den vollständigen Typnamen bekommen Sie folgendermaßen heraus:

```
PS> (Get-Command Set-ExecutionPolicy).Parameters['ExecutionPolicy'].ParameterType.FullName
Microsoft.PowerShell.ExecutionPolicy
```

Sie dürfen für den Parameter -ExecutionPolicy also nur deshalb einen Text angeben, weil er sich in den gewünschten Typ konvertieren lässt:

```
PS> [Microsoft.PowerShell.ExecutionPolicy]'Bypass'
Bypass

PS> [Microsoft.PowerShell.ExecutionPolicy]'Unsinn'
Der Wert "Unsinn" kann nicht in den Typ "Microsoft.PowerShell.ExecutionPolicy" konvertiert werden.
Fehler: "Der Bezeichner "Unsinn" kann keinem gültigen Enumeratornamen zugeordnet werden. Geben Sie
einen der folgenden Enumeratornamen an, und wiederholen Sie den Vorgang: Unrestricted,
RemoteSigned, AllSigned, Restricted, Default, Bypass, Undefined."
```

Geben Sie dagegen einen ungültigen Text an, scheitert die Umwandlung, und Sie sehen in etwa die gleiche Fehlermeldung, die Sie auch erhalten hätten, wenn Sie diesen Text als Argument für den Parameter -ExecutionPolicy eingesetzt hätten. Am Ende führt die Fehlermeldung die erlaubten Werte auf. Diese erlaubten Werte sind ebenfalls im Typ definiert:

```
PS> [Microsoft.PowerShell.ExecutionPolicy]::GetNames( [Microsoft.PowerShell.ExecutionPolicy])
Unrestricted
RemoteSigned
AllSigned
Restricted
Default
Bypass
Undefined
```

Typisierte Eigenschaften und Argumente

Objekteigenschaften funktionieren wie Variablen, nur werden diese Variablen direkt von einem Objekt bereitgestellt und nicht von PowerShell. Entsprechend sind auch Eigenschaften auf einen bestimmten Typ festgelegt. Die Hintergrundfarbe des Konsolenfensters ist zum Beispiel vom Typ System.ConsoleColor.

```
# Typ der Eigenschaft bestimmen:
PS> $host.UI.RawUI.BackgroundColor.GetType().FullName
System.ConsoleColor

# Wert auf Gültigkeit prüfen:
PS> [System.ConsoleColor]'Red'
Red

# erlaubte Werte auflisten:
PS> [System.ConsoleColor]::GetNames([System.ConsoleColor])
```

```
Black
DarkBlue
DarkGreen
DarkCyan
DarkRed
DarkMagenta
DarkYellow
Gray
DarkGray
Blue
Green
Cyan
Red
Magenta
Yellow
White
```

Vergleichsoperationen

Bei Vergleichsoperationen ist der Typ der beteiligten Daten ebenfalls essenziell. Auch hier kann es zu einer impliziten Umwandlung kommen, denn PowerShell kann nur gleichartige Typen miteinander vergleichen. Vergleichen Sie unterschiedliche Typen, richtet sich PowerShell nach dem Typ auf der linken Seite und wandelt den Typ auf der rechten Seite implizit in denselben Typ um. Das erklärt die folgenden Resultate:

```
# maßgeblicher Typ: Integer
PS> 12 -gt '2'
True

# maßgeblicher Typ: String
PS> '12' -gt 2
False

# maßgeblicher Typ: String
PS> '2' -gt 12
True

# maßgeblicher Typ: Integer
PS> 10 * '66'
660

# maßgeblicher Typ: String
PS> '66' * 10
66666666666666666666
```

Das Ergebnis des Vergleichs richtet sich also nach dem Typ. Unterschiedliche Typen liefern unter Umständen völlig unterschiedliche Vergleichsergebnisse. Möchten Sie beispielsweise herausfinden, ob eine Programmversion höher ist als eine andere, würde der folgende Vergleich misslingen, denn er vergleicht Strings und nutzt also einen alphanumerischen Vergleich:

```
# maßgeblicher Typ: String
PS> '3.5.12.112' -gt '10.1.55.67'
True
```

Bei alphanumerischen Vergleichen werden die Textzeichen basierend auf ihrem ASCII-Code verglichen. Weil der ASCII-Code von 3 größer ist als der von 1, behauptet der Vergleich, dass die erste Versionsnummer größer sei als die zweite.

Indem Sie die linke Seite des Vergleichs in einen besser geeigneten Typ umwandeln, gelingt der Vergleich:

```
# maßgeblicher Typ: Version
PS> [System.Version]'3.5.12.112' -gt '10.1.55.67'
False
```

Verborgene Befehle in Typen

Ähnlich wie Objekte enthalten auch Typen Eigenschaften und Methoden. Um auf sie zuzugreifen, fügen Sie an den Typ zwei Doppelpunkte an. Der ISE-Editor zeigt so die verfügbaren Eigenschaften und Methoden in seinem IntelliSense-Menü an:

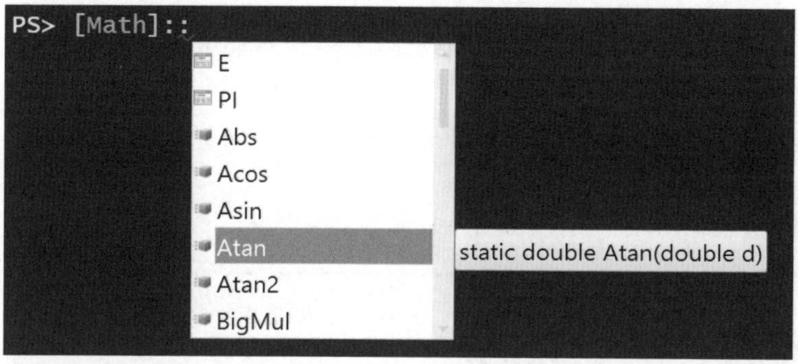

Abbildung 10.1: Über zwei Doppelpunkte greift man auf die Eigenschaften und Methoden eines Typs zu.

Alternativ können Sie den Typ auch an `Get-Member` weiterleiten, müssen dann allerdings anders als bei Objekten den Parameter `-Static` angeben:

```
PS> [Math] | Get-Member -Static


   TypeName: System.Math

Name            MemberType Definition
----            ---------- ----------
Abs             Method     static sbyte Abs(sbyte value), static int16 Abs(int...
Acos            Method     static double Acos(double d)
Asin            Method     static double Asin(double d)
Atan            Method     static double Atan(double d)
Atan2           Method     static double Atan2(double y, double x)
BigMul          Method     static long BigMul(int a, int b)
Ceiling         Method     static decimal Ceiling(decimal d), static double Ce...
Cos             Method     static double Cos(double d)
Cosh            Method     static double Cosh(double value)
DivRem          Method     static int DivRem(int a, int b, [ref] int result), ...
Equals          Method     static bool Equals(System.Object objA, System.Objec...
Exp             Method     static double Exp(double d)
Floor           Method     static decimal Floor(decimal d), static double Floo...
IEEERemainder   Method     static double IEEERemainder(double x, double y)
Log             Method     static double Log(double d), static double Log(doub...
```

```
Log10            Method     static double Log10(double d)
Max              Method     static sbyte Max(sbyte val1, sbyte val2), static by...
Min              Method     static sbyte Min(sbyte val1, sbyte val2), static by...
Pow              Method     static double Pow(double x, double y)
ReferenceEquals  Method     static bool ReferenceEquals(System.Object objA, Sys...
Round            Method     static double Round(double a), static double Round(...
Sign             Method     static int Sign(sbyte value), static int Sign(int16...
Sin              Method     static double Sin(double a)
Sinh             Method     static double Sinh(double value)
Sqrt             Method     static double Sqrt(double d)
Tan              Method     static double Tan(double a)
Tanh             Method     static double Tanh(double value)
Truncate         Method     static decimal Truncate(decimal d), static double T...
E                Property   static double E {get;}
PI               Property   static double PI {get;}
```

Die Eigenschaften und Methoden eines Typs werden »statisch« genannt, weil sie direkt vom Typ bereitgestellt werden und nicht von einem »dynamisch generierten« Objekt.

Profitipp

Würden Sie einen Typ wie ein Objekt behandeln, zeigen sowohl IntelliSense als auch `Get-Member` dessen dynamische Eigenschaften und Methoden an. Der Typ wird jetzt wie »ein Typ unter vielen« betrachtet, und die Eigenschaften und Methoden zeigen nun an, worin sich dieser Typ von anderen Typen unterscheidet. Sie könnten auf diese Weise zum Beispiel herausfinden, woher der Typ stammt:

```
PS> [Math].Assembly.Location
C:\Windows\Microsoft.NET\Framework64\v4.0.30319\mscorlib.dll
```

Statische Methoden verwenden

Statische Methoden eines Typs werden genauso aufgerufen wie Methoden eines Objekts. Der einzige Unterschied ist die Herkunft der Methode. Während eine Methode eines Objekts über den Punkt angesprochen wird, verwendet man bei Typen zwei Doppelpunkte:

```
# "dynamische" Methode aus einem Objekt
'Hallo'.ToUpper()

# "statische" Methode aus einem Typ
[Console]::Beep()
```

Listing 10.9: Methoden können aus Objekten oder aus Typen stammen.

Bevor Sie in den folgenden Abschnitten viele nützliche Typen und darin enthaltene Methoden kennenlernen, denken Sie bitte daran: Nicht immer sind Methoden nützlich, und manchmal sind sie sogar gefährlich. Sie greifen stets direkt auf Betriebssystemfunktionen zu, die nicht speziell für PowerShell geschrieben wurden. Die folgende Zeile würde zum Beispiel Ihre PowerShell sofort zum Absturz bringen (Abbildung 10.2):

```
PS> [Environment]::FailFast('ups')
```

`FailFast()` tut genau das, was der Name suggeriert, und ist eigentlich für Anwendungsentwickler gedacht, deren Anwendung so sehr außer Kontrolle geraten ist, dass sie sofort abgebrochen werden muss.

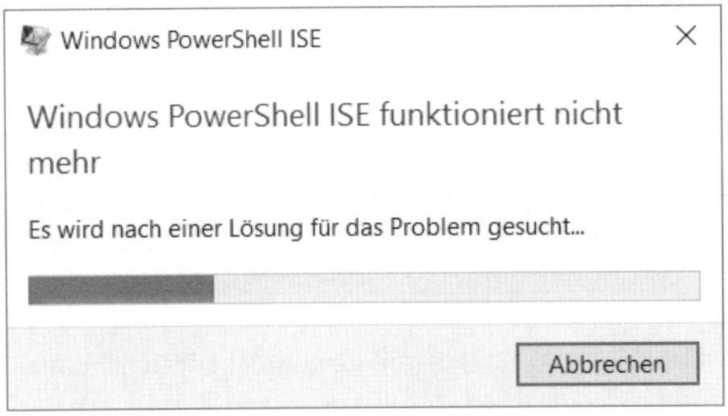

Abbildung 10.2: Nicht immer sind Betriebssystemfunktionen ungefährlich.

Eindeutige GUIDs generieren

Benötigen Sie eine eindeutige ID-Nummer (eine *GUID – Globally Unique Identifier*), beschafft der Typ `Guid` mit seiner Methode `NewGuid()` Ihnen so viele davon, wie Sie benötigen:

```
PS> [System.Guid]::NewGuid().ToString()
f12db4fd-c1bb-4843-bcb7-43b8f9f80db5
```

Dateiextension ermitteln

Alle Befehle für die Arbeit mit Pfadnamen finden sich im Typ `[IO.Path]`. Möchten Sie beispielsweise die Dateierweiterung eines Pfads ermitteln, hilft `GetExtension()`:

```
PS> [IO.Path]::GetExtension($profile)
.ps1
```

Eine vollständige Übersicht der Möglichkeiten liefert `Get-Member`:

```
PS> [IO.Path] | Get-Member -Static


   TypeName: System.IO.Path

Name                         MemberType Definition
----                         ---------- ----------
ChangeExtension              Method     static string ChangeExtension(string pa...
Combine                      Method     static string Combine(string path1, str...
Equals                       Method     static bool Equals(System.Object objA, ...
GetDirectoryName             Method     static string GetDirectoryName(string p...
GetExtension                 Method     static string GetExtension(string path)
GetFileName                  Method     static string GetFileName(string path)
GetFileNameWithoutExtension  Method     static string GetFileNameWithoutExtensi...
GetFullPath                  Method     static string GetFullPath(string path)
GetInvalidFileNameChars      Method     static char[] GetInvalidFileNameChars()
GetInvalidPathChars          Method     static char[] GetInvalidPathChars()
GetPathRoot                  Method     static string GetPathRoot(string path)
GetRandomFileName            Method     static string GetRandomFileName()
GetTempFileName              Method     static string GetTempFileName()
GetTempPath                  Method     static string GetTempPath()
HasExtension                 Method     static bool HasExtension(string path)
IsPathRooted                 Method     static bool IsPathRooted(string path)
```

```
ReferenceEquals              Method     static bool ReferenceEquals(System.Obje...
AltDirectorySeparatorChar    Property   static char AltDirectorySeparatorChar {...
DirectorySeparatorChar       Property   static char DirectorySeparatorChar {get;}
InvalidPathChars             Property   static char[] InvalidPathChars {get;}
PathSeparator                Property   static char PathSeparator {get;}
VolumeSeparatorChar          Property   static char VolumeSeparatorChar {get;}
```

Mathematische Funktionen

Der Typ `Math` liefert alle mathematischen Funktionen, die über die Grundrechenarten hinausgehen:

```
# Vorzeichen entfernen:
PS> [Math]::Abs(-789)
789

# 6 hoch 2:
PS> [Math]::Pow(6,2)
36

# Abrunden:
PS> [Math]::Floor(7.8)
7

# Aufrunden:
PS> [Math]::Ceiling(3.2)
4

# den kleineren Wert zurückgeben:
PS> [Math]::Min(100,500)
100

# den größeren Wert zurückgeben:
PS> [Math]::Max(100,500)
500
```

Tabelle 10.1 zeigt eine Übersicht der Mathematikfunktionen.

Funktion	Beschreibung	Beispiel
`Abs`	Gibt den Absolutbetrag einer angegebenen Zahl zurück (ohne Vorzeichen).	`[Math]::Abs(-5)`
`Acos`	Gibt einen Winkel zurück, dessen Kosinus die angegebene Zahl ist.	`[Math]::Acos(0.6)`
`Asin`	Gibt einen Winkel zurück, dessen Sinus die angegebene Zahl ist.	`[Math]::Asin(0.6)`
`Atan`	Gibt einen Winkel zurück, dessen Tangens die angegebene Zahl ist.	`[Math]::Atan(90)`
`Atan2`	Gibt einen Winkel zurück, dessen Tangens der Quotient zweier angegebener Zahlen ist.	`[Math]::Atan2(90, 15)`
`BigMul`	Berechnet das vollständige Produkt aus zwei 32-Bit-Zahlen.	`[Math]::BigMul(1GB, 6)`
`Ceiling`	Gibt die kleinste Ganzzahl zurück, die größer oder gleich der angegebenen Zahl ist.	`[Math]::Ceiling(5.7)`
`Cos`	Gibt den Kosinus des angegebenen Winkels zurück.	`[Math]::Cos(90)`
`Cosh`	Gibt den Hyperbelkosinus des angegebenen Winkels zurück.	`[Math]::Cosh(90)`

Tabelle 10.1: Mathematikfunktionen aus der [Math]-Bibliothek.

Funktion	Beschreibung	Beispiel

`DivRem`	Berechnet den Quotienten zweier Zahlen und gibt außerdem den Rest als Ausgabeparameter zurück.	`$a = 0`
		`[Math]::DivRem(10,3,[ref]$a)`
		`$a`

`Exp`	Gibt die angegebene Potenz von *e* zurück.	`[Math]::Exp(12)`
`Floor`	Gibt die größte Ganzzahl zurück, die kleiner oder gleich der angegebenen Zahl ist.	`[Math]::Floor(5.7)`
`IEEERemainder`	Gibt den Rest der Division zweier angegebener Zahlen zurück.	`[Math]::IEEERemainder(5,2)`
`Log`	Gibt den Logarithmus der angegebenen Zahl zurück.	`[Math]::Log(1)`
`Log10`	Gibt den Logarithmus einer angegebenen Zahl zur Basis 10 zurück.	`[Math]::Log10(6)`
`Max`	Gibt die größere von zwei angegebenen Zahlen zurück.	`[Math]::Max(-5, 12)`
`Min`	Gibt die kleinere von zwei angegebenen Zahlen zurück.	`[Math]::Min(-5, 12)`
`Pow`	Potenziert eine angegebene Zahl mit dem angegebenen Exponenten.	`[Math]::Pow(6,2)`
`Round`	Rundet einen Wert auf die nächste Ganzzahl oder auf die angegebene Anzahl von Dezimalstellen.	`[Math]::Round(5.51)`
`Sign`	Gibt einen Wert zurück, der das Vorzeichen einer Zahl angibt.	`[Math]::Sign(-12)`
`Sin`	Gibt den Sinus des angegebenen Winkels zurück.	`[Math]::Sin(90)`
`Sinh`	Gibt den Hyperbelsinus des angegebenen Winkels zurück.	`[Math]::Sinh(90)`
`Sqrt`	Gibt die Quadratwurzel einer angegebenen Zahl zurück.	`[Math]::Sqrt(64)`
`Tan`	Gibt den Tangens des angegebenen Winkels zurück.	`[Math]::Tan(45)`
`Tanh`	Gibt den Hyperbeltangens des angegebenen Winkels zurück.	`[Math]::Tanh(45)`
`Truncate`	Berechnet den ganzzahligen Teil einer Zahl.	`[Math]::Truncate(5.67)`

Tabelle 10.1: Mathematikfunktionen aus der [Math]-Bibliothek. (Forts.)

Zahlenformate konvertieren

Der Typ `Convert` enthält zahlreiche Konvertierungsfunktionen, mit denen sich Zahlen zum Beispiel binär, oktal oder hexadezimal anzeigen lassen:

```
# Binär (Basis 2):
PS> [System.Convert]::ToString(42562,2)
1010011001000010

# Oktal (Basis 8):
PS> [System.Convert]::ToString(42562,8)
123102

# Hexadezimal (Basis 16):
PS> [System.Convert]::ToString(42562,16)
a642
```

DNS-Auflösung

Wollen Sie den Computernamen herausfinden, der zu einer IP-Adresse gehört (oder umgekehrt), kann der Typ `System.Net.Dns` diese Informationen beschaffen. Die folgende Zeile löst Ihren eigenen Computernamen im Netzwerk auf und liefert dessen aktuelle IP-Adresse:

```
PS> [System.Net.Dns]::GetHostByName('')

HostName                      Aliases                       AddressList
--------                      -------                       -----------
demo5                         {}                            {127.0.0.1}
```

Natürlich können Sie anstelle eines Leertexts auch einen konkreten Computernamen (DNS-Namen) angeben und die zugewiesenen IP-Adressen ermitteln:

```
PS> [System.Net.Dns]::GetHostByName('microsoft.com')

HostName      Aliases AddressList
--------      ------- -----------
microsoft.com {}      {104.40.211.35, 23.96.52.53, 104.43.195.251, 191.239.213...



# nur die IP-Adressen:
PS> [System.Net.Dns]::GetHostByName('microsoft.com').AddressList.IPAddressToString
104.40.211.35
23.96.52.53
104.43.195.251
191.239.213.197
23.100.122.175

# als sortierte Liste (zur Sortierung vorübergehend ersatzweise in [Version] umwandeln)
PS> [System.Net.Dns]::GetHostByName('microsoft.com').AddressList.IPAddressToString | Sort-Object {
$_ -as [Version] }
23.96.52.53
23.100.122.175
104.40.211.35
104.43.195.251
191.239.213.197
```

Möchten Sie alle IP-Adressen erfahren, die Ihrem Computer (oder einem anderen) zugeordnet sind, greifen Sie zu `GetHostAddresses()`:

```
PS> [System.Net.Dns]::GetHostAddresses('')
```

Eine reine IP-Liste erhalten Sie so:

```
PS> [System.Net.Dns]::GetHostAddresses('').IPAddressToString
fe80::7ca6:5208:b378:5c84%13
2003:40:e72a:5761:f9b6:eb23:7049:116c
2003:40:e72a:5761:7ca6:5208:b378:5c84
fe80::140e:2884:a22b:c5f%14
192.168.2.105
2001:0:5ef5:79fb:140e:2884:a22b:c5f
```

Sind Sie nur an IPv4-Adressen interessiert, filtern Sie auf Grundlage der Eigenschaft `AddressFamily`:

```
PS> [system.Net.Dns]::GetHostAddresses('') | Where-Object { $_.AddressFamily -eq 'InterNetwork' } |
Select-Object -ExpandProperty IPAddressToString
192.168.2.105
```

Umgebungsvariablen

Dank des virtuellen Laufwerks `env:` kostet es Sie kein größeres Kopfzerbrechen, den Inhalt einer Umgebungsvariablen anzuzeigen – oder bestimmte Umgebungsvariablen zu finden:

```
PS> dir env:*user*

Name                           Value
----                           -----
USERPROFILE                    C:\Users\Tobias
ALLUSERSPROFILE                C:\ProgramData
USERNAME                       Tobias
USERDOMAIN                     PowerShellPC

PS> $env:USERNAME
Tobias

PS> "$env:USERDOMAIN\$env:USERNAME"
PowerShellPC\Tobias
```

Sie dürfen Umgebungsvariablen sogar ändern und beispielsweise einen neuen Ordner registrieren, in dem PowerShell nach Modulen sucht:

```
PS> $env:PSModulePath += ';c:\PSModule'
PS> $env:PSModulePath -split ';'
C:\Users\Tobias\Documents\WindowsPowerShell\Modules
C:\Windows\system32\WindowsPowerShell\v1.0\Modules\
c:\psmodule
```

Allerdings ist die Änderung nur innerhalb Ihrer aktuellen PowerShell wirksam. PowerShell greift mit dem Laufwerk `env:` ausschließlich auf das `Process`-Set der Umgebungsvariablen zu, also die Kopie, die *PowerShell.exe* beim Start vom System erhält. Entsprechend limitiert ist die Lebensdauer aller Änderungen.

Über den Typ `System.Environment` erhalten Sie volle Kontrolle und können aussuchen, ob Sie mit Umgebungsvariablen aus dem `Machine`-Set (für alle Benutzer), dem `User`-Set (Ihren eigenen Umgebungsvariablen) oder dem `Process`-Set (im aktuellen Prozess) arbeiten möchten. Machen Sie dazu am besten ein kleines PowerShell-Ping-Pong-Spiel und öffnen Sie zwei PowerShell-Konsolen. Danach legen Sie in der ersten eine Umgebungsvariable namens `Transfer` im `User`-Kontext an:

```
PS> [System.Environment]::SetEnvironmentVariable('transfer', 123, 'user')
```

Die Umgebungsvariable wird ohne weitere Rückmeldung angelegt, und Sie können sie jetzt bereits in den Betriebssystemeinstellungen sehen. PowerShell selbst ignoriert die neue Umgebungsvariable aber scheinbar:

```
PS> $env:transfer
PS>
```

Auch die zweite PowerShell-Sitzung kann die Variable nicht abrufen. Erst wenn Sie eine dritte PowerShell-Sitzung öffnen, gelingt es. Der Grund: Beim Start eines Prozesses fertigt Windows eine Kopie aller zu diesem Zeitpunkt gültigen Umgebungsvariablen an, und weil beim Start der ersten beiden PowerShell-Konsolen die Umgebungsvariable `$env:transfer` noch nicht existierte, sieht PowerShell sie nicht.

Allerdings können Sie mit `System.Environment` auch bestimmen, von wo Sie eine Umgebungsvariable lesen möchten. Die folgende Zeile liest den Inhalt der Variablen sofort frisch aus dem `User`-Kontext aus. So könnten verschiedene Anwendungen (und PowerShell-Sitzungen) sich Informationen gegenseitig zuspielen.

```
PS> [System.Environment]::GetEnvironmentVariable('transfer', 'user')
123
```

Die auf diese Weise angelegten Umgebungsvariablen bleiben so lange erhalten, bis Sie sie wieder ausdrücklich entfernen, indem Sie der Umgebungsvariablen den Wert `$null` (oder einen leeren Text) zuweisen:

```
PS> [System.Environment]::SetEnvironmentVariable('transfer', $null, 'user')
```

Pfade zu Systemordnern finden

Die Methode `GetFolderPath()` aus `System.Environment` liefert die Pfadnamen zu vielen speziellen Windows-Systemordnern. Geben Sie einfach ein beliebiges Argument an, listet die Fehlermeldung die Namen der Windows-Ordner auf, die zum Abfragen zur Verfügung stehen:

```
PS> [System.Environment]::GetFolderPath("Unsinn")
Das Argument "folder" mit dem Wert  "Unsinn" für "GetFolderPath" kann nicht in den Typ
"System.Environment+SpecialFolder" konvertiert werden: "Der Wert "Unsinn" kann nicht in den Typ
"System.Environment+SpecialFolder" konvertiert werden. Fehler: "Der Bezeichner "Unsinn" kann keinem
gültigen Enumeratornamen zugeordnet werden. Geben Sie einen der folgenden Enumeratornamen an, und
wiederholen Sie den Vorgang: Desktop, Programs, MyDocuments, Personal, Favorites, Startup, Recent,
SendTo, StartMenu, MyMusic, MyVideos, DesktopDirectory, MyComputer, NetworkShortcuts, Fonts,
Templates, CommonStartMenu, CommonPrograms, CommonStartup, CommonDesktopDirectory, ApplicationData,
PrinterShortcuts, LocalApplicationData, InternetCache, Cookies, History, CommonApplicationData,
Windows, System, ProgramFiles, MyPictures, UserProfile, SystemX86, ProgramFilesX86,
CommonProgramFiles, CommonProgramFilesX86, CommonTemplates, CommonDocuments, CommonAdminTools,
AdminTools, CommonMusic, CommonPictures, CommonVideos, Resources, LocalizedResources,
CommonOemLinks, CDBurning.""
```

Möchten Sie herausfinden, wo sich auf Ihrem Computer der Bilderordner befindet, wissen Sie nun, dass dieser Ordner mit dem Begriff `MyPictures` angesprochen wird:

```
PS> [System.Environment]::GetFolderPath("MyPictures")
C:\Users\Tobias Weltner\Pictures
```

Konsoleneinstellungen

Der Typ `System.Console` steuert alle wichtigen Funktionen rund um Konsolenfenster. Sie können damit zum Beispiel die Farben und die Größe der Konsole neu festlegen sowie den Fenstertitel wählen. Tatsächlich macht PowerShell einige diese Einstellungen bereits über das `$Host`-Objekt verfügbar:

```
PS> $Host.UI.RawUI.BackgroundColor = 'Green'
PS> [System.Console]::BackgroundColor = 'Blue'
```

Andere Funktionen stehen nur im zugrunde liegenden .NET-Typ zur Verfügung. Mit ResetColor() stellen Sie beispielsweise nach verunglückten Farbexperimenten die Standardfarben der Konsole wieder her:

```
PS> [System.Console]::ResetColor()
```

Über die Eigenschaft CursorVisible kann die blinkende Einfügemarke vorübergehend abgeschaltet werden:

```
PS> [System.Console]::CursorVisible = $false
PS> [System.Console]::CursorVisible = $true
```

NumberLock verrät, ob die NumLock-Funktion der Tastatur gerade eingeschaltet ist:

```
PS> [System.Console]::NumberLock
False
```

Schließlich kann der System.Console-Typ mit Beep() auch noch Signaltöne ausgeben:

```
PS> [System.Console]::Beep()
PS> [System.Console]::Beep(1000, 500)
```

Der erste Zahlenwert entspricht dabei der Tonhöhe in Hertz, der zweite der Tondauer in Millisekunden. Wollen Sie damit einen kleinen Hör- oder Lautsprechertest durchführen, fehlt nur noch eine Schleife:

```
PS> for ($freq=300; $freq -lt 20000; $freq+=200) { [System.Console]::Beep($freq, 100) }
```

Profitipp

Wenn Sie den Inhalt der Konsole löschen möchten, greifen Sie wahrscheinlich zum Befehl cls oder dem zugrunde liegenden Cmdlet Clear-Host. Erstaunlicherweise verfügt das $Host-Objekt anders als [System.Console] nicht über die Methode Clear(). Deshalb muss Clear-Host den Inhalt der PowerShell-Konsole auf relativ umständliche Art löschen. Schauen Sie sich mal den Quellcode von Clear-Host an:

```
PS> (Get-Command Clear-Host).Definition
$space = New-Object System.Management.Automation.Host.BufferCell
$space.Character = ' '
$space.ForegroundColor = $Host.UI.rawui.ForegroundColor
$space.BackgroundColor = $Host.UI.rawui.BackgroundColor
$rect = New-Object System.Management.Automation.Host.Rectangle
$rect.Top = $rect.Bottom = $rect.Right = $rect.Left = -1
$origin = New-Object System.Management.Automation.Host.Coordinates
$Host.UI.RawUI.CursorPosition = $origin
$Host.UI.RawUI.SetBufferContents($rect, $space)
```

Sehr viel einfacher und schneller geht es über Clear():

```
[System.Console]::Clear()
```

Wer mag, kann seine Funktion Clear-Host deshalb nun etwas optimieren:

```
function Clear-Host { [System.Console]::Clear() }
```

Spezielle Datumsformate lesen

Müssen Sie ein ungewöhnliches Datumsformat lesen, greifen Sie kurzerhand zum Typ [DateTime] und nutzen dessen Methode ParseExact(). Ihr kann man das ungewöhnliche Datumsformat mithilfe einer Schablone erklären, und schon wird es richtig verstanden:

```
# Rohinformation liefert Datum in ungewöhnlichem Format:
PS> $information = '12Nov(2012)18h30m17s'

# Muster beschreibt das Datumsformat. "\" entwertet Zeichen, die wörtlich gemeint sind:
PS> $muster = 'ddMMM\(yyyy\)HH\hmm\mss\s'

# ParseExact() interpretiert das Rohdatum gemäß dem angegebenen Muster:
PS> [DateTime]::ParseExact($information, $muster, $null)
Montag, 12. November 2012 18:30:17
```

Zeichen, die nicht zum Datum gehören, werden im Muster mit einem vorangestellten \ markiert. Sie dürfen statischen Text auch in einfache Anführungszeichen stellen, zum Beispiel so:

```
PS> $information = '12Nov(2012)18h30m17s'

# Muster beschreibt das Datumsformat. "\" maskiert Zeichen, die wörtlich gemeint sind:
PS> $muster = 'ddMMM\(yyyy\)HH\hmm\mss\s'

# ParseExact() interpretiert das Rohdatum gemäß dem angegebenen Muster:
PS> [DateTime]::ParseExact($information, $muster, $null)
```

ParseExact() unterstützt keine Platzhalter für Anteile, die nicht direkt zum Datum gehören. Wenn sich also zwischen Monat und Jahr beliebig viele Leerzeichen befinden können, ist ParseExact() überfordert. Dasselbe gilt, wenn sich das Datum innerhalb eines Texts befindet, denn ParseExact() erwartet ausschließlich den Datumstext. In solchen Fällen greifen Sie besser zu regulären Ausdrücken, die ein Datum ebenfalls beschreiben können.

Datumsinformationen und Kulturen

Datumsinformationen zählen in allen Programmiersprachen zu den problematischsten Informationen, denn sie unterliegen kulturellen Einflüssen. Das Datumsformat ist in beinahe jeder Region der Welt anders. Das .NET Framework, auf dem PowerShell aufbaut und von dem die Typen stammen, mit denen Sie gerade arbeiten, ist darauf vorbereitet.

Der Typ System.Globalization.CultureInfo zeigt Ihnen alle erdenklichen Informationen zur aktuellen Kultur an. Darin finden Sie auch die aktuell gültigen Datumsdefinitionen und können so abschätzen, ob ein bestimmtes Datumsformat – zum Beispiel in einer Protokolldatei – über die Standardumwandlung in den Typ DateTime umgewandelt wird oder das Datumsmuster selbst mit ParseExact() definiert werden muss:

```
PS> [System.Globalization.CultureInfo]::CurrentUICulture.DateTimeFormat

AMDesignator                     :
Calendar                         : System.Globalization.GregorianCalendar
DateSeparator                    : .
FirstDayOfWeek                   : Monday
CalendarWeekRule                 : FirstFourDayWeek
FullDateTimePattern              : dddd, d. MMMM yyyy HH:mm:ss
LongDatePattern                  : dddd, d. MMMM yyyy
LongTimePattern                  : HH:mm:ss
MonthDayPattern                  : dd MMMM
```

```
PMDesignator                     :
RFC1123Pattern                   : ddd, dd MMM yyyy HH':'mm':'ss 'GMT'
ShortDatePattern                 : dd.MM.yyyy
ShortTimePattern                 : HH:mm
SortableDateTimePattern          : yyyy'-'MM'-'dd'T'HH':'mm':'ss
TimeSeparator                    : :
UniversalSortableDateTimePattern : yyyy'-'MM'-'dd HH':'mm':'ss'Z'
YearMonthPattern                 : MMMM yyyy
AbbreviatedDayNames              : {So, Mo, Di, Mi...}
ShortestDayNames                 : {So, Mo, Di, Mi...}
DayNames                         : {Sonntag, Montag, Dienstag, Mittwoch...}
AbbreviatedMonthNames            : {Jan, Feb, Mrz, Apr...}
MonthNames                       : {Januar, Februar, März, April...}
IsReadOnly                       : False
NativeCalendarName               : Gregorianischer Kalender
AbbreviatedMonthGenitiveNames    : {Jan, Feb, Mrz, Apr...}
MonthGenitiveNames               : {Januar, Februar, März, April...}
```

Möchten Sie ein Datum in einer ganz anderen Kultur ausgeben, zum Beispiel in Chinesisch, benötigen Sie nur die jedem `DateTime`-Objekt zugrunde liegende Methode `ToString()`, der Sie Format und Kultur übergeben können (Abbildung 10.3).

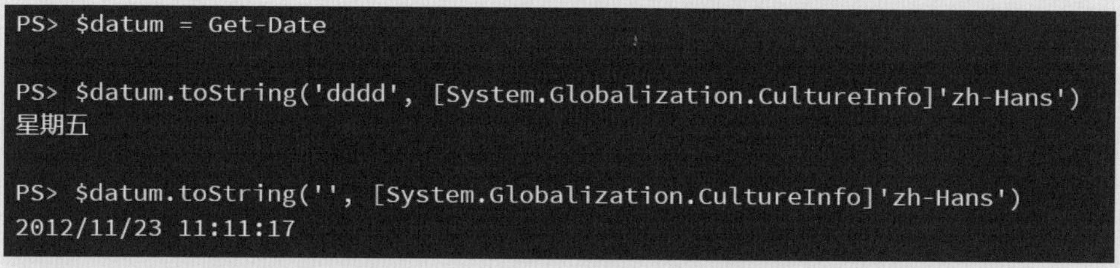

Abbildung 10.3: Datumsausgabe in Chinesisch mit dem Kulturbezeichner »zh-Hans«.

Welche Kulturen es gibt und wie deren Kurzbezeichner heißen, verrät wieder einmal ein Typ mit seiner statischen Methode `GetCultures()`:

```
PS> [System.Globalization.CultureInfo]::GetCultures('InstalledWin32Cultures') | Out-GridView
```

Das Ergebnis erscheint im GridView. In dessen oberstem Textfeld dürfen Sie wie immer filtern und können sich so ganz bequem auch die übrigen chinesischen Kulturen und Kürzel herausfischen – oder jede andere unterstützte Kultur. Nun haben Sie bereits alles, was Sie für einen universellen Datumskonvertierer brauchen. Wissen Sie zum Beispiel, dass ein Datum aus einem Protokoll im französischen Format vorliegt, und möchten es ins taiwanesische Format umwandeln, geht das jetzt ganz einfach:

```
# Datum liegt in einer französischen Schreibweise vor:
$datumFranzoesisch = 'vendredi 23 novembre 2012 11:19:13'

# für die Umwandlungen die Quell- und Zielkultur besorgen:
[System.Globalization.CultureInfo]$Frankreich = 'fr-FR'
[System.Globalization.CultureInfo]$Taiwan = 'zh-TW'

# Datumstext unter Angabe seiner Kultur in einen DateTime-Typ verwandeln
# dieser ist sprachunabhängig:
$DateTime = [datetime]::Parse($datumFranzoesisch, $Frankreich)

# von hier aus in Zielkultur umwandeln
```

```
# das Ergebnis ist jetzt wieder Text (String):
$datumTaiwan = $DateTime.ToString($Taiwan)

''
"$datumFranzoesisch -> $datumTaiwan"
```

Listing 10.10: Das Skript convert_datetime_culture.ps1.

Das Ergebnis sieht dann (in PowerShell ISE) aus, wie in Abbildung 10.4 zu sehen.

Abbildung 10.4: Umwandlung eines französischen Datums in ein taiwanesisches Format.

Statische Eigenschaften verwenden

Statische Eigenschaften unterscheiden sich nicht von den Eigenschaften, die Sie bereits bei Objekten kennengelernt haben. Sie funktionieren grundsätzlich wie Variablen. Die Informationen darin lassen sich also einfach abrufen, wenn sie gebraucht werden.

Werten Sie beispielsweise die Adressbreite eines Zeigers (Typname `IntPtr`) aus, können Sie so feststellen, ob Ihr Skript in einer 32- oder einer 64-Bit-Umgebung ausgeführt wird:

```
PS> [IntPtr]::Size
8

PS> if ([IntPtr]::Size -eq 8) { "Ein 64-Bit-System" } else { "Ein 32-Bit-System" }
Ein 64-Bit-System
```

Sie könnten auch den Typ `Environment` befragen:

```
PS> [Environment]::Is64BitOperatingSystem
True

PS> [Environment]::Is64BitProcess
True

PS> [Environment]::HasShutdownStarted
False
```

Und falls Sie den Wert der Konstanten »PI« benötigen, finden Sie diese ebenfalls im passenden Typ:

```
PS> [Math]::PI
3,14159265358979
```

Neue Objekte herstellen

Alle Objekte, mit denen Sie es bisher zu tun hatten, stammten entweder direkt von aufgerufenen Befehlen oder wurden über Typumwandlungen aus anderen schon vorhandenen Objekten generiert. Sie dürfen sich aber auch selbst neue Objekte erstellen lassen. Dazu geben Sie nur den gewünschten Typ an. Die nächste Zeile legt ein neues `DateTime`-Objekt an:

```
PS> New-Object -TypeName System.DateTime

Montag, 1. Januar 0001 00:00:00
```

Konstruktoren verstehen

Das ist natürlich nicht besonders spannend, weil Sie DateTime-Objekte sowieso bereits mit Get-Date sehr viel leichter beschaffen können. Spannender wird es, wenn man sich anschaut, auf welche Weise neue DateTime-Objekte angelegt werden können. Dazu wirft man einen Blick auf dessen sogenannte *Konstruktoren*:

```
PS> [DateTime].GetConstructors() | ForEach-Object { $_.toString() }
Void .ctor(Int32, Int32, Int32)
Void .ctor(Int64)
Void .ctor(Int64, System.DateTimeKind)
Void .ctor(Int32, Int32, Int32, System.Globalization.Calendar)
Void .ctor(Int32, Int32, Int32, Int32, Int32, Int32)
Void .ctor(Int32, Int32, Int32, Int32, Int32, Int32, System.DateTimeKind)
Void .ctor(Int32, Int32, Int32, Int32, Int32, Int32, System.Globalization.Calendar
)
Void .ctor(Int32, Int32, Int32, Int32, Int32, Int32, Int32)
Void .ctor(Int32, Int32, Int32, Int32, Int32, Int32, Int32, System.DateTimeKind)
Void .ctor(Int32, Int32, Int32, Int32, Int32, Int32, Int32, System.Globalization.C
alendar)
Void .ctor(Int32, Int32, Int32, Int32, Int32, Int32, Int32, System.Globalization.C
alendar, System.DateTimeKind)
```

Jede zurückgelieferte Zeile beschreibt genau einen Konstruktor (ctor ist dabei die Abkürzung für »Constructor«), und die unterschiedlichen Konstruktoren unterscheiden sich lediglich durch die Argumente, die man ihnen mitgibt. Die Aufgabe des Konstruktors ist es, das gewünschte Objekt herzustellen. Die folgenden Aufrufe verwenden unterschiedliche Konstruktoren, um neue DateTime-Objekte herzustellen:

```
# Datum aus Jahr, Monat und Tag herstellen:
PS> New-Object System.DateTime(2016,5,1)

Sonntag, 1. Mai 2016 00:00:00


# Datum aus Ticks herstellen:
PS> New-Object System.DateTime(568687676789080999)

Montag, 7. Februar 1803 07:54:38
```

Leider ist die Liste der Konstruktoren ohne etwas Aufbereitung kaum zu gebrauchen, denn darin erscheinen zunächst nur die Datentypen der Argumente. Mit einer kleinen Hilfsfunktion kann man die Konstruktoren eines Typs in PowerShell 5 aber auch detailreicher ausgeben:

```
filter Get-Constructor
{
  $type = $_

  foreach($constructor in $type.GetConstructors())
  {
    $info = $constructor.GetParameters().Foreach{$_.ToString()} -Join ', '
    "($info)"
  }
}
```

Listing 10.11: Get-Constructor liefert die Konstruktoren eines Typs.

Wenn Sie einen Typ über die Pipeline an `Get-Constructor` weiterleiten, ergibt sich jetzt ein klareres Bild davon, mit welchen Informationen man Objekte des angegebenen Typs herstellen kann. Die ersten beiden Konstruktoren wurden in den Beispielen oben eingesetzt, es stehen aber viele weitere zur Verfügung:

```
PS> [DateTime] | Get-Constructor
(Int32 year, Int32 month, Int32 day)
(Int64 ticks)
(Int64 ticks, System.DateTimeKind kind)
(Int32 year, Int32 month, Int32 day, System.Globalization.Calendar calendar)
(Int32 year, Int32 month, Int32 day, Int32 hour, Int32 minute, Int32 second)
(Int32 year, Int32 month, Int32 day, Int32 hour, Int32 minute, Int32 second, Syste
m.DateTimeKind kind)
(Int32 year, Int32 month, Int32 day, Int32 hour, Int32 minute, Int32 second, Syste
m.Globalization.Calendar calendar)
(Int32 year, Int32 month, Int32 day, Int32 hour, Int32 minute, Int32 second, Int32
 millisecond)
(Int32 year, Int32 month, Int32 day, Int32 hour, Int32 minute, Int32 second, Int32
 millisecond, System.DateTimeKind kind)
(Int32 year, Int32 month, Int32 day, Int32 hour, Int32 minute, Int32 second, Int32
 millisecond, System.Globalization.Calendar calendar)
(Int32 year, Int32 month, Int32 day, Int32 hour, Int32 minute, Int32 second, Int32
 millisecond, System.Globalization.Calendar calendar, System.DateTimeKind kind)
```

Ein Credential-Object zur automatischen Anmeldung

Viele Cmdlets unterstützen den Parameter `-Credential`, mit dem man sich unter einem anderen Benutzerkonto anmelden kann. Gibt man ein Benutzerkonto an, wird indes stets ein Anmeldedialog geöffnet, in dem man manuell ein Kennwort eingeben muss. Dadurch lässt sich der Code nicht mehr unbeaufsichtigt ausführen:

```
PS> Get-WMIObject -Class Win32_BIOS -ComputerName RemoteServerABC -Credential firma\hans
```

In der Hilfe sehen Sie, dass der Parameter `-Credential` ein Objekt vom Typ `PSCredential` verlangt:

```
PS> Get-Help -Name Get-WMIObject -Parameter Credential
-Credential [<PSCredential>]
    Specifies a user account that has permission to perform this action. The
    default is the current user. Type a user name, such as "User01",
(...)
```

Das Anmeldefenster erscheint nur, wenn man stattdessen einen Text angibt, also nur, wenn eine implizite Typumwandlung erforderlich ist. Man braucht daher lediglich von vornherein ein `PSCredential`-Objekt anzugeben, um das Anmeldefenster loszuwerden. Ein solches Objekt könnte man mit dem Wissen von eben gerade durch `New-Object` selbst anlegen. Der Konstruktor des Typs `PSCredential` verlangt entweder ein sonderbares `pso`-Objekt oder aber den Benutzernamen als `String` und das Kennwort als `SecureString`:

```
PS> [PSCredential] | Get-Constructor
(System.String userName, System.Security.SecureString password)
(System.Management.Automation.PSObject pso)
```

Unter Angabe von Benutzername und Kennwort lässt sich die Anmeldeinformation also folgendermaßen erzeugen und nutzen:

```
$username = 'firma\Hans'
$password = 'topSecret99' | ConvertTo-SecureString -AsPlainText -Force
$credential = New-Object -TypeName PSCredential($username, $password)

Get-WmiObject -Class Win32_BIOS -ComputerName RemoteServerABC -Credential $credential
```

Listing 10.12: Ohne Anmeldedialog unter anderer Identität auf ein Remotesystem zugreifen.

Achtung

Wie Sie vielleicht bemerkt haben, ist in Listing 10.12 ein Kennwort im Klartext enthalten. Das ist natürlich ein grober Sicherheitsverstoß, jedenfalls dann, wenn das Skript nicht anderweitig vor unbefugtem Zugriff geschützt ist – und auch der Grund dafür, warum PowerShell von sich aus Kennwörter stets mit einem Dialogfeld sicher abfragt.

Alternativ lassen sich die Anmeldeinformationen auch verschlüsselt in einer XML-Datei speichern. Mit dem folgenden Code rüsten Sie die Befehle `Export-Credential` und `Import-Credential` nach:

```
function Export-Credential($cred, $file) {
  $ergebnis = 1 | Select-Object Username, Password
  $ergebnis.Username = $cred.UserName
  $ergebnis.Password = $cred.Password | ConvertFrom-SecureString
  $ergebnis | Export-Clixml $file
}

function Import-Credential($file) {
  $ergebnis = Import-Clixml $file
  $user = $ergebnis.username
  $password = $ergebnis.password | ConvertTo-SecureString
  New-Object system.Management.Automation.PSCredential($user, $password)
}
```

Listing 10.13: Export-Import-Credential.ps1.

Sie können nun zuerst Ihre Anmeldedaten in einer XML-Datei verschlüsselt speichern:

```
PS> Export-Credential (Get-Credential) $HOME\anmeldung.xml
```

Später können Skripte jederzeit die Anmeldedaten aus der XML-Datei importieren und für Anmeldevorgänge nutzen:

```
PS> Get-WmiObject Win32_BIOS -ComputerName storage1 -Credential (Import-Credential $HOME\anmeldung.xml)

SMBIOSBIOSVersion : P03
Manufacturer      : Phoenix Technologies LTD
Name              : Ver 1.00PARTTBLw
SerialNumber      : 98H340ED2H9300237A30A1
Version           : PTLTD  - 6040000
```

Hinweis

Die Verschlüsselung verwendet Ihr persönliches Anmeldetoken als Schlüssel. Derjenige, der die Anmeldedaten gespeichert hat, kann sie also auch wieder laden. Fällt die Datei jedoch jemand anderem in die Hände, kann derjenige nichts damit anfangen.

Umgang mit XML-Daten

Der an sich eher komplexe Umgang mit XML-Daten wird sehr viel einfacher, wenn man das XML nicht als Text betrachtet, sondern in einem XML-Objekt verwaltet. Zuerst aber werden Beispieldaten benötigt, die Sie sich schnell selbst herstellen können:

```
@'
<?xml version="1.0" ?>
<Belegschaft Zweigstelle="Hannover" Typ="Aussendienst">
  <Mitarbeiter>
    <Name>Tobias Weltner</Name>
    <Rolle>Leitung</Rolle>
    <Alter>47</Alter>
  </Mitarbeiter>
  <Mitarbeiter>
    <Name>Cofi Heidecke</Name>
    <Rolle>Sicherheit</Rolle>
    <Alter>23</Alter>
  </Mitarbeiter>
</Belegschaft>
'@ | Set-Content -Path $env:temp\mitarbeiter.xml -Encoding UTF8
```

Listing 10.14: Beispiel-XML-Daten erstellen.

Die Datei mit den XML-Daten könnte man nun einlesen und den Inhalt über Typkonvertierung in XML umwandeln. Danach wäre es sehr leicht, an die im XML enthaltenen Informationen zu gelangen:

```
$xml = [xml](Get-Content $env:temp\mitarbeiter.xml)
$xml.Belegschaft.Mitarbeiter
```

Listing 10.15: XML-Inhalte als XML-Objekt verwalten.

Beim XML-Objekt genügt es also, einfach die Knotennamen der XML-Struktur anzugeben, um zu den Informationen zu gelangen:

```
Name           Rolle      Alter
----           -----      -----
Tobias Weltner Leitung    47
Cofi Heidecke  Sicherheit 23
```

Profitipp

`[xml]` ist eine Abkürzung für den eigentlichen Typ namens `System.Xml.XmlDocument`:

```
PS> [xml].FullName
System.Xml.XmlDocument
```

Ein schnellerer Weg als die Typkonvertierung ist, sich ein leeres neues XML-Objekt zu beschaffen und dann die XML-Informationen mit dessen Methode `Load()` direkt aus einer Datei zu laden. Das ist vor allem bei großen XML-Datensätzen deutlich schneller:

```
$xml = New-Object xml
$xml.Load("$env:temp\mitarbeiter.xml")
$xml.Belegschaft.Mitarbeiter
```

Listing 10.16: XML-Datei in ein XML-Objekt laden.

WMI-Remotezugriffe mit Anmeldung

Wie Sie im Beispiel zu XML gesehen haben, führen oft mehrere Wege nach Rom. Die Typumwandlung kann erste Lösungen bieten, aber häufig gibt es spezialisiertere Objekte mit weitaus mehr Möglichkeiten. Das gilt auch für WMI.

Im Abschnitt über Typumwandlungen haben Sie bereits gesehen, wie man einen Pfadnamen zu einem WMI-Objekt umwandeln und so Zugriff auf das Objekt bekommen kann. Dasselbe ist auch mit WMI-Klassen möglich, sodass hierdurch ganz neue Dinge erzeugt werden können, beispielsweise eine Netzwerkfreigabe – im folgenden Beispiel auf dem Computer *\\Storage1* (passen Sie den Computernamen gegebenenfalls an):

```
$shareklasse = [wmiclass]'\\storage1\root\cimv2:Win32_Share'
$pfad = 'C:\'
$name = 'serviceshare'
$type = 0
$maximumallowed = 5
$description = 'Interner Share für Wartungsaufgaben'
$shareklasse.Create($pfad, $Name, $Type, $MaximumAllowed, $Description).ReturnValue
```

Listing 10.17: Neue Netzwerkfreigabe einrichten.

Sie benötigen dazu lediglich Administratorrechte auf dem Zielsystem. Wenn Sie den Rückgabewert 0 erhalten, ist die Freigabe eingerichtet und kann sofort genutzt werden:

```
PS> Get-ChildItem -Path \\storage1\serviceshare

    Verzeichnis: \\storage1\serviceshare

Mode                LastWriteTime     Length Name
----                -------------     ------ ----
d----        11.06.2009     18:57            $WIN_NT$.~BT
d----        11.06.2009     18:56            DOCS
(…)
```

Hinweis

Übrigens, sollten Sie den Rückgabewert 22 erhalten, bedeutet dies, dass die Freigabe schon existiert.

Allerdings können Sie sich bei der Typumwandlung nicht explizit mit einem berechtigten Benutzerkonto anmelden. Ihr aktuelles Konto muss bereits über Administratorrechte auf dem Zielsystem verfügen. Möchten Sie eine andere Identität annehmen, genügt die Typkonvertierung nicht mehr. Jetzt müssen Sie mit `New-Object` einige Objekte anlegen:

```
# Anmeldeinformationen festlegen:
$WMIOptionen = New-Object System.Management.ConnectionOptions
$anmeldung = Get-Credential
$WMIOptionen.SecurePassword = $anmeldung.Password
$WMIOptionen.UserName = $anmeldung.UserName

$path = '\\storage1\root\cimv2:Win32_Share'
$scope = New-Object System.Management.ManagementScope($path, $WMIOptions)
$scope.Connect()

$optionen = New-Object System.Management.ObjectGetOptions

# Freigabe einrichten:
$shareklasse = New-Object System.Management.ManagementClass($scope, $path, $optionen)
$pfad = 'C:\'
$name = 'serviceshare_neu'
$type = 0
$maximumallowed = 5
$description = 'Interner Share für Wartungsaufgaben'
$shareklasse.Create($pfad, $Name, $Type, $MaximumAllowed, $Description).ReturnValue
```

Listing 10.18: Netzwerkfreigabe mit Benutzeranmeldung.

COM-Objekte verwenden

Alle Typen, mit denen Sie es bisher zu tun hatten, entstammen dem .NET Framework: einer Sammlung von Befehlsbibliotheken, die vom Betriebssystem und anderen Anwendungen genutzt werden. Schon vor Einführung des .NET Framework gab es eine ähnliche Sammlung von Befehlen, die aber auf einer anderen Technik beruht und *COM* (*Component Object Model*) genannt wird. COM war die einzige Technik, auf die *VisualBasic Script* (VBS) zugreifen konnte. Den VBS-Befehl `CreateObject` gibt es bei PowerShell nach wie vor. Hier heißt der Befehl `New-Object -COMObject`.

Und das ist hochinteressant, denn es bedeutet, dass Sie die Funktionalität von VBScript sehr einfach in PowerShell nachbauen können (falls das wirklich einmal erforderlich sein sollte). Die Sprache VBScript enthält nämlich kaum Eigenintelligenz. VBScript greift fast immer nur auf die Fähigkeiten von COM-Objekten zurück, und das kann PowerShell genauso.

Möchten Sie zum Beispiel alle Fenster schlagartig minimieren, probieren Sie die folgende Zeile:

```
PS> (New-Object -COMObject "Shell.Application").ToggleDesktop()
```

Und wenn Sie den Internet Explorer öffnen und eine bestimmte Webseite anzeigen möchten, kann die diese Zeile helfen:

```
PS> $ie = New-Object -COMObject InternetExplorer.Application -Property @{Navigate2='www.powerthesh
ell.com'; Visible = $true}
```

Hinweis

Mit dem Parameter `-Property` weisen Sie `New-Object` an, das neue Objekt sogleich mit Vorgabewerten zu initialisieren. Das sorgt dafür, dass der Internet Explorer sichtbar ist und die gewünschte Webseite anzeigt. Die Schlüssel der Hashtable müssen dabei also Eigenschaften- oder Methodennamen entsprechen, die im Objekt vorhanden sind. Ohne `-Property` müssten Sie das Objekt selbst initialisieren, sobald es angelegt ist:

```
$ie = New-Object -COMObject InternetExplorer.Application
$ie.Navigate2('www.powertheshell.com')
$ie.Visible = $true
```

Listing 10.19: Internet Explorer öffnen und nachträglich zu einer Webseite navigieren.

Dialogfeld öffnen

Im VBScript-Umfeld wurde häufig auf den COM-Typ `WScript.Shell` zurückgegriffen. Die meisten seiner Fähigkeiten braucht man bei PowerShell längst nicht mehr, aber die Methode `Popup()` ist auch in PowerShell noch interessant – sie öffnet ein einfaches Dialogfenster, das nach einer vordefinierten Zeit automatisch wieder verschwindet, falls der Anwender nicht darauf reagiert.

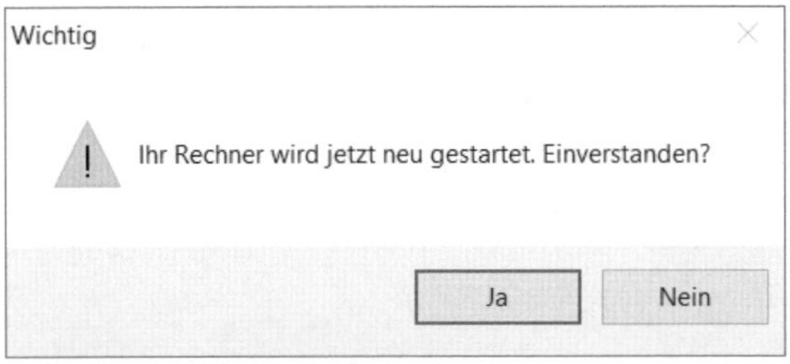

Abbildung 10.5: Ein Dialogfeld anzeigen.

Damit eignet es sich hervorragend für Automationsskripte, die durch unbeantwortete Benutzerabfragen nicht blockieren sollen.

```
# COM-Objekt besorgen:
$wshell = New-Object -ComObject WScript.Shell

# Argumente vorbereiten:
$message = 'Ihr Rechner wird jetzt neu gestartet. Einverstanden?'
$title = 'Wichtig'

# Methode Popup() aufrufen:
$response = $wshell.Popup($message, 10, $title, (4+48))

# Ergebnis auswerten:
if ($response -ne 7)
{
  Restart-Computer -WhatIf
}
```

Listing 10.20: Ein Dialogfeld.

Dass ausgerechnet die Zahl 7 der angeklickten Taste *Nein* entspricht, stand zwar nirgends, aber wenn Sie mit dem Code experimentieren, werden Sie die entsprechenden Rückgabewerte für die Dialogfeldschaltflächen sicher herausfinden. Leider sind COM-Objekte sehr schlecht dokumentiert. Wenn Sie allerdings im Internet nach »WScript.Shell Popup« suchen, werden Sie auch die offizielle Dokumentation schnell finden (Abbildung 10.6).

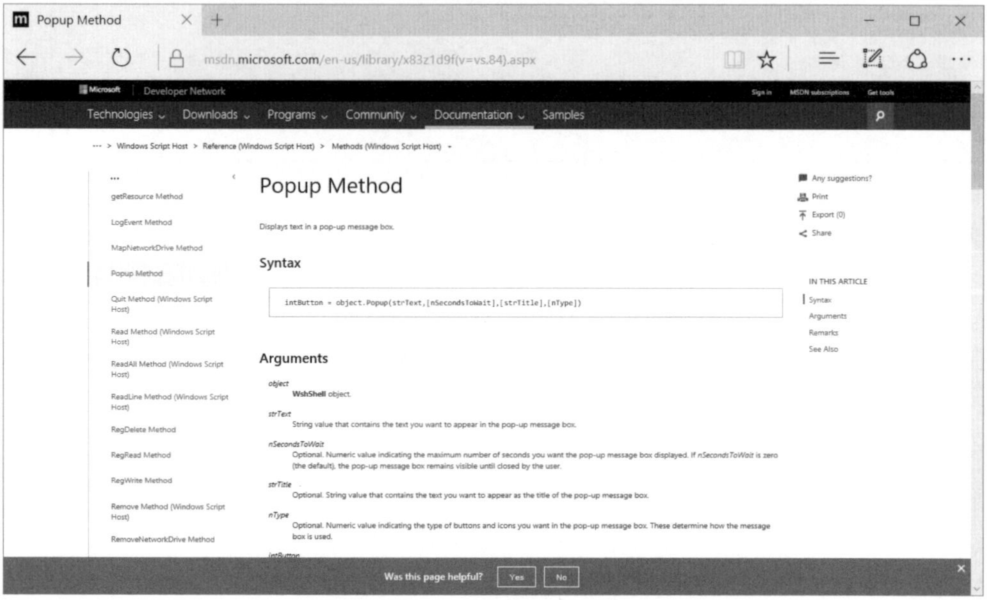

Abbildung 10.6: COM-Objekte sind im Internet häufig ausführlich dokumentiert.

Auf dieser Seite erfahren Sie auch, dass Sie dem Zahlenwert für die anzuzeigenden Schaltflächen den Wert 4096 hinzufügen können, um das Dialogfenster immer vor allen anderen Fenstern im Vordergrund zu halten. Ändern Sie dazu also einfach in Listing 10.20 die Zeile:

```
$response = $wshell.Popup($message, 10, $title, (4+48+4096))
```

Auch `Shell.Application` kann ein Dialogfeld öffnen, allerdings zur Auswahl von Ordnern (Abbildung 10.7):

```
$message = 'Suchen Sie sich einen Ordner aus!'
$path = "$HOME\Documents"

$object = New-Object -ComObject Shell.Application
$folder = $object.BrowseForFolder(0, $message, 0, $path)
if ($folder -ne $null)
{
  $folder.self.Path
}
```

Listing 10.21: Ein Dialogfeld zur Ordnerauswahl anzeigen.

Das Dialogfeld öffnet sich übrigens genau hinter dem PowerShell-Fenster, wenn Sie Pech haben.

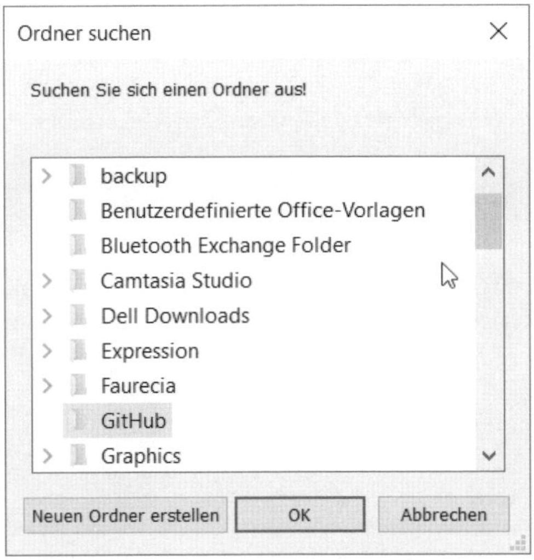

Abbildung 10.7: Ein Dialogfeld zur Auswahl von Ordnern anzeigen.

Achtung

Wenn Sie Dialogfelder öffnen, bleibt PowerShell so lange beschäftigt, bis das Dialogfeld wieder geschlossen ist. Sollte sich das Dialogfeld versehentlich unter einem anderen Fenster verstecken, reagiert die PowerShell also nicht mehr auf Abbrechen-Befehle. Weiter geht es erst, wenn Sie das Dialogfeld in den Vordergrund bringen und schließen.

Sprachausgabe

Mit `SAPI.SpVoice`erhalten Sie Zugriff auf die integrierte *Text-To-Speech*-Engine (*TTS*) – jedenfalls dann, wenn Sie eine Soundkarte und Lautsprecher angeschlossen und die Lautstärke aufgedreht haben:

```
$speaker = New-Object -ComObject SAPI.SpVoice
$null = $speaker.Speak('Hello World!')
$speaker.Rate = -10
$null = $speaker.Speak('Hello World!')
```

Listing 10.22: SAPI.SpVoice wandelt Text in Sprache um.

Tipp

Deutsche Versionen von Windows 8.1 und Windows 10 sprechen übrigens deutsch, sodass Sie die Textbeispiele in Listing 10.22 anpassen sollten, falls sie sich sonderbar anhören.

Wenn Sie Eigenschaften oder Methoden bereits bei der Generierung des Objekts initialisieren möchten, setzen Sie wieder eine Hashtable ein. Im folgenden Beispiel spricht das Objekt eine Meldung aus, während es initialisiert wird:

```
$speaker = New-Object -ComObject SAPI.SpVoice -Property @{Speak='Initializing'}
$speaker.Rate = -20
$null = $speaker.Speak('What a night!')
```

Listing 10.23: Initialisierungsmeldung ausgeben.

Office-Automation

Alle Microsoft-Office-Komponenten lassen sich über COM-Klassen automatisieren. Das folgende Skript öffnet zum Beispiel mit `Excel.Application` eine neue Excel-Tabelle und trägt darin die Zustände aller Dienste ein:

```
$excel = New-Object -ComObject Excel.Application
$workbook = $excel.Workbooks.Add()
$excel.Visible = $true
$excel.Cells.Item(1,1) = "Service Name"
$excel.Cells.Item(1,2) = "Service Status"
$excel.Cells.Item(1,3) = "Service Status"

$i = 2
Get-Service |
  ForEach-Object {
    $excel.Cells.Item($i,1) = $_.name
    $excel.Cells.Item($i,2) = $_.status
    $excel.Cells.Item($i,3) = "$($_.status)"
    $i=$i+1
  }
```

Listing 10.24: Direkt auf Zellen eines Excel-Spreadsheets zugreifen.

Zugriff auf Datenbanken

Mit ADODB-Objekten wie `ADODB.Connection` und `ADODB.Recordset`, die schon in älteren Skriptsprachen gern verwendet wurden, sprechen Sie Datenbanken über OLEDB oder ODBC an:

```
PS> $objConnection = New-Object -ComObject ADODB.Connection
PS> $objConnection.Open("Provider=Microsoft.Jet.OLEDB.4.0;Data Source='D:\Daten\Nordwind.mdb'")
PS> $objRS = $objConnection.Execute('SELECT * FROM Kunden')
PS> do {
    $objRS.Fields.Item('Firma').Value
     $objRS.MoveNext()
} until ($objRS.EOF -eq $true)
```

Wollen Sie andere Datenbanktypen wie SQL Server oder Oracle ansprechen, ändert sich der Code nicht, sondern nur der Connection-String, den Sie `Open()` übergeben. Im Internet finden sich viele Referenzen, zum Beispiel hier: *http://www.connectionstrings.com/*.

Das Ergebnis ist in diesem Fall der Inhalt der Spalte `Firma`, und dieses Ergebnis wird als Text zurückgeliefert. Möchten Sie die Informationen, die Sie aus einer Datenbank lesen, innerhalb von PowerShell weiterverarbeiten, sollten Sie sie besser als Objekt verpacken, so wie in diesem Beispiel:

```
PS> $objConnection = New-Object -ComObject ADODB.Connection
PS> $objConnection.Open("Provider=Microsoft.Jet.OLEDB.4.0;Data Source='C:\neu\nordwind.mdb'")
```

```
PS> $objRS = $objConnection.Execute("SELECT * FROM Kunden")
PS> while ($objRS.EOF -ne $true) {
  $hash = @{}
  foreach ($field in $objRS.Fields) {
    $hash.$($field.name) = $field.value
  }
  New-Object PSObject -Property $hash

  $objRS.MoveNext()
}

Telefon       : 030-0074321
Straße        : Obere Str. 57
Kunden-Code   : ALFKI
Ort           : Berlin
Kontaktperson : Maria Anders
Firma         : Alfreds Futterkiste
Region        :
Land          : Deutschland
PLZ           : 12209
Telefax       : 030-0076545
Position      : Vertriebsmitarbeiterin

Telefon       : (5) 555-4729
Straße        : Avda. de la Constitución 2222
Kunden-Code   : ANATR
Ort           : México D.F.
Kontaktperson : Ana Trujillo
Firma         : Ana Trujillo Emparedados y helados
Region        :
Land          : Mexiko
PLZ           : 05021
Telefax       : (5) 555-3745
Position      : Inhaberin
(...)
```

Wenn Sie neue Informationen in einer Datenbank speichern wollen, verwenden Sie entweder SQL (`INSERT INTO`), oder Sie arbeiten mit `ADODB.Recordset`-Objekten und fügen neue Datensätze über `AddNew()` und `Update()` hinzu:

```
PS> $objConnection = New-Object -ComObject ADODB.Connection
PS> $objConnection.Open("Provider=Microsoft.Jet.OLEDB.4.0;Data Source='C:\neu\nordwind.mdb'")
PS> $objRS = New-Object -ComObject ADODB.Recordset
PS> $OpenStatic = 3
PS> $LockOptimistic = 3

PS> $objRS.Open("SELECT * FROM Kunden", $objConnection, $OpenStatic, $Lockoptimistic)

PS> $objRS.AddNew()
PS> $objRS.Fields.Item("Kunden-Code") = "ESS29"
PS> $objRS.Fields.Item("Firma") = "Scriptinternals"
PS> $objRS.Fields.Item("Kontaktperson") = "Weltner"
PS> $objRS.Fields.Item("Position") = "Entwickler"

PS> $objRS.Update()
```

Automatische Updates

Windows überprüft über seinen Updatedienst normalerweise automatisch, ob es neue Updates gibt, und lädt diese je nach Einstellung automatisch herunter und installiert sie. Dieser Dienst kann über die COM-Klasse `Microsoft.Update.AutoUpdate` kontrolliert werden. Die folgenden Zeilen zeigen, wie Sie den Dienst kontrollieren, seine Einstellungen ändern und skriptgesteuert nach neuen Updates suchen:

```
PS> $update = New-Object -ComObject "Microsoft.Update.AutoUpdate"
PS> $update.Results

LastSearchSuccessDate LastInstallationSuccessDate
--------------------- ---------------------------
04.02.2016 08:14:48   04.02.2016 08:15:49



PS> $update.ServiceEnabled
True

PS> $update.Settings


NotificationLevel          : 4
ReadOnly                   : False
Required                   : True
ScheduledInstallationDay   : 0
ScheduledInstallationTime  : 3
IncludeRecommendedUpdates  : True
NonAdministratorsElevated  : True
FeaturedUpdatesEnabled     : False
PS> $update.DetectNow()
```

Verknüpfungen anlegen und ändern

`WScript.Shell` kann Verknüpfungen anlegen und bestehende Verknüpfungen auslesen und ändern. Das folgende Skript legt beispielsweise eine Verknüpfung namens *Windows PowerShell* auf Ihren Desktop, mit der Sie die PowerShell-Anwendung öffnen, aus der heraus Sie den Link angelegt haben:

```
$shell = New-Object -ComObject WScript.Shell

$LinkFile = 'Windows PowerShell.lnk'
$Desktop = $shell.SpecialFolders.Item('Desktop')

$Path = Join-Path -Path $Desktop -ChildPath $LinkFile

# Pfad zum AKTUELLEN PowerShell-Host ermitteln:
$TargetPath = (Get-Process -id $pid).Path

# Link-Datei anlegen:
$shortcut = $shell.CreateShortcut($path)
# erstes Icon in der EXE-Datei verwenden:
$shortcut.IconLocation = '{0},{1}' -f $TargetPath, 0
$shortcut.TargetPath = $TargetPath

$shortcut.Save()
```

Listing 10.25: Eine neue Verknüpfung zur PowerShell auf den Desktop platzieren.

Ebenso gut können Sie aber auch die vorhandenen Verknüpfungen in Ihrem Startmenü untersuchen und zum Beispiel herausfinden, welche Tastenkombinationen dort hinterlegt sind:

```
$shell = New-Object -ComObject Wscript.Shell

$StartUser = $shell.SpecialFolders.Item('StartMenu')
$StartAll = "$env:ALLUSERSPROFILE\Windows\Startmenü"

Get-ChildItem -Path $StartUser, $StartAll -Filter *.lnk -Recurse -ErrorAction SilentlyContinue |
ForEach-Object {
  $lnkfile = $shell.CreateShortcut($_.FullName)
  New-Object -TypeName PSObject -Property @{
      Hotkey =  $lnkfile.Hotkey
      Name = $_.Name
  }
}
```

Listing 10.26: Tastenkombinationen in Verknüpfungen des Startmenüs finden.

Netzwerkmanagement

Manche COM-Objekte sind zwar im Betriebssystem vorhanden, aber nicht unter einem Namen registriert. Ihnen fehlt die sogenannte *PID* (*Programmatic Identifier*). Ohne PID kann `New-Object` das COM-Objekt nicht herstellen.

PowerShell kommt aber auch an solche Objekte heran, denn mindestens die eindeutige GUID dieser Objekte ist meistens bekannt. Der Typ `Activator` kann dann mit `GetTypeFromCLSID()` den Typ aus der GUID ermitteln. `CreateInstance()` erzeugt danach aus diesem Typ das Objekt.

Das hört sich sehr skurril an, aber bedeutet nur, dass PowerShell keine Grenzen kennt. Sie dürfen damit im Grunde Ähnliches tun, was bislang nur C++- und Systemprogrammierern vorbehalten war. Und besonders komplex ist der Code zudem nicht. Wissen Sie erst, wie man aus einer GUID ein COM-Objekt anlegt, ist das Verfahren immer gleich.

```
# Guid erzeugen
$guid = [guid]"{DCB00C01-570F-4A9B-8D69-199FDBA5723B}"

# Typ finden
$type = [type]::GetTypeFromCLSID($guid)

# COM-Objekt anlegen:
$netzwerk = [Activator]::CreateInstance($type)

$netzwerk
```

Listing 10.27: Herausfinden, ob eine Internetverbindung besteht.

Listing 10.27 zeigt, wie Sie auf diese Weise vom Betriebssystem erfragen, ob Ihr Computer zurzeit über einen Internetzugang verfügt:

```
IsConnectedToInternet IsConnected
--------------------- -----------
                 True        True
```

Tatsächlich verrät Ihnen das Objekt noch weitaus mehr, doch sind dazu zahlreiche interne Methodenaufrufe nötig, was zeigt: Hier befinden Sie sich nicht mehr in der behüteten Umgebung vorgefertigter Cmdlets, sondern in der rauen Wirklichkeit des Programmiereralltags:

```
# Guid erzeugen
$guid = [guid]"{DCB00C01-570F-4A9B-8D69-199FDBA5723B}"

# Typ finden
$type = [type]::GetTypeFromCLSID($guid)

# COM-Objekt anlegen:
$netzwerk = [Activator]::CreateInstance($type)

# Hashtables für die auszulesenden Eigenschaften definieren:
$name = @{Name='Name'; Expression={ $_.GetName() }}
$beschreibung = @{Name='Beschreibung'; Expression={ $_.GetDescription() }}
$kategorie = @{Name='Kategorie'; Expression={ $_.GetCategory() }}

$netzwerk.GetNetworkConnections() |
  ForEach-Object { $_.GetNetwork() } |
    Select-Object $Name, $Beschreibung, $kategorie, isConnectedToInternet
```

Listing 10.28: Netzwerkdetails der aktiven Netzwerkverbindungen ausgeben.

Das Ergebnis sieht in etwa so aus (vorausgesetzt, Sie sind mit mindestens einem Netzwerk verbunden):

```
Name          Beschreibung  Kategorie IsConnectedToInternet
----          ------------  --------- ---------------------
internet-cafe internet-cafe         1                  True
```

Mit `SetCategory()` könnten darüber hinaus einzelne oder alle Netzwerke auf einen anderen Typ umgestellt werden, dazu sind aber Administratorrechte nötig. Die folgende Zeile würde alle Netzwerke auf den Typ `Privat` umstellen:

```
$netzwerk.GetNetworkConnections() | ForEach-Object {$_.GetNetwork().SetCategory(1)}
```

Achtung

Der Typ eines Netzwerks legt fest, welche Firewall-Regeln für ihn aktiv sind. Öffentliche Netzwerke wie zum Beispiel öffentliche Zugangspunkte und WLANs sollten niemals als `Privat` deklariert werden, denn das würde den Schutz der Firewall deutlich verringern.

Welche COM-Objekte gibt es sonst noch?

Alle COM-Objekte, die sich ordnungsgemäß registriert haben, tragen dabei ihre *ProgID* in die Registrierungsdatenbank ein. Diese ProgID wird von `New-Object` verlangt. Die folgende Zeile liest alle registrierten ProgIDs aus:

```
PS> Get-ChildItem -Path REGISTRY::HKEY_CLASSES_ROOT\CLSID -Include PROGID -Recurse | foreach
{$_.GetValue('')}
```

Ob diese Liste indes wirklich nützlich ist, sei dahingestellt. Nur eine kleine Minderzahl von COM-Objekten ist für Skriptaufgaben tatsächlich interessant. Ein besserer Weg, neue Ideen zu bekommen, wäre eher, im Internet nach »PowerShell New-Object COM« zu suchen.

Webdienste ansprechen

Bis zu diesem Punkt haben Sie Eigenschaften und Methoden aus drei Quellen bekommen: von .NET-Objekten, von .NET-Typen und von COM-Objekten. Es gibt noch eine vierte Quelle: das Internet!

Webdienste befinden sich nicht auf Ihrem eigenen Computer, sondern im Internet (oder Intranet). Sie liefern Informationen. Bei einfachen Webdiensten, die auch *RESTful* genannt werden (*Representational State Transfer*), liefert man die Argumente sehr simpel über die URL mit und erhält strukturierte Daten zurück. Die Ergebnisse sind meist in XML oder JSON formatiert.

RESTful-Webdienste

SOAP-basierte Webdienste verhalten sich manchmal so, als würde man mit Kanonen auf Spatzen schießen. Der Aufwand, einen SOAP-Webdienst zu programmieren, ist nicht unerheblich, und auch der Abruf der Informationen erfordert mindestens ein Cmdlet wie `New-WebServiceProxy`.

Wenn es einfach nur um den Informationsaustausch geht, übergibt man die Argumente heute häufig einfach zusammen mit der URL des Webdiensts und bekommt strukturierte Daten in Form von XML oder JSON zurück. Solche Webdienste nennt man dann *RESTful*.

Wechselkurse zur Umrechnung der Reisekasse lassen sich beispielsweise via RESTful-Webdienst tagesaktuell von der Europäischen Zentralbank abrufen. `Get-ExchangeRate` liefert die Daten:

```
$xml = New-Object xml
$xml.Load('http://www.ecb.europa.eu/stats/eurofxref/eurofxref-daily.xml')

# aus den XML-Daten die Wechselkursinformationen ansprechen:
$xml.Envelope.Cube.Cube.Cube
```

Listing 10.29: Wechselkurse von der EZB abrufen.

Das Ergebnis sieht ähnlich aus wie das hier:

```
currency rate
-------- ----
USD      1.0933
JPY      130.58
BGN      1.9558
CZK      27.025
DKK      7.4623
GBP      0.75330
HUF      310.55
PLN      4.3982
RON      4.5093
SEK      9.3580
CHF      1.1115
NOK      9.5138
HRK      7.6665
RUB      85.9910
TRY      3.2138
AUD      1.5484
BRL      4.3280
CAD      1.5234
```

```
CNY        7.1916
HKD        8.5266
IDR        15038.70
ILS        4.3320
INR        74.3900
KRW        1329.87
MXN        20.1098
MYR        4.6121
NZD        1.6560
PHP        52.370
SGD        1.5631
THB        39.199
ZAR        17.6950
```

Typen nachladen

Wenn Sie damit beginnen, in Ihren Skripten .NET-Typen zu verwenden, sollten Sie parallel ein Verständnis dafür entwickeln, von wo der verwendete Typ eigentlich stammt und ob er automatisch geladen wird oder erst noch nachgeladen werden muss.

Da der ISE-Editor mehr Assemblies lädt als die Konsole, kann es nämlich sein, dass Sie in der ISE auf Typen zugreifen können, die in der Konsole noch gar nicht geladen sind. Ein Beispiel ist der Typ `Microsoft.Win32.OpenFileDialog`.

Assembly-Namen feststellen

Wenn Sie also mit Typen umgehen, lassen Sie sich mit der folgenden Zeile anzeigen, aus welcher Assembly dieser Typ eigentlich stammt:

```
PS> [Microsoft.Win32.OpenFileDialog].Assembly.FullName.Split(',')[0]
PresentationFramework

PS> [String].Assembly.FullName.Split(',')[0]
mscorlib

PS> [System.Diagnostics.Process].Assembly.FullName.Split(',')[0]
System
```

Die Assemblies `mscorlib` und `system` werden immer automatisch geladen, aber die Assembly `PresentationFramework` nur vom ISE-Editor. Diese Assembly ist für Fenster zuständig, und Fenster benötigt die PowerShell-Konsole normalerweise nicht.

Aktuell geladene Assemblies auflisten

Um nun festzustellen, ob eine Assembly automatisch von PowerShell geladen wird oder erst noch nachgeladen werden muss, öffnet man am besten eine frische PowerShell-Konsole ohne Profilskipte (nicht den ISE-Editor) und lässt sich dann mit der folgenden Zeile die automatisch geladenen Assemblies ausgeben:

```
Start-Process PowerShell.exe -ArgumentList '-noprofile -command [AppDomain]::CurrentDomain.GetAsse
mblies().Fullname.Foreach{$_.Split('','')[0]} | Sort-Object | clip'
```

Listing 10.30: Namensliste der automatisch geladenen Assemblies für die PowerShell-Konsole erstellen.

Die Liste der Standard-Assemblies, die von PowerShell immer geladen werden, befindet sich jetzt in der Zwischenablage und kann von dort zum Beispiel in einen Editor eingefügt werden. Alle Assemblies, die nicht in dieser Liste genannt sind, müssen stets nachgeladen werden.

Zusätzliche Assembly nachladen

Wird eine spezielle Assembly wie `PresentationFramework` benötigt, lädt man sie mit `Add-Type` nach. Sie sollten `Add-Type` im Zweifel großzügig einsetzen. Falls der Typ schon geladen war, bemerkt PowerShell das und lädt ihn kein zweites Mal. Die folgende Zeile lädt die Assembly `PresentationFramework` nach:

```
PS> Add-Type -AssemblyName PresentationFramework
```

Assembly aus Datei nachladen

Alle Assemblies des Betriebssystems befinden sich im sogenannten *Global Assembly Cache* (GAC) und können von dort aus über ihren Namen angesprochen werden. Liegt die Assembly hingegen als Datei an einem anderen Ort vor, geben Sie stattdessen den Pfadnamen zur Assembly-Datei an.

Auch Assemblies aus dem GAC werden schlussendlich über einen Pfadnamen geladen. Der GAC erspart Ihnen lediglich die Angabe des kompletten Pfadnamens.

```
PS> [Microsoft.Win32.OpenFileDialog].Assembly.Location
C:\WINDOWS\Microsoft.Net\assembly\GAC_MSIL\PresentationFramework\v4.0_4.0.0.0__31bf3856ad364e35\Pr
esentationFramework.dll

PS> $path = [Microsoft.Win32.OpenFileDialog].Assembly.Location
PS> Add-Type -Path $path
```

Teil E
Neue eigene Befehle erfinden

Kapitel 11

Powershell-Funktionen

In diesem Kapitel:

Ausführlich werden in diesem Kapitel die folgenden Aspekte erläutert:

- **Selbst definierte neue Befehle:** Mit dem Schlüsselwort `function` lassen sich neue selbst definierte Befehle herstellen. Wird der Name der selbst definierten Funktion später eingegeben, führt PowerShell den mit diesem Namen assoziierten PowerShell-Code aus.
- **Hilfe und Dokumentation:** Funktionen verwenden dasselbe Hilfesystem wie Cmdlets. Während die Hilfe für Cmdlets üblicherweise mit `Update-Help` aus dem Internet direkt vom Hersteller nachgeladen wird, definieren Funktionen ihre Hilfe und Beispiele in Form von Kommentaren direkt in der Funktion. Ein Anwender bemerkt diesen Unterschied indes nicht und kann die Hilfe wie gewohnt über `Get-Help` abrufen und anzeigen.
- **Module stellen Funktionen überall bereit:** Wird eine Funktion als Modul an einem der Orte gespeichert, die PowerShell überwacht (`$env:PSModulePath`), steht die Funktion automatisch in allen PowerShell-Umgebungen sofort zur Verfügung. Sie braucht also nicht mehr umständlich von Hand nachgeladen zu werden und verhält sich wie jeder andere eingebaute Befehl auch.

- **Parameter:** Funktionen erhalten Zusatzinformationen über Parameter und verhalten sich aus Anwendersicht genau wie Cmdlets. Parameter sind im Grunde genommen öffentliche Variablen, die der Verwender einer Funktion beim Aufruf mit eigenen Werten füllen kann. Die Funktion kann danach auf diese Werte zugreifen.
- **Rückgabewerte festlegen:** Alle Informationen, die innerhalb einer Funktion einfach »liegen gelassen«, also nicht einer Variablen zugewiesen werden, leitet die Funktion automatisch an seinen Output-Stream um. Dasselbe geschieht, wenn `Write-Output` oder das Schlüsselwort `return` eingesetzt wird. Ist die Funktion beendet, werden alle Informationen im Output-Stream zurückgegeben. Handelt es sich um mehr als eine Information, wird daraus automatisch ein Array erzeugt.

In den vergangenen Kapiteln haben Sie vielfältige Aufgaben mit Cmdlets gemeistert. Nicht jedes Problem ließ sich sofort mit einem passenden Cmdlet lösen, aber mithilfe von Variablen, der Pipeline und den Operatoren konnte man häufig die passenden Ergebnisse erzielen.

Nun wird es Zeit, auf die andere Seite zu wechseln und selbst neue Cmdlets zu entwickeln, sodass Sie künftig auch für die Lösung eigener Probleme und Aufgaben auf simple einfache Befehle zurückgreifen können. Cmdlets lassen sich zwar nicht mit Bordmitteln erzeugen, dafür aber sogenannte »Funktionen«, die sich für den Anwender in keiner Weise von Cmdlets unterscheiden. Tatsächlich sind viele der Cmdlets, mit denen Sie bisher gearbeitet haben, in Wirklichkeit Funktionen gewesen:

- Cmdlets enthalten Binärcode, der mit einer anderen Programmiersprache als PowerShell entwickelt wurde.
- Funktionen verwenden regulären PowerShell-Code, um Aufgaben zu lösen.
- Sowohl Cmdlets als auch Funktionen sehen für den Anwender nach außen genau gleichartig aus.

Alles Wichtige: ein Überblick

Skripte und Funktionen werden am besten mit der PowerShell ISE erstellt. Die ISE öffnen Sie aus einer PowerShell-Konsole heraus mit dem Befehl `ise` (sofern Sie nicht ohnehin bereits die ISE benutzen). Mit der Tastenkombination [Strg]+[R] kann der Skripteditor ein- und ausgeblendet werden. Und über die grüne Playtaste (oder einen Druck auf [F5]) wird der Code im Editor ausgeführt.

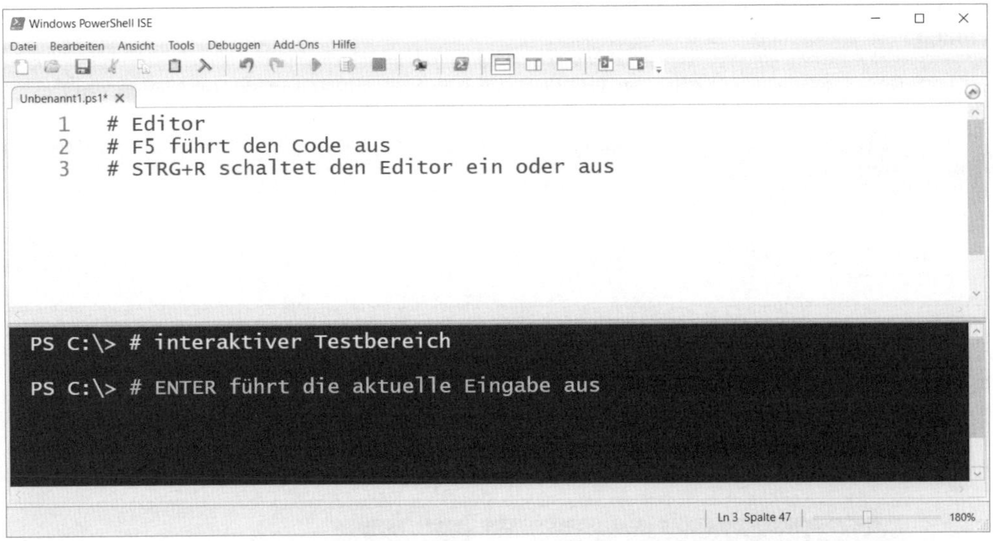

Abbildung 11.1: Skripte und Funktionen lassen sich mit dem ISE-Editor schnell erstellen und testen.

Eigene Funktionen herstellen

Vielleicht wollen Sie immer wieder einmal den Systemstatus von Computern überprüfen und setzen dazu möglicherweise die folgenden Zeilen ein, die alle Fehler und Warnungen der letzten 48 Stunden aus dem Systemlogbuch auslesen:

```
$Heute = Get-Date
$Differenz = New-TimeSpan -Hours 48
$Stichtag = $Heute - $Differenz
Get-EventLog -LogName System -EntryType Error, Warning -After $Stichtag |
  Select-Object -Property TimeGenerated, Message
```

Listing 11.1: Fehlerereignisse der letzten 48 Stunden auslesen.

Das funktioniert zwar wunschgemäß, aber wenn Sie so etwas häufiger tun müssen, werden Sie sich nicht jedes Mal an diesen Code erinnern wollen. Viel einfacher wird es, wenn Sie den Code zu einer neuen Funktion zusammenfassen.

Dazu wird der Code lediglich in geschwungene Klammern gesetzt. Geschwungene Klammern markieren Code, der nicht sofort ausgeführt wird. Diesen Code nennt man einen »Skriptblock«. Mit dem Schlüsselbegriff `function` weisen Sie dem Skriptblock anschließend noch einen neuen Namen zu – fertig ist Ihr neuer Befehl namens `Get-CriticalEvent`:

```
function Get-CriticalEvent
{
  $Heute = Get-Date
  $Differenz = New-TimeSpan -Hours 48
  $Stichtag = $Heute - $Differenz
  Get-EventLog -LogName System -EntryType Error, Warning -After $Stichtag |
    Select-Object -Property TimeGenerated, Message
}
```

Listing 11.2: Eine neue Funktion namens Get-CriticalEvent.

Profitipp

Sie dürfen Sie Ihre Funktion benennen, wie Sie mögen. Besser ist aber, sich an der Namenssyntax von Cmdlets zu orientieren. Verwenden Sie also einen englischen Doppelnamen, bei dem das erste Wort ein Verb ist (am besten eines aus der Liste, die **`Get-Verb`** liefert) und das zweite Wort ein Substantiv in Einzahl.

Auf diese Weise sorgen Sie dafür, dass sich Ihre neue Funktion später harmonisch eingliedert und mit denselben Strategien gefunden werden kann, die man auch für die Suche nach Cmdlets einsetzt.

Wenn Sie Listing 11.2 ausführen, geschieht auf den ersten Blick gar nichts. Da der Code in geschwungenen Klammern stand, wurde er eben nicht ausgeführt. Passiert ist aber dennoch etwas: PowerShell hat den Skriptblock an den von Ihnen gewählten Namen `Get-CriticalEvent` geknüpft, und damit haben Sie den Wortschatz Ihrer PowerShell soeben um einen neuen Befehl bereichert (Abbildung 11.2).

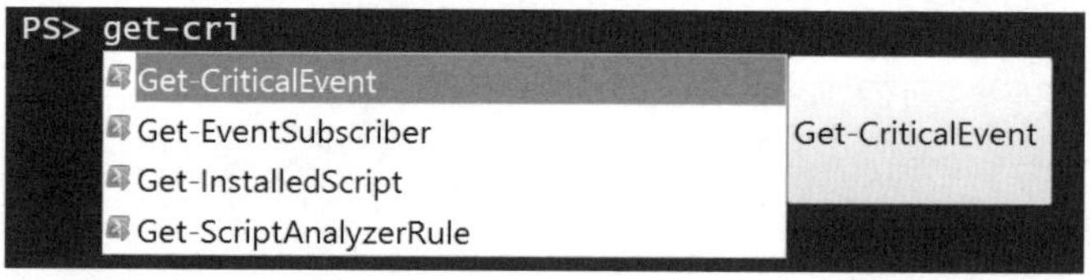

Abbildung 11.2: Der ISE-Editor zeigt den neuen Befehl im IntelliSense-Menü an.

Wenn Sie also künftig die Fehler und Warnungen der letzten 48 Stunden abrufen wollen, genügt ab sofort ein einziger Befehl:

```
PS> Get-CriticalEvent
```

Auch die Suche im Befehlsverzeichnis der ISE funktioniert: Ihre neue Funktion wird darin genauso berücksichtigt und angezeigt wie alle übrigen Befehle. Sie würden Ihren neuen Befehl also sogar nächste Woche wiederfinden, wenn Sie vor demselben Problem stehen.

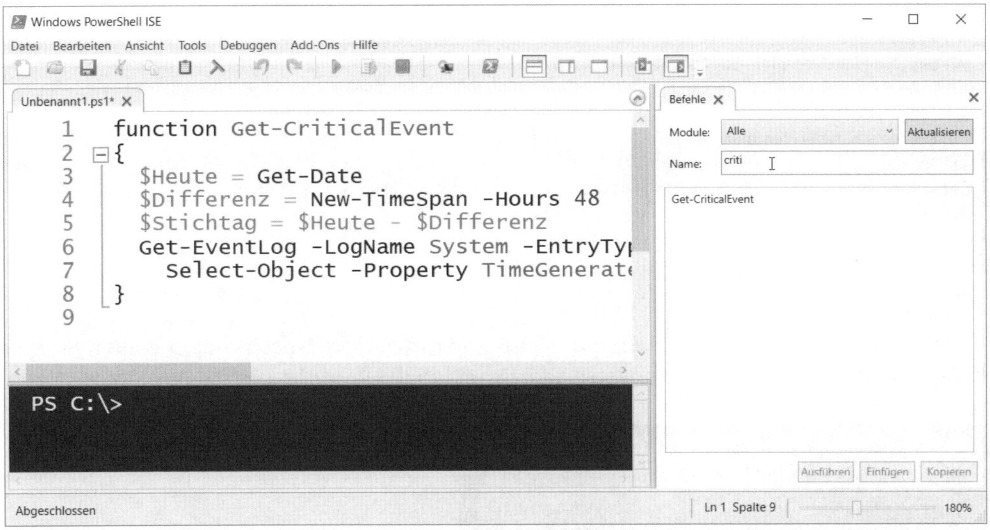

Abbildung 11.3: Ihre neue Funktion erscheint im Befehlsverzeichnis der ISE.

Hinweis

Einstweilen ist die Lebensdauer von `Get-CriticalEvent` noch etwas begrenzt, und der Befehl steht auch nur in derjenigen ISE zur Verfügung, in der Sie ihn definiert haben. Wie Sie eigene Befehle permanent verfügbar machen, erfahren Sie etwas weiter unten in diesem Kapitel.

Parameter definieren

Cmdlets sind besonders vielseitig, weil sie über Parameter verfügen, mit denen der Anwender seine Wünsche äußern kann. `Get-CriticalEvent` verfügt noch über keine Parameter, tut also bei jedem Aufruf immer dasselbe.

Vielleicht wäre es aber schön, wenn der Befehl nicht nur die Fehler und Warnungen der letzten 48 Stunden ausgäbe, sondern den Zeitbereich wählbar machen würde. Und vielleicht würden Sie die Informationen wahlweise auch gern einmal in einem Fenster ausgeben.

Die Funktion soll also zwei Parameter erhalten:

- **`Hours`:** Die Anzahl der Stunden, die das Zeitfenster umfassen soll. Der Vorgabewert soll 48 Stunden betragen. Der Datentyp soll Integer sein (`[Int]`), also ganze Zahlen umfassen.
- **`ShowWindow`:** Ein Switch-Parameter, der die Ergebnisse in einem GridView-Fenster anzeigt, wenn er angegeben wird. Sein Datentyp ist also `[Switch]`.

Parameter sind »öffentliche Variablen«. Während alle anderen Variablen, die Sie innerhalb Ihrer Funktion anlegen, auch nur innerhalb der Funktion gelten und nach Beenden der Funktion automatisch wieder entsorgt werden, kann der Wert von öffentlichen Variablen, den Parametern also, vom Aufrufer festgelegt werden.

Diese öffentlichen Variablen werden mit einem `param()`-Block als kommaseparierte Liste festgelegt. Der `param()`-Block muss die erste Anweisung innerhalb der Funktion sein und könnte so aussehen:

```
function Get-CriticalEvent
{
  param([Int]$Hours=48, [Switch]$ShowWindow)

  $Heute = Get-Date
  $Differenz = New-TimeSpan -Hours 48
  $Stichtag = $Heute - $Differenz
  Get-EventLog -LogName System -EntryType Error, Warning -After $Stichtag |
    Select-Object -Property TimeGenerated, Message
}
```

Listing 11.3: Parameter definieren.

Allein durch diese neue Zeile gewinnt die Funktion die zwei Parameter hinzu. Führen Sie den Code aus, werden die beiden Parameter sofort vom IntelliSense erkannt und angeboten.

Abbildung 11.4: Funktionsparameter werden von IntelliSense erfasst und funktionieren genauso wie bei Cmdlets.

Auch die Hilfe zeigt die Syntax Ihres neuen Befehls korrekt an, wie Sie feststellen werden, wenn Sie innerhalb von ISE (Skriptbereich oder Konsolenbereich) auf `Get-CriticalEvent` klicken und F1 drücken. Die Namen der Variablen, die Sie im `param()`-Block aufgelistet haben, werden also zu den Namen der Parameter.

Abbildung 11.5: Automatisch generierte Hilfe für Ihre neue Funktion.

Hinweis

Es gibt viele Schreibweisen für den `param()`-Block. Sie können ihn als eine einzige Zeile formulieren, so wie in Listing 11.3. Sie können ihn aber auch der Übersichtlichkeit wegen in mehrere Zeilen aufteilen:

```
function Get-CriticalEvent
{
  param
  (
    # Das Zeitfenster in Stunden, das berücksichtigt werden soll
```

```
    [Int]
    $Hours=48, # <- wichtig, Komma nicht vergessen!

    # zeigt die Ergebnisse in einem Fenster an
    [Switch]
    $ShowWindow
  )

  $Heute = Get-Date
  $Differenz = New-TimeSpan -Hours 48
  $Stichtag = $Heute - $Differenz
  Get-EventLog -LogName System -EntryType Error, Warning -After $Stichtag |
    Select-Object -Property TimeGenerated, Message
}
```

Listing 11.4: Parameter mehrzeilig definieren.

Nur eins dürfen Sie nie vergessen: Der `param()`-Block erwartet eine kommaseparierte Liste. Das Komma zwischen den einzelnen Parametern darf also nicht fehlen.

Es gibt übrigens auch eine vereinfachte Syntax, die etwas an VBScript erinnert und bei der die Parameter direkt hinter dem Funktionsnamen definiert werden.

```
function Get-CriticalEvent([Int]$Hours=48,[Switch]$ShowWindow)
{
  $Heute = Get-Date
  $Differenz = New-TimeSpan -Hours 48
  $Stichtag = $Heute - $Differenz
  Get-EventLog -LogName System -EntryType Error, Warning -After $Stichtag |
    Select-Object -Property TimeGenerated, Message
}
```

Listing 11.5: Parameter können auch direkt hinter dem Funktionsnamen angegeben werden.

Gewöhnen sollten Sie sich an diese Syntax aber besser nicht, denn ein `param()`-Block ist wesentlich universeller, bietet genügend Platz für erklärende Kommentare und funktioniert zum Beispiel auch bei Skripten.

Parameter implementieren

Zwar verfügt `Get-CriticalEvent` nun über zwei Parameter, mit denen der Anwender Informationen an die Funktion übergeben kann, nur verwendet die Funktion diese Informationen bis jetzt noch nicht. Damit die Parameter ihre Wirkung entfalten, werden ihre Werte als Nächstes in den Code der Funktion eingesetzt:

```
function Get-CriticalEvent
{
  param($Hours=48, [Switch]$ShowWindow)

  if ($ShowWindow)
  {
    # Die Ausgabe an das GridView umleiten
    Set-Alias -Name Out-Default -Value Out-GridView
  }
```

```
  $Heute = Get-Date
  $Differenz = New-TimeSpan -Hours $Hours
  $Stichtag = $Heute - $Differenz
  Get-EventLog -LogName System -EntryType Error, Warning -After $Stichtag |
    Select-Object -Property TimeGenerated, Message |
    Out-Default
}
```

Listing 11.6: Die Funktion nutzt die übergebenen Parameter.

Sobald Sie Listing 11.6 ausgeführt und damit `Get-CriticalEvent` aktualisiert haben, entfalten die Parameter ihre gewünschte Wirkung. Die Funktion wird jetzt sehr viel nützlicher, denn ab sofort können Sie das Zeitfenster wählen und die Ergebnisse auf Wunsch auch in einem Extrafenster anzeigen lassen:

```
# alle Warnungen und Fehler der letzten 48 Stunden
Get-CriticalEvent

# alle Warnungen und Fehler der letzten 48 Stunden im Fenster ausgeben
Get-CriticalEvent -ShowWindow

# alle Warnungen und Fehler der letzten 100 Stunden im Fenster ausgeben
Get-CriticalEvent -ShowWindow -Hours 100

# positionale Parameter
Get-CriticalEvent 100 -ShowWindow

# verkürzte Parameter
Get-CriticalEvent -S -H 100

# verkürzte und positionale Parameter
Get-CriticalEvent -S 100
```

Funktionen per Modul überall verfügbar machen

Ihr neuer Befehl `Get-CriticalEvent` steht bis jetzt nur in der ISE zur Verfügung, in der Sie die Funktion definiert haben. In anderen PowerShells gibt es den Befehl nicht, und wenn Sie die ISE schließen und neu öffnen, hat auch sie ihn wieder vergessen. Damit Ihr neuer Befehl permanent und in allen PowerShells verfügbar wird, tun Sie einfach dasselbe wie Cmdlets: Speichern Sie die Funktion in einem PowerShell-Modul. Module sind Container für beliebig viele Befehle, und die Befehle in einem Modul werden von jeder PowerShell automatisch entdeckt und geladen.

Um `Get-CriticalEvent` als Modul zu speichern, führen Sie als nächstes Listing 11.7 aus. Es erledigt automatisch alle nötigen Schritte, muss aber in der ISE ausgeführt werden, die den Befehl `Get-CriticalEvent` bereits kennt.

```
$name = 'Get-CriticalEvent'
$path = Split-Path -Path $profile
$code = "function $name { $((Get-Item function:\$name).Definition) }"
New-Item -Path $path\Modules\$name\$name.psm1 -ItemType File -Force -Value $code
```

Listing 11.7: Funktion Get-CriticalEvent als Modul speichern.

Haben Sie alles richtig gemacht, meldet PowerShell, dass eine neue Datei angelegt wurde:

```
    Verzeichnis: C:\Users\Tobias\Documents\WindowsPowerShell\Modules\Get-CriticalEvent

Mode                LastWriteTime     Length Name
----                -------------     ------ ----
-a---        02.10.2012     10:29        391 Get-CriticalEvent.psm1
```

Diese Datei befindet sich im Ordner *\Documents\WindowsPowerShell\Modules* innerhalb Ihres Benutzerprofils, trägt die Dateierweiterung *.psm1* und liegt in einem Unterordner, der so heißt wie sie selbst. Das sind die Basiskonventionen, die für Module gelten. Folgerichtig wird Ihr Modul nun auch von `Get-Module` gefunden:

```
PS> Get-Module get-c* -ListAvailable

    Verzeichnis: C:\Users\Tobias\Documents\WindowsPowerShell\Modules

ModuleType Name                               ExportedCommands
s---------- ----                               ----------------
Script     Get-CriticalEvent                  Get-CriticalEvent
```

Ab sofort ist `Get-CriticalEvent` in jeder PowerShell verfügbar. Machen Sie den Test und starten Sie eine neue PowerShell. Darin lassen Sie sich zuerst die aktuell geladenen Module anzeigen:

```
PS> Get-Module

ModuleType Version    Name                              ExportedCommands
---------- -------    ----                              ----------------
Manifest   3.1.0.0    Microsoft.PowerShell.Management   {Add-Computer, Add-...
Manifest   3.1.0.0    Microsoft.PowerShell.Utility      {Add-Member, Add-...
Script     1.1        PSReadline                        {Get-PSReadlineKeyHandler,...
```

Geben Sie dann `Get-Cri` ein und drücken Sie auf [Tab]. Die Autovervollständigung erkennt Ihre neue Funktion und vervollständigt den Namen. Auch die Parameter werden automatisch vervollständigt. Und natürlich funktioniert Ihr neuer Befehl nun wie gewohnt – und in jeder PowerShell-Umgebung, die Sie auf Ihrem Computer starten. PowerShell erkennt Ihr neues Modul automatisch und lädt es, sobald Sie `Get-CriticalEvent` verwenden:

```
PS> Get-CriticalEvent -ShowWindow
PS> Get-Module

ModuleType Version    Name                              ExportedCommands
---------- -------    ----                              ----------------
Script     0.0        Get-CriticalEvent                 Get-CriticalEvent
Manifest   3.1.0.0    Microsoft.PowerShell.Management   {Add-Computer, Add-...
Manifest   3.1.0.0    Microsoft.PowerShell.Utility      {Add-Member, Add-...
Script     1.1        PSReadline                        {Get-PSReadlineKeyHandler,...
```

Hinweis

Das Modul, das Listing 11.7 hergestellt hat, ist nur ein erstes sehr simples Beispiel. Normalerweise heißen Module nicht so wie der darin enthaltene Befehl, denn Module sind lediglich Container und können beliebig viele Befehle verfügbar machen. Der Name eines Moduls ist also meist ein thematischer Oberbegriff, der beschreibt, was für Befehle das Modul liefert.

Sie werden später noch mehr zu Modulen erfahren und dann auch professionellere Module herstellen. Wichtig ist im Augenblick nur, dass ein Modul unbedingt an einem der Orte gespeichert sein muss, die in der Umgebungsvariablen `$env:PSModulePath` genannt wird:

```
PS> $env:PSModulePath -split ';'
C:\Users\Tobias\Documents\WindowsPowerShell\Modules
C:\Program Files\WindowsPowerShell\Modules
C:\WINDOWS\system32\WindowsPowerShell\v1.0\Modules\
```

Liegt das Modul woanders, kann PowerShell es nicht finden, und Sie müssten das Modul dann zuerst mit `Import-Module` unter Angabe seines Pfads von Hand laden, bevor Sie die darin enthaltenen Befehle nutzen können. Dies ist bei PowerShell 2.0 übrigens grundsätzlich so, denn PowerShell 2.0 kannte die Automatikerkennung sowie `$env:PSModulePath` noch nicht.

Hilfe – Bedienungsanleitung hinzufügen

Bevor Sie die Hände in den Schoß legen und sich über Ihren ersten selbst gebastelten PowerShell-Befehl namens `Get-CriticalEvent` freuen, sollten Sie zum Schluss noch Hilfeinformationen hinzufügen. Die automatisch generierte Hilfe (Abbildung 11.6) ist zwar ein guter Anfang, aber noch sehr spartanisch. Fügen Sie deshalb in Ihre Funktion einen Kommentarblock ein, der einen streng festgelegten Aufbau hat und ungefähr so aussieht wie im folgenden Listing:

```
function Get-CriticalEvent
{
<#
    .SYNOPSIS
        listet Fehler und Warnungen aus dem System-Ereignisprotokoll auf
    .DESCRIPTION
        liefert Fehler und Warnungen der letzten 48 Stunden aus dem
        System-Ereignisprotokoll,
        die auf Wunsch in einem GridView angezeigt werden. Der Beobachtungszeitraum
        kann mit dem Parameter -Hours geändert werden.
    .PARAMETER  Hours
        Anzahl der Stunden des Beobachtungszeitraums. Vorgabe ist 48.
    .PARAMETER  ShowWindow
        Wenn dieser Switch-Parameter angegeben wird, erscheint das Ergebnis in einem
        eigenen Fenster und wird nicht in die Konsole ausgegeben
    .EXAMPLE
        Get-CriticalEvent
        liefert Fehler und Warnungen der letzten 48 Stunden aus dem
        System-Ereignisprotokoll
    .EXAMPLE
        Get-CriticalEvent -Hours 100
        liefert Fehler und Warnungen der letzten 100 Stunden aus dem
        System-Ereignisprotokoll
    .EXAMPLE
        Get-CriticalEvent -Hours 24 -ShowWindow
        liefert Fehler und Warnungen der letzten 24 Stunden aus dem
        System-Ereignisprotokoll und stellt sie in einem eigenen Fenster dar
    .NOTES
        Dies ist ein Beispiel aus Tobias Weltners' PowerShell Buch
    .LINK
        http://www.powertheshell.com
#>
  param($Hours=48, [Switch]$ShowWindow)

  if ($ShowWindow)
  {
    Set-Alias Out-Default Out-GridView
  }

  $Heute = Get-Date
```

```
  $Differenz = New-TimeSpan -Hours $Hours
  $Stichtag = $Heute - $Differenz

  Get-EventLog -LogName System -EntryType Error, Warning -After $Stichtag |
    Select-Object -Property TimeGenerated, Message | Out-Default
}
```

Listing 11.8: Hilfeinformation zu einer Funktion hinzufügen

Führen Sie Ihr Skript erneut aus, um die Funktionsdefinition zu aktualisieren. Anschließend können Sie die Hilfe sofort testen. Sie funktioniert genau wie bei Cmdlets:

```
PS> Get-CriticalEvent -?
PS> help Get-CriticalEvent –Examples
PS> help Get-CriticalEvent -Parameter *
PS> help Get-CriticalEvent -ShowWindow
```

Sogar der Internetlink in der Hilfe kann jetzt als Webseite geöffnet werden:

```
PS> help Get-CriticalEvent -Online
```

Natürlich können Sie die Hilfe auch wieder aus ISE heraus über F1 anfordern, wenn sich die Einfügemarke im Namen des Befehls befindet.

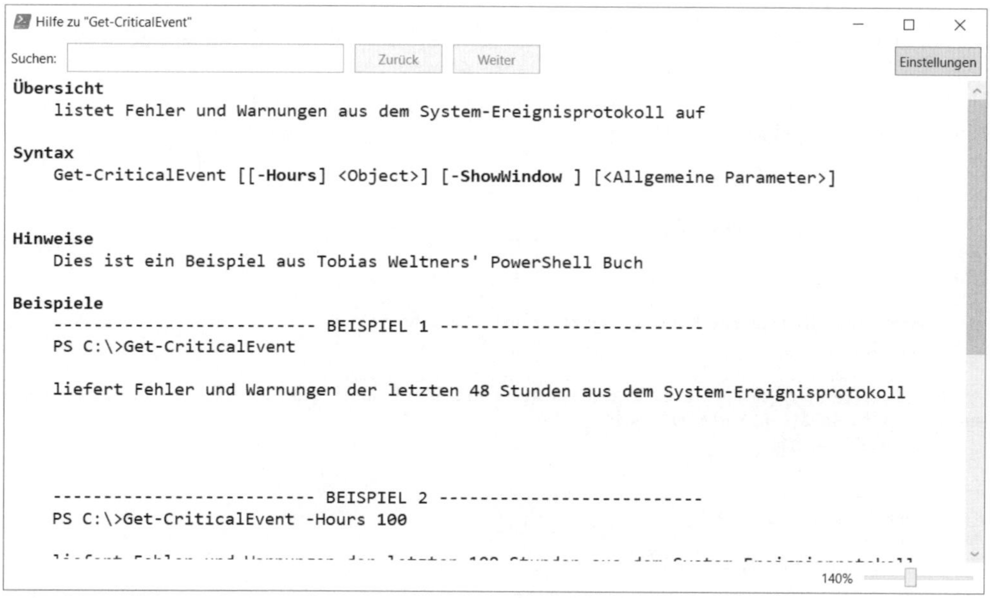

Abbildung 11.6: Die Hilfe enthält jetzt ausführliche Beschreibungen und sogar Beispielcode.

Sind Sie mit dem Ergebnis zufrieden, müssen Sie die Funktion nun erneut als Modul speichern (dabei wird das zuvor angelegte Modul kommentarlos überschrieben). Führen Sie dazu einfach Listing 11.7 noch einmal aus.

Erscheint die Hilfe dagegen nicht wie erwartet, liegt vermutlich ein Tippfehler vor. Achten Sie darauf, den Kommentarblock genau wie angegeben und exakt an der angegebenen Stelle in Ihre Funktion einzubauen. Er muss die erste Anweisung innerhalb der Funktion sein, und die großgeschriebenen Abschnitte darin dürfen nicht verändert werden.

Hinweis

Der Kommentarblock mit der Hilfe wird am besten so wie im Beispiel direkt an den Anfang der Funktion platziert. Er kann wahlweise aber auch am Ende der Funktion stehen, oder direkt darüber. Wenn Sie allerdings die Hilfe direkt über der Funktion platzieren, kann sie leicht abhandenkommen und würde beispielsweise von Listing 11.7 nicht ins Modul übernommen.

Die Hilfe für die Parameter kann alternativ auch direkt über den Parametern platziert werden. Das ist empfehlenswert, weil so gleichzeitig auch Ihr Code besser dokumentiert wird:

```
function Get-CriticalEvent
{
<#
    .SYNOPSIS
        listet Fehler und Warnungen aus dem System-Ereignisprotokoll auf
    .DESCRIPTION
        liefert Fehler und Warnungen der letzten 48 Stunden aus dem System-Ereignisprotokoll, die
auf Wunsch in einem GridView angezeigt werden. Der Beobachtungszeitraum kann mit dem Parameter
-Hours geändert werden.
    .EXAMPLE
        Get-CriticalEvent
        liefert Fehler und Warnungen der letzten 48 Stunden aus dem System-Ereignisprotokoll
    .EXAMPLE
        Get-CriticalEvent -Hours 100
        liefert Fehler und Warnungen der letzten 100 Stunden aus dem System-Ereignisprotokoll
    .EXAMPLE
        Get-CriticalEvent -Hours 24 -ShowWindow
        liefert Fehler und Warnungen der letzten 24 Stunden aus dem System-Ereignisprotokoll und
stellt sie in einem eigenen Fenster dar
    .NOTES
        Dies ist ein Beispiel aus Tobias Weltners' PowerShell Buch
    .LINK
        http://www.powertheshell.com
#>
  param
  (
    # Anzahl der Stunden des Beobachtungszeitraums. Vorgabe ist 48.
    $Hours=48,

    # Wenn dieser Switch-Parameter angegeben wird, erscheint das Ergebnis in einem eigenen Fenster
und wird nicht in die Konsole ausgegeben
    [Switch]$ShowWindow
  )

  if ($ShowWindow)
  {
    Set-Alias Out-Default Out-GridView
  }

  $Heute = Get-Date
  $Differenz = New-TimeSpan -Hours $Hours
  $Stichtag = $Heute - $Differenz

  Get-EventLog -LogName System -EntryType Error, Warning -After $Stichtag |
    Select-Object -Property TimeGenerated, Message | Out-Default
}
```

Listing 11.9: Hilfe für Parameter direkt bei den Parametern platzieren.

Eine bessere Prompt-Funktion

Soeben haben Sie eine völlig eigene Funktion hergestellt, und wenn Sie möchten, können Sie nun sogar Ihrer PowerShell eine bessere Eingabeaufforderung spendieren. Diese stammt nämlich ebenfalls von einer Funktion, die den besonderen Namen `prompt` trägt. Sie wird jedes Mal automatisch aufgerufen, wenn ein interaktiver Befehl beendet ist. Liefert die Funktion `prompt` einen Text zurück, wird dieser als Eingabeaufforderung angezeigt. Sie brauchen also nur eine eigene Funktion namens `prompt` zu verfassen, um die Kontrolle über die Eingabeaufforderung zu erlangen.

Das folgende Beispiel ändern den Text der Eingabeaufforderung in den kurzen Text `PS>`. Der aktuelle Ordner wird stattdessen in die Titelleiste der PowerShell verfrachtet:

```
function prompt
{
  'PS> '
  $host.UI.RawUI.WindowTitle = Get-Location
}
```

Listing 11.10: Kurzer Prompt und aktueller Ordner in der Titelleiste der PowerShell.

Sobald Sie Listing 11.10 ausführen, ändert sich die Eingabeaufforderung. Die Änderung bleibt bestehen, bis Sie entweder eine andere Funktion namens `prompt` definieren oder PowerShell neu starten.

Tipp

Um die Eingabeaufforderung dauerhaft zu ändern, schreiben Sie Ihre Funktion **`prompt`** in Ihr Profilskript, dessen Pfad Sie stets unter **`$profile`** finden. Gegebenenfalls müssen Ordner und Profildatei noch angelegt werden. Das Profilskript wird jedes Mal automatisch ausgeführt, wenn Ihr PowerShell-Host startet – jedenfalls dann, wenn die Skriptausführung generell mit **`Set-ExecutionPolicy`** erlaubt worden ist.

Zwingend erforderliche Parameter

In den bisherigen Beispielen waren die Parameter der Funktion optional. Wenn der Anwender sie nicht angab, wurden Vorgabewerte genutzt. `Get-CriticalEvent` nutzte für den Parameter `-Hours` den Vorgabewert 48.

Soll ein Parameter zwingend erforderlich sein, benötigt man keinen Vorgabewert und setzt stattdessen in diesem Fall über dem Parameter diese Anweisung ein:

```
[Parameter(Mandatory=$true)]
```

Ab PowerShell 3.0 ist auch diese Kurzform erlaubt:

```
[Parameter(Mandatory)]
```

Zusätzlich kann eine Hilfe eingebaut werden, die der Anwender später abrufen kann, falls ihm nicht klar ist, was der zwingende Parameter von ihm erwartet:

```
[Parameter(Mandatory=$true, HelpMessage='Hier könnte ein Hinweis stehen')]
```

Hinweis

Sobald Sie mindestens einen Parameter als zwingend markiert haben, werden automatisch zusätzlich zu Ihren eigenen Parametern die sogenannten *Common Parameter* eingeblendet. Genau genommen geschieht dies, sobald Sie das Attribut `[Parameter(...)]` und/oder das Attribut `[CmdletBinding()]` verwenden.

Zwingend erforderliche Parameter sollten sparsam eingesetzt werden, weil sie die Benutzerfreundlichkeit einer Funktion stören. Alle Parameter, die mit sinnvollen Vorgabewerten ausgestattet werden können, sollten deshalb optional bleiben.

Eine Funktion mit zwingend erforderlichen Parametern

Die folgende Funktion `ConvertTo-Euro` erwartet vom Anwender zwei Informationen: einen Betrag und einen Wechselkurs. Anschließend wird der Betrag mit dem Wechselkurs in eine andere Währung umgerechnet. Sinnvoll ist das nur, wenn der Betrag angegeben wird. Also sollte dieser Parameter zwingend sein. Der Wechselkurs dagegen könnte mit einem Vorgabewert optional bleiben:

```
function ConvertTo-Euro
{
  param
  (
    [Parameter(Mandatory=$true,HelpMessage='Der Betrag in Dollar')]
    [Double]
    $Betrag,

    [Double]
    $Wechselkurs = 0.97
  )

  $Ergebnis = $Betrag * $Wechselkurs
  return $Ergebnis
}
```

Listing 11.11: ConvertTo-Euro mit einem zwingenden und einem optionalen Parameter.

Sobald Sie Listing 11.11 ausgeführt haben, können Sie `ConvertTo-Euro` einsetzen. Wenn Sie einen Betrag eingeben, fragt PowerShell nicht nach und verwendet zur Umrechnung den vorgegebenen Wechselkurs:

```
PS> ConvertTo-Euro -Betrag 100
97
```

Geben Sie auch den Wechselkurs an, wird der Vorgabewert nicht verwendet, sondern stattdessen der von Ihnen angegebene Wechselkurs:

```
PS> ConvertTo-Euro -Betrag 100 -Wechselkurs 1.04
104
```

Automatische Nachfrage

Wenn Sie hingegen den Betrag nicht angeben, fragt PowerShell nach – denn der Parameter ist zwingend erforderlich. Ist eine HelpMessage für diesen Parameter verfügbar, kann der Anwender die Hilfestellung mit !? abrufen:

```
PS> ConvertTo-Euro
Cmdlet ConvertTo-Euro an der Befehlspipelineposition 1
Geben Sie Werte für die folgenden Parameter an:
(Geben Sie zum Aufruf der Hilfe !? ein.)
Betrag: !?
Der Betrag in Dollar
Betrag: 120
116,4
```

Wichtig

Ist ein Parameter zwingend erforderlich, müssen Sie diesem unbedingt einen Typ geben. Im Beispiel in Listing 11.11 war der Parameter Betrag zum Beispiel vom Typ [Double] (Zahl mit Nachkommastellen).

Geben Sie für einen zwingend erforderlichen Parameter keinen Typ an und fragt PowerShell diesen Parameter später ab, weil der Anwender ihn nicht angegeben hat, enthält der Parameter einen Wert vom Typ String. Er ist also keine Zahl mehr, was bei Berechnungen zu unerwarteten Ergebnissen führen kann. Wird ein String nämlich multipliziert, wiederholt PowerShell den String einfach:

```
PS> '120' * 4.67
120120120120120
```

Argumente ohne Parameter

Eine Funktion kann auch ohne Parameter vom Aufrufer Informationen empfangen. Sinnvoll ist das nicht: Weil den Argumenten kein Parametername zugeordnet ist, fehlen zum Beispiel Autovervollständigung und IntelliSense völlig. Aber für sehr einfache Aufgaben könnten die übergebenen Informationen in der speziellen Variablen $args gefunden werden:

```
PS> function Test-Ping { ping.exe -w 100 -n 1 $args }
PS> Test-Ping www.microsoft.com
PS> Test-Ping www.tagesschau.de
```

$args ist übrigens ein Array, sodass mehrere übergebene Argumente darin auch einzeln ansprechbar sind:

```
PS> function test { 'Vorname: {0}, Nachname: {1}' -f $args }
PS> test tobias weltner
Vorname: tobias, Nachname: weltner
```

Rückgabewerte festlegen

Der Rückgabewert einer Funktion kann mit dem Schlüsselwort `return` festgelegt werden. Tatsächlich aber täuscht dieses Schlüsselwort darüber hinweg, wie PowerShell-Funktionen ihre Rückgabewerte festlegen: Sie liefern in der Tat alles zurück, was vom Funktionscode an den Output-Kanal gesendet worden ist. In der Regel sind das alle Informationen, die Sie im Verlauf der Funktion an irgendeiner Stelle ausgegeben (gewissermaßen *liegen gelassen*) haben. Was die Frage aufwirft, was genau mit »liegen gelassen« gemeint ist.

Immer dann, wenn Sie Informationen keiner Variablen zuweisen, gilt die Information als »liegen gelassen«. Sie wird dann automatisch in den Output-Kanal gesendet. Hier ist eine Testfunktion, mit der Sie das Prinzip untersuchen können:

```
function Test-ReturnValue
{
  param
  (
    $Anzahl = 1
  )

  1..$Anzahl |
    ForEach-Object {  'ich wurde einfach liegen gelassen' }
}
```

Listing 11.12: Rückgabewert einer Funktion untersuchen.

Rufen Sie die Funktion auf, liefert sie genau einen Wert zurück, nämlich einen Text, der sich wie bei Cmdlets auch in einer Variablen auffangen lässt:

```
PS> Test-ReturnValue
ich wurde einfach liegen gelassen

PS> $ergebnis = Test-ReturnValue
PS> $ergebnis
ich wurde einfach liegen gelassen

PS> $ergebnis.GetType().FullName
System.String
```

Mehrere Rückgabewerte werden zum Array

Fordern Sie nun die Testfunktion auf, mehrere Ergebnisse zurückzuliefern. Die Funktion lässt daraufhin in einer `foreach`-Schleife so viele Texte liegen, wie Sie möchten. Alle Texte werden gemeinsam zum Rückgabewert der Funktion. PowerShell verpackt sie dazu in ein Array:

```
PS> Test-ReturnValue -Anzahl 3
ich wurde einfach liegen gelassen
ich wurde einfach liegen gelassen
ich wurde einfach liegen gelassen

PS> $ergebnis = Test-ReturnValue -Anzahl 3
PS> $ergebnis.GetType().FullName
System.Object[]

PS> $ergebnis.Count
3

PS> $ergebnis[0]
ich wurde einfach liegen gelassen
```

Eine Funktion kann also beliebig viele Ergebnisse zurückliefern. Ist es mehr als ein Ergebnis, verpackt PowerShell die Ergebnisse kurzerhand in ein Array. Genau so verhalten sich auch Cmdlets. Liefert das Cmdlet nur ein einzelnes Ergebnis, ist das Ergebnis das betreffende Objekt selbst, also im folgenden Beispiel ein Prozess. Werden mehrere Ergebnisse zurückgeliefert, verpackt sie PowerShell stets als Array:

```
PS> (Get-Process | Select-Object -First 1).GetType().FullName
System.Diagnostics.Process

PS> (Get-Process).GetType().FullName
System.Object[]
```

Return-Anweisung

Die Anweisung `return` liefert nicht etwa (nur) das zurück, was man hinter ihr angibt:

```
function Test-ReturnValue
{
    return 'hallo'
}

PS> Test-ReturnValue
hallo
```

In Wirklichkeit liefert sie alles zurück, was bis dahin an den Ausgabekanal gegeben wurde, und verlässt dann die Funktion. Anweisungen, die nach `return` folgen, werden also nicht mehr ausgeführt:

```
function Test-ReturnValue
{
    'halli'
    return 'hallo'
    'hallöle'
}

PS> Test-ReturnValue
halli
hallo
```

Die Anweisung `return` kann deshalb auch ganz für sich in der Funktion stehen und dennoch dasselbe bewirken:

```
function Test-ReturnValue
{
    'halli'
    'hallo'
    return
    'hallöle'
}
```

Listing 11.13: Eine Funktion vorzeitig mit return verlassen.

Auch die Schlüsselwörter `break` oder `continue` brechen die Funktion vorzeitig ab. Diese verhalten sich aber anders als `return`: Nur wenn die Funktion mit `return` abgebrochen wird, können die bis dahin angefallenen Ergebnisse der Funktion empfangen und zum Beispiel einer Ergebnisvariablen zugewiesen, also weiterverarbeitet werden. Bei `break` oder `continue` werden die Ergebnisse dagegen sofort direkt in die Konsole ausgegeben.

Write-Output

Schließlich gibt es auch noch ein Cmdlet namens `Write-Output`, das explizit in den Output-Kanal schreibt. Es verhält sich also genau so, als hätten Sie die jeweilige Information einfach liegen gelassen, sodass sich Listing 11.14 im Ergebnis genauso verhält wie Listing 11.13.

```
function Test-ReturnValue
{
    'halli' | Write-Output
    'hallo' | Write-Output
    return
    'hallöle' | Write-Output
}
```

Listing 11.14: Write-Output schreibt Informationen explizit in den Output-Kanal.

Unerwünschte Rückgabewerte unterdrücken

Weil alles, was der Code einer Funktion liegen lässt, automatisch zum Rückgabewert einer Funktion wird, müssen Sie darauf achten, nicht versehentlich unerwünschte Dinge liegen zu lassen. Rufen Sie beispielsweise einen Befehl auf, der ein Ergebnis liefert, wird dieses Ergebnis automatisch zu einem Rückgabewert:

```
function Speak-Text($text) {
  $speaker = New-Object -COMObject SAPI.SPVoice
  $speaker.Speak($text)
}
```

Listing 11.15: Versehentlich zurückgelieferte Informationen erscheinen als Rückgabewert.

Die Funktion `Speak-Text` verwendet ein COM-Objekt, um Text in Sprache zu verwandeln. Wenn Sie damit Text vorlesen lassen, erscheint allerdings jedes Mal eine Zahl. Wo kommt diese her?

```
PS> Speak-Text 'Hello World!'
1
PS> Speak-Text (Get-Date)
1
```

Tatsächlich gibt die Methode `Speak()` einen Rückgabewert zurück, und weil dieser in der Funktion nicht verwendet wird, verwandelt die Funktion ihn in einen Rückgabewert. Möchten Sie solche unerwünschten Ausgaben ruhigstellen, weisen Sie sie am besten einer Variablen (wie zum Beispiel `$null`) zu:

```
$null = $speaker.Speak($text)
```

Kapitel 12
Pipeline-fähige Funktionen

In diesem Kapitel:

Ausführlich werden in diesem Kapitel die folgenden Aspekte erläutert:

- **Foreach-Object:** Eine Pipeline-fähige Funktion entspricht dem Pipeline-Cmdlet `Foreach-Object`. Während `Foreach-Object` anonyme Ad-hoc-Funktionen herstellt und über dessen Parameter `-Begin`, `-Process` und `-End` den entsprechenden Blöcken Code zuweist, geschieht dies in einer Pipeline-fähigen Funktion hardcodiert. Jede `Foreach-Object`-Anweisung kann stets durch eine Pipeline-fähige Funktion ersetzt werden, wenn man die Logik häufiger benötigt oder Code übersichtlicher gestalten möchte.
- **Parameter über Pipeline empfangen:** Damit Parameter Informationen über die Pipeline empfangen können, benötigen sie einen »Kontrakt«: Dieser bestimmt, welcher Parameter welche Pipeline-Informationen erhalten sollen. Darüber hinaus legen Pipeline-fähige Funktionen mit einem `process`-Block fest, welcher Code für jeden empfangenen Datensatz wiederholt werden soll.
- **Aliasnamen für Parameter:** Parameter können zusätzliche Aliasnamen tragen und so an verschiedene Eigenschaften in verschiedenen Objekten gebunden werden.

- **Filter und Function:** Ein *Filter* ist eine spezielle Form einer *Function*. Während die Funktion seinen Code automatisch in einem `end`-Block platziert, liegt der Code bei einem Filter im `process`-Block. Ein Filter ist damit eine automatisch Pipeline-fähige Funktion. Filter werden kaum eingesetzt, weil Funktionen ihren Code auch explizit auf `begin`-, `process`- und `end`-Blöcke aufteilen können. Filter haben diese Möglichkeit nicht und sind also nur eine Spezialform einer Funktion.

»Pipeline-Fähigkeit« beschreibt technisch gesehen eigentlich nur, dass ein Befehl Informationen über die Pipeline (|) direkt vom Vorgängerbefehl erhalten darf. Das haben Sie in den bisherigen Kapiteln und Beispielen schon viele Male getan.

Nun wird es Zeit, auch hier die Seiten zu wechseln und hinter die Kulissen zu schauen: Wie funktioniert diese Weitergabe von einem Befehl an den nächsten eigentlich genau? Das schauen Sie sich gleich am Beispiel Ihrer eigenen Funktionen an, die Sie im letzten Kapitel hergestellt haben – und verwandeln auch diese damit in Pipeline-fähige Befehle.

Anonyme Pipeline-Funktion

Vermutlich arbeiten Sie schon längst mit Pipeline-fähigen Funktionen und haben auch schon etliche verfasst, ohne es bemerkt zu haben. Das Cmdlet `Foreach-Object` ist nämlich nichts anderes. Es empfängt Pipeline-Eingaben vom vorherigen Befehl und führt danach für jedes einlaufende Pipeline-Objekt einen Skriptblock aus. In der folgenden Zeile würde `Foreach-Object` demnach zehn Zahlen empfangen und daraus jeweils eine IP-Adresse erzeugen:

```
PS> 1..10 | ForEach-Object -Process { "10.10.10.$_" }
10.10.10.1
10.10.10.2
10.10.10.3
10.10.10.4
10.10.10.5
10.10.10.6
10.10.10.7
10.10.10.8
10.10.10.9
10.10.10.10
```

Die Arbeit erledigt dabei der Skriptblock, den `Foreach-Object` über den Parameter `-Process` empfängt. In ihm steht das gerade empfangene Pipeline-Objekt in der Variablen `$_` zur Verfügung. Der Skriptblock wird also für jedes empfangene Pipeline-Objekt wiederholt.

`Foreach-Object` verfügt noch über zwei ähnliche Parameter namens `-Begin` und `-End`:

```
SYNTAX
    ForEach-Object [-Process] <ScriptBlock[]> [-Begin <ScriptBlock>] [-End
    <ScriptBlock>] [-InputObject <PSObject>] [-RemainingScripts
    <ScriptBlock[]>] [-Confirm] [-WhatIf] [<CommonParameters>]
```

Diese beiden Skriptblöcke werden nicht für jedes Pipeline-Element wiederholt. Stattdessen führt `Foreach-Object -Begin` vor der Pipeline und `-End` nach der Pipeline aus.

Prototyping

`Foreach-Object` wird in der Regel für improvisierten Code verwendet oder um eine bestimmte Funktionalität zu entwickeln (*Prototyping*). Dabei entstehen mitunter zwar interessante Lösungen, die aber recht umfangreich und unübersichtlich werden können.

Der folgende Einzeiler (!) gibt beispielsweise Dienste in unterschiedlichen Farben aus, je nachdem, ob sie laufen oder nicht. Außerdem wird die Dauer ausgegeben, die der Befehl zur Ausführung benötigt hat:

```
Get-Service | ForEach-Object -Begin { $start = Get-Date } -Process { if ($_.Status -eq 'Running') {
Write-Host $_.DisplayName -ForegroundColor Green } else { Write-Host $_.DisplayName -ForegroundCol
or Red }} -End { $ende = Get-Date; $dauer = $ende - $start; $millisec = $dauer.TotalMilliSeconds; W
rite-Warning "Ausführungszeit: $millisec ms" }
```

Listing 12.1: Laufende und gestoppte Dienste in unterschiedlichen Farben und unterschiedlicher Ausführungsdauer ausgeben.

Das Ergebnis könnte ungefähr so aussehen, wie in der Abbildung gezeigt.

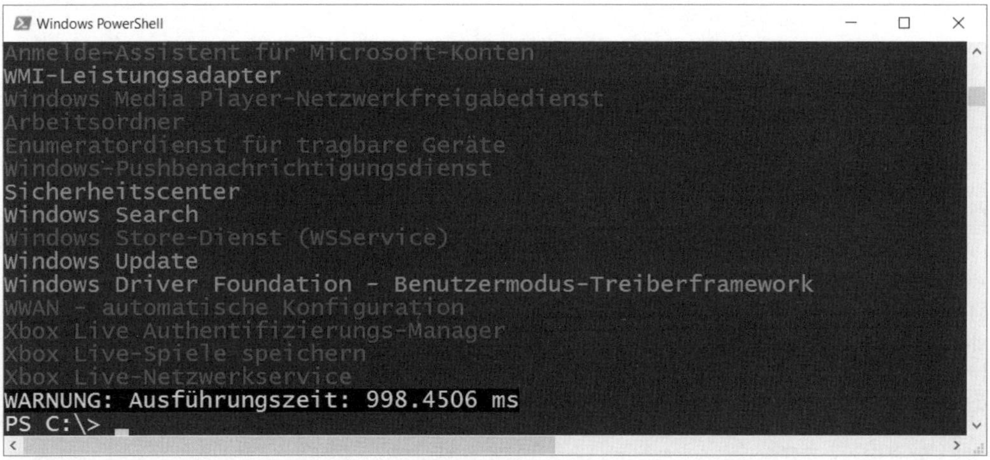

Abbildung 12.1: Dienste in unterschiedlichen Farben ausgeben.

Pipeline-fähige Funktion erstellen

Wenn Ihnen das Ergebnis gefällt, würden Sie dennoch im Alltag kaum einen so langen Befehl eintippen wollen. Das brauchen Sie auch gar nicht, denn `Foreach-Object` lässt sich in wenigen Schritten in eine Pipeline-fähige Funktion verwandeln.

```
function Watch-Service
{
  begin
  {
    $start = Get-Date
  }

  process
  {
    if ($_.Status -eq 'Running')
```

```
    { Write-Host $_.DisplayName -ForegroundColor Green }
    else
    { Write-Host $_.DisplayName -ForegroundColor Red }
  }

  end
  {
    $ende = Get-Date
    $dauer = $ende - $start
    $millisec = $dauer.TotalMilliSeconds
    Write-Warning "Ausführungszeit: $millisec ms"
  }
}
```

Listing 12.2: Den Foreach-Object-Prototyp in eine Funktion verwandeln.

Im Grunde sind kaum Änderungen nötig: Die Parameter `-Begin`, `-Process` und `-End` werden innerhalb der Funktion einfach in gleichnamig benannte Skriptblöcke übersetzt. Das ist alles. Künftig könnten Sie Ihren neuen Befehl `Watch-Service` einsetzen, um Dienste je nach Status in unterschiedlichen Farben anzuzeigen:

```
PS> Get-Service | Watch-Service
```

Wenn Sie diesen Aufruf mit dem ursprünglichen `Foreach-Object`-Aufruf vergleichen, wird sofort klar, warum Pipeline-fähige Funktionen eine richtig gute Idee sind – jedenfalls immer dann, wenn Sie planen, den Code mehr als nur einmal auszuführen.

Benannte Parameter

Allerdings ist die eben entstandene Funktion `Watch-Service` nun ausschließlich Pipeline-fähig. Weil sie keine Parameter besitzt, kann man sie ohne Pipeline nicht verwenden. Für viele Zwecke mag das genügen, aber ebenso gut könnten Sie auch Parameter definieren. Der Parameter benötigt lediglich eine spezielle Kennzeichnung, die PowerShell verrät, dass dieser Parameter die Pipeline-Eingaben erhalten soll:

```
function Watch-Service
{
  param
  (
    [Parameter(ValueFromPipeline=$true)]
    $Dienst
  )

  begin
  {
    $start = Get-Date
  }

  process
  {
    if ($Dienst.Status -eq 'Running')
    { Write-Host $Dienst.DisplayName -ForegroundColor Green }
    else
    { Write-Host $Dienst.DisplayName -ForegroundColor Red }
  }
```

```
  end
  {
    $ende = Get-Date
    $dauer = $ende - $start
    $millisec = $dauer.TotalMilliSeconds
    Write-Warning "Ausführungszeit: $millisec ms"
  }
}
```

Listing 12.3: Pipeline-Eingabe über einen benannten Parameter empfangen.

Anstelle von `$_` verwendet die Funktion nun den Parameter `$Dienst` und kann jetzt auch ohne Pipeline verwendet werden:

```
PS> Get-Service | Watch-Service
PS> Watch-Service -Dienst (Get-Service Spooler)
```

Wichtig

Sobald Sie in einer Funktion Parameter verwenden und die Parameter mit dem Attribut `[Parameter(..)]` versehen, kann die Funktion Pipeline-Eingaben nur noch empfangen, wenn einer der Parameter Pipeline-Eingaben akzeptiert.

Allerdings würde `Watch-Service` über den Parameter immer nur einen Dienst empfangen können. Die Pipeline sorgt automatisch dafür, dass beliebige Datenmengen einzeln nacheinander vom `process`-Block verarbeitet werden. Hier enthält `$Dienst` also ohne Ihr Zutun der Reihe nach immer nur einen Dienst. Übergeben Sie dagegen mehrere Dienste an den Parameter `-Dienst`, empfängt dieser alle Dienste auf einmal. Damit der Parameter `-Dienst` auch mehrere Dienste verarbeiten kann, brauchen Sie ihn bloß mit einer weiteren Schleife zu versehen:

```
function Watch-Service
{
  param
  (
    [Parameter(ValueFromPipeline=$true)]
    $Dienst
  )

  begin
  {
    $start = Get-Date
  }

  process
  {
    foreach($Einzeldienst in $Dienst)
    {
      if ($Einzeldienst.Status -eq 'Running')
      { Write-Host $Einzeldienst.DisplayName -ForegroundColor Green }
      else
      { Write-Host $Einzeldienst.DisplayName -ForegroundColor Red }
    }
  }

  end
```

```
  {
    $ende = Get-Date
    $dauer = $ende - $start
    $millisec = $dauer.TotalMilliSeconds
    Write-Warning "Ausführungszeit: $millisec ms"
  }
}
```

Listing 12.4: Auch der Parameter kann nun mehrere Dienste empfangen.

Jetzt dürfte `Watch-Service` also auch über seinen Parameter direkt mehrere Dienste empfangen:

```
PS> Watch-Service -Dienst (Get-Service)
```

Wie weit Sie diesen Aufwand tatsächlich treiben wollen, bleibt Ihnen überlassen. Wenn Sie ausschließlich Pipeline-Eingaben verarbeiten möchten, brauchen Sie überhaupt keine Parameter und können genau wie bei `Foreach-Object` einfach auf `$_` zugreifen.

Where-Object durch eine Funktion ersetzen

Auch `Where-Object` wird häufig in Pipelines eingesetzt und dient dazu, unerwünschte Informationen auszufiltern. Die folgende Zeile liefert beispielsweise alle Dateien und Ordner im Windows-Ordner, die älter sind als zehn Tage:

```
PS> Get-ChildItem -Path $env:windir |
       Where-Object { $_.LastWriteTime -lt (Get-Date).AddDays(-10) }
```

Tipp

Ersetzen Sie einfach `-lt` durch `-gt`, wenn Sie die Elemente finden wollen, die jünger sind als zehn Tage.

Auch `Where-Object` ist eine Ad-hoc-Funktion, die man in eine echte Pipeline-fähige Funktion übersetzen kann, wenn man die Filterung häufiger benötigt. Denn eigentlich ist `Where-Object` nichts anderes als `Foreach-Object` mit einer integrierten Bedingung. Man könnte also auch so formulieren:

```
PS> Get-ChildItem -Path $env:windir |
       Foreach-Object { if ($_.LastWriteTime -lt (Get-Date).AddDays(-10)) { $_ } }
```

Und so könnte eine Funktion namens `Find-OldItem` aussehen:

```
function Find-OldItem
{
  param
  (
    [Int]
    $Days
  )

  process
  {
    $CheckDate = (Get-Date).AddDays(-$Days)
    if ($_.LastWriteTime -lt $CheckDate) { $_ }
```

```
  }
}
```

Listing 12.5: Find-OldItem findet Dateien, die älter sind als die angegebene Zahl von Tagen.

Ab sofort würde die Filterung sehr viel einfacher sein:

```
PS> Get-ChildItem -Path $env:windir | Find-OldItem -Days 40
```

Allerdings könnte man die Funktion noch optimieren. Es ergibt keinen Sinn, `$CheckDate` für jedes einlaufende Pipeline-Element neu zu berechnen. Dieser Teil des Codes gehört also aus ökonomischen Gründen besser in den `begin`-Block. Außerdem sollte der Parameter `-Days` zwingend sein. Sobald Sie Parameterattribute einsetzen, muss auch die Pipeline-Eingabe an einen Parameter gebunden werden. Eine optimale Funktion sähe daher so aus:

```
function Find-OldItem
{
  param
  (
    [Parameter(ValueFromPipeline=$true)]
    [System.IO.FileSystemInfo]
    $Item,

    [Parameter(Mandatory = $true)]
    [Int]
    $Days
  )

  begin
  {
    $CheckDate = (Get-Date).AddDays(-$Days)
  }
  process
  {
    if ($Item.LastWriteTime -lt $CheckDate)
    {
      $Item
    }
  }
}
```

Listing 12.6: Dateien und Ordner finden, die älter sind als eine bestimmte Anzahl von Tagen.

Wenn Sie sich Listing 12.6 näher betrachten, fallen Ihnen sicher einige interessante Punkte auf:

- **Pipeline-Kontrakt:** Der Parameter `$Item` enthält einen Pipeline-Kontrakt und kann Objekte vom Typ `System.IO.FileSystemInfo` von der Pipeline empfangen. Dieser Typ bildet die Obergruppe für Dateien und Ordner, akzeptiert also sowohl Objekte vom Typ `System.IO.FileInfo` als auch vom Typ `System.IO.DirectoryInfo`.
- **begin-Block:** Der Stichtag, der zur Filterung dienen soll, wird nur einmal im `begin`-Block errechnet und kann danach beliebig häufig im `process`-Block verwendet werden. Der `begin`-Block wird für genau solche Initialisierungsaufgaben genutzt.
- **Bedingung:** Ein `Where-Object` ist im Grunde nur ein `Foreach-Object`, in dessen `process`-Block eine Bedingung ausgewertet wird. Trifft sie zu, wird das empfangene Objekt unverändert weitergereicht. Trifft sie nicht zu, wird das empfangene Objekt nicht weitergereicht und dadurch verworfen. Der folgende Pipeline-Befehl empfängt es nicht mehr.

Kurzes Resümee

Folgendes kennzeichnet eine Pipeline-fähige Funktion:

- **process-Block:** Innerhalb der Funktion muss mindestens ein `process`-Block existieren, der die einzelnen Pipeline-Eingaben bearbeitet. Dieser Block wird automatisch für jede einlaufende Pipeline-Information wiederholt, ähnlich einer Schleife. Anderer Code darf nun höchstens noch in einem `begin`- oder `end`-Block existieren. Der Code der Funktion muss also auf die drei Blöcke aufgeteilt werden und darf nicht mehr außerhalb dieser Blöcke stehen.
- **Parameter:** Sollen Parameter der Funktion Pipeline-Eingaben empfangen können, müssen sie mit `[Parameter(ValueFromPipeline=$true)]` gekennzeichnet sein. Andernfalls steht die Pipeline-Eingabe innerhalb des `process`-Blocks nur in der Variablen `$_` zur Verfügung. Sobald Sie das Attribut `[Parameter(...)]` einsetzen, muss mindestens ein Parameter Pipeline-Eingaben akzeptieren.

Parameter und Pipeline-Kontrakt

Zwar kann, wie bereits gezeigt, eine simple PowerShell-Funktion Pipeline-Eingaben auch ohne besondere Vorkehrungen in `$_` empfangen, wenn die Funktion mindestens einen `process`-Block besitzt, das ist aber in den meisten Fällen keine so gute Idee, denn dann ist die Funktion *ausschließlich* Pipeline-fähig. Besser ist es, die Parameter einer Funktion immer eindeutig festzulegen.

Sobald eine Funktion Parameter definiert, benötigt PowerShell einen Kontrakt, der festlegt, welcher Parameter Pipeline-Eingaben erhalten soll. Es gibt zwei Formen eines Kontrakts:

- **ISA (»ist ein«):** Das eintreffende Objekt wird gebunden, wenn es genau dem gewünschten Datentyp entspricht oder in ihn umgewandelt werden kann. Das Attribut hierfür heißt `ValueFromPipeline` und wurde gerade eben verwendet.
- **HASA (»hat ein«):** Enthält das eintreffende Objekt eine Eigenschaft vom passenden Datentyp und heißt die Eigenschaft so wie der Parameter (oder einer seiner Aliasnamen), wird der Inhalt dieser Eigenschaft an den Parameter gebunden. Das Attribut hierfür heißt `ValueFromPipelineByPropertyName`.

»ISA«-Kontrakt: Pipeline-Eingaben direkt binden

Hierbei wird jeder Parameter, der Pipeline-Eingaben akzeptieren soll, mit dem Attribut `[Parameter(ValueFromPipeline=$true)]` gekennzeichnet. Das können auch mehrere Parameter sein. Werden mehrere Parameter verwendet, bindet PowerShell die Pipeline-Eingabe an jeden geeigneten Parameter. Parameter sind geeignet, wenn der Pipeline-Input dem gewünschten Datentyp entspricht oder in diesen Datentyp umgewandelt werden kann:

```
function Test-PipelineInput {
  param (
    [Parameter(ValueFromPipeline=$true)]
    [double]
    $Zahl=-1,

    [Parameter(ValueFromPipeline=$true)]
    [datetime]
    $Datum = (Get-Date),
```

```
    [Parameter(ValueFromPipeline=$true)]
    [bool]
    $Boolean = $false,

    [Parameter(ValueFromPipeline=$true)]
    $Objekt = $null
  )

  process {
    "Zahl: $Zahl"
    "Datum: $Datum"
    "Ja/Nein: $Boolean"
    "Objekt: $Objekt"
  }
}
```

Listing 12.7: Mehrere Pipeline-fähige Parameter.

Automatische Bindung über den Datentyp

Übergibt man `Test-PipelineInput` verschiedene Werte, bindet PowerShell diese Werte jeweils an die passenden Parameter.

Die Zahl 1 kann in die Typen `Double`, `DateTime` und `Bool` umgewandelt werden, alle Parameter können daher diesen Wert empfangen. Der Parameter `Objekt` zeigt die übergebenen Pipeline-Daten grundsätzlich immer an, weil er *jeden beliebigen* Datentyp akzeptiert:

```
PS> 1 | Test-PipelineInput
Zahl: 1
Datum: 01/01/0001 00:00:00
Ja/Nein: True
Objekt: 1
```

Wird hingegen der Text »Hallo« übergeben, kann dieser weder in den Typ `Double` noch in den Typ `Bool` oder `DateTime` umgewandelt werden. Diese Parameter zeigen also ihren Vorgabewert an, während lediglich der Parameter `Object` die Pipeline-Daten jetzt noch anzeigt:

```
PS> "Hallo" | Test-PipelineInput
Zahl: -1
Datum: 02/05/2016 09:03:44
Ja/Nein: False
Objekt: Hallo
```

Übergeben Sie indes einen Text, der ein gültiges Datumsformat enthält, wird der Text in `DateTime` umgewandelt, und `Datum` zeigt das umgewandelte Datum an:

```
PS> '1.1.2000' | Test-PipelineInput
Zahl: -1
Datum: 01/01/2000 00:00:00
Ja/Nein: False
Objekt: 1.1.2000
```

Übergeben Sie ein `Process`-Objekt, kann dies nur vom Parameter `Objekt` empfangen werden, weil es sich nicht in einen der anderen Datentypen umwandeln lässt. Die übrigen Parameter zeigen die Vorgabewerte:

```
Zahl: -1
Datum: 02/05/2016 09:05:29
Ja/Nein: False
Objekt: System.Diagnostics.Process (PowerShell_ise)
```

ParameterSets einsetzen

Normalerweise setzt man das automatische Pipeline-Binding nur ein, um auf verschiedene Eingaben zu reagieren und sie genau dem passenden Parameter zuzuweisen. Es ist also unerwünscht, dass die Pipeline-Eingaben mehreren Parametern zugewiesen werden können. Sie sollen nur an denjenigen Parameter gehen, der am besten passt.

Dazu weisen Sie jedem Parameter ein eigenes ParameterSet zu. So wird festgelegt, dass nur einer dieser Parameter ausgewählt werden kann. PowerShell bindet dann die Pipeline-Eingabe an den am besten passenden Parameter, und über `$PSCmdlet` erfahren Sie nun auch, welches ParameterSet ausgewählt wurde. Geben Sie außerdem ein Default-ParameterSet mit `DefaultParameterSetName` an. Es wird verwendet, wenn mehrere ParameterSets infrage kämen.

Wichtig

Sobald Sie ParameterSets verwenden, dürfen Sie nicht mehr den Typ `Object` verwenden. Er würde das zielgerichtete Binding stören, weil er immer alle Eingaben bindet. Deshalb verwendet das folgende Beispiel stattdessen den spezifischeren Typ `String`.

```
function Test-PipelineInput {
  [CmdletBinding(DefaultParameterSetName='Numerisch')]
  param (
    [Parameter(ValueFromPipeline=$true,ParameterSetName='Numerisch')]
    [double]
    $Zahl=-1,

    [Parameter(ValueFromPipeline=$true,ParameterSetName='Datum')]
    [datetime]
    $Datum = (Get-Date),

    [Parameter(ValueFromPipeline=$true,ParameterSetName='JaNein')]
    [bool]
    $Boolean = $false,

    [Parameter(ValueFromPipeline=$true,ParameterSetName='Text')]
    [string]
    $Text = ''
  )

  process {
    switch ($PSCmdlet.ParameterSetName)
    {
        'Numerisch'   { "Es wurde die Zahl $Zahl übergeben" }
        'Datum'       { "Es wurde das Datum $Datum übergeben" }
        'JaNein'      { "Es wurde der boolsche Wert $Boolean übergeben" }
        'Text'        { "Es wurde der Text $Text übergeben" }
    }
  }
}
```

Listing 12.8: Parameter werden unterschiedlichen ParameterSets zugewiesen.

Listing 12.8 bindet die Pipeline-Eingaben nun jeweils automatisch an den am besten passenden Parameter:

```
PS> 1 | Test-PipelineInput
Es wurde die Zahl 1 übergeben

PS> $true | Test-PipelineInput
Es wurde der boolsche Wert True übergeben

PS> Get-Date | Test-PipelineInput
Es wurde das Datum 02/05/2016 09:32:00 übergeben

PS> "Hallo" | Test-PipelineInput
Es wurde der Text Hallo übergeben

PS> 1, 'Hallo', (Get-Date), $true | Test-PipelineInput
Es wurde die Zahl 1 übergeben
Es wurde der Text Hallo übergeben
Es wurde das Datum 02/05/2016 09:32:18 übergeben
Es wurde der boolsche Wert True übergeben
```

Mehrdeutigkeiten auflösen

Falls es Mehrdeutigkeiten gibt, richtet sich Listing 12.8 nach dem Default-ParameterSet. Solche Mehrdeutigkeiten sind eben bereits passiert: Die Zahl 1 ist vom Typ `[Int]` und entspricht also keinem der gewünschten Datentypen. Sie lässt sich umwandeln in den Typ `[Double]` und in den Typ `[String]`. Weil aber als Default-ParameterSet das ParameterSet `Numerisch` gewählt war, wurde die Integerzahl in den Typ `[Double]` umgewandelt.

Kann eine Eingabe an keinen Parameter gebunden werden, erhalten Sie eine Fehlermeldung. Da sich aber alle Typen mindestens in den Typ `String` umwandeln lassen, kann dieser Fall in Listing 12.8 nicht passieren.

»HASA«-Kontrakt: Objekteigenschaften lesen

Der »HASA«-Kontrakt (»has a« = »hat ein«) untersucht nicht das eintreffende Pipeline-Element als Ganzes, sondern seine Eigenschaften. Ist unter seinen Eigenschaften eine, die so heißt wie der Parameter selbst, und enthält diese Eigenschaft den gewünschten Datentyp, wird der Wert der Eigenschaft gebunden. Ein »HASA«-Kontrakt wird über das Attribut `[Parameter(ValueFromPipelineByPropertyName=$true)]` festgelegt.

Dateiobjekte enthalten zum Beispiel die Eigenschaften `Name`, `FullName` und `Length`. Eine Funktion, die Dateien über die Pipeline empfangen soll, könnte diese Eigenschaften gezielt auslesen:

```
function Format-File
{
  param
  (
    [Parameter(ValueFromPipelineByPropertyName=$true)]
    [String]
    $Name,

    [Parameter(ValueFromPipelineByPropertyName=$true)]
    [Int]
    $Length,
```

```
    [Parameter(ValueFromPipelineByPropertyName=$true)]
    [String]
    $FullName
  )

  process
  {
    "empfange $Name mit Größe $Length von $FullName"
    'empfange {0,-10} mit Größe {1:n1} MB von {2}' -f $Name, ($Length/1MB), $FullName
  }
}
```

Listing 12.9: Eigenschaften direkt an Parameter binden.

`Format-File` kann nun direkt über die Pipeline mit Dateien versorgt werden und gibt die empfangenen Eigenschaften aus:

```
PS> Get-ChildItem -Path $env:windir -File | Format-File
empfange bfsvc.exe mit Größe 61952 von C:\WINDOWS\bfsvc.exe
empfange bfsvc.exe  mit Größe 0,1 MB von C:\WINDOWS\bfsvc.exe
empfange bootstat.dat mit Größe 67584 von C:\WINDOWS\bootstat.dat
empfange bootstat.dat mit Größe 0,1 MB von C:\WINDOWS\bootstat.dat
empfange comsetup.log mit Größe 13353 von C:\WINDOWS\comsetup.log
empfange comsetup.log mit Größe 0,0 MB von C:\WINDOWS\comsetup.log
(...)
```

»HASA« und »ISA« kombinieren

Die beiden Kontrakttypen dürfen kombiniert werden. Die folgende Funktion zeigt nur Dateien einer bestimmten Größe an. Sie empfängt die Größe einer Datei über einen »HASA«-Kontrakt und die Datei selbst über einen »ISA«-Kontrakt. Ist die Datei größer als die angegebene Größe, wird sie zurückgeliefert:

```
function Filter-FileSize
{
  param
  (
    [Parameter(Mandatory=$true)]
    [Int]
    $SizeKB,

    [Parameter(ValueFromPipeline=$true)]
    [System.IO.FileInfo]
    $File,

    [Parameter(ValueFromPipelineByPropertyName=$true)]
    [Int]
    $Length
  )

  process
  {
    if (($Length/1KB) -ge $SizeKB ) { $File }
  }
}
```

Listing 12.10: Dateigrößen ausgeben

Die folgende Zeile liefert nur noch Dateien, die mindestens 100 KB groß sind:

```
PS> Get-ChildItem -Path $env:windir -File | Filter-FileSize -SizeKB 100
```

Hinweis

`Filter-FileSize` akzeptiert lediglich Dateien, keine Ordner, denn der Parameter `File` ist vom Typ `System.IO.FileInfo`. Sollen auch Ordner empfangen (aber ignoriert) werden können, muss dieser Typ entsprechend geändert werden. Der Typ `System.IO.FileSystemInfo` kann sowohl Dateien als auch Ordner repräsentieren. Wenn Sie ihn verwenden, kann `Filter-FileSize` auch Ordner akzeptieren und benötigt den Parameter `-File` nicht mehr:

```
PS> Get-ChildItem -Path $env:windir | Filter-FileSize -SizeKB 100
```

»HASA« und »ISA« dürfen auch bei ein und demselben Parameter kombiniert werden. Der Parameter prüft dann zuerst, ob das gesamte Objekt seinem Typ entspricht. Falls nicht, schaut er in die Eigenschaft des Objekts, die so heißt wie der Parameter selbst, und versucht, den Inhalt der Eigenschaft zu binden.

Die nächste Funktion kann daher sowohl Zahlen empfangen als auch die Prozess-IDs eines `Process`-Objekts:

```
function Receive-ProcessID
{
  param
  (
    [Parameter(Mandatory=$true, ValueFromPipeline=$true, ValueFromPipelineByPropertyName = $true)]
    [Int]
    $ID
  )

  process
  {
    "bearbeite Prozess-ID $id"
  }
}
```

Listing 12.11: Wahlweise eine Zahl oder ein Objekt mit der Eigenschaft »ID« empfangen.

Das Ergebnis sieht so aus:

```
PS> 1,2,3 | Receive-ProcessID
bearbeite Prozess-ID 1
bearbeite Prozess-ID 2
bearbeite Prozess-ID 3

PS> Get-Process | Receive-ProcessID
bearbeite Prozess-ID 6508
bearbeite Prozess-ID 7484
bearbeite Prozess-ID 7692
bearbeite Prozess-ID 8020
bearbeite Prozess-ID 2344
bearbeite Prozess-ID 2376
bearbeite Prozess-ID 8016
(...)
```

CSV-Dateien direkt an Funktionen übergeben

PowerShell kann CSV-Daten automatisch mit `ConvertTo-CSV` in Objekte umwandeln. Über einen »HASA«-Kontrakt könnten diese Daten unmittelbar von einer Funktion ausgewertet werden. Zum Testen legen Sie dazu die folgende CSV-Datei an, die die Spaltenüberschriften `Name`, `Vorname` und `ID` verwendet:

```
$daten = @'
Name, Vorname, ID
Weltner,Tobias,1
Schröter,Indra,2
Wolters,Patrik,3
'@

$Path = "$env:temp\testdaten.csv"
$daten | Set-Content -Path $Path -Encoding UTF8
```

Listing 12.12: Eine CSV-Datei mit Testdaten anlegen.

Wenn Sie diese Datei nun mit `Import-CSV` importieren, erhalten Sie Objekte mit Eigenschaften. Die Eigenschaften heißen so wie die Spaltenüberschriften:

```
PS> Import-CSV -Path "$env:temp\testdaten.csv"

Name                      Vorname                  ID
----                      -------                  --
Weltner                   Tobias                   1
Schröter                  Indra                    2
Wolters                   Patrik                   3
```

Damit Ihre Funktion die Daten aus der CSV-Datei direkt verarbeiten kann, muss nur ein entsprechender Kontrakt deklariert werden. So könnte eine Funktion aussehen, die kompatibel ist mit der CSV-Datei von eben:

```
function New-User
{
    param
    (
        [Parameter(ValueFromPipelineByPropertyName=$true)]
        [string]
        $Name,

        [Parameter(ValueFromPipelineByPropertyName=$true)]
        [string]
        $Vorname,

        [Parameter(ValueFromPipelineByPropertyName=$true)]
        [int]
        $ID
    )

    process
    {
        "Hier könnte der User $Vorname $Name mit der ID $ID angelegt werden."
    }
}
```

Listing 12.13: Funktion empfängt Informationen direkt aus einer CSV-Datei.

Es wäre jetzt denkbar, Personaldaten aus einer anderen Abteilung mit Active Directory abzugleichen oder andere Rohdaten direkt mit PowerShell zu übernehmen.

```
PS> Import-Csv -Path $HOME\testdaten.csv | New-User
Hier könnte der User Tobias Weltner mit der ID 1 angelegt werden.
Hier könnte der User Indra Schröter mit der ID 2 angelegt werden.
Hier könnte der User Patrik Wolters mit der ID 3 angelegt werden.
```

Aliasnamen für Parameter

Bei einem »HASA«-Kontrakt (`ValueFromPipelineByPropertyName`) ist der Name des Parameters entscheidend, denn PowerShell sucht im eintreffenden Objekt nach einer Eigenschaft, die genauso heißt wie der Parameter selbst.

Das ist eine störende Einschränkung, denn vielleicht möchten Sie den Parameter nicht so nennen wie die Objekteigenschaft, die der Parameter empfangen soll. Oder Sie möchten, dass der Parameter mit verschiedenen Objekten zurechtkommt und also nicht nur eine bestimmte, sondern viele verschiedene Eigenschaften prüft.

Weist man dem Parameter mit `[Alias('a','b','c')]` alternative Aliasnamen zu, lässt sich das Problem leicht lösen. Der Parameter sucht nun im eintreffenden Objekt zuerst nach einer Eigenschaft, die so heißt wie der Parameter. Wird keine gefunden oder enthält die Eigenschaft ungeeignete Daten, werden der Reihe nach auch die Aliasnamen überprüft. Die erste Eigenschaft, die geeignete Daten enthält, wird verwendet.

Die folgende Funktion kann einen Dateipfad sowohl als Text empfangen als auch aus Dateien oder Ordnern auslesen (Eigenschaft `FullName`) – oder aber aus `Process`-Objekten (Eigenschaft `Path`).

```
function Receive-Path
{
  param
  (
    [Parameter(ValueFromPipeline=$true, ValueFromPipelineByPropertyName = $true)]
    [Alias('Path','FullName')]
    [String]
    $FilePath
  )

  process
  {
    "bearbeite Pfad $FilePath"
  }
}
```

Listing 12.14: Einen Pfadnamen aus verschiedenen Objekteigenschaften empfangen.

Aliasnamen erhöhen also die Kompatibilität eines Parameters, weil dieser durch die Aliase mit unterschiedlichen Objekten zusammenarbeiten kann. Hier das Ergebnis:

```
PS> $profile | Receive-Path
bearbeite Pfad C:\Users\Tobias\Documents\WindowsPowerShell\Microsoft.PowerShellISE_profile.ps1

PS> Get-ChildItem -Path $env:windir -Filter *.exe | Receive-Path
bearbeite Pfad C:\WINDOWS\bfsvc.exe
bearbeite Pfad C:\WINDOWS\explorer.exe
bearbeite Pfad C:\WINDOWS\HelpPane.exe
(...)
```

```
PS> Get-Process | Where-Object MainWindowTitle -ne '' | Receive-Path
bearbeite Pfad C:\WINDOWS\system32\ApplicationFrameHost.exe
bearbeite Pfad C:\Program Files (x86)\Google\Chrome\Application\chrome.exe
bearbeite Pfad C:\Program Files (x86)\Microsoft Expression\Design 2\Design.exe
bearbeite Pfad C:\Program Files (x86)\Microsoft Office\Office15\EXCEL.EXE
(...)
```

Modularer Code mit Pipeline-fähigen Funktionen

Erst wenn eine Funktion Pipeline-fähig ist, verhält sie sich wie ein vollwertiges Cmdlet. Jetzt kann die Funktion dabei helfen, Skripte übersichtlich und nachvollziehbar zu halten, denn sie hat nun die Möglichkeit, komplexen Code zu kapseln und »unsichtbar« zu machen, sodass man sich bei einem Produktionsskript auf das Wesentliche konzentrieren kann.

Ausgangspunkt: ein unleserliches Skript

Das folgende Skript akzeptiert die URL einer Webseite und lädt anschließend alle Bilder, die auf der Webseite zu finden sind, in einen Bilderordner herunter (Abbildung 12.2). Die PowerShell-Cmdlets helfen bereits immens, und in anderen Skriptsprachen würde solch eine Aufgabe seitenlangen Code erfordern, aber dennoch ist Listing 12.15 nicht gerade kurz und schon gar nicht auf den ersten Blick zu verstehen:

```
# diese Webseite untersuchen:
$URL = 'www.tagesschau.de'
$destination = 'c:\webpics'
$existiert = Test-Path -Path $destination
if ($existiert -eq $false) { mkdir $destination }

try
{
  # Inhalt der Webseite abrufen und in $result speichern
  # -UseBasicParsing verhindert Dialogfelder
  $result = Invoke-WebRequest -Uri $URL -UseBasicParsing -ErrorAction Stop

  # alle Images aus der Webseite abrufen
  $result.Images |
  # und daraus die Eigenschaft "src" auflisten:
  Select-Object -ExpandProperty src |
  # jede URL nur einmal herunterladen
  Sort-Object -Unique |
  # Links, die Parameter enthalten, wollen wir nicht:
  Where-Object { $_ -notmatch '\?'} |
  # jede einzelne URL nun bearbeiten:
  ForEach-Object {
    # die empfangene einzelne URL einer eigenen Variablen zuweisen:
    $linkUrl = $_

    # wenn die URL nicht mit "http" beginnt ...
    if ($linkUrl -notlike 'http*')
    {
      # ... dann eine absolute URL daraus machen, indem die
      # Adresse der Webseite vorangestellt wird
      $linkUrl = "http://$URL/$linkUrl"
    }
```

```
    # Ergebnis wieder zurückgeben:
    $linkUrl
  } | ForEach-Object {
    # wir empfangen eine absolute URL des Bilds:
    $absoluteLinkURL = $_

    # hier sollen die Bilder gespeichert werden:
    $filename = Split-Path -Path $absoluteLinkURL -Leaf
    $destinationPath = Join-Path -Path $destination -ChildPath $filename

    # Bild herunterladen
    $NewPath = $destinationPath
    $Counter = 0

    # so lange an den Dateinamen eine Zahl anhängen, bis
    # die Datei nicht mehr existiert:
    While (Test-Path -Path $NewPath)
    {
      # neuen Dateinamen erzeugen
      $Counter++
      $parts = $destinationPath.Split('.')
      $parts[-2]+= "($Counter)"
      $NewPath = $parts -join '.'
    }

    Invoke-WebRequest -Uri $absoluteLinkURL -OutFile $NewPath

  }
}
catch {}

# Bilderordner öffnen
explorer $destination
```

Listing 12.15: Alle Bilder von der Tagesschau-Webseite herunterladen.

Das Skript tut durchaus, was es soll, und lädt tatsächlich alle Bilder von der Webseite der Tagesschau herunter. Es ist aber weder besonders wartungsfreundlich noch besonders wiederverwendbar. Dabei könnte seine wesentliche Logik viel simpler beschrieben werden:

```
PS> Get-ImageFromWebsite -URL 'www.tagesschau.de' | Download-File -DestinationFolder c:\webpics -Open
```

Dieser Einzeiler wäre sofort verständlich und ließe sich bequem auch für ähnliche Aufgaben anpassen und verwenden. Nur gibt es die Funktionen `Get-ImageFromWebsite` und `Download-File` eben nicht. Noch nicht. Denn Sie wissen inzwischen, wie das fürchterliche Listing 12.15 umgeschrieben und in ein professionelles Skript verwandelt werden könnte: durch Modularisierung. Lange und unübersichtliche Skripte zu modularisieren, bietet für Sie vielfältige Vorteile:

- **Übersichtlichkeit:** Das ursprüngliche Skript wird sehr viel kürzer und ist leichter zu verstehen, weil es jetzt nur noch die eigentliche Aufgabe formuliert, sich aber nicht mehr mit den technischen Details dazu auseinandersetzen muss.
- **Wiederverwendbarkeit:** Die modularen Bausteine verhalten sich wie Lego-Steine und können künftig auch für ganz andere Aufgaben eingesetzt werden. Sie brauchen sich also nie wieder darum zu kümmern, wie man Links auf einer Webseite findet oder wie man Dateien aus dem Internet herunterlädt.

- **Wartbarkeit:** Sollten Fehler auftreten, sind diese jetzt einer bestimmten einzelnen Funktion zuzuordnen. Diese Funktion kann man sehr viel besser isoliert testen und debuggen als ein riesiges Skript. Sobald Sie den Fehler finden und berichtigen, profitieren alle Skripte davon, die die Funktion einsetzen.

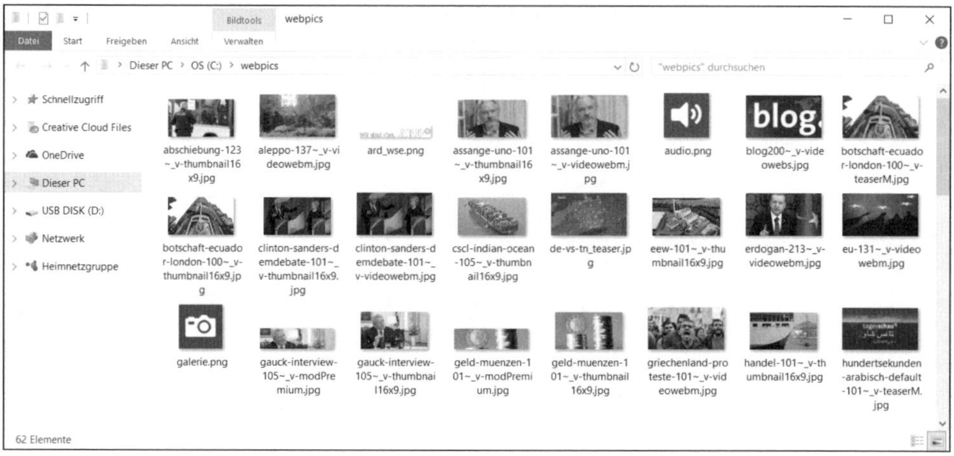

Abbildung 12.2: Bilder von einer Webseite herunterladen.

Schauen Sie sich also Listing 12.15 genau an und überlegen Sie, welche Teile davon eine in sich geschlossene Aufgabe lösen. Diese Analyse ergibt im Beispiel vier wesentliche Aufgaben, die auf eigenständige und voneinander völlig unabhängige Funktionen verteilt werden könnten.

Pipeline und Pipeline-Kontrakte sorgen dafür, dass diese Funktionen später wie Lego-Bausteine harmonisch zusammenarbeiten.

Teil 1: Get-NewFilenameIfPresent

Ein Teil von Listing 12.15 ermittelt, ob unter dem Pfadnamen einer herunterzuladenden Datei bereits eine Datei existiert. Falls ja, wird ein neuer Dateiname mit einer angehängten Zahl generiert. Das ist eine ausgesprochen nützliche Funktionalität, die man auch anderswo gebrauchen kann. Daher wird sie in die Funktion `Get-NewFilenameIfPresent` ausgegliedert:

```
function Get-NewFilenameIfPresent
{
  param
  (
    [Parameter(Mandatory=$true)]
    [String]
    $Path
  )

  $NewPath = $Path
  $Counter = 0

  # so lange an den Dateinamen eine Zahl anhängen, bis
  # die Datei nicht mehr existiert:
  While (Test-Path -Path $NewPath)
  {
    # neuen Dateinamen erzeugen
```

```
    $Counter++
    $parts = $Path.Split('.')
    $parts[-2]+= "($Counter)"
    $NewPath = $parts -join '.'
  }

  return $NewPath
}
```

Listing 12.16: Einen neuen Dateinamen generieren, falls der Dateiname bereits verwendet wird.

Die Funktion lässt sich sofort einsetzen und prüfen:

```
# Datei existiert bereits, eine Zahl anhängen:
PS> Get-NewFilenameIfPresent -Path C:\windows\explorer.exe
C:\windows\explorer(1).exe

# Datei existiert nicht, keine Änderung vornehmen:
PS> Get-NewFilenameIfPresent -Path C:\windows\zumsel.exe
C:\windows\zumsel.exe
```

Teil 2: ConvertTo-AbsoluteURL

Ein anderer Teil von Listing 12.15 beschäftigt sich damit, relative URLs in absolute URLs umzuwandeln. Weil auch das häufiger vorkommen kann, lohnt es sich wiederum, dafür einen eigenen Befehl zu entwickeln. Er könnte so aussehen:

```
function ConvertTo-AbsoluteURL
{
  param
  (
    [Parameter(Mandatory = $true, ValueFromPipeline=$true)]
    [string]
    $URL,

    [Parameter(Mandatory = $true)]
    [string]
    $WebsiteURL
  )

  begin
  {
    if ($WebsiteURL -notlike 'http*')
    {
      $WebsiteURL = "http://$WebsiteURL"
    }

    # Schrägstriche normalisieren
    $WebsiteURL = $WebsiteURL.Replace('\', '/').TrimEnd('/')

    # Wurzel der Webseite ermitteln
    $WebsiteURL = ($WebsiteURL -split '(?<=[^/])/')[0,1] -join '/'
  }

  process
  {
    $URL = $URL.Replace('\', '/').TrimStart('/')
```

```
      # wenn die URL nicht mit "http" beginnt ...
      if ($URL -notlike 'http*')
      {
        # ... dann eine absolute URL daraus machen, indem die
        # Adresse der Webseite vorangestellt wird
        return "$WebsiteURL/$URL"
      }
      else
      {
        # andernfalls unverändert zurückgeben
        return $URL
      }
    }
}
```

Listing 12.17: Einen relativen Link in einen absoluten Link umwandeln.

`ConvertTo-AbsoluteURL` empfängt über die Pipeline eine beliebige Menge an URLs. Zusätzlich kann man die URL einer Webseite angeben. Beginnt eine URL mit »http«, gilt sie als absolut und wird unverändert weitergegeben. Andernfalls wird die URL der Webseite davorgestellt:

```
PS> '\bild2.png', 'http://www.tagesschau.de\img\bilder' | ConvertTo-AbsoluteURL -WebsiteURL
www.tagesschau.de
http://www.tagesschau.de/bild2.png
http://www.tagesschau.de/img/bilder
```

Wenn Sie künftig wieder einmal relative in absolute URLs umwandeln müssten, bräuchten Sie nur noch zu `ConvertTo-AbsoluteURL` zu greifen. Und sollten Sie bei der Umwandlung auf weitere zu berücksichtigende Umrechnungsfaktoren stoßen, könnten Sie gezielt `ConvertTo-AbsoluteURL` verbessern. Alle anderen Skripte, die diese Funktion nutzen, würden automatisch davon profitieren.

Teil 3: Get-ImageFromWebsite

Wiederum ein anderer Teil von Listing 12.15 kümmert sich darum, die Links zu Bildern auf einer Webseite zu ermitteln. `Get-ImageFromWebsite` kapselt diesen Teil und akzeptiert die URL einer beliebigen Webseite sowie optional einen Filter. Ohne Filter liefert die Funktion alle Bild-URLs der Webseite zurück. Geben Sie einen Filter an, werden nur URLs geliefert, die dem Filter entsprechen. Intern verwendet `Get-ImageFromWebsite` bereits die Funktion `ConvertTo-AbsoluteURL`.

```
function Get-ImageFromWebsite
{
  param
  (
    [Parameter(Mandatory = $true)]
    [String]
    $URL ,

    [String]
    $Filter = ''
  )


  # Inhalt der Webseite abrufen und in $result speichern
  # -UseBasicParsing verhindert Dialogfelder
```

```
  $result = Invoke-WebRequest -Uri $URL -UseBasicParsing

  # alle Images aus der Webseite abrufen
  $result.Images |
  # und daraus die Eigenschaft "src" auflisten:
  Select-Object -ExpandProperty src |
  # jede URL nur einmal herunterladen
  Sort-Object -Unique |
  # Links, die Parameter enthalten, wollen wir nicht:
  Where-Object { $_ -notmatch '\?'} |
  ConvertTo-AbsoluteURL -WebsiteURL $URL |
  Where-Object { $_ -like "*$Filter" }
}
```

Listing 12.18: Get-ImageFromWebsite ermittelt die URLs von Bildern auf einer Webseite.

Sie könnten nun bereits Ihre eigene Homepage untersuchen und sich alle Bilder auflisten lassen, die darauf verlinkt sind:

```
PS> Get-ImageFromWebsite -URL www.powertheshell.com
http://www.powertheshell.com/pbs.twimg.com/profile_images/5/6_S_normal.jpg
http://www.powertheshell.com/pbs.twimg.com/profile_images/5/7_normal.jpeg
http://www.powertheshell.com/pbs.twimg.com/profile_images/77/99_normal.jpeg
http://www.powertheshell.com/pbs.twimg.com/profile_images/77/88_normal.png
http://www.powertheshell.com/pbs.twimg.com/profile_images/77/hcEeriln_normal.jpeg
http://www.powertheshell.com/pbs.twimg.com/profile_images/8i/XokOeXUi_normal.png
http://www.powertheshell.com/pbs.twimg.com/profile_images/8i/hZKDoHLq_normal.jpg
http://www.powertheshell.com/pbs.twimg.com/profile_images/77/DaASdgVr_normal.jpg
http://www.powertheshell.com/pbs.twimg.com/profile_images/77/3qQTbQni_normal.png
http://www.powertheshell.com/pbs.twimg.com/profile_images/77/6CrZhart_normal.png
http://www.powertheshell.com/wp-content/plugins/rotatingtweets/images/favorite.png
http://www.powertheshell.com/wp-content/plugins/rotatingtweets/images/reply.png
http://www.powertheshell.com/wp-content/plugins/rotatingtweets/images/retweet.png
http://www.powertheshell.com/wp-content/uploads/all1-1024x724.png
http://www.powertheshell.com/wp-content/uploads/newiconSite.png

PS> Get-ImageFromWebsite -URL www.powertheshell.com -Filter *jpeg
http://www.powertheshell.com/pbs.twimg.com/profile_images/5/6_S_normal.jpg
http://www.powertheshell.com/pbs.twimg.com/profile_images/5/7_normal.jpeg
http://www.powertheshell.com/pbs.twimg.com/profile_images/77/99_normal.jpeg
http://www.powertheshell.com/pbs.twimg.com/profile_images/77/hcEeriln_normal.jpeg
```

Teil 4: Download-File

Nun fehlt nur noch der Baustein `Download-File`, der eine URL akzeptiert und die Datei dann aus dem Internet in einen lokalen Ordner speichert. Sie verwendet den verbleibenden Rest des Codes aus Listing 12.15 und könnte so aussehen:

```
function Download-File
{
  param
  (
    [Parameter(Mandatory = $true, ValueFromPipeline=$true)]
    [String]
    $Url,

    [Parameter(Mandatory = $true)]
    [String]
```

```
    $DestinationFolder,

    [Switch]
    $Force,

    [Switch]
    $Open,

    [Switch]
    $PassThru
  )

  # dies nur EINMAL am Anfang prüfen:
  begin
  {
    # Sicherstellen, dass der Zielordner existiert
    $existiert = Test-Path -Path $DestinationFolder
    if ($existiert -eq $false)
    {
      $null = New-Item -Path $DestinationFolder -ItemType Directory
    }
  }

  # dies für ALLE einlaufenden URLs machen:
  process
  {
    # Datei-Zielname aus Link extrahieren:
    $filename = Split-Path -Path $Url -Leaf
    $destinationPath = Join-Path -Path $DestinationFolder -ChildPath $filename

    # Bild herunterladen
    try
    {
      # falls nicht überschrieben werden soll, zuerst prüfen, ob die Datei
      # schon existiert, und gegebenenfalls einen neuen Dateinamen erstellen
      if (!$Force)
      {
        $destinationPath = Get-NewFileNameIfPresent -Path $destinationPath
      }
      Invoke-WebRequest -Uri $Url -OutFile $destinationPath -ErrorAction Stop
      if ($PassThru) { $destinationPath }
    }
    catch
    {
      Write-Warning "$Url wurde nicht gefunden."
    }
  }

  end
  {
    if ($Open)
    {
      explorer $destinationFolder
    }
  }
}
```

Listing 12.19: Download-File lädt eine Datei aus dem Internet herunter.

Mit `Download-File` sind nun alle notwendigen Bausteine beisammen, und um künftig Bilder von einer Webseite herunterzuladen, könnten Sie jetzt tatsächlich diese eine simple Zeile verwenden:

```
PS> Get-ImageFromWebsite -URL 'www.tagesschau.de' | Download-File -DestinationFolder c:\webpics -Open
```

Wenn Sie mögen, können Sie ab sofort aber ebenso gut (und leicht) ganz andere Webseiten nach Bildern durchforsten und zum Beispiel eine Sammlung lustiger Sprüche herunterladen (Abbildung 12.3):

```
Get-ImageFromWebsite -URL 'http://de.webfail.com/images' -Filter *jpg | Download-File -Destination
Folder c:\lustigeBilder -Open
```

Achtung

Denken Sie bitte bei allem Enthusiasmus daran, dass Bilder und auch andere Inhalte aus dem Internet häufig urheberrechtlich geschützt sind. Während es also in Ordnung ist, sich frei zugängliche Inhalte zum privaten Gebrauch herunterzuladen, dürfen Sie diese Inhalte indes nicht ohne Zustimmung des geistigen Eigentümers weiterverwerten.

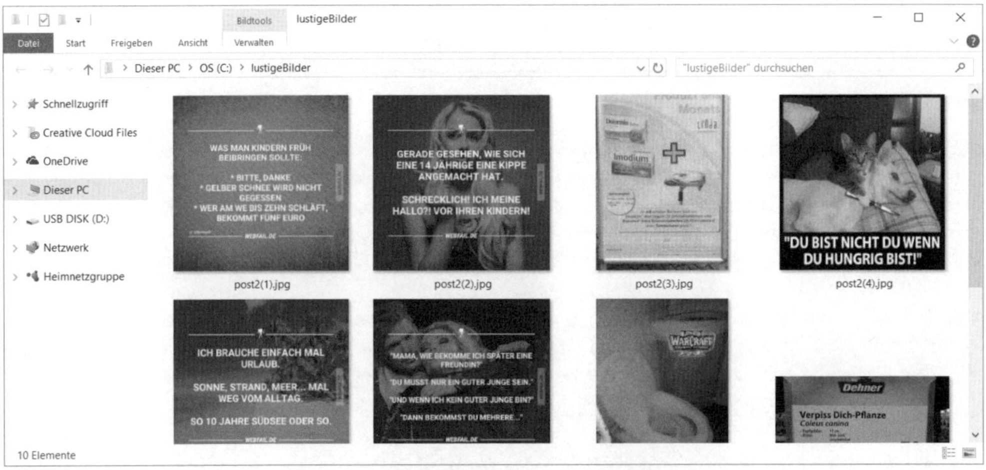

Abbildung 12.3: Eine Sammlung von Lebensweisheiten herunterladen.

Die einzelnen Bausteine funktionieren natürlich ebenfalls für sich allein, und so könnten Sie mit `Download-File` auch ganz andere Dateien aus dem Internet laden, beispielsweise ein NASA-Video (ca. 50 MB):

```
PS> $url = 'http://www.nasa.gov/downloadable/videos/dscovr_launches_aboard_spacex_falcon_9.mp4'

PS> $path = Download-File -Url $Url -DestinationFolder c:\nasa -Force -PassThru

PS> Invoke-Item -Path $path
```

Der Parameter `-PassThru` liefert den lokalen Dateinamen der heruntergeladenen Videodatei. Diese kann danach sofort mit `Invoke-Item` abgespielt werden – wenn der Dateierweiterung der Videodatei ein Videoplayer zugeordnet ist, versteht sich (Abbildung 12.4).

Abbildung 12.4: Ein NASA-Video herunterladen und sofort abspielen.

Wichtig

Wenn Sie Funktionalitäten in eigenständige Funktionen ausgliedern, ergeben sich natürlich Abhängigkeiten. `Get-ImageFromWebsite` verwendet intern zum Beispiel `ConvertTo-AbsoluteURL`, und `Download-File` nutzt intern `Get-NewFileNameIfPresent`. Das ist kein Grund zur Besorgnis. Auch Sie selbst haben bisher ohne großes Federlesen Cmdlets aus ganz unterschiedlichen Modulen kombiniert und gemeinsam eingesetzt.

Wichtig ist nur, Ihre Funktionen auch genauso bereitzustellen wie Cmdlets: nämlich durch Module. So erst wird ein Schuh daraus. Indem Sie also Ihre vier Funktionen in einem Modul speichern (siehe Kapitel 13, »Eigene Module erstellen«), stehen die vier Funktionen in jeder PowerShell stets zur Verfügung und werden bei Bedarf nachgeladen – genauso wie beim Einsatz von Cmdlets.

Und falls Sie eine Gesamtlösung an einen Kunden weitergeben wollen, ist es immer noch besser und übersichtlicher, die verwendeten Funktionen in ein Skript zu kopieren. So lassen sie sich als einzelne PowerShell-Datei weitergeben.

Die Hauptsache ist, dass Sie Aufgaben möglichst nicht in monolithischen Riesenskripten abhandeln, sondern die Teilaufgaben klar voneinander separieren. Nur dadurch bleibt PowerShell auch bei komplexeren Aufgaben immer übersichtlich und testbar.

Kapitel 13

Eigene Module erstellen

In diesem Kapitel:

Ausführlich werden in diesem Kapitel die folgenden Aspekte erläutert:

- **Befehle nachrüsten:** Alle Cmdlets und Funktionen der PowerShell stammen aus Modulen (oder der älteren Bauform namens »Snap-In«). Neue Befehle lassen sich über weitere Module jederzeit, auch im laufenden Betrieb, nachladen. Möchte man eigene neue Funktionen bereitstellen, verpackt man diese in einem eigenen Modul und nutzt so denselben Bereitstellungsmechanismus.
- **Autoloading:** PowerShell überwacht die in `$env:PSModulePath` aufgeführten Ordner. Werden neue Module an einen dieser Orte kopiert, bietet PowerShell sofort die darin enthaltenen neuen Befehle automatisch über IntelliSense und Tab-Vervollständigung an. Wird ein Befehl aufgerufen, der aus einem noch nicht geladenen Modul stammt, importiert PowerShell es automatisch. Module, die an anderen Orten lagern, müssen manuell mit `Import-Module` geladen werden.
- **Aufbau eines Moduls:** Ein skriptbasiertes Modul besteht aus einem Ordner und einer darin enthaltenen Datei mit der Endung *.psm1*, die PowerShell-Code enthält. Der wird aus-

geführt, wenn das Modul geladen wird, und kann weitere Skripte nachladen und/oder Funktionen definieren. Optional kann dem Modul ein Manifest hinzugefügt werden: eine Datei mit der Erweiterung *.psd1*, die eine Hashtable enthält. Die Hashtable legt Versionsinformationen sowie Voraussetzungen und Abhängigkeiten fest.

Die verfügbaren Befehle der PowerShell – Cmdlets und Funktionen – sind nirgends festgelegt. Sie setzen sich zusammen aus den PowerShell-Modulen, die vorhanden sind. Einige Module bringt PowerShell selbst mit, die also den »Grundwortschatz« liefern. Andere werden vom Betriebssystem und sonstiger installierter Software mitgebracht. Und nun, da Sie in den letzten Kapiteln damit begonnen haben, eigene Befehle herzustellen, sollten auch diese in Modulen zusammengefasst werden.

Sobald Sie nämlich Ihre eigenen Funktionen in Modulform speichern, stehen die Befehle sofort und in jeder PowerShell zur Verfügung, die Sie auf Ihrem Computer ausführen. Sie können Ihre Module aber ebenso gut auch an Kollegen oder Kunden weitergeben.

Module sind Ordner

Die Basis eines Moduls ist zunächst nur ein Ordner im Dateisystem. Dieser Ordner kann irgendwo gespeichert sein. Der erste Schritt zu Ihrem Modul ist also, einen neuen Ordner anzulegen. Und der erste wichtige planerische Schritt ist, diesem Ordner einen guten Namen zu geben. Denn der Name des Ordners wird später zum Namen des neuen Moduls. Wählen Sie für Ihre Module am besten einen Oberbegriff, der das Thema beschreibt, für das dieses Modul zuständig sein soll. Nennen Sie den Ordner zum Beispiel »MyNetworkToolkit«, wenn Sie planen, darin Funktionen rund um Netzwerkaufgaben zu speichern.

Legen Sie jetzt einen neuen Ordner namens *MySystemTools* an, zum Beispiel auf Ihrem Desktop:

```
PS> New-Item -Path $home\Desktop\MySystemTools -ItemType Directory
```

Der Modulordner ist damit fertiggestellt, aber noch leer. Als Nächstes soll das Modul einen neuen Befehl namens `Get-SoftwareUpdate` bereitstellen.

Funktion erstellen und testen

Als Beispiel soll die Funktion `Get-SoftwareUpdate` ins Modul aufgenommen werden. Sie liefert eine Liste sämtlicher installierter Software-Updates. Aber natürlich könnten Sie nach genau demselben Schema nun auch andere eigene Funktionen ins Modul aufnehmen. Ein Modul kann so viele Funktionen speichern, wie Sie mögen. Beginnen Sie mit `Get-SoftwareUpdate`:

```
function Get-SoftwareUpdate
{
    $Filter = @{
      ProviderName="Microsoft-Windows-WindowsUpdateClient"
      ID=19
    }

  Get-WinEvent -FilterHashtable $filter |
    ForEach-Object {
```

```
        $rv = $_ | Select-Object -Property TimeCreated, Name, Activity, Status
        $rv.Name = $_.Properties[0].Value
        $rv.Activity = $_.KeywordsDisplayNames[0]
        $rv.Status = $_.KeywordsDisplayNames[1]
        $rv
    }
}
```

Listing 13.1: Installierte Software-Updates abrufen.

Wenn Sie Listing 13.1 ausführen, steht Ihnen der neue Befehl `Get-SoftwareUpdate` zur Verfügung. Er liefert alle installierten Updates und kann nun zum Beispiel folgendermaßen aufgerufen werden:

```
PS> Get-SoftwareUpdate | Out-GridView -Title 'Installierte Updates'
```

Funktion in Modul aufnehmen

Speichern Sie die Funktion nun einfach im Modulordner – am besten unter dem gleichen Namen, den die Funktion trägt. Speichern Sie sie in diesem Beispiel also als *$home\Desktop\MySystemTools\get-softwareupdate.ps1*. Wenn Sie die Skriptdatei genauso nennen wie die darin enthaltene Funktion, finden Sie später schnell das passende Skript – Module enthalten typischerweise nicht nur eine Funktion, sondern viele.

In Ihrem Ordner *MySystemTools* liegt nun also eine Datei namens *get-softwareupdate.ps1*, und Sie fragen sich vielleicht gerade, was genau daran das PowerShell-Modul sein soll. Eigentlich handelt es sich doch nur um einen Ordner, in dem eine Skriptdatei gespeichert wurde.

Und Sie haben recht. Das eigentliche Modul fehlt nämlich noch. Dabei handelt es sich um eine Datei mit der Erweiterung *.psm1*, die sozusagen das »Inhaltsverzeichnis« des Moduls bildet und festlegt, was das Modul tun soll, wenn es geladen wird. Diese Moduldatei muss unbedingt genauso heißen wie der Modulordner, also *mysystemtools.psm1*. Legen Sie die Datei in Ihrem Modulordner an und formulieren Sie darin:

```
. $PSScriptRoot\Get-SoftwareUpdate.ps1
```

Die Moduldatei legt also fest, dass die Datei *Get-SoftwareUpdate.ps1* aus dem Modulordner (der Pfad findet sich stets in der vordefinierten Variablen `$PSScriptRoot`) im Aufruferkontext geladen werden soll (vorstehender Punkt mit Leerzeichen – »Dot-Sourcing«).

Anders gesagt: Die Moduldatei ruft die Skriptdatei so auf, dass alle darin enthaltenen Funktionen und Variablen im Gültigkeitsbereich des Moduls angelegt und also nicht wieder gelöscht werden, sobald das Skript *Get-SoftwareUpdate.ps1* fertig ausgeführt ist.

Wenn Sie dem Beispiel gefolgt sind, sollten Sie nun über Folgendes verfügen:

- einen Ordner namens *MySystemTools*, darin:
  - eine Datei namens *mysystemtools.psm1*, in der das Skript *get-softwareupdate.ps1* aufgerufen wird,
  - eine Datei namens *get-softwareupdate.ps1*, in der die Funktion `Get-SoftwareUpdate` definiert wird.

Modul manuell importieren

Jetzt ist das Modul einsatzbereit. Der neue Befehl `Get-SoftwareUpdate` steht Ihnen in jeder PowerShell zur Verfügung. Nur weiß PowerShell noch nichts von seinem Glück. Sie müssen das Modul erst noch mit `Import-Module` in die jeweilige PowerShell laden:

Starten Sie eine neue PowerShell. Darin ist der Befehl `Get-SoftwareUpdate` noch unbekannt. Nun laden Sie Ihr neues Modul nach:

```
Import-Module $HOME\Desktop\MySystemTools -Verbose
```

Tipp

`Import-Module` erwartet den Pfad zum Modulordner (ohne abschließendes »\«-Zeichen). Alternativ kann auch der Pfad zur *.psm1*-Datei angegeben werden.

Durch den Parameter `-Verbose` erhalten Sie zusätzliche Informationen, wenn das Modul importiert wird, und können sofort sehen, ob die darin enthaltene Funktion `Get-SoftwareUpdate` wie geplant gefunden und geladen wurde.

Wurde das Modul erfolgreich importiert, steht Ihnen der Befehl `Get-SoftwareUpdate` nun zur Verfügung. Konnte das Modul dagegen nicht richtig geladen werden und haben Sie rote Fehlermeldungen erhalten, gehen Sie bitte noch einmal die oben genannten Schritte sorgfältig durch und überprüfen, ob Sie alles genau so gemacht haben wie beschrieben.

Module automatisch importieren

Natürlich brauchen Sie Module ab PowerShell 3.0 nicht länger mit `Import-Module` von Hand zu importieren. Es geht sehr viel bequemer, wenn das Modul an einem Ort liegt, an dem PowerShell es automatisch findet. Diese Standardordner werden von der Umgebungsvariablen `PSModulePath` als semikolonseparierte Liste definiert. So könnten Sie den Inhalt sichtbar machen:

```
PS> $env:PSModulePath -split ';'
C:\Users\Tobias\Documents\WindowsPowerShell\Modules
C:\Program Files\WindowsPowerShell\Modules
C:\WINDOWS\system32\WindowsPowerShell\v1.0\Modules\
```

Kopieren Sie Ihren Modulordner *MySystemTools* einfach in einen dieser Ordner, damit PowerShell das Modul künftig automatisch lädt, sobald es benötigt wird. Die folgende Zeile kopiert Ihren Modulordner vom Desktop in den benutzerspezifischen Modulordner:

```
PS> robocopy.exe $HOME\Desktop\MySystemTools  $HOME\Documents\WindowsPowerShell\Modules\MySystemTools
```

Tipp

Falls Sie sich wundern, warum dieses Beispiel zum Kopieren `robocopy.exe` verwendet und nicht das PowerShell-Cmdlet `Copy-Item` – dies liegt an zwei Dingen: Zunächst ist der Einsatz eines Cmdlets per se nicht besser oder schlechter als der Einsatz eines anderen Tools.

Zum anderen aber, und das ist der eigentliche Grund, eignet sich `Copy-Item` nur sehr bedingt dazu, mehr als eine Datei zu kopieren. Es ist damit kaum möglich, konsistent einen Ordner samt Inhalt an eine andere Stelle zu kopieren. `Copy-Item` verhält sich in diesem Fall nämlich unterschiedlich, je nachdem, ob der Zielordner bereits existiert oder nicht.

Das Programm *robocopy.exe* ist seit Langem Teil von Windows und deshalb ebenso verfügbar wie `Copy-Item`. Im Gegensatz zu Letzterem kopiert *robocopy.exe* kleine wie auch große Datenmengen verlässlich und vor allen Dingen auf nachvollziehbar einheitliche Weise.

Öffnen Sie erneut eine frische neue PowerShell-Konsole. Lassen Sie sich anzeigen, welche Module darin geladen sind. In der ISE dürfte das Ergebnis so ähnlich aussehen:

```
PS> Get-Module

ModuleType Version    Name                               ExportedCommands
---------- -------    ----                               ----------------
Script     1.0.0.0    ISE                                {Get-IseSnippet, Imp...
Manifest   3.1.0.0    Microsoft.PowerShell.Management    {Add-Computer, Add-C...
```

Geben Sie nun `Get-SoftwareUpdate` ein. Der Befehl ist sofort verfügbar, und wenn Sie ihn ausführen, liefert er die installierten Windows-Updates. Prüfen Sie anschließend erneut die geladenen Module, werden Sie feststellen, dass Ihr Modul ohne Zutun automatisch geladen wurde:

```
PS> Get-Module

ModuleType Version    Name                               ExportedCommands
---------- -------    ----                               ----------------
Script     1.0.0.0    ISE                                {Get-IseSnippet, Imp...
Manifest   3.0.0.0    Microsoft.PowerShell.Diagnostics   {Export-Counter, Get...
Manifest   3.1.0.0    Microsoft.PowerShell.Management    {Add-Computer, Add-C...
Manifest   3.1.0.0    Microsoft.PowerShell.Utility       {Add-Member, Add-Typ...
Script     0.0        MySystemTools                      Get-SoftwareUpdate
```

Hinweis

Tatsächlich wurde nicht nur Ihr Modul `MySystemTools` automatisch geladen, sondern einige weitere mehr. Sollten Sie sich fragen, wie das kommt, werfen Sie einfach einen Blick auf Listung 13.1: Die Funktion `Get-SoftwareUpdate` nutzt ihrerseits Cmdlets wie zum Beispiel `Get-WinEvent`. Solche Cmdlets werden ebenfalls bei Bedarf aus entsprechenden Modulen nachgeladen.

Auffällig ist indes die Spalte `ModuleType`: Das neue Modul `MySystemTools` ist ebenso vom Typ `Script` wie das Modul `ISE` (das Sie nur sehen, wenn Sie die PowerShell ISE und nicht die PowerShell-Konsole verwenden). Alle übrigen Module sind vom Typ `Manifest`. Für den Anwender spielt dieser Unterschied keine Rolle. Welches Geheimnis sich hinter dem Modultyp verbirgt, erfahren Sie im nächsten Abschnitt.

Wichtiger ist, dass PowerShell pro Sitzung Module nur einmal importiert. Ob Sie Module also automatisch nachladen oder von Hand mit `Import-Module`: Wurde das Modul zuvor schon geladen, wird es nicht erneut geladen. Das spart Zeit und ist im Alltag sinnvoll.

Wenn sich allerdings ein Modul verändert, weil Sie zum Beispiel seinen Inhalt erweitert haben, kann das Caching zum Problem werden. Das veränderte Modul wird nur dann frisch geladen, wenn Sie es von Hand mit `Import-Module` importieren und dabei den Parameter `-Force` angeben:

```
Import-Module $HOME\Desktop\MySystemTools -Force
```

Manifestdatei für ein Modul

Der Kern des Moduls `MySystemTools` aus dem vorherigen Abschnitt bestand aus einer Datei mit der Erweiterung *.psm1*. Solche einfachen Module werden `Script`-Module genannt, und genau so bezeichnet `Get-Module` das Modul auch in der Spalte `ModuleType`:

```
PS> Get-Module -Name MySystemTools -ListAvailable


    Verzeichnis: C:\Users\Tobias\Documents\WindowsPowerShell\Modules


ModuleType Version    Name                                ExportedCommands
---------- -------    ----                                ----------------
Script     0.0        MySystemTools                       Get-SoftwareUpdate
```

Die Spalte `Version` zeigt die Version `0.0` an, denn solche `Script`-Module verfügen über keine sonstigen Informationen wie zum Beispiel eine Versionsnummer.

Fügen Sie einem Modul ein sogenanntes »Manifest« hinzu, wird es intelligenter: Das Manifest funktioniert wie ein Begleitzettel und legt allgemeine Informationen wie Version, Autor und Copyright fest. Darüber hinaus kann das Manifest auch Voraussetzungen einfordern, zum Beispiel festlegen, dass das Modul exklusiv in einer 64-Bit-Umgebung oder nur im ISE-Editor läuft.

Neue Manifestdatei anlegen

Ein neues Manifest erstellen Sie mit `New-ModuleManifest`. Dazu erwartet `New-ModuleManifest` mit dem Parameter `-Path` den Namen der Manifestdatei. Diese muss genau so heißen wie der Modulordner und direkt darin liegen, um von PowerShell erkannt zu werden.

Die folgenden Zeilen fügen Ihrem Modul ein einfaches Manifest hinzu. Das Beispiel geht davon aus, dass sich Ihr Modul inzwischen im benutzerspezifischen Modulordner von PowerShell befindet. Falls es woanders liegt, passen Sie den Pfad entsprechend an:

```
PS> New-ModuleManifest -Path $HOME\Documents\WindowsPowerShell\Modules\MySystemTools\mysystemtool
s.psd1
```

Schauen Sie nun den Inhalt des eben generierten Manifests im ISE-Editor an:

```
PS> ise $HOME\Documents\WindowsPowerShell\Modules\MySystemTools\mysystemtools.psd1
```

Der ISE-Editor zeigt Ihnen jetzt die Manifestdatei an: eine PowerShell-Hashtable mit zahlreichen Schlüssel/Wert-Paaren. Viele davon sind auskommentiert. Die meisten auskommentierten Einträge sind nicht zwingend nötig, ein auskommentierter Eintrag ist dagegen essenziell und muss angepasst werden: `RootModule`. `RootModule` gibt den Namen der Moduldatei an, die das Modul laden soll, wenn es importiert wird. Noch ist der Eintrag leer. Kommentieren Sie den Eintrag aus und geben Sie den Namen der Moduldatei an, die Sie bereits angelegt hatten. Das Manifest sollte jetzt in etwa so aussehen:

```
#
# Modulmanifest für das Modul "mysystemtools"
#
# Generiert von: Tobias
#
# Generiert am: 27.10.2015
#

@{

# Die diesem Manifest zugeordnete Skript- oder Binärmoduldatei
RootModule = 'mysystemtools.psm1'

# Die Versionsnummer dieses Moduls
ModuleVersion = '1.0'

# ID zur eindeutigen Kennzeichnung dieses Moduls
GUID = '2bc09680-d4aa-417a-b503-70eec5a7ae23'

# Autor dieses Moduls
Author = 'Tobias'

# Unternehmen oder Hersteller dieses Moduls
CompanyName = 'Unbekannt'

# Urheberrechtserklärung für dieses Modul
Copyright = '(c) 2015 Tobias. Alle Rechte vorbehalten.'

# Beschreibung der von diesem Modul bereitgestellten Funktionen
# Description = ''

# Die für dieses Modul mindestens erforderliche Version des Windows PowerShell-Moduls
# PowerShellVersion = ''

# Der Name des für dieses Modul erforderlichen Windows PowerShell-Hosts
# PowerShellHostName = ''

# Die für dieses Modul mindestens erforderliche Version des Windows PowerShell-Hosts
# PowerShellHostVersion = ''

# Die für dieses Modul mindestens erforderliche Microsoft .NET Framework-Version
# DotNetFrameworkVersion = ''

# Die für dieses Modul mindestens erforderliche Version der CLR (Common Language Runtime)
# CLRVersion = ''

# Die für dieses Modul erforderliche Prozessorarchitektur ("Keine", "X86", "Amd64")
# ProcessorArchitecture = ''

# Die Module, die vor dem Importieren dieses Moduls in die globale Umgebung geladen werden müssen
# RequiredModules = @()

# Die Assemblies, die vor dem Importieren dieses Moduls geladen werden müssen
# RequiredAssemblies = @()

# Die Skriptdateien (PS1-Dateien), die vor dem Importieren dieses Moduls in der Umgebung des
# Aufrufers ausgeführt werden
# ScriptsToProcess = @()

# Die Typdateien (.ps1xml), die beim Importieren dieses Moduls geladen werden sollen
```

```
# TypesToProcess = @()

# Die Formatdateien (.ps1xml), die beim Importieren dieses Moduls geladen werden sollen
# FormatsToProcess = @()

# Die Module, die als geschachtelte Module des in "RootModule/ModuleToProcess" angegebenen Moduls
# importiert werden sollen
# NestedModules = @()

# Aus diesem Modul zu exportierende Funktionen
FunctionsToExport = '*'

# Aus diesem Modul zu exportierende Cmdlets
CmdletsToExport = '*'

# Die aus diesem Modul zu exportierenden Variablen
VariablesToExport = '*'

# Aus diesem Modul zu exportierende Aliase
AliasesToExport = '*'

# Aus diesem Modul zu exportierende DSC-Ressourcen
# DscResourcesToExport = @()

# Liste aller Module in diesem Modulpaket
# ModuleList = @()

# Liste aller Dateien in diesem Modulpaket
# FileList = @()

# Die privaten Daten, die an das in "RootModule/ModuleToProcess" angegebene Modul übergeben werden
# sollen. Diese können auch eine PSData-Hashtabelle mit zusätzlichen von PowerShell verwendeten
# Modulmetadaten enthalten.
# PrivateData = @{

    PSData = @{

        # 'Tags' wurde auf das Modul angewendet und unterstützt die Modulermittlung in
        # Onlinekatalogen.
        # Tags = @()

        # Eine URL zur Lizenz für dieses Modul
        # LicenseUri = ''

        # Eine URL zur Hauptwebsite für dieses Projekt.
        # ProjectUri = ''

        # Eine URL zu einem Symbol, das das Modul darstellt.
        # IconUri = ''

        # 'ReleaseNotes' des Moduls
        # ReleaseNotes = ''

    } # Ende der PSData-Hashtabelle

} # Ende der PrivateData-Hashtabelle

# HelpInfo-URI dieses Moduls
# HelpInfoURI = ''
```

```
# Standardpräfix für Befehle, die aus diesem Modul exportiert werden. Das Standardpräfix kann mit
# "Import-Module -Prefix" überschrieben werden.
# DefaultCommandPrefix = ''

}
```

Listing 13.2: Eine Manifestdatei für ein PowerShell-Modul.

Speichern Sie die Manifestdatei und importieren Sie das Modul dann neu:

```
PS> Import-Module $HOME\Documents\WindowsPowerShell\Modules\MySystemTools -Force
```

Wenn Sie alles richtig gemacht haben, steht nun der Befehl `Get-SoftwareUpdate` aus dem Modul zur Verfügung. Bei näherer Betrachtung des Moduls sehen Sie, dass auch die im Manifest genannte Versionsnummer gemeldet wird:

```
PS> Get-Module -Name MySystemTools

ModuleType Version    Name                                ExportedCommands
---------- -------    ----                                ----------------
Script     1.0        MySystemTools                       Get-SoftwareUpdate
```

Achtung

In PowerShell 2.0 hieß der Manifestschlüssel `RootModule` noch `ModuleToProcess`. Damit eine Manifestdatei, die unter PowerShell 3.0 oder höher angelegt wurde, zu PowerShell 2.0 abwärtskompatibel ist, können Sie den Schlüssel `RootModule` gefahrlos umbenennen in `ModuleToProcess`.

Es ist kein Zufall, dass die Manifestdatei eine PowerShell-Hashtable enthält, denn genau so liest PowerShell Ihre Angaben darin. Dabei passiert hinter den Kulissen in etwa dasselbe wie in diesem Beispiel:

```
$path = "$HOME\Documents\WindowsPowerShell\Modules\MySystemTools\mysystemtools.psd1"
$content = Get-Content -Path $path -Raw
$info = Invoke-Expression $content

$info
```

Listing 13.3: Inhalt einer Manifestdatei in eine Hashtable verwandeln.

Die Ausgabe sieht in etwa so aus:

```
Name                           Value
----                           -----
Copyright                      (c) 2015 Tobias. Alle Rechte vorbehalten.
PrivateData                    {PSData}
CompanyName                    Unbekannt
GUID                           2bc09680-d4aa-417a-b503-70eec5a7ae23
Author                         Tobias
FunctionsToExport              *
VariablesToExport              *
RootModule                     mysystemtools.psm1
AliasesToExport                *
CmdletsToExport                *
ModuleVersion                  1.0
```

Über die Variable `$info` könnten Sie gezielt einzelne Informationen des Manifests erfragen:

```
PS> $info.Author
Tobias
```

`Test-ModuleManifest` kann ein Manifest auf formale Fehler überprüfen. Stimmen Angaben nicht und fehlen beispielsweise Dateien, die im Manifest genannt werden, erscheinen Fehlermeldungen. Ist alles in Ordnung, werden nur das Modul sowie die von ihm exportierten Befehle angezeigt:

```
PS> Test-ModuleManifest -Path $path

ModuleType Version    Name                                ExportedCommands
---------- -------    ----                                ----------------
Script     1.0        mysystemtools                       Get-SoftwareUpdate
```

Wirkung einer Manifestdatei

Sobald ein Modul ein Manifest besitzt, wird beim Import des Moduls nicht mehr die *.psm1*-Datei geladen, sondern die *.psd1*-Datei, die Vorrang besitzt. PowerShell überprüft, ob die Voraussetzungen erfüllt sind, die die Manifestdatei anfordert, und schaut dann im Schlüssel `ModuleToProcess` (PowerShell 2.0 und höher) oder `RootModule` (PowerShell 3.0 und höher) nach, welche Datei das eigentliche Modul enthält.

War das Modul bereits geladen, wird es nicht erneut geladen. Setzen Sie den Parameter `-Force` ein, wird ein zuvor geladenes Modul zuerst entfernt, und dann wird das Modul erneut geladen. Diese Vorgänge können Sie auch sichtbar machen, indem Sie bei `Import-Module` den Parameter `-Verbose` angeben:

```
PS> Import-Module -Name MySystemTools -Verbose -Force
AUSFÜHRLICH: Die importierte Funktion "Get-SoftwareUpdate" wird entfernt.
AUSFÜHRLICH: Modul wird aus Pfad "C:\Users\Tobias\Documents\WindowsPowerShell\Modu
les\MySystemTools\MySystemTools.psm1" geladen.
AUSFÜHRLICH: Exportfunktion "Get-SoftwareUpdate".
AUSFÜHRLICH: Funktion "Get-SoftwareUpdate" wird importiert.
```

Kapitel 14

PowerShellGet – Module verteilen und nachladen

In diesem Kapitel:

Ausführlich werden in diesem Kapitel die folgenden Aspekte erläutert:

- **PowerShell Gallery:** Öffentliche Austauschplattform für Module und Skripte. Der Austausch erfolgt über Cmdlets aus dem Modul `PowerShellGet`.
- **PowerShellGet:** Modul mit Cmdlets zum Suchen, Herunterladen, Installieren und Aktualisieren von Modulen und Skripten aus einem öffentlichen oder nicht öffentlichen Repository. Baut auf PackageManagement auf (Teil von PowerShell 5 und als separater Download für ältere PowerShell-Versionen verfügbar).
- **PackageManagement (ehemals »OneGet«):** Universelle Schnittstelle, die auf einheitliche Weise mit unterschiedlichen Providern kommuniziert und so für den Anwender eine einzige konsistente Schnittstelle bildet, um nach Software zu suchen, sie herunterzuladen, zu installieren oder zu aktualisieren.
- **Provider:** Stellt eine Quelle für Software dar. Diese Quelle kann über ein oder mehrere Repositories verfügen, wo die angebotene Software zur Verfügung gestellt wird. `PowerShellGet` ist eine solche Quelle.

Neue eigene Befehle erfinden

- **Bootstrap-Provider:** Mitgelieferter Provider, über den weitere Provider nachinstalliert werden können.

Das Thema »Softwareverteilung« berührt auch PowerShell, denn PowerShell lässt sich mit Modulen erweitern, wie Sie im letzten Kapitel gerade gesehen haben. Wie aber könnte man diese Module bequem und sicher an Kollegen oder im Team weitergeben?

Hierfür bringt PowerShell ein eigenes modernes und simples Softwareverteilungssystem namens `PowerShellGet` mit. Es ist Teil von PowerShell 5 und kann für ältere PowerShell-Versionen kostenlos über einen zusätzlichen Download installiert werden. Ob `PowerShellGet` bereits vorhanden ist, verrät eine einzige Zeile:

```
PS> Get-Module -Name PowerShellGet -ListAvailable


    Verzeichnis: C:\Program Files\WindowsPowerShell\Modules


ModuleType Version    Name                                ExportedCommands
---------- -------    ----                                ----------------
Script     1.0.0.1    PowerShellGet                       {Install-Module, Find-Modu...
```

Sie sollten mindestens über die `PowerShellGet`-Version 1.0.0.1 verfügen. Die Cmdlets aus dem Modul `PowerShellGet` bilden die PowerShell-interne Softwareverteilung ab (Tabelle 14.1). Falls `PowerShellGet` bei Ihnen nicht vorhanden ist, zeigt der nächste Abschnitt, wie Sie es herunterladen und nachinstallieren können.

Cmdlet	Aufgabe

`Find-Module`
`Find-DscResource`
`Find-Script`
	Sucht nach PowerShell-Modulen, -Skripten oder DSC-Ressourcen.
	DSC-Ressourcen sind stets in Modulen enthalten, sodass `Find-DscResource` lediglich ein Hilfsmittel ist, um den Namen des Moduls herauszufinden, in dem sich eine gesuchte DSC-Ressource befindet.

`Save-Module` `Save-Script`	Lädt ein Modul oder Skript aus einem zentralen Repository herunter, ohne es zu installieren.
`Install-Module` `Install-Script`	Installiert ein Modul oder Skript aus einem zentralen Repository, sodass es anschließend sofort verwendet werden kann.
`Update-Module` `Update-Script`	Prüft auf eine neuere Version eines Moduls oder Skripts, und falls es eine neuere Version gibt, wird diese Side by Side neben der vorhandenen Version installiert.
`Uninstall-Module` `Uninstall-Script`	Entfernt ein installiertes Modul oder Skript.
`Get-InstalledModule` `Get-InstalledScript`	Listet alle installierten Module oder Skripte auf.
`Publish-Module` `Publish-Script`	Lädt ein neues Modul oder Skript hoch in ein zentrales Repository.

`Get-PSRepository`
`Register-PSRepository`
`Set-PSRepository`
`Unregister-PSRepository`
	Verwaltet die Repositories, auf die `PowerShellGet` zugreifen darf und in denen die Module und Skripte lagern, die `PowerShellGet` verwaltet.

Tabelle 14.1: Wichtige Cmdlets aus dem Modul PowerShellGet zur Verwaltung von Skripten und Modulen.

Hinweis

`PowerShellGet` ist speziell auf die Softwareverteilungsbedürfnisse von PowerShell zugeschnitten: Man kann damit sehr einfach und bequem Module und Skripte verteilen, wie Sie in diesem Kapitel erleben werden.

`PowerShellGet` baut auf dem allgemeinen PowerShell-PackageManagement (ehemals »OneGet« genannt) auf. PackageManagement ist ein Open-Source-Projekt (*https://github.com/OneGet/oneget*), das in PowerShell 5 enthalten ist und für ältere PowerShell-Versionen nachinstalliert werden kann. Mit ihm lassen sich beliebige Arten von binären Inhalten verteilen, nicht bloß Skripte oder Module. Über die Cmdlets der Package-Familie kann man auch Nicht-PowerShell-Anwendungen verteilen.

```
PS> Find-Package Firefox

Name       Version          Source         Summary
----       -------          ------         -------
Firefox    3.6.6            nuget.org      Portable ...
Firefox    44.0.1           chocolatey     Bringing ...
```

In diesem Kapitel wird allerdings nur der PowerShell-spezifische Teil von PackageManagement, nämlich `PowerShellGet`, zum Austausch von Skripten und Modulen behandelt.

PowerShell Gallery nutzen

Die *PowerShell Gallery* ist eine öffentliche und von Microsoft betriebene Austauschplattform für Module und Skripte. Über eine Webseite (*www.PowerShellgallery.com*) kann man sich die dort angebotenen Module und Skripte zwar anzeigen lassen, doch sucht man vergeblich nach Downloadlinks, um einzelne Module oder Skripte herunterzuladen.

Das Herunter- und Hochladen von Modulen und Skripten wird ausschließlich über Cmdlets direkt aus der PowerShell heraus gesteuert (Tabelle 14.1).

NuGet-Provider installieren

Bevor Sie `PowerShellGet` nutzen können, muss zunächst ein sogenannter *NuGet-Provider* heruntergeladen und installiert werden. Dies geschieht automatisch, und Sie erhalten dann eine Meldung ähnlich wie diese:

```
NuGet provider is required to continue
PowerShellGet requires NuGet provider version '2.8.5.201' or newer to interact with NuGet-based
repositories. The NuGet provider must be available in 'C:\Program Files\PackageManagement\
ProviderAssemblies' or 'C:\Users\Tobias\AppData\Local\PackageManagement\ProviderAssemblies'. You
can also install the NuGet provider by running 'Install-PackageProvider -Name NuGet -MinimumVersion
2.8.5.201 -Force'. Do you want PowerShellGet to install and import the NuGet provider now?
```

Der Provider kann indes auch schon vorsorglich und separat mit `Install-PackageProvider` heruntergeladen und installiert werden. Wenn das mit Administratorrechten geschieht, steht der Provider allen Anwendern zur Verfügung:

```
PS> Install-PackageProvider -Name NuGet -MinimumVersion 2.8.5.201 -Force

Name                           Version   Source                         Summary
----                           -------   ------                         -------
nuget                          2.8.5.202 https://az818661.vo.msecnd.... NuGet provide...
```

Repository

Ein *Repository* ist der Ort, an dem Module und Skripte gespeichert sind. `PowerShellGet` richtet anfangs automatisch die öffentliche `PowerShell Gallery` als Repository ein:

```
PS> Get-PSRepository

Name      Pack... InstallationPolicy SourceLocation
----      ------- ------------------ --------------
PSGallery NuGet   Untrusted          https://www.PowerShellgallery.com/api/v2/
```

Da es sich um ein öffentliches Repository handelt, gilt es als »Untrusted«, und bevor Sie etwas von dort herunterladen können, erscheint jedes Mal eine Sicherheitsabfrage, die Sie auf die Risiken hinweist. Zwar unternimmt der Betreiber Microsoft viele Anstrengungen, um sicherzustellen, dass dort keine bösartigen Inhalte hochgeladen werden, doch bleibt es Ihnen überlassen, die von dort geladene Software sorgfältig zu überprüfen.

Alternativ können Sie weitere Repositories hinzufügen und auch eigene ganz private oder unternehmensinterne Repositories betreiben. Diese könnten dann als »Trusted« markiert werden. Wie das geschieht, lesen Sie in einem späteren Abschnitt in diesem Kapitel.

Module finden und installieren

Mit `Find-Module` suchen Sie nach Modulen und können dabei mithilfe von Parametern Stichwörter oder andere Suchkriterien angeben.

```
PS> Find-Module -Tag network

Version Name      Type   Repository Description
------- ----      ----   ---------- -----------
1.0.7   xNmap     Module PSGallery  PowerShell DSC Configuration Script for installin...
1.0.1   cFirewall Module PSGallery  The cFirewall module contains the cFirewallRule D...
1.1     NtpTime   Module PSGallery  Get NTP Time from a specified NTP Server
1.1.1   IPv6Regex Module PSGallery  Function to test IPv6 Regexs
```

Möchten Sie mehr über ein bestimmtes Modul erfahren, können Sie sich mit `Select-Object` zahlreiche weitere Details und auch den Versionsverlauf anzeigen lassen:

```
PS> Find-Module -Name ntpTime -AllVersions | Select-Object -Property Version, Name, Author,
PublishedDate, Description, ReleaseNotes, Copyright


Version       : 1.1
Name          : NtpTime
Author        : Chris Warwick
PublishedDate : 02.10.2015 20:16:24
Description   : Get NTP Time from a specified NTP Server
ReleaseNotes  : Get-NtpTime
                Chris Warwick, @cjwarwickps, September 2015.

                v1.1 release to the PowerShell Gallery.
(...)
```

Modul herunterladen

Finden Sie eins der gefundenen Module interessant, können Sie es mit `Save-Module` an einen beliebigen Ort herunterladen oder mit `Install-Module` sofort in eins der offiziellen PowerShell-Modulverzeichnisse herunterladen und installieren lassen.

Das ist ein wichtiger Unterschied. `Install-Module` sorgt dafür, dass das Modul sofort einsatzbereit ist. `Save-Module` gibt Ihnen dagegen die Gelegenheit, fremde Module zunächst isoliert herunterzuladen und den Code zu analysieren. Bei Modulen aus unbekannten Quellen sollten Sie also zuerst `Save-Module` wählen.

```
# neuen Ordner anlegen:
PS> mkdir c:\quarantaine


    Verzeichnis: C:\


Mode                LastWriteTime         Length Name
----                -------------         ------ ----
d-----       08.02.2016     04:41                quarantaine

# Modul in diesen neuen Ordner herunterladen:
PS> Save-Module -Name ntpTime -Path c:\quarantaine

# heruntergeladenes Modul öffnen und analysieren:
PS> explorer C:\quarantaine
```

Modul testweise ausführen

Sobald Sie den fremden Code analysiert haben und sichergestellt ist, dass dieser keinen Schaden anrichtet, kann das Modul testweise geladen werden. Weil es nicht in einem der Standard-Modulordner gespeichert wurde, muss das Modul manuell mit `Import-Module` geladen werden, beispielsweise so:

```
PS> Import-Module -Name C:\quarantaine\NtpTime -Verbose

PS> Import-Module -Name C:\quarantaine\NtpTime -Verbose
AUSFÜHRLICH: Modul wird aus Pfad "C:\quarantaine\NtpTime\1.1\NtpTime.psd1" geladen.
AUSFÜHRLICH: "FormatsToProcess" wird aus Pfad "C:\quarantaine\NtpTime\1.1\NtpTime.format.ps1xml"
geladen.
AUSFÜHRLICH: Die RepositorySourceLocation-Eigenschaft für das Modul NtpTime wird aufgefüllt.
AUSFÜHRLICH: Modul wird aus Pfad "C:\quarantaine\NtpTime\1.1\NtpTime.psm1" geladen.
AUSFÜHRLICH: Exportfunktion "Get-NtpTime".
AUSFÜHRLICH: Funktion "Get-NtpTime" wird importiert.
```

Die ausführlichen Meldungen beschreiben, was beim Importvorgang geschieht, und listen auch die neu geladenen Funktionen auf. Sie kann man aber auch mit `Get-Command` noch einmal auflisten:

```
PS> Get-Command -Module ntptime

CommandType Name        Version Source
----------- ----        ------- ------
Function    Get-NtpTime 1.1     NtpTime
```

Das Modul `ntpTime` enthält also nur einen Befehl namens `Get-NtpTime`. Rufen Sie nun am besten die Hilfe für diesen Befehl ab:

```
PS> Get-Help -Name Get-NtpTime -Full

NAME
    Get-NtpTime

ÜBERSICHT
    Gets (Simple) Network Time Protocol time (SNTP/NTP, rfc-1305, rfc-2030) from a
    specified server

SYNTAX
    Get-NtpTime [[-Server] <String>] [[-MaxOffset] <Int32>] [-NoDns] [<CommonParameters>]



BESCHREIBUNG
    This function connects to an NTP server on UDP port 123 and retrieves the current
    NTP time. Selected components of the returned time information are decoded and
    returned in a PSObject.
    (...)
```

Nachdem Sie jetzt sowohl den Quellcode analysiert als auch die Hinweise zum Befehl gelesen und verstanden haben, kann der neue Befehl erstmals ausgeführt werden. Laut Hilfe benötigt der Befehl keine Pflichtangaben. Und tatsächlich liefert er beim Aufruf die offizielle Zeit von einem Zeitserver:

```
PS> Get-NtpTime

NtpServer    NtpTime             OffsetSeconds Stratum ReferenceIdentifier
---------    -------             ------------- ------- -------------------
pool.ntp.org 08.02.2016 04:51:06         3,221       2 80.94.65.10 <ntp.ring.nlnog.net>


PS> Get-NtpTime | Select-Object -Property *


NtpServer          : pool.ntp.org
NtpTime            : 08.02.2016 04:51:10
Offset             : 3226,18286132813
(...)
```

Modul dauerhaft installieren

Nachdem Sie das Modul mit `Save-Modul` zunächst in einen Quarantänebereich heruntergeladen und dort untersucht haben, kann es nach bestandener Testphase nun regulär installiert werden. Dazu verwenden Sie `Install-Module` und geben mit `-Scope` an, ob das Modul nur für Sie oder für alle Anwender des Computers installiert werden soll.

```
PS> Install-Module -Name ntpTime -Scope CurrentUser
```

Da die PowerShell Gallery ein öffentliches Repository ist, dem Sie nicht grundsätzlich vertrauen, muss die Installation noch bestätigt werden (Abbildung 14.1). Danach wird das Modul heruntergeladen und installiert.

Abbildung 14.1: Installationen aus nicht vertrauenswürdigen Repositories müssen einzeln bestätigt werden.

Im Grunde passiert das Gleiche wie bei `Save-Module`. Nur der Zielpfad wird automatisch über den gewählten `Scope` festgelegt, sodass das neue Modul in einem der von PowerShell überwachten Modulordner gespeichert und von dort automatisch angeboten und importiert wird. Sie hätten also anstelle von `Install-Module` auch das zuvor mit `Save-Module` bereits heruntergeladene Modul in einen der offiziellen PowerShell-Modulordner verschieben können.

Hinweis

`Install-Module` installiert normalerweise automatisch die neueste Version eines Moduls. Sie haben über das Repository aber Zugriff auf die Versionshistorie und können auch gezielt eine ältere Version eines Moduls installieren:

```
PS> Install-Module -Name ntpTime -Scope CurrentUser -RequiredVersion 1.0.0.0
```

Module aktualisieren

Sobald Sie Module aus einem Repository installieren, lassen sich diese auch aktualisieren. Mit `Update-Module` prüft `PowerShellGet` automatisch, ob es im Repository inzwischen eine neuere Version des Moduls gibt. Falls ja, wird diese heruntergeladen und installiert. Andernfalls passiert nichts.

Geben Sie den Parameter `-Verbose` an, wenn Sie sehen möchten, was `Update-Module` genau tut:

```
PS> Update-Module -Name ntpTime -Verbose
AUSFÜHRLICH: Es werden Updates für das Modul 'NtpTime' gesucht.
AUSFÜHRLICH: Repositorydetails, Name = 'PSGallery', Location = 'https://www.PowerShellgallery .com/
api/v2/'; IsTrusted = 'False'; IsRegistered = 'True'.
AUSFÜHRLICH: Der Anbieter "PowerShellGet" wird für die Paketsuche verwendet.
AUSFÜHRLICH: Die angegebenen Quellnamen werden verwendet: 'PSGallery'.
AUSFÜHRLICH: Das Anbieterobjekt für den PackageManagement-Anbieter "NuGet" wird abgerufen.
AUSFÜHRLICH: Der angegebene Speicherort ist "https://www.PowerShellgallery.com/api/v2/", und
PackageManagementProvider ist "NuGet".
AUSFÜHRLICH: Searching repository
'https://www.PowerShellgallery.com/api/v2/FindPackagesById()?id='NtpTime'' for ''.
AUSFÜHRLICH: Total package yield:'1' for the specified package 'NtpTime'.AUSFÜHRLICH: Das
installierte Paket NtpTime 1.1 wird übersprungen.
```

Side-by-Side-Versionierung

PowerShell 5 oder höher unterstützt die Speicherung von verschiedenen Modul-Versionen Side by Side. Installieren Sie also mehrere unterschiedliche Versionen ein und desselben Moduls, legt PowerShell für jede Version einen separaten Unterordner an (Abbildung 14.2).

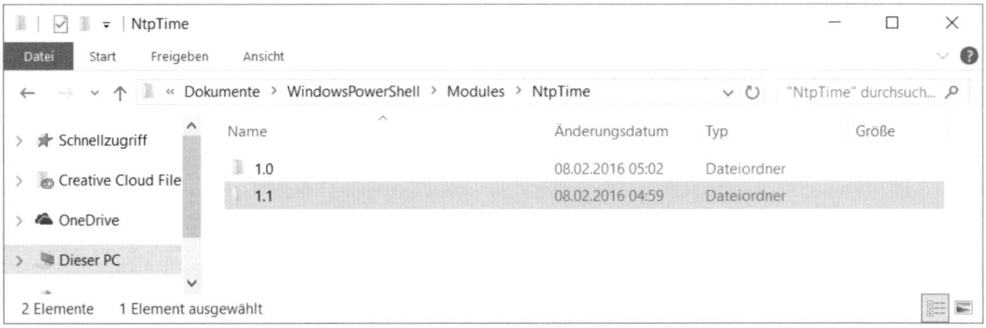

Abbildung 14.2: Unterschiedliche Versionen desselben Moduls werden in Unterordnern gespeichert.

PowerShell lädt in diesem Fall zwar stets automatisch die höchste verfügbare Version, aber Sie können mit `Import-Module` unter Angabe des Pfads oder mithilfe der neuen Parameter `-MinimumVersion`, `-MaximumVersion` oder `-RequiredVersion` ebenso gut auch manuell Einfluss auf die geladene Version nehmen.

Darüber hinaus erlaubt Ihnen die Side-by-Side-Installation, eine bestimmte Version gezielt zu entfernen: Löschen Sie einfach den Ordner mit der entsprechenden Version des Moduls.

Eigene Module veröffentlichen

Der Inhalt der PowerShell Gallery stammt zwar zum Teil von Microsoft-Teams, ist aber öffentlich. Jeder kann Inhalte zur Verfügung stellen. Eigene Module lassen sich zum Beispiel mit `Publish-Module` in die PowerShell Gallery hochladen. Dafür wird allerdings ein sogenannter Api-Key benötigt, ein geheimer Schlüssel.

Ihn erhält man erst, wenn man sich bei der PowerShell Gallery angemeldet hat. So wird verhindert, dass anonyme Spammer die Gallery mit Unsinn fluten.

Hinweis

Um ein Modul in der PowerShell Gallery zu veröffentlichen, sind einige Mindestvoraussetzungen nötig. Das Modul benötigt zum Beispiel ein Manifest (eine *.psd1*-Datei), die das Modul beschreibt. Das Manifest muss eine Version, einen Autor und eine Beschreibung enthalten. Außerdem müssen die veröffentlichten Funktionen über eine Hilfe verfügen.

Weniger Vorgaben werden an einzelne Skripte gestellt, die man ebenfalls über `PowerShellGet` austauschen kann. Gehen Sie im Wesentlichen genau so vor wie gerade beschrieben, aber verwenden Sie die Cmdlets aus der Familie `Script`. Starten Sie beispielsweise anstelle von `Find-Module` mit `Find-Script`.

Privates Repository einrichten

`PowerShellGet` basiert auf *NuGet*, einer freien Open-Source-Paketverwaltung. Wenn Sie eigene Repositories bereitstellen wollen, könnten Sie einen eigenen NuGet-Server (Webserver mit spezieller Open-Source-Software) betreiben. Falls Ihr Unternehmen bereits ein NuGet-kompatibles Repository betreibt (zum Beispiel Nexus oder Artefactory), ist dieses höchstwahrscheinlich kompatibel zu NuGet-Feeds, sodass keine separaten neuen Server erforderlich sind.

Besonders simpel ist es indes auch, ein eigenes Repository basierend auf einer Dateifreigabe einzurichten. Insbesondere für Teams und kleinere Unternehmen dürfte das ein sinnvoller Weg sein, Module und Skripte auszutauschen. In den nächsten Abschnitten erfahren Sie, wie ein solches Repository eingerichtet wird.

Freigaben zum Lesen und Schreiben

Ein auf Dateifreigaben basierendes Repository benötigt mindestens eine Dateifreigabe. Über diese Freigabe können sowohl Inhalte des Repository abgerufen als auch neue Daten bereitgestellt werden. Ob ein Anwender die Inhalte des Repository nur lesen oder auch neue Inhalte einpflegen darf, regeln Sie einfach über die Lese- und Schreibberechtigungen der Freigabe.

Hinweis

In einer frühen Version von PackageManagement war ein Bug enthalten, der bei einem freigabebasierten Repository auch für das Lesen Schreibrechte einforderte. Dieser Bug sollte inzwischen behoben sein.

Wollen Sie das Lesen und das Schreiben rollenbasiert organisieren, legen Sie sich im Active Directory einfach zwei neue Sicherheitsgruppen namens *RepositoryUser* und *RepositoryAutoren* an. Nutzen Sie diese Gruppen dann für die Berechtigung der Freigabe. Um ein privates Repository auf einem einzelnen Democomputer zu simulieren, weisen Sie der Freigabe beispielsweise Leseberechtigungen für *Everyone/Jeder* und Vollzugriff für die Gruppe der Administratoren zu.

Repository anlegen

Im Folgenden wird davon ausgegangen, dass es auf einem Computer die Freigabe *\\Server\TeamRepository* gibt. So wird dieses Repository in PowerShell registriert:

```
PS> Register-PSRepository -Name TeamRepository -SourceLocation \\server\TeamRepository
-InstallationPolicy Trusted
```

Das Repository wird anschließend in der Liste der Repositories angezeigt:

```
PS> Get-PSRepository

Name                 PackageManagementProvider InstallationPolicy   SourceLocation
----                 ------------------------- ------------------   --------------
PSGallery            NuGet                     Untrusted            https://www....
TeamRepository       NuGet                     Trusted              \\server\Tea...
```

Neue eigene Befehle erfinden

Modul in Repository übertragen

Ihr neues Repository ist anfangs leer. Gefüllt wird es mit `Publish-Module` beziehungsweise `Publish-Script`. Sofern der Anwender über Schreibberechtigung für die Freigabe verfügt, lassen sich nun installierte PowerShell-Module ins Repository hochladen. Die folgende Zeile überträgt das Modul `Demo` in das Repository (und setzt also voraus, dass ein Modul namens `Demo` auch tatsächlich vorhanden ist):

```
PS> Publish-Module -Name Demo -Repository TeamRepository -ReleaseNotes 'first module for testing
purposes' -Tags demo, test
```

Alternativ können Sie anstelle von `-Name` auch den Parameter `-Path` verwenden und den Pfad zum hochzuladenden Modul angeben.

Jedenfalls aber wird das Repository nie direkt mit PowerShell-Modulen oder Skripten gefüllt. Der Inhalt des Repository besteht immer aus speziell formatierten NuGet-Packages, die `Publish-Module` oder `Publish-Script` herstellen.

Achtung

Ein Modul muss ein Mindestmaß an Metadaten beinhalten, zum Beispiel eine Versionsnummer. Es können daher nur Module veröffentlicht werden, die über ein Manifest verfügen (eine *.psd1*-Datei). In diesem Manifest müssen `Version`, `Author` und `Description` festgelegt sein.

Während des Hochladens werden eventuell Warnungen ausgegeben, die Sie darauf hinweisen, wenn das hochgeladene Modul noch nicht optimal konfiguriert ist, also zum Beispiel hilfreiche Informationen zur Auffindbarkeit des Moduls noch fehlen. Das Modul wird indes dennoch ins Repository überführt.

```
WARNUNG: In der Modulmanifestdatei (PSD1) werden jetzt Tags unterstützt. Aktualisieren Sie die
Modulmanifestdatei des Moduls "Demo" in "C:\Users\Tobias\Documents\WindowsPowerShell\Modules\Demo"
mit den neuesten Tagänderungen. Sie können Update-ModuleManifest -Tags ausführen, um das Manifest
mit Tags zu aktualisieren.

WARNUNG: In der Modulmanifestdatei (PSD1) wird jetzt ReleaseNotes unterstützt. Aktualisieren Sie
die Modulmanifestdatei des Moduls "Demo" in
"C:\Users\Tobias\Documents\WindowsPowerShell\Modules\Demo" mit den neuesten
ReleaseNotes-Änderungen. Sie können Update-ModuleManifest -ReleaseNotes ausführen, um das Manifest
mit ReleaseNotes zu aktualisieren.

WARNUNG: Das ModuleToProcess-Modulmanifestelement ist veraltet. Verwenden Sie stattdessen das
RootModule-Element.

WARNUNG: Das Modul "C:\Users\Tobias\AppData\Local\Temp\1681976030\Demo\Demo.psd1" verfügt über
exportierte Funktionen. Als Best Practice wird empfohlen, exportierte Funktionen in die
Modulmanifestdatei (PSD1) einzuschließen. Sie können Update-ModuleManifest -FunctionsToExport
ausführen, um das Manifest mit dem Feld "ExportedFunctions" zu aktualisieren.
```

Das hochgeladene Modul wird im Repository als NuGet-Paket gespeichert und heißt dort zum Beispiel *Demo.1.3.nupkg*. Wird das Modul später in einer neueren Version erneut hochgeladen, wird hierbei die alte schon vorhandene Datei jedoch nicht überschrieben. Sie haben also später beim Abruf die Möglichkeit, eine bestimmte Version zu wählen.

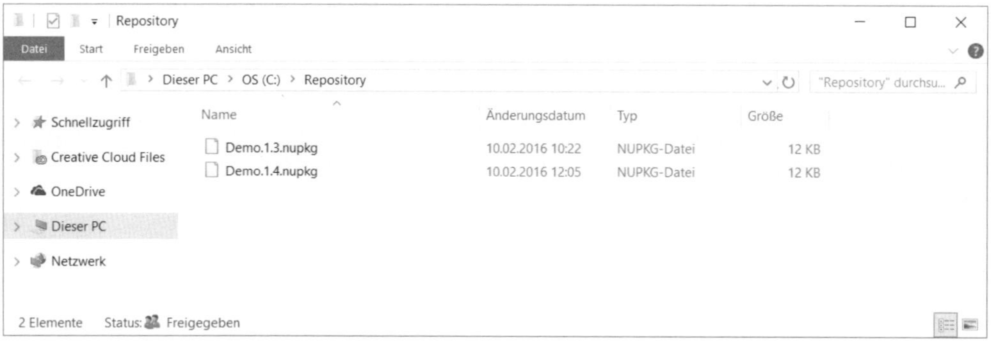

Abbildung 14.3: Mehrere Versionen eines Moduls als nupkg-Dateien im Repository speichern.

Modul aus Repository installieren

Das Finden und Installieren von Modulen (oder Skripten) aus einem eigenen Repository unterscheidet sich nicht von dem Vorgang über die PowerShell Gallery. Sie setzen auch hier `Find-Module` beziehungsweise `Install-Module` ein. Weil das interne Repository indes als »vertrauenswürdig« markiert wurde, entfällt die Sicherheitsabfrage bei der Installation.

`Find-Module` sucht in allen registrierten Repositories. Möchten Sie nur im neuen eigenen Repository suchen, geben Sie dieses an:

```
PS> Find-Module -Repository TeamRepository

Version Name      Type   Repository     Description
------- ----      ----   ----------     -----------
1.4     Demo      Module TeamRepository Some Description
1.0     LabHelper Module TeamRepository Some Lab Module
1.0     NtpTime   Module TeamRepository Get NTP Time from a specified NTP Server

PS> Find-Module -Repository TeamRepository -Name Demo -AllVersions

Version Name Type   Repository     Description
------- ---- ----   ----------     -----------
1.4     Demo Module TeamRepository Some Description
1.3     Demo Module TeamRepository Some Description
```

Teil F
Fehlerbehandlung und Debugging

Kapitel 15
Fehlerhandling

In diesem Kapitel:

Ausführlich werden in diesem Kapitel die folgenden Aspekte erläutert:

- **Fehlermeldungen unterdrücken:** Einfache Fehler, die keine weiteren Konsequenzen haben, lassen sich kurzerhand unterdrücken. Jedes Cmdlet verfügt über den Parameter `-ErrorAction`, der festlegt, wie das Cmdlet im Fehlerfall reagieren soll. Die Einstellung `SilentlyContinue` unterdrückt Fehlermeldungen. Der Vorgabewert für `-ErrorAction` wird in `$ErrorActionPreference` definiert und lautet normalerweise `Continue`: Fehlermeldung anzeigen und fortfahren.
- **Fehler nachträglich analysieren:** PowerShell protokolliert alle Fehler in der Variablen `$error` mit. Cmdlets können Fehler ebenfalls in einer Variablen mitschneiden, die mit dem Parameter `-ErrorVariable` angegeben wird. Anschließend können die aufgetretenen Fehler analysiert werden.
- **Auf Fehler reagieren:** Fehlerhandler sind Strukturen, die Fehler in Echtzeit abfangen und sofort reagieren können. PowerShell unterstützt dafür die Strukturen `try...catch` (für örtlich begrenzte Fehlerhandler) und `trap` (für globale Fehlerhandler). Fehlerhandler können allgemein oder spezifisch sein. Spezifische Fehlerhandler reagieren nur auf die Fehlertypen, für die sie sich zuständig erklären.

- **Exceptions und ErrorRecords:** Fehler bezeichnet man als *Exception* (Ausnahme). PowerShell repräsentiert Exceptions durch `ErrorRecord`-Objekte, die den Grund für den Fehler sowie zusätzliche Informationen enthalten, beispielsweise den Namen des Skripts sowie Zeile und Spalte, in denen der Fehler aufgetreten ist. Mit diesen Informationen kann man Fehlerursachen unterscheiden und Fehlerlogs erstellen. Innerhalb des Fehlerhandlers steht der `ErrorRecord` in der Variablen `$_` zur Verfügung.
- **Terminierende Fehler:** Alle Fehler, die nicht vom internen Fehlerhandler eines Cmdlets behandelt werden, nennt man »terminierende Fehler«. Nur diese Fehler können von Fehlerhandlern behandelt werden. Um auch die übrigen Fehler behandeln zu können, muss die `ErrorAction` eines Cmdlets auf `Stop` eingestellt sein.
- **Fehler, die von Konsolenbefehlen ausgelöst werden:** Meldet ein Konsolenbefehl (ausführbare Programme wie *net.exe*, also keine Cmdlets) einen Fehler, kann dieser vom Fehlerhandler behandelt werden, wenn der Fehlerkanal des Konsolenbefehls in den Ausgabekanal umgeleitet wird und außerdem `$ErrorActionPreference` auf `Stop` eingestellt ist.
- **Eigene Fehler auslösen:** Mit `Throw` lassen sich eigene Fehler auslösen, die dann entweder von anderen Fehlerhandlern behandelt oder von PowerShell als rote Fehlermeldung ausgegeben werden. Gibt eine selbst definierte Funktion im Fehlerfall also mithilfe von `Throw` echte Fehlermeldungen aus und nicht einfach nur Warnmeldungen, erlaubt das dem Aufrufer der Funktion, diese Fehler über eigene Fehlerhandler aufzufangen.

Nicht jedes PowerShell-Skript funktioniert perfekt, schon gar nicht die selbst geschriebenen. Fehler sind normal, und so gehört auch die Fehlerjagt zum Alltag eines Skripters. Drei Fehlertypen können Ihnen dabei begegnen:

- **Syntaxfehler** sind handwerkliche Fehler, zum Beispiel fehlende Anführungszeichen oder Klammern. Solche Fehler werden von der ISE beispielsweise genauso rot unterkringelt wie peinliche Rechtschreibfehler im Bewerbungsbrief in Ihrer Textverarbeitung. Solche Fehler sollten an dieser Stelle bereits aus dem Weg geräumt worden sein.
- **Laufzeitfehler** passieren, wenn PowerShell-Code ausgeführt wird, der an sich korrekt ist. Allerdings stolpert der Code dabei über Laufzeitbedingungen, die zum Fehler führen: Es wird zum Beispiel versucht, eine Datei zu löschen, die gar nicht da ist oder auf die man mangels Berechtigungen nicht zugreifen darf.
- **Logikfehler** zeigen überhaupt keine Fehlermeldungen, weil aus Sicht der PowerShell alles perfekt funktioniert. Nur leider produziert das Skript nicht die Resultate, die Sie sich vorgestellt haben. Bei Logikfehlern ist also die Konzeption des Skripts fehlerhaft.

Bei den letzten beiden Fehlertypen helfen Ihnen die Debug-Funktionalitäten der PowerShell, um Fehlerursachen auf die Spur zu kommen. Unvermeidliche Fehler lassen sich danach mit dem Fehlerhandling aus diesem Kapitel abfangen und behandeln.

Fehlermeldungen unterdrücken

Sind Fehler unvermeidbar, aber ohne besondere Konsequenzen, lassen sie sich einfach unterdrücken. Anwendungsbeispiele sind gar nicht so selten. Schauen Sie sich zum Beispiel den folgenden Befehl an, der alle laufenden Prozesse abruft und die Namen und Versionen der zugrunde liegenden Programme meldet:

```
PS> Get-Process -FileVersionInfo
```

Das funktioniert ganz gut, aber zwischendurch tauchen rote Fehlermeldungen auf – aus zwei Gründen:

- **Fehlende Berechtigungen:** Wenn Sie den Befehl ohne Administratorrechte aufrufen, dürfen Sie nur auf die Detailinformationen Ihrer eigenen Prozesse zugreifen; bei allen anderen hagelt es jeweils eine Fehlermeldung.
- **Keine zugrunde liegende Datei:** Einige Prozesse sind eigentlich gar keine Programme (»Idle«, Leerlauf) oder werden nicht durch eine Datei repräsentiert (»System«). Daher kann man für diese auch keine Versionsinformationen abrufen und erhält stattdessen eine Fehlermeldung.

Bestimmen, wie Cmdlets auf Fehler reagieren

Um die Fehlermeldungen unsichtbar zu machen, setzt man den Parameter `-ErrorAction` ein, mit dem man bei jedem Cmdlet festlegen kann, wie es sich bei Fehlern verhalten soll. Die folgende Zeile liefert die Informationen ohne störende Fehler:

```
PS> Get-Process -FileVersionInfo -ErrorAction SilentlyContinue
```

Auch wenn Sie rekursiv Dateien suchen, empfiehlt es sich, Fehlermeldungen unsichtbar zu machen. Sie werden nämlich beinahe unvermeidlich dabei immer wieder auf Unterordner treffen, zu denen Ihnen die Zugangsberechtigungen fehlen. Die folgende Zeile sucht beispielsweise alle Logdateien mit der Dateierweiterung *.log* im gesamten Windows-Ordner und gibt die jeweiligen Pfadnamen aus.

```
PS> Get-ChildItem -Path $env:windir -Filter *.log -Recurse -ErrorAction SilentlyContinue |
Select-Object -ExpandProperty FullName
```

Ohne die Fehlerunterdrückung in Form des Parameters `-ErrorAction SilentlyContinue` würde der Befehl die gleichen Ergebnisse liefern, aber vermutlich zusätzlich einige Fehlermeldungen.

Und auch im nächsten Beispiel ist es sinnvoll, die Fehlermeldungen zu unterdrücken. Der Code soll bestimmen, wie viele Instanzen von *notepad.exe* augenblicklich ausgeführt werden (ändern Sie den Namen des Programms, wenn Sie stattdessen lieber eine andere Anwendung zählen möchten):

```
PS> (Get-Process -Name notepad).Count
```

Die Zeile funktioniert einwandfrei, solange mindestens ein Editor ausgeführt wird. Konnte `Get-Process` gar keinen finden, liefert es eine Fehlermeldung. Wie Sie diese unsichtbar machen, wissen Sie nun:

```
PS> (Get-Process -Name notepad -ErrorAction SilentlyContinue).Count
```

Fehler mitprotokollieren lassen

Zwar kann man die Fehler, die ein Cmdlet produziert, automatisch in der globalen Variablen `$error` sammeln lassen und anschließend auswerten, weil aber alle Cmdlets in diese eine Variable protokollieren, ist nicht immer klar, welche denn nun die Fehler sind, die von einem bestimmten Cmdlet gemeldet wurden.

Ein besserer Weg ist, das Cmdlet zu beauftragen, die aufgelaufenen Fehler mit `-ErrorVariable` in einer eigenen Variablen mitzuprotokollieren. So braucht der Inhalt von `$error` nicht angetastet zu werden, und es ist klar, dass in dieser Variablen nur Fehler des aktuellen Cmdlet-Aufrufs enthalten sind.

```
# Prozessinformationen abrufen und
# Fehlermeldungen unterdrücken
# Fehler stattdessen in $meineFehler speichern
$list = Get-Process -FileVersionInfo -ErrorAction SilentlyContinue -ErrorVariable meineFehler

# Fehler auswerten
'{0} aufgetretene Fehler' -f $meineFehler.Count

# Fehlerursachen ausgeben
$meineFehler |
  Select-Object -ExpandProperty CategoryInfo |
  Select-Object -Property Category, TargetName
```

Auf Wunsch fügt ein Cmdlet seine Fehler auch einer existierenden Variablen hinzu, ohne die schon vorhandenen Fehler zu löschen. So können die Fehlermeldungen mehrerer Cmdlet-Aufrufe kombiniert und zum Beispiel am Ende eines Skripts in ein Fehlerlogbuch geschrieben werden. Hierzu stellt man dem Variablennamen ein Pluszeichen (+) voran. Das werden wir uns gleich anschauen. Zunächst benötigen wir indes eine kleine Hilfsfunktion, mit der Fehlerobjekte besser lesbar werden:

```
filter Get-ErrorDetail
{
    $Category = @{
        Name = 'Category'
        Expression = { $_.CategoryInfo.Category }
    }

    $Exception = @{
        Name = 'Exception'
        Expression = { $_.Exception.Message }
    }

    $LineNumber = @{
        Name = 'Line'
        Expression = { $_.InvocationInfo.ScriptLineNumber }
    }

    $ScriptName = @{
        Name = 'Script'
        Expression = { $_.InvocationInfo.ScriptName }
    }

    $Target = @{
        Name = 'Target'
        Expression = { $_.TargetObject }
    }

    $ErrorID = @{
        Name = 'ErrorID'
        Expression = { $_.FullyQualifiedErrorID }
    }

    $Input |
      Select-Object $Category, $Exception, $LineNumber, $ScriptName, $Target, $ErrorID
}
```

Listing 15.1: Universeller Auswertungsfilter für ErrorRecord-Informationen.

Nun sollen die Fehler von zwei Cmdlets in eine gemeinsame Variable protokolliert werden. Die Hilfsfunktion `Get-ErrorDetail` (Listing 15.1) gibt danach die mitprotokollierten Fehler dieser beiden Cmdlets aus. Sie werden in einem GridView angezeigt, könnten aber ebenso gut nun auch mit `OutFile` in einer Protokolldatei abgelegt werden.

Die folgenden Zeilen schreiben die Fehlermeldungen von zwei Cmdlets in eine gemeinsame Variable und geben danach die Fehler aus. Das Beispiel nutzt die Funktion `Get-ErrorDetail` (Listing 15.1), die die wichtigsten Informationen aus den Fehlerinformationen ausliest und als eigenes Objekt bereitstellt.

```
$ListEXE = Get-ChildItem -Path $env:windir -Recurse -Filter *.exe -ErrorVariable fehler -ErrorActi
on SilentlyContinue
$listProc = Get-Process -FileVersionInfo -ErrorVariable +fehler -ErrorAction SilentlyContinue

"Fehler insgesamt: {0}" -f $fehler.Count

$fehler | Get-ErrorDetail | Out-GridView
```

Listing 15.2: Fehler mehrerer Cmdlets in einer Variablen sammeln.

Sollen alle Cmdlets in einem Skript die Fehlerhandling-Vorgaben verwenden, kann man diese Einstellungen auch zur Vorgabe erklären. Das folgende Skript zeigt, wie das geschieht. Alle Cmdlets in diesem Skript unterdrücken ihre Fehlermeldungen und schreiben die Fehler stattdessen in die Variable `$fehler`. Dort können die Meldungen dann am Ende ausgegeben oder protokolliert werden:

```
# Standardwerte für Fehlerhandling setzen
$PSDefaultParameterValues_old = $PSDefaultParameterValues
$ErrorActionPreference_old = $ErrorActionPreference

$fehler = $null
$PSDefaultParameterValues =@{}
$PSDefaultParameterValues.Add('*:ErrorVariable','+fehler')
$ErrorActionPreference = 'SilentlyContinue'


$ListEXE = Get-ChildItem -Path $env:windir -Recurse -Filter *.exe
$listProc = Get-Process -FileVersionInfo

"Fehler insgesamt: {0}" -f $fehler.Count

$fehler | Get-ErrorDetail | Out-GridView

# vorherige Werte zurücksetzen
$PSDefaultParameterValues = $PSDefaultParameterValues_old
$ErrorActionPreference = $ErrorActionPreference_old
```

Listing 15.3: Default-Vorgaben für Fehlerhandling nutzen.

Mit `$ErrorActionPreference` wird der Vorgabewert für den Parameter `-ErrorAction` gesetzt. Eine eigene Preferenzvariable für den Parameter `-ErrorVariable` gibt es allerdings nicht. Hier kann man sich ab PowerShell 3.0 mit Default-Parameterwerten behelfen, die über die Variable `$PSDefaultParameterValues` festgelegt werden.

Erfolg eines Befehlsaufrufs prüfen

Um lediglich den Erfolg oder Misserfolg eines Befehls festzustellen, gibt es einen besonders simplen Weg: Die Variable `$?` zeigt an, ob der zuletzt ausgeführte PowerShell-Befehl erfolgreich war oder nicht. So lassen sich außerordentlich primitive, aber durchaus funktionale Fehlerhandler schreiben, die sogar auf die zugrunde liegende Originalfehlermeldung zugreifen können, wenn man diese mit `-ErrorVariable` vorher aufbewahrt hat.

Die folgende Zeile versucht, einen Ordner anzulegen, und gibt je nach Erfolg unterschiedliche Meldungen aus:

```
New-Item -Path c:\neuerordner -Type Directory -ErrorAction SilentlyContinue -ErrorVariable fehler
if ($?)
{
  'Erfolgreich angelegt.'
}
else
{
  "Fehler aufgetreten: $fehler"
}
```

Fehlerhandler einsetzen

Bislang haben Sie Fehler nur nachträglich ausgewertet, aber nicht in Echtzeit auf Fehler reagiert. Sie haben mit den allgemeinen Parametern `-ErrorAction` und `-ErrorVariable` lediglich Wünsche an den Fehlerhandler weitergegeben, der in jedem Cmdlet vorhanden ist. Dieser Fehlerhandler reagiert in Echtzeit auf Fehler mit der Aktion, die in `-ErrorAction` gewünscht wird. Es ist auch dieser Fehlerhandler, der die Fehler als `ErrorRecord` anschließend in `$error` – und falls `-ErrorVariable` angegeben ist und `-ErrorAction` nicht auf `Ignore` eingestellt wurde, in eine private Variable – schreibt.

Ihre Skripte können ebenfalls Fehlerhandler einsetzen, die in Echtzeit auf Fehler reagieren. Nötig wird dies vor allem, wenn Sie auch Fehler behandeln wollen, die außerhalb von Cmdlets passieren oder die der Fehlerhandler des Cmdlets nicht aufgefangen hat.

Nicht alle Fehler stammen von Cmdlets. Im einfachsten Fall könnte ein Fehler auch durch eine ganz simple verbotene Rechenoperation ausgelöst werden:

```
PS> 1/0
Es wurde versucht, durch 0 (null) zu teilen.
In Zeile:1 Zeichen:1
+ 1/0
+ ~~~
    + CategoryInfo          : NotSpecified: (:) [], RuntimeException
    + FullyQualifiedErrorId : RuntimeException
```

Spannend ist das nicht nur, weil Ihnen solch ein Malheur durchaus selbst passieren kann und dann natürlich keine Parameter wie `-ErrorAction` bereitstehen, mit denen man bestimmt, was im Fehlerfall passieren soll. Spannend ist es vor allem, weil ein Cmdlet intern ebenfalls genau mit solchen Dingen zu kämpfen hat. Ein Cmdlet besteht intern ausschließlich aus sogenanntem ».NET-Code«, zu dem auch die Rechenoperation zählt.

Wenn Sie also gleich sehen, wie sich solche Fehler auffangen und behandeln lassen, wissen Sie gleichzeitig auch, wie Cmdlets mit solchen Fehlern umgehen und was hinter Parametern wie `-ErrorAction` und `-ErrorVariable` wirklich steckt.

Lokaler Fehlerhandler: try...catch

Um einen bestimmten Bereich eines Skripts auf Fehler zu überwachen und im Fehlerfall einzuschreiten, wird der örtlich begrenzte Fehlerhandler verwendet: Sein try-Block markiert den überwachten Bereich, und im Fehlerfall wird der direkt angrenzende catch-Block ausgeführt. In ihm steht der auslösende Fehler in der Variablen $_ zur Verfügung:

```
try
{
    1/0
}
catch
{
    Write-Warning $_.Exception.Message
}
```

Listing 15.4: Einfache try...catch-Anweisung.

Es spielt nun im Grunde keine Rolle, welcher Code im try-Block einen Fehler auslöst, der catch-Block regelt jeweils, was im Fehlerfall geschehen soll. Das folgende Beispiel setzt eine Systemfunktion ein, um einen Computernamen im DNS aufzulösen und die ihm gerade zugewiesene IP-Adresse in Erfahrung zu bringen. Ist der angegebene Computer im DNS nicht bekannt, liefert der catch-Block eine Warnmeldung:

```
$computer = Read-Host -Prompt 'Geben Sie Computernamen ein'

try
{
    [System.Net.DNS]::GetHostByName($Computer)
}
catch
{
    Write-Warning $_.Exception.InnerException.Message
}
```

Listing 15.5: Einen .NET-Fehler behandeln.

Allerdings scheitert der Fehlerhandler, sobald ein Cmdlet den Fehler auslöst:

```
try
{
  New-Item -Path c:\neuerordner -Type Directory
  'Erfolgreich angelegt.'
}
catch
{
  "Fehler aufgetreten: $_"
}
```

Listing 15.6: Nicht alle Fehler von Cmdlets werden vom Fehlerhandler behandelt.

Auch das Cmdlet besitzt intern einen Fehlerhandler. Tritt also innerhalb des Cmdlets ein Fehler auf, wird dieser Fehler vom Cmdlet-eigenen Fehlerhandler behandelt. Ihr eigener Fehlerhandler geht leer aus – allerdings nur dann, wenn der Cmdlet-eigene Fehlerhandler den Fehler auch tatsächlich behandelt. Das ist nicht immer so:

- Haben Sie die -ErrorAction auf Stop eingestellt, bricht das Cmdlet seine Arbeit nicht nur beim ersten auftretenden Fehler ab, sondern sendet auch selbst eine Fehlermeldung an den Aufrufer. Diese Stop-Exception kann danach von Ihrem eigenen Fehlerhandler erkannt und behandelt werden. In der Eigenschaft InnerException steht danach der eigentlich auslösende Fehler.

- Handelt es sich um einen Fehler, den das Cmdlet bewusst nicht selbst behandelt hat, wird auch dieser von Ihrem Fehlerhandler erkannt. Die meisten Cmdlets behandeln sicherheitsrelevante Fehler nicht selbst, sondern geben solche Fehler direkt an den Aufrufer weiter. Dies sind dann Fehler, die selbst bei unterdrückten Fehlermeldungen (`-ErrorAction SilentlyContinue`) sichtbar angezeigt werden.

Wenn Sie also die `-ErrorAction` des Cmdlets `New-Item` auf `Stop` stellen, funktioniert der Fehlerhandler einwandfrei:

```
try
{
  New-Item -Path c:\neuerordner -Type Directory -ErrorAction Stop
  'Erfolgreich angelegt.'
}
catch
{
  "Fehler aufgetreten: $_"
}
```

Listing 15.7: Fehler eines Cmdlets in Echtzeit behandeln.

Er funktioniert auch ohne `-ErrorAction Stop`, wenn das Cmdlet den Fehler nicht selbst behandelt hat. Das geschieht in der Regel bei allen sicherheitskritischen Fehlern, so auch bei diesem hier:

```
try
{
  # der folgende Computer muss via Netzwerk erreichbar sein
  # (ggf. Namen anpassen)
  $Computer = 'testcomputer'
  Get-WmiObject -Class Win32_OperatingSystem -ComputerName $computer -Credential Unbekannt
}
catch
{
  "Fehler aufgetreten: $_"
}
```

Listing 15.8: Vom Cmdlet unbehandelte Fehler können immer von eigenen Fehlerhandlern behandelt werden.

Alle Fehler innerhalb des `try`-Blocks werden also überwacht, sofern das Cmdlet sein eigenes Fehlerhandling aus der Hand gibt. Dazu muss `-ErrorAction` auf `Stop` gestellt werden. Nur terminierende Fehler werden auch ohne eine besondere Einstellung von `-ErrorAction` behandelt, weil diese ja ohnehin nicht über das Cmdlet-eigene Fehlerhandling behandelt werden.

Um stets alle Fehler behandeln zu können, sollten Sie innerhalb des `try`-Blocks grundsätzlich mit `$ErrorActionPreference` die Einstellung `Stop` zur Vorgabe machen: erstens, weil man sich dann den Parameter `-ErrorAction` bei Cmdlets sparen kann, und zweitens, weil es noch andere Befehlstypen gibt, die gar keinen Parameter `-ErrorAction` besitzen und bei denen man Fehler sonst nicht abfangen kann. Hier sind ein paar Beispiele unterschiedlicher Fehlertypen:

```
try
{
    # Cmdlet-Fehler, benötigt ErrorAction=Stop
    $ErrorActionPreference = 'Stop'
    Get-ChildItem -Path GibtEsNicht
}
catch
{
```

```
    "Fehler entdeckt: $_"
}

try
{
    # Konsolenbefehl-Fehler benötigt ErrorAction=Stop
    # und Umleitung des Fehlerkanals
    $ErrorActionPreference = 'Stop'
    net user GibtEsNicht 2>&1
}
catch
{
    "Fehler entdeckt: $_"
}

try
{
    # .NET-Fehler benötigt keine besondere ErrorAction
    [System.Net.DNS]::GetHostByName('gibtesnicht')
}
catch
{
    "Fehler entdeckt: $_"
}
```

Listing 15.9: Im Praxisbeispiel mehrere Fehlerhandler verwenden.

Sämtliche Fehler werden nun abgefangen und vom Code im jeweiligen `catch`-Block entsprechend behandelt.

Der try-Block darf dabei so umfangreich sein, wie Sie wollen. Wichtig ist nur, zu wissen, dass er bei einem Fehler abgebrochen wird. Die restlichen Anweisungen nach dem Fehler und vor dem `catch`-Block werden übersprungen.

Innerhalb des `catch`-Blocks steht der `ErrorRecord` des aktuellen Fehlers in der Variablen `$_` zur Verfügung. Es handelt sich dabei um das gleiche `ErrorRecord`-Objekt, das Ihnen auch schon in `$error` begegnet ist. Entsprechend können Sie auch dieses Objekt mit dem Filter aus Listing 15.1 auswerten.

```
try
{
    # Cmdlet-Gehler, benötigt ErrorAction=Stop
    $ErrorActionPreference = 'Stop'
    Get-ChildItem -Path GibtEsNicht
}
catch
{
    # Objektstruktur in $_ visualisieren:
    $_ | Format-Custom -Property * -Depth 1 -Force
    # Fehlerinformationen mit der Funktion Get-ErrorDetail
    # auswerten (Funktion muss wie beschrieben vorher
    # definiert worden sein)
    $_ | Get-ErrorDetail | Out-GridView
}
```

Listing 15.10: Im catch-Block auf den ErrorRecord zugreifen.

Die Detailinformationen des Fehlers werden im Beispiel nun in einem GridView-Fenster angezeigt, könnten nun aber ebenso gut auch in eine Logdatei geschrieben oder anderweitig ausgewertet werden (Abbildung 15.1).

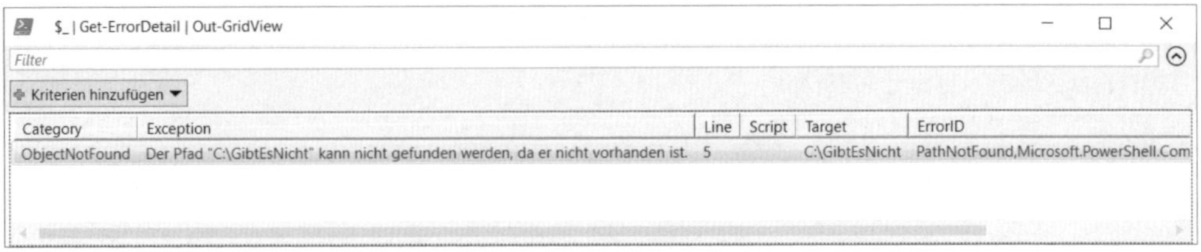

Abbildung 15.1: Fehlerdetails im catch-Block empfangen und anzeigen oder auswerten.

Leider ist die Lebensdauer der Variablen `$_` auf den `catch`-Block beschränkt, sodass ISE nicht die praktische IntelliSense-Auswahl anzeigt. Wenn Sie aber innerhalb des `catch`-Blocks eine globale Testvariable anlegen, kann anschließend nach Auslösen des Fehlers diese stellvertretend für `$_` untersucht werden. Dazu fügen Sie in den `catch`-Block zuerst diese Zeile ein und lösen den Fehler dann noch einmal aus:

```
$global:test = $_
```

Im Anschluss daran untersuchen Sie im ISE-Editor die Variable `$test`, die Ihnen jetzt IntelliSense anbietet (Abbildung 15.2).

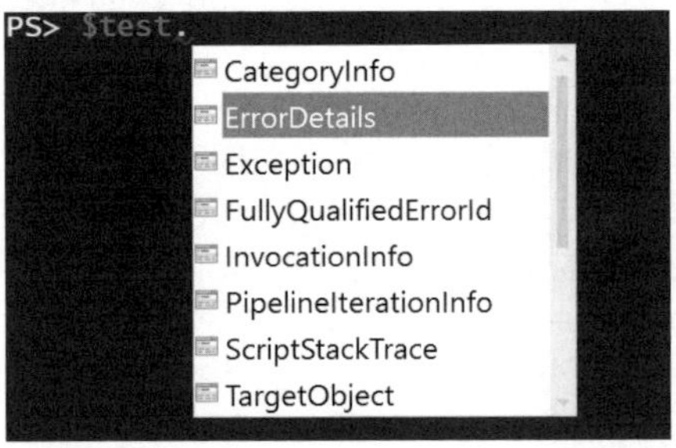

Abbildung 15.2: Fehlervariable im ISE-Editor mit IntelliSense untersuchen.

Hinweis

Auf den `try`-Block muss unmittelbar der `catch`-Block folgen. Er darf nur weggelassen werden, wenn Sie stattdessen einen `finally`-Block einsetzen. Der Code im `finally`-Block wird immer ausgeführt, also unabhängig davon, ob ein Fehler auftrat oder nicht. Er gelangt wirklich immer zur Ausführung, was den `finally`-Block überhaupt erst sinnvoll macht. Schauen Sie sich dazu folgenden Code an:

```
try
{
  Write-Host 'Ich starte'
  Start-Sleep -Seconds 3
  Write-Host 'Ich bin fertig'
}
finally
{
}
```

Listing 15.11: finally-Block führt Code immer aus.

Wenn Sie diesen Code ausführen, wird die erste Textmeldung ausgegeben, und wenn Sie lange genug warten, auch die zweite. Was die berechtigte Frage in den Raum stellt, warum man dafür try...finally benötigt. Das wäre auch ohne die Konstruktion nicht anders gelaufen.

Das Problem liegt indes woanders: Wenn Sie nicht lange genug warten, sondern mit Strg+C das Skript vorzeitig abbrechen, entfällt die zweite Anweisung. Sofern es sich dabei um eine reine Textmeldung handelt, wäre dies sicherlich noch verschmerzbar. Aber in der Praxis werden oft am Ende wichtige Aufräumarbeiten durchgeführt, etwa Datenverbindungen geschlossen oder Objekte freigegeben. Bricht der Anwender das Skript im falschen Moment ab, würden diese Aufräumarbeiten fehlen, was spätere Fehlfunktionen zur Folge haben kann. Mit finally dagegen gelangen diese abschließenden Anweisungen und damit eben auch etwaige Aufräumarbeiten auf jeden Fall zur Ausführung:

```
try
{
  Write-Host 'Ich starte'
  Start-Sleep -Seconds 300
}
finally
{
  Write-Host 'Ich bin fertig'
}
```

Listing 15.12: Der finally-Block wird auch ausgeführt, wenn ein Skript abgebrochen wird.

Wenn Sie diesen Code ausführen und nicht 300 Sekunden warten wollen, drücken Sie Strg+C. Das Skript wird abgebrochen, aber die zweite Meldung erscheint trotzdem. Der Code in finally wird also immer ausgeführt, auch wenn Sie mitten im try-Block abbrechen. Das gilt allerdings nur für Befehle und nicht für Rückgabewerte. Bei einem Abbruch erhalten Sie aus dem finally-Block keine Rückgabewerte, auch keine, die möglicherweise schon fertig vorliegen. Deshalb liefert dieser Code beim Abbruch auch keine zweite Meldung:

```
try
{
  'Ich starte'
  Start-Sleep -Seconds 30
}
finally
{
  'Ich bin fertig'
}
```

Listing 15.13: Rückgabewerte werden bei einem Abbruch nicht mehr zurückgeliefert.

Globaler Fehlerhandler: Trap

Während try...catch nur *einen bestimmten Bereich Ihres Codes* auf Fehler überwacht, nämlich den, der innerhalb von try steht, überwacht ein globaler Fehlerhandler *den gesamten Code im Einzugsgebiet*. So einen Fehlerhandler nennt man bei PowerShell trap (englisch für Falle).

Das Einzugsgebiet globaler Fehlerhandler entspricht dem Gültigkeitsbereich von Variablen. Befindet sich die Trap also direkt im Skript, deckt sie alle Fehler im gesamten Skript ab. Steht sie dagegen innerhalb einer Funktion, ist sie auch nur für Fehler innerhalb dieser Funktion zuständig. Die Unterschiede zwischen try...catch und trap sind allerdings nicht allzu groß. Schauen Sie sich zunächst dieses Skript mit einem try...catch-Fehlerhandler an:

```
'Starte.'

Get-ChildItem -Path c:\gibtesnicht

try
{
  # alle Fehler abfangen:
  $Backup = $ErrorActionPreference
  $ErrorActionPreference = 'Stop'

  1/$null
  Get-Process -Name gibtsnicht
  net user gibtsnicht
}
catch
{
  "Fehler: $_"
}
finally
{
  # vorheriges Fehlerverhalten wiederherstellen:
  $ErrorActionPreference = $Backup
}

'Fertig.'
```

Listing 15.14: Fehlerhandler auf Basis von try...catch.

Wenn Sie dieses Skript ausführen, erscheint zunächst die Textmeldung, gefolgt von einem unbehandelten Fehler, der durch `Get-ChildItem` ausgelöst wird. Danach beginnt der `try`-Block, der alle Fehlerarten abfängt, weil `$ErrorActionPreference` auf `Stop` gestellt ist. Der erste Fehler ist das Teilen einer Zahl durch null. Der Fehler wird vom `catch`-Block behandelt und mit einer Meldung quittiert. Alle übrigen Befehle im `try`-Block werden übersprungen, weil `catch` die Ausführung mit der nächsten Anweisung fortsetzt, die auf derselben Ebene liegt wie es selbst:

```
Starte.
Get-ChildItem : Der Pfad "C:\gibtesnicht" kann nicht gefunden werden, da er nicht vorhanden ist.
In Zeile:3 Zeichen:1
+ Get-ChildItem -Path c:\gibtesnicht
+ ~~~~~~~~~~~~~~~~~~~~~~~~~~~~~~~~~~
    + CategoryInfo          : ObjectNotFound: (C:\gibtesnicht:String) [Get-ChildItem],
                              ItemNotFoundException
    + FullyQualifiedErrorId : PathNotFound,Microsoft.PowerShell.Commands.GetChildItemCommand

Fehler: Es wurde versucht, durch 0 (null) zu teilen.
Fertig.
```

Um aus dem lokalen Fehlerhandler einen globalen zu machen, ist im Wesentlichen nur eine Umbenennung nötig: Aus `catch` wird `trap`. Ein paar Kleinigkeiten sind außerdem wichtig:

- **try ist nun überflüssig:** Da `trap` ein globaler Fehlerhandler ist, braucht auch kein bestimmter Skriptbereich mehr markiert zu sein.
- **finally ist nun nicht mehr erlaubt:** Dieses Schlüsselwort gehört zur `try...catch`-Konstruktion. `trap` hat kein entsprechendes Pendant.
- **continue ist nun nötig:** `trap` kann im Gegensatz zu `catch` selbst entscheiden, ob der Fehler behandelt werden konnte oder nicht. Konnte der Fehler behandelt werden, muss `trap` den Befehl `continue` hinterhersenden. Ohne diesen Befehl würde der Code in der Trap ausgeführt, und anschließend würde trotzdem die PowerShell-Fehlermeldung erscheinen.

- **trap gehört nach oben:** Zwar darf `trap` an beliebiger Stelle im Code stehen, sollte aber der Übersichtlichkeit halber ganz oben platziert werden, damit sich sofort erkennen lässt, dass das Skript einen globalen Fehlerhandler besitzt.

Das geänderte Skript sieht nun so aus:

```
# alle Fehler abfangen:
$Backup = $ErrorActionPreference
$ErrorActionPreference = 'Stop'

trap
{
  "Fehler: $_"

  # Fehler ist behandelt, also nicht an PowerShell weitergeben:
  continue
}

'Starte.'

Get-ChildItem -Path c:\gibtesnicht
1/$null
Get-Process -Name gibtsnicht
net user gibtsnicht

# vorheriges Fehlerverhalten wiederherstellen:
$ErrorActionPreference = $Backup

'Fertig.'
```

Listing 15.15: Fehlerhandler auf Basis einer Trap.

Dieses Skript führt zu insgesamt vier Fehlern. `trap` wird deshalb jetzt viermal angesprungen, denn anders als bei `try…catch` setzt das Skript seine Ausführung nun nach dem letzten Fehler einfach fort.

```
Starte.
Fehler: Der Pfad "C:\gibtesnicht" kann nicht gefunden werden, da er nicht vorhanden ist.
Fehler: Es wurde versucht, durch 0 (null) zu teilen.
Fehler: Es kann kein Prozess mit dem Namen "gibtsnicht" gefunden werden. Überprüfen Sie den
Prozessnamen, und rufen Sie das Cmdlet erneut auf.
Fehler: Der Benutzername konnte nicht gefunden werden.
Fertig.
```

Die Regel ist dabei eigentlich sehr ähnlich: `trap` setzt die Ausführung nach einem Fehler mit der nächsten Anweisung fort, die dem Fehler folgt und die auf der Ebene der Trap liegt. So hat es auch `try…catch` getan, nur lagen dort die Befehle innerhalb von `try` in einem Unterbereich. Und tatsächlich kann sich die Trap auch so verhalten wie `try…catch`, also Befehle zu Gruppen zusammenfassen und die Gruppe beim ersten Fehler abbrechen:

```
$Backup = $ErrorActionPreference
$ErrorActionPreference = 'Stop'

trap
{
  "Fehler: $_"

  # Fehler ist behandelt, also nicht an PowerShell weitergeben:
  continue
```

```
}

'Starte.'

Get-ChildItem -Path c:\gibtesnicht

& {
    1/$null
    Get-Process -Name gibtsnicht
    net user gibtsnicht
}

# vorheriges Fehlerverhalten wiederherstellen:
$ErrorActionPreference = $Backup

'Fertig.'
```

Listing 15.16: Skriptblöcke können Befehle zu Gruppen zusammenfassen.

Jetzt sieht das Resultat genau so aus wie bei `try...catch`, außer dass auch der erste Fehler von `Get-ChildItem` erfasst wird, weil bei `trap` ja stets der gesamte Skriptbereich überwacht wird:

```
Starte.
Fehler: Der Pfad "C:\gibtesnicht" kann nicht gefunden werden, da er nicht vorhanden ist.
Fehler: Es wurde versucht, durch 0 (null) zu teilen.
Fertig.
```

Teil G
Mit Remoting quer durchs Netzwerk

Kapitel 16

Fernzugriff und Netzwerk-Troubleshooting

In diesem Kapitel:

Ausführlich werden in diesem Kapitel die folgenden Aspekte erläutert:

- **Fernzugriffe und Protokolle:** Befehle können den Fernzugriff auf Remotesysteme implementieren. Ob und wie sie das tun und welche Technologien dabei zum Einsatz kommen, ist den Befehlen selbst überlassen, was die Konfiguration der notwendigen Netzwerktechnologien manchmal schwierig macht. Deshalb wurde mit PowerShell 2 eine Alternative namens *PowerShell Remoting* eingeführt, die beliebige Befehle auf einheitliche Weise remote ausführen kann und im nächsten Kapitel beschrieben wird.
- **DCOM:** *Distributed Component Object Model* wird von vielen Befehlen für Remotezugriffe eingesetzt. Es ist eine Erweiterung, mit der COM-Komponenten über Netzwerkgrenzen hinweg über *Remote Procedure Calls* (RPC) miteinander kommunizieren können. Es wurde 1995 mit Windows NT 4 eingeführt und gilt inzwischen als schwerfällig und unflexibel. Insbesondere bei der Firewall-Verwaltung ist es problematisch, dass DCOM dynamische Ports einsetzt. DCOM kommt nach wie vor häufig zum Einsatz, zum Beispiel für Fernzugriffe mit WMI (*Windows Management Instrumentation*) oder MMC (*Microsoft Management Console*).

- SMB und Dateifreigaben: Nachrichtenformat, mit dem Dateien, Ordner und Dienste über ein Netzwerk geteilt werden können. Windows nutzt SMB für Dateifreigaben, die auch über UNC-Pfade ansprechbar sind. Die meisten PowerShell-Cmdlets unterstützen bei Pfadangaben UNC-Pfadnamen direkt.
- Netzwerkport: Endpunkt einer Netzwerkverbindung auf dem Zielsystem, mit dem eine Verbindung aufgebaut werden kann. Ports werden mit einer Zahl gekennzeichnet. Je nach Fernzugriff werden unterschiedliche Ports und die dahinterstehenden Dienste angesprochen. Damit das funktioniert, muss der Port erreichbar sein und darf nicht durch eine Firewall blockiert werden.

In der professionellen Automation wird es immer wieder notwendig, Informationen von anderen Computern über das Netzwerk zu erfragen. In diesem Kapitel erfahren Sie, wie solche Fernzugriffe von einzelnen Befehlen selbst realisiert werden. Im nächsten Kapitel lernen Sie dann das alternative PowerShell-Remoting kennen, mit dem sich beliebige Befehle remote auf anderen Computern ausführen lassen.

Klassische Fernzugriffe

Klassische Fernzugriffe funktionieren unabhängig von PowerShell und werden vom jeweiligen Befehl selbst implementiert. Daher gibt es auch keine Standards, und die benötigten Netzwerkvoraussetzungen und Berechtigungen hängen jeweils vom Befehl und der von ihm verwendeten Technik ab. Dennoch werden klassische Fernzugriffe auch in PowerShell-Code häufig und gern genutzt.

Dateisystem

Manche Cmdlets wie zum Beispiel `Get-ChildItem` (und die gesamte Familie der `Item`-Cmdlets) unterstützen UNC-Pfadnamen, sodass Sie remote auf Netzwerkfreigaben zugreifen können. Hierfür wird SMB *(Server Message Block)* eingesetzt und Port 445 verwendet. Die Ports 137 bis 139 sind zusätzlich für NetBIOS-Namensauflösungen nötig, falls nicht mit IP-Adressen gearbeitet wird.

Um also beispielsweise den Ordnerinhalt einer Netzwerkfreigabe in PowerShell auszulesen, genügt:

```
PS> Get-ChildItem -Path \\ServerABC\Freigabename
```

Vorausgesetzt, der Netzwerkzugriff auf *ServerABC* ist überhaupt möglich, stellt der ISE-Editor sogar IntelliSense-Vorschlagslisten für den UNC-Pfad bereit, zeigt also die verfügbaren Netzwerkordner auf *ServerABC*.

Konsolenbefehle

Viele Konsolenbefehle verfügen über Parameter, mit denen sich Remotesysteme ansprechen lassen. Wie diese Parameter heißen, welche Technik die Konsolenbefehle für den Remotezugriff einsetzen und ob eine gesonderte Anmeldung möglich ist oder die aktuelle Aufruferidentität verwendet wird, hängt vom jeweiligen Befehl ab.

Solche Konsolenbefehle funktionieren auch innerhalb von PowerShell. Die folgende Zeile liefert beispielsweise lokal und remote ein Systeminventar:

```
# lokaler Aufruf
PS> systeminfo.exe
# Remoteaufruf "ServerABC" als aktueller Benutzer
PS> systeminfo.exe /S serverABC
# Remoteaufruf "ServerABC" mit anderem Benutzerkonto
PS> systeminfo.exe /S serverABC /U corp\ServerAdmin /P topsecret
```

Hinweis

Wenn Sie Konsolenbefehle im ISE-Editor ausführen, können keine nachträglichen Rückfragen des Befehls angezeigt werden. Stimmt beispielsweise das Anmeldekennwort nicht oder ist die Angabe eines Benutzerkontos erforderlich, wird die entsprechende Rückmeldung des Konsolenbefehls in der ISE nicht angezeigt. Falls also ein Konsolenbefehl in der ISE längere Zeit nicht reagiert, brechen Sie den Befehl ab und testen ihn in einer PowerShell-Konsole. Höchstwahrscheinlich wartete der Befehl in der ISE auf eine Eingabe von Ihnen, die von der ISE aber nicht abgefragt wurde.

Remotefähige Cmdlets

Einige Cmdlets wie `Get-WmiObject`, `Get-Process`, `Set-Service` oder `Restart-Computer` implementieren selbst den Remotezugriff und unterstützen Parameter wie `-ComputerName` und gegebenenfalls `-Credential`, mit denen Sie explizit ein oder mehrere Remotesysteme sowie die dazugehörigen Anmeldedaten angeben und auf diese Weise die Aktion remote ausführen können. Auf der Gegenseite muss dazu kein PowerShell vorhanden sein.

```
PS> Get-WmiObject -Class Win32_BIOS -ComputerName testserver
SMBIOSBIOSVersion : MBA41.88Z.0077.B0E.1110141154
(…)

PS> Get-Process -ComputerName testserver

Handles  NPM(K)    PM(K)      WS(K) VM(M)   CPU(s)     Id ProcessName
-------  ------    -----      ----- -----   ------     -- -----------
     76       8     1220       3920    42            1764 armsvc
    320      12     8716      10944    97            3740 Bootcamp
(…)

PS> Get-EventLog -LogName System -EntryType Error -ComputerName testserver

   Index Time          EntryType   Source                 InstanceID Message
   ----- ----          ---------   ------                 ---------- -------
   52827 Nov 25 06:49  Error       NetBT                  3221229793 Der Name "W...
(…)

PS> Get-Service -ComputerName testserver

Status   Name               DisplayName
------   ----               -----------
Stopped  AppMgmt            Application Management
Running  arXfrSvc           Windows Media Center TV Archive Tra...
Stopped  aspnet_state       ASP.NET State Service

(…)
```

Troubleshooting für Fernzugriffe

Beim klassischen Fernzugriff entscheidet jeder Befehl selbst, wie er den Fernzugriff realisiert, und kann dazu die unterschiedlichsten Technologien einsetzen. Manche sind vielleicht bereits einwandfrei eingerichtet und funktionieren sofort, während andere noch nicht richtig konfiguriert sind und scheitern. Das kann frustrierend sein.

Deshalb finden Sie in diesem Abschnitt einen Troubleshooting-Guide, der Ihnen helfen wird, Netzwerkprobleme zu identifizieren und die notwendigen Konfigurationen vorzunehmen.

Firewall für DCOM einrichten

Viele Fernzugriffe werden über DCOM abgewickelt. Damit das funktioniert, muss die Firewall des Zielcomputers die für DCOM nötigen Ports freigeben. Andernfalls scheitert der Fernzugriff mit einem »RPC-Fehler«, denn bei geschlossenen Ports kann der Zielcomputer nicht gefunden werden – denselben Fehler erhalten Sie also auch, wenn der Zielcomputer ausgeschaltet ist oder Sie sich bei der Angabe des Namens vertippt haben.

```
PS> Get-WmiObject -Class Win32_BIOS -ComputerName testserver
Get-WmiObject : Der RPC-Server ist nicht verfügbar. (Exception from HRESULT: 0x800706BA)
```

Der einfachste Weg, die Firewall für administrative DCOM-Anfragen zu öffnen, ist der folgende (veraltete, aber nach wie vor funktionsfähige) Befehl, der einmalig auf dem Zielsystem in einer PowerShell mit vollen Administratorrechten eingegeben werden muss:

```
PS> netsh firewall set service RemoteAdmin enable

WICHTIG: Der Befehl wurde erfolgreich ausgeführt.
"netsh firewall" ist jedoch veraltet.
Verwenden Sie stattdessen "netsh advfirewall firewall".
Weitere Informationen zur Verwendung von "netsh advfirewall firewall" anstelle
von "netsh firewall" finden Sie im KB-Artikel 947709
unter "http://go.microsoft.com/fwlink/?linkid=121488".
```

Seine modernere Alternative `netsh.exe` verlangt leider die lokalisierten Namen der betroffenen Firewall-Regeln, muss also je nach verwendeter Sprache angepasst werden:

```
# deutsches System:
PS> netsh advfirewall firewall set rule group='Remoteverwaltung' new enable=yes

# englisches System:
PS> netsh advfirewall firewall set rule group='remote administration' new enable=yes
```

Danach sollte die Remoteabfrage per WMI funktionieren – jedenfalls aber zumindest keinen RPC-Fehler mehr liefern:

```
PS> Get-WmiObject -Class Win32_BIOS -ComputerName testserver

SMBIOSBIOSVersion : MBA41.88Z.0077.B0E.1110141154
Manufacturer      : Apple Inc.
Name              : Default System BIOS
SerialNumber      : C02GW04RDRQ4
Version           : APPLE  - 60
```

Auch mit der WMI verwandte Cmdlets und Befehle, also solche, die dieselbe Remoting-Technik einsetzen, funktionieren nun, etwa das Cmdlet `Get-Hotfix` und der Konsolenbefehl `schtasks.exe`:

```
PS> Get-Hotfix -ComputerName testserver -Description Secu*,Sich*

Source       Description      HotFixID      InstalledBy           InstalledOn
------       -----------      --------      -----------           -----------
TESTSERVER   Security Update  KB2425227     Testserver\Tobias     01.08.2012 00:00:00
TESTSERVER   Security Update  KB2479943     Testserver\Tobias     01.08.2012 00:00:00
TESTSERVER   Security Update  KB2491683     NT AUTHORITY\SYSTEM   01.08.2012 00:00:00
TESTSERVER   Security Update  KB2503665     NT AUTHORITY\SYSTEM   01.08.2012 00:00:00
TESTSERVER   Security Update  KB2506212     Testserver\Tobias     01.08.2012 00:00:00

PS> schtasks /query /S testserver

Ordner: \
Aufgabenname                             Nächste Laufzeit       Status
======================================== ====================== ===============
Microsoft_Hardware_Launch_IPoint_exe     Nicht zutreffend       Bereit

Ordner: \Microsoft\Microsoft Antimalware
Aufgabenname                             Nächste Laufzeit       Status
======================================== ====================== ===============
Microsoft Antimalware Scheduled Scan     02.12.2012 01:58:38    Bereit
(…)
```


Namensauflösung überprüfen

Für den Fernzugriff maßgeblich ist am Ende des Tages nur die IP-Adresse des Zielsystems, nicht dessen Name. Üblicherweise wird jedoch ein Computername eingegeben, und das ist auch sinnvoll, denn IP-Adressen können sich ändern, Computernamen ändern sich normalerweise nicht. Der Computername muss zuerst »aufgelöst«, die zugehörige IP-Adresse muss also in Erfahrung gebracht werden. Wenn die Namensauflösung scheitert, dann scheitert der Fernzugriff, noch bevor er richtig begonnen hat.

Überprüfen Sie deshalb bei RPC-Fehlern, ob der angegebene Computername überhaupt aufgelöst werden kann:

```
PS> [System.Net.DNS]::GetHostByName('testserver')
Ausnahme beim Aufrufen von "GetHostByName" mit 1 Argument(en):  "Der angegebene Host ist unbekannt"

PS> ping testserver /n 1
Ping-Anforderung konnte Host "tobiasair" nicht finden. Überprüfen Sie den Namen, und versuchen Sie
es erneut.
```

Kann der Name des Testsystems nicht aufgelöst werden, überprüfen Sie, ob seine IP-Adresse eine Namensauflösung ermöglicht:

```
PS> [System.Net.DNS]::GetHostByAddress('192.168.2.101')

HostName                          Aliases                          AddressList
--------                          -------                          -----------
TESTSERVER                        {}                               {192.168.2.101}
```

Falls auch die IP-Adresse nicht bekannt ist, sollten Sie zunächst prüfen, ob der Remotecomputer tatsächlich online ist und sich im gleichen Netzwerk befindet. Stellen Sie außerdem sicher, dass seine Netzwerkkarte im Netzwerk- und Freigabecenter nicht auf *Öffentliches Netzwerk* eingestellt ist.

Tipp

Ab Windows 8 und Server 2012 stehen weitere Module mit zusätzlichen Cmdlets zur Verfügung. Darunter ist auch `Set-NetConnectionProfile`, mit dem Sie das Profil Ihres Netzwerks ändern können. Sie sollten natürlich nur davon Gebrauch machen, wenn die Netzwerkverbindung tatsächlich sicher ist – Sie also nicht gerade in einem Internetcafé sitzen –, weil die Umstellung die Firewall-Regeln lockert. Das bedeutet gleichzeitig eine größere Angriffsfläche:

```
PS> Set-NetConnectionProfile -NetworkCategory Private
```

Kann die IP-Adresse des Zielsystems erreicht, aber dessen Name nicht aufgelöst werden und haben Sie keine Möglichkeit, die Einstellungen Ihres DNS-Servers zu überprüfen (oder verwenden Sie gar keinen), tragen Sie Namen und IP-Adresse des Remotesystems notfalls statisch in die *hosts*-Datei ein. Diese öffnen Sie mit Administratorrechten von PowerShell aus so:

```
PS> Start-Process -Verb runas -FilePath notepad.exe -ArgumentList "$env:windir\System32\drivers\et
c\hosts"
```

Nach der Aktualisierung sollte das Remotesystem auch über seinen Namen ansprechbar sein:

```
PS> ping testserver

Ping wird ausgeführt für testserver [192.168.2.101] mit 32 Bytes Daten:
Antwort von 192.168.2.101: Bytes=32 Zeit=3ms TTL=128
Antwort von 192.168.2.101: Bytes=32 Zeit=3ms TTL=128
```

Remote-Registrierungszugriff erlauben

Eine weitere Gruppe von Cmdlets benötigt auf dem Remotesystem besondere Dienste. Ob diese noch eingerichtet werden müssen, findet ein Test schnell heraus:

```
PS> Get-Process -ComputerName testserver
Get-Process : Mit dem Remotecomputer konnte keine Verbindung hergestellt werden.

PS> Get-EventLog -LogName system -EntryType Error -ComputerName testserver
Get-EventLog : Der Netzwerkpfad wurde nicht gefunden.
```

Können diese Cmdlets keine Remoteverbindung aufbauen, muss auf dem Remotesystem der Dienst *Remoteregistrierung* (*RemoteRegistry*) gestartet werden.

```
PS> Set-Service -Name RemoteRegistry -StartupType Automatic -Status Running -ComputerName testserver
```

Alternativ kann der Dienst auch über WMI gestartet werden, falls `Set-Service` fehlschlägt:

```
# Dienst remote ansprechen:
PS> $dienst = Get-WmiObject -Class Win32_Service -Filter 'Name="RemoteRegistry"' -ComputerName
testserver

PS> $dienst
ExitCode  : 0
Name      : RemoteRegistry
ProcessId : 0
```

```
StartMode : Manual
State     : Stopped
Status    : OK

# Dienst auf Remotesystem starten:
PS> $dienst.StartService().ReturnValue
0

# jetzt können auch die Cmdlets der Familie "Service" verwendet werden:
PS> Get-Service -Name RemoteRegistry -ComputerName testserver

Status   Name               DisplayName
------   ----               -----------
Running  RemoteRegistry     Remote Registry

# Dienst auf automatischen Start stellen:
PS> Set-Service -Name RemoteRegistry -ComputerName testserver -StartupType Automatic
```


Sobald der *RemoteRegistry*-Dienst auf dem Remotesystem ausgeführt wird, arbeiten die Cmdlets einwandfrei:

```
PS> Get-Process -ComputerName testserver

Handles  NPM(K)    PM(K)      WS(K) VM(M)   CPU(s)     Id ProcessName
-------  ------    -----      ----- -----   ------     -- -----------
    256      22     5068      12032    90            1812 AppleMobileDeviceService
     57       6     1616       3716    26            1856 AppleOSSMgr
     82       8     2416       5656    29            1892 AppleTimeSrv
     76       8     1220       3920    42            1764 armsvc
    320      12     8716      10944    97            3740 Bootcamp
(…)

PS> Get-EventLog -LogName system -EntryType Error -ComputerName testserver

   Index Time          EntryType   Source                 InstanceID Message
   ----- ----          ---------   ------                 ---------- -------
   52827 Nov 25 06:49  Error       NetBT                  3221229793 Der Name "WORKGR...
   52350 Nov 20 07:40  Error       Disk                   3221487627 Der Treiber hat ...
   52096 Nov 19 07:59  Error       Service Control M...   3221232483 Das Zeitlimit (...
   52064 Nov 18 17:54  Error       volsnap                3221618723 Die Schattenkopi...
   52015 Nov 18 17:04  Error       WinRM                      468907 The description for...
(…)
```

Access Denied: mit passenden Rechten anmelden

Die meisten Fernzugriffe erfordern auf der Zielseite Administratorrechte. Wenn Sie also einen *Access Denied*-Fehler erhalten, reichen Ihre aktuellen Rechte nicht für den Fernzugriff aus.

Haben Sie ein Cmdlet für den Fernzugriff eingesetzt, zum Beispiel `Get-WMIObject`, schauen Sie, ob das Cmdlet den Parameter `-Credential` unterstützt. Wenn ja, können Sie einen Benutzernamen angeben und werden danach in einem separaten Fenster zur Eingabe des zugehörigen Kennworts aufgefordert. Die Fernverbindung nutzt nun dieses Konto, um sich am Zielsystem auszuweisen. Ist Ihr Computer ein Domänenmitglied und greifen Sie auf ein Nicht-Domänenmitglied zu, müssen Sie sich übrigens immer auf diese Weise ausweisen.

Tipp

Der Parameter `-Credential` erwartet eigentlich ein `PSCredential`-Objekt. Moderne Cmdlets akzeptieren aber auch einen Anmeldenamen und öffnen dann automatisch ein Anmeldefenster. Ist das unerwünscht, können die Anmeldedaten einmalig mit `Get-Credential` erfragt und danach mehrfach verwendet werden:

```
PS> $anmeldeinfos = Get-Credential test\user1
```

Alternativ kann ein `Credential`-Objekt auch vollständig synthetisiert werden, sodass keine Kennworteingabeaufforderung erscheint. Dann aber ist das Kennwort im Klartext im Skript zu sehen:

```
PS> $anmeldeinfos = New-Object -TypeName PSCredential test\user1, ('Password' |
ConvertTo-SecureString -Force -AsPlainText)
```

Bei Konsolenbefehlen ist möglicherweise ebenfalls eine Anmeldung mit anderem Benutzernamen möglich. Wie die dafür erforderlichen Parameter heißen, ist hier jedoch nicht standardisiert, sodass Sie sich die verfügbaren Parameter näher anschauen müssten.

Manche Cmdlets verfügen zwar über einen Parameter `-ComputerName` für den Fernzugriff, aber der Parameter `-Credential` fehlt – `Get-Process` und `Get-Service` zum Beispiel. Hier wird immer Ihre aktuelle Identität verwendet, es sei denn, Sie haben sich über eine sogenannte IPC-Verbindung entweder anonym oder unter Angabe eines Benutzernamens und eines Kennworts angemeldet. Eine solche Verbindung kann zum Beispiel in der PowerShell-Konsole folgendermaßen eingerichtet werden:

```
PS> net use \\192.168.2.101\IPC$ * /USER:Tobias
Geben Sie das Kennwort für \\192.168.2.101\IPC$ ein:
Der Befehl wurde erfolgreich ausgeführt.
```

Im ISE-Editor müssten Sie das Kennwort für die Verbindung im Klartext mit in den Befehlsaufruf setzen, weil keine Rückfragen von Konsolenbefehlen möglich sind.

LocalAccountTokenFilterPolicy

Melden Sie auf einem Remotesystem mit dem speziellen lokalen Administratorkonto an und ist dort die Benutzerkontensteuerung (*UAC*, *User Account Control*) aktiv, werden die administrativen Rechte von der UAC entfernt. Sie werden zwar möglicherweise angemeldet, verfügen aber nicht mehr über administrative Berechtigungen. In der Folge kommt es zu einem »Zugriff verweigert«-Fehler. Dieses Problem besteht ausschließlich bei lokalen Administratorkonten, nicht aber bei Mitgliedern der Gruppe der Administratoren wie zum Beispiel der *Domänen-Admins*.

Falls Sie lokale Administratorkonten für die Anmeldung verwenden, muss auf dem Zielsystem die `LocalAccountTokenFilterPolicy` gesetzt werden. Sie sorgt dafür, dass das lokale Administratorkonto auch bei Remotezugriff volle Rechte behält. Um diese Policy manuell zu setzen, öffnen Sie auf dem Zielsystem eine PowerShell mit Administratorrechten und geben dann diesen Befehl in einer Zeile ein:

```
PS> Set-ItemProperty -Path HKLM:\SOFTWARE\Microsoft\Windows\CurrentVersion\Policies\system -Name
LocalAccountTokenFilterPolicy -Value 1 -Type DWord
```

Ports überprüfen

Die jeweiligen Fernzugriffstechnologien benötigen Zugang zu spezifischen Netzwerkports auf dem Zielsystem. Ein Port ist nur erreichbar, wenn der dahinterstehende Dienst ausgeführt wird und der Port in der Firewall geöffnet ist.

Wenn Sie die Portnummern kennen, die ein Fernzugriff benötigt, kann die Funktion `Test-NetworkPort` aus Listing 16.1 einen oder mehrere Ports lokal oder remote überprüfen, um festzustellen, ob die Firewall korrekt konfiguriert ist und/oder die zugrunde liegenden Dienste laufen.

```
PS> Test-NetworkPort -ComputerName dell1

Port Open Type ComputerName
---- ---- ---- ------------
139  True TCP  dell1
445  True TCP  dell1
5985 True TCP  dell1
```

Als Vorgabe überprüft `Test-NetworkPort` die Ports 137 bis 139 (Namensauflösung), 445 (SMB für Fileshares) und 5985 (PowerShell Remoting über HTTP). Sie können mit dem Parameter `-Port` aber auch beliebige andere Ports testen:

```
function Test-NetworkPort
{
  param
  (
    $ComputerName = $env:COMPUTERNAME,

    [int32[]]
    [Parameter(ValueFromPipeline=$true)]
    $Port = $(137..139 + 445 + 5985),

    [int32]
    $Timeout=1000,

    [switch]
    $AllResults
  )

  process
  {
    $count = 0
    ForEach ($PortNumber in $Port)
    {
      $count ++
      $perc = $count * 100 / $Port.Count
      Write-Progress -Activity "Scanning on \\$ComputerName" -Status "Port $PortNumber" -PercentC
omplete $perc

      # in PowerShell 2.0 muss [Ordered] entfernt werden
      # dann ist die Reihenfolge der Eigenschaften aber zufällig.
      $result = New-Object PSObject -Property ([Ordered]@{
        Port="$PortNumber"; Open=$False; Type='TCP'; ComputerName=$ComputerName})

      $TCPClient = New-Object System.Net.Sockets.TcpClient
      $Connection = $TCPClient.BeginConnect($ComputerName, $PortNumber, $null, $null)
```

Mit Remoting quer durchs Netzwerk

```
      try
      {
        if ($Connection.AsyncWaitHandle.WaitOne($Timeout, $false))
        {
          $null = $TCPClient.EndConnect($Connection)
          $result.Open = $true
        }
      }
      catch {} finally { $TCPClient.Close() }

      $result | Where-Object { $AllResults -or $_.Open }
    }
  }
}
```

Listing 16.1: Ports eines Remotesystems überprüfen.

Die Bedeutung der wichtigsten Ports verrät Tabelle 16.1:

Port	Funktion
20, 21	FTP
22	Secure Shell (SSH)
23	TelNet
25	SMTP
135	RPC (z. B. WMI)
137–139	NetBIOS-Namensauflösung
161–162	SNMP
445	Freigaben (SMB), Active Directory
445	WMI
464	Kerberos Change/Set Password
5985	PowerShell-Remoting (HTTP)
5986	PowerShell-Remoting (HTTPS)

Tabelle 16.1: Wichtige Portnummern und ihre Bedeutung für Remoting-Technologien.

Kapitel 17

Windows PowerShell-Remoting

In diesem Kapitel:

Ausführlich werden in diesem Kapitel die folgenden Aspekte erläutert:

- **PowerShell-Remoting:** *Remoting* ist eine .NET-Technologie, mit der Objekte aus verschiedenen Anwendungen miteinander kommunizieren können. Remoting kann sowohl lokal zur Kommunikation parallel laufender Programme als auch über ein Netzwerk für den Fernzugriff eingesetzt werden. Die Protokolle, die dabei zum Einsatz kommen, sind flexibel. PowerShell-Remoting ist eine spezielle Implementation dieses .NET-Remotings und dient dazu, Befehle auf Remotesystemen auszuführen und Dateien oder Ordner zwischen einem lokalen und einem Remotesystem auszutauschen (neu in PowerShell 5).
- **Voraussetzungen:** Das Zielsystem muss über PowerShell 2 oder höher verfügen. Dort muss außerdem der *WinRM-Dienst* ausgeführt und PowerShell-Remoting aktiviert sein, was über das Cmdlet `Enable-PSRemoting` in nur einem Schritt erledigt werden kann. Der Aufrufer muss ebenfalls mindestens PowerShell 2 verwenden.
- **PSSession:** PSSession entspricht einer Remoting-Sitzung auf einem Remotesystem und wird durch den Prozess *wsmprovhost.exe* repräsentiert. Sitzungen können temporär oder

dauerhaft eingerichtet werden und lassen sich auch trennen. Der Anwender, der eine getrennte Sitzung ursprünglich angelegt hat, kann sich mit ihr von einem anderen Computer aus wieder neu verbinden.

- **Endpunkte:** Remoting-Befehle können sich über `-ConfigurationName` mit einem bestimmten Endpunkt auf dem Zielsystem verbinden, der dann festlegt, wie die Remote-PowerShell konfiguriert sein soll und wer darauf Zugriff hat. Eingeschränkte Endpunkte schränken die Funktionalität der PowerShell weiter ein und blenden zum Beispiel nur diejenigen PowerShell-Befehle ein, die zur Lösung einer bestimmten Aufgabe tatsächlich gebraucht werden.
- **Implizites Remoting:** Werden die Befehle aus einer PSSession in die lokale PowerShell importiert, spricht man vom »impliziten Remoting«: Die importierten Befehle des Remotesystems verhalten sich jetzt wie lokale Cmdlets, werden aber in Wirklichkeit nach wie vor von PowerShell auf dem Remotesystem ausgeführt. Importierte Cmdlets lassen sich auch als PowerShell-Modul exportieren. Wird das Modul später eingesetzt, stellt PowerShell automatisch die notwendige Remoteverbindung her und importiert die Cmdlets in die lokale PowerShell.

Eigentlich ergibt es keinen Sinn, dass ein Befehl selbst die Logik für Fernzugriffe auf Remotesysteme implementiert. Dies führt zu Redundanz und Inkonsistenz. Viel sinnvoller ist es, die Remoting-Technologien zentral bereitzustellen, und genau dies ist ab PowerShell 2 möglich.

PowerShell-Remoting macht beliebige Befehle remotefähig, und zwar ohne dass dazu der Befehl irgendetwas Besonderes wissen oder tun müsste. Die Befehle bemerken noch nicht einmal, dass sie remote auf einem anderen Computer ausgeführt werden. In Wirklichkeit sendet PowerShell-Remoting die Befehle nämlich nur an eine separate zweite PowerShell auf dem Remotesystem. Dort werden sie dann ausgeführt, und ihre Ergebnisse werden zum Aufrufer zurücktransportiert.

Weil Befehle beim PowerShell-Remoting also eigentlich weiterhin lokal ausgeführt werden, nur eben auf einer anderen Maschine, ist diese Technik für sämtliche Befehle geeignet, sogar für klassische Konsolenbefehle. Auch ganze Skripte lassen sich auf diese Weise remote ausführen.

PowerShell-Remoting aktivieren

Um PowerShell-Remoting auf dem Zielsystem einzurichten, ist nur ein einziger Befehl nötig, für den Administratorrechte erforderlich sind:

```
PS> Enable-PSRemoting -SkipNetworkProfileCheck -Force

WinRM wurde aktualisiert, um Anforderungen zu empfangen.
Der WinRM-Diensttyp wurde erfolgreich geändert.
Der WinRM-Dienst wurde gestartet.

WinRM wurde für die Remoteverwaltung aktualisiert.
Auf HTTP://* wurde ein WinRM-Listener erstellt, um die WS-Verwaltungsanforderungen an eine
beliebige IP-Adresse auf diesem Computer zu akzeptieren.
Die WinRM-Firewallausnahme ist aktiviert.
"LocalAccountTokenFilterPolicy" wurde so konfiguriert, dass lokalen Benutzern remote
Administratorrechte gewährt werden
```

Tipp

Der Parameter `-SkipNetworkProfileCheck` wurde mit PowerShell 3 eingeführt und sorgt dafür, dass die lokale Firewall Remoting-Anfragen an öffentliche Netzwerke nur von Computern aus demselben Subnetz zulässt. Bei Servern hat dieser Parameter keinen Effekt, weil dort bereits eine entsprechende Firewall-Regel vorhanden ist. Ohne diesen Parameter kann PowerShell-Remoting auf Clients nur eingerichtet werden, wenn es keine aktiven öffentlichen Netzwerkadapter gibt.

Insgesamt werden folgende Änderungen durchgeführt:

- **WinRM-Dienst:** Dieser Dienst wird gestartet und danach für den Automatikstart konfiguriert. Er empfängt später die Remoteanfragen. Auf Servern läuft dieser Dienst ohnehin.
- **Listener:** Es wird für den WinRM-Dienst ein *Listener* eingerichtet, der auf Port 5985 an allen Netzwerkkarten auf Anforderungen wartet, um diese dann zu bearbeiten.
- **Firewall:** Die Firewall des Systems wird so konfiguriert, dass Anforderungen zum Port 5985 den Listener auch erreichen.
- **LocalAccountTokenFilterPolicy:** Sorgt dafür, dass lokale Administratorkonten für die Remoteanmeldung verwendet werden können, wenn die Benutzerkontensteuerung (UAC) aktiviert ist. Diese würde andernfalls lokalen Administratorkonten bei der Remoteanmeldung die administrativen Rechte entziehen und das Konto nur mit normalen Benutzerrechten anmelden, was für PowerShell-Remoting nicht ausreicht.

Profitipp

Sollte `Enable-PSRemoting` mit einer kryptischen Fehlermeldung melden, der Zustand der Firewall könne nicht überprüft werden, kann dies mehrere Ursachen haben:

- **Windows 7:** Hier existieren ein Bug und ein entsprechendes Hotfix (*https://support.microsoft.com/en-us/kb/2697738*).
- **Windows 8/Server 2012 oder höher:** Aktivieren Sie die Firewall-Ausnahmen manuell (wofür Administratorrechte erforderlich sind) und richten Sie ebenfalls manuell einen *WSMan-Listener* ein. Danach rufen Sie `Enable-PSRemoting` erneut auf:

```
PS> Enable-NetFirewallRule -Name WINRM-HTTP-In*
PS> winrm create winrm/config/Listener?Address=*+Transport=HTTP
```

Sobald auf dem Zielsystem das Remoting aktiv ist, können Sie die Verbindung mit `Test-WSMan` testen:

```
PS> Test-WSMan -ComputerName testserver

wsmid           : http://schemas.dmtf.org/wbem/wsman/identity/1/wsmanidentity.xsd
ProtocolVersion : http://schemas.dmtf.org/wbem/wsman/1/wsman.xsd
ProductVendor   : Microsoft Corporation
ProductVersion  : OS: 0.0.0 SP: 0.0 Stack: 3.0
```

Ohne Kerberos und Domäne

Wollen Sie PowerShell-Remoting außerhalb einer Domäne einsetzen (zum Beispiel zu Hause in einem Peer-to-Peer-Netzwerk) oder domänenübergreifend zwischen verschiedenen Domänen, sind auch auf dem Quellsystem (das die Anforderung versendet) Konfigurationsarbeiten nötig. Dasselbe gilt, wenn Sie innerhalb einer Domäne zum Ansprechen des Zielsystems IP-Adressen anstelle von Computernamen verwenden wollen.

Als Vorgabe akzeptiert PowerShell-Remoting nämlich nur die besonders sichere *gegenseitige* Kerberos-Authentifizierung, bei der nicht nur das Zielsystem weiß, wer sich anmelden will, sondern auch der Anmelder sicher sein kann, es tatsächlich mit dem gewünschten Zielsystem zu tun zu haben. Kerberos setzt eine gemeinsame Domäne voraus und funktioniert nur mit Computernamen, nicht mit IP-Adressen. Deshalb ist PowerShell-Remoting in allen anderen Fällen zunächst nicht möglich.

Um sich auch per einseitiger NTLM-Authentifizierung anmelden zu können, ist auf dem System des Aufrufers (nicht des Zielsystems) eine weitere Einstellung nötig, für die Administratorrechte erforderlich sind. Diese Einstellung kann allerdings nur gesetzt werden, wenn auch auf dem System des Aufrufers wenigstens vorübergehend PowerShell-Remoting aktiviert wird:

```
PS> Enable-PSRemoting -Force
PS> Set-Item wsman:\localhost\client\trustedhosts * -Force
```

Anschließend kann PowerShell-Remoting sofort wieder deaktiviert werden. Es muss nur auf denjenigen Systemen aktiv sein, die PowerShell-Remoting-Anfragen empfangen sollen.

```
PS> Disable-PSRemoting -Force

WARNUNG: Durch Deaktivieren der Sitzungskonfigurationen werden nicht alle Änderungen rückgängig
gemacht, die vom Cmdlet "Enable-PSRemoting" oder
"Enable-PSSessionConfiguration" vorgenommen wurden.

Möglicherweise müssen Sie die Änderungen manuell rückgängig machen, indem Sie die folgenden
Schritte ausführen:

    1. Beenden und deaktivieren Sie den WinRM-Dienst.
    2. Löschen Sie den Listener, der Anforderungen auf beliebigen IP-Adressen
       akzeptiert.
    3. Deaktivieren Sie die Firewallausnahmen für die WS-Verwaltungskommunikation.
    4. Setzen Sie den Wert von "LocalAccountTokenFilterPolicy" auf 0 zurück. Dadurch
       wird der Remotezugriff auf Mitglieder der Gruppe "Administratoren" auf dem
       Computer eingeschränkt.
```

Eine längere Meldung weist darauf hin, dass `Disable-PSRemoting` nicht die Änderungen rückgängig macht, die `Enable-PSRemoting` eingerichtet hat, sondern nur die Remoting-Berechtigungen ändert: Dem Konto *Network* wird die Zugriffsberechtigung verweigert, wodurch niemand mehr über das Netzwerk auf PowerShell-Remoting zugreifen kann. Die eigentlichen Änderungen, die `Enable-PSRemoting` vorgenommen hat, bleiben erhalten und müssten falls gewünscht manuell rückgängig gemacht werden.

TrustedHosts-Liste

Die `TrustedHosts`-Liste, die Sie gerade auf der Aufruferseite geändert haben, kontrolliert also, zu welchen Computern Sie sich verbinden dürfen, wenn Kerberos nicht zur Verfügung steht – wem Sie also vertrauen.

Denken Sie daran: Verbinden Sie sich mit einem System ohne Kerberos, können Sie nie wirklich sicher sein, mit welchem System Sie gerade Kontakt haben. Ein Angreifer könnte den Zielserver vom Netzwerk trennen und stattdessen seinen eigenen Computer mit derselben IP-Adresse verbinden. Ihre Anmeldung würde dann vom Angreifer empfangen. Nur Kerberos als zweiseitiges Anmeldeverfahren würde diesen Austausch bemerken.

Die `TrustedHosts`-Liste ist also ein weiterer Sicherheitsgurt für Sie selbst, was erklärt, warum die Liste auf dem Quell- und nicht auf dem Zielsystem konfiguriert wird. Das Zielsystem schützt sich vor unbefugten Zugriffen ausschließlich über seine Firewall-Regeln.

Indem Sie ein Sternchen in die Liste eintragen, dürfen Sie sich fortan mit jedem beliebigen Computer verbinden. Möchten Sie den Schutz nicht komplett ablegen, tragen Sie in `TrustedHosts` Adress- und Namensbereiche ein, wobei Platzhalter erlaubt sind:

```
PS> Set-Item wsman:\localhost\client\trustedhosts server_* -Force
PS> Set-Item wsman:\localhost\client\trustedhosts 10.10.10.* -Force -Concat
PS> Set-Item wsman:\localhost\client\trustedhosts 192.168.2.110 -Force -Concat
PS> Get-ChildItem wsman:\localhost\client
```

In diesem Beispiel dürfen Sie sich anschließend nur noch mit Computern verbinden, deren Namen mit `server_` oder deren IP-Adressen mit `10.10.10.` beginnen. Außerdem ist der Zugang zum System mit der IP-Adresse `192.168.2.110` freigegeben.

PowerShell-Remoting überprüfen

Wenn Sie sichergehen möchten, dass die Einrichtung von PowerShell-Remoting erfolgreich durchgeführt wurde (und mindestens Windows 8 oder Server 2012 einsetzen), nutzen Sie die Funktion `Test-PSRemoting` aus Listing 17.1. `Test-PSRemoting` muss in einer PowerShell mit vollen Administratorrechten ausgeführt werden und informiert Sie darüber, ob die wesentlichen Bestandteile des PowerShell-Remotings erfolgreich eingerichtet wurden:

```
PS> Test-PSRemoting


WinRM-Service läuft                 : True
Firewall erlaubt Zugriff            : True
Unterstützung für lokale Adminkonten : True
WSMan-Listener konfiguriert         : True
PSSessionConfigurations aktiv       : True
```

Hinweis

Die Einstellung `Unterstützung für lokale Adminkonten` ist für das PowerShell-Remoting nicht zwingend notwendig und wird von `Enable-PSRemoting` nur aktiviert, wenn die Benutzerkontensteuerung (UAC) eingeschaltet ist. Ist die Einstellung nicht aktiv, können keine lokalen Administratorkonten für die Remoteanmeldung verwendet werden, wenn beim Zielsystem die Benutzerkontensteuerung aktiviert ist (UAC).

Falls Sie sowieso nicht vorhaben, das lokale Administratorkonto für Remotezugriffe einzusetzen, ist diese Einstellung also egal. Andernfalls haben Sie bereits im vorangegangenen Kapitel erfahren, wie die Einstellung aktiviert wird.

Test-PSRemoting steht erst zur Verfügung, wenn Sie die folgende Funktion angelegt haben. Sie setzt mindestens Windows 8 oder Server 2012 voraus.

```
function Test-PSRemoting
{
  # WinRM-Dienst
  $service = Get-Service -Name WinRM

  # Firewall-Ausnahmen...
  $firewall = @(Get-NetFirewallRule -Name WINRM-HTTP-In* |
                # ...die nicht disabled sind
                Where-Object { $_.Enabled -eq $true })

  # Unterstützung für lokale Adminkonten
  $Path = 'HKLM:\SOFTWARE\Microsoft\Windows\CurrentVersion\policies\system'
  $key = Get-ItemProperty -Path $Path

  # WSMan-Listener
  $Application = 'winrm/config/Listener'
  $Selector = @{Address='*';Transport='http'}
  $listener = @(Get-WSManInstance $Application -SelectorSet $Selector)

  # PSSessionConfigurations ...
  $config = @(Get-PSSessionConfiguration |
                # ...die nicht disabled sind
                Where-Object { $_.SecurityDescriptorSDDL -notlike '*(D;;GA;;;NU)*' })

  $test = [Ordered]@{
      'WinRM-Service läuft' = $service.Status -eq 'Running'
      'Firewall erlaubt Zugriff' = $firewall.Count -eq 2
      'Unterstützung für lokale Adminkonten' = $key.LocalAccountTokenFilterPolicy -eq 1
      'WSMan-Listener konfiguriert' = $listener.Count -gt 0
      'PSSessionConfigurations aktiv' = $config.Count -gt 0
  }

  New-Object -TypeName PSObject -Property $test
}
```

Listing 17.1: Korrekte Einrichtung des PowerShell-Remotings überprüfen.

Test-PSRemoting »beweist« übrigens, dass die meisten Änderungen von Enable-PSRemoting durch Disable-PSRemoting nicht rückgängig gemacht werden. Schalten Sie das Remoting mit Disable-Remoting aus, liefert Test-PSRemoting dieses erstaunliche Ergebnis:

```
PS> Test-PSRemoting


WinRM-Service läuft                  : True
Firewall erlaubt Zugriff             : True
Unterstützung für lokale Adminkonten : True
WSMan-Listener konfiguriert          : True
PSSessionConfigurations aktiv        : False
```

Disable-PSRemoting konfiguriert die Sicherheitseinstellungen des Remotings so, dass niemand mehr Zugriff erhält. Dies ergibt durchaus Sinn, denn die vom PowerShell-Remoting vorgenommenen Einstellungen wie der Start des WinRM-Diensts oder die Konfiguration der Firewall-Regeln betreffen nicht nur das Remoting selbst. Auch andere Dienste und Programme könnten (zwischenzeitlich) darauf zugreifen, sodass diese Einstellungen nicht einfach wieder rückgängig gemacht werden können.

Erste Schritte mit PowerShell-Remoting

Am besten probieren Sie Ihre neuen Remotefähigkeiten gleich aus und schalten sich dazu zunächst einmal mit `Enter-PSSession` auf ein anderes System auf, auf dem PowerShell-Remoting aktiviert ist.

```
PS> Enter-PSSession -ComputerName testserver
[testserver]: PS C:\Dokumente und Einstellungen\Administrator\Eigene Dateien>
```

In der PowerShell-Konsole wird jetzt vor der Eingabeaufforderung in eckigen Klammern der Name des Zielsystems angezeigt. Alles, was Sie eingeben, wird auf dem Remotesystem ausgeführt, und alle Ergebnisse erscheinen wieder in Ihrer Konsole. Als Beleg dafür, dass Ihre Konsole nun tatsächlich auf dem Remotesystem ausgeführt wird, rufen Sie die Umgebungsvariable `COMPUTERNAME` sowie die WMI-BIOS-Informationen ab:

```
[testserver]: PS> $env:COMPUTERNAME
TESTSERVER
[testserver]: PS> Get-WmiObject Win32_BIOS

SMBIOSBIOSVersion : P03
Manufacturer      : Phoenix Technologies LTD
Name              : Ver 1.00PARTTBLw
SerialNumber      : 98H340ED2H9300237A30A1
Version           : PTLTD  - 6040000
```

Sie können prinzipiell ganz beliebige Befehle aufrufen, zum Beispiel neben Cmdlets auch `ipconfig` oder `ping.exe`. Die Befehle müssen allerdings auf dem Remotesystem tatsächlich vorhanden sein.

Das Einzige, was Sie tunlichst vermeiden sollten, ist das Starten von Anwendungen mit grafischer Oberfläche, denn dadurch würden Sie Ihre PowerShell blockieren. Alle Befehle werden nämlich synchron ausgeführt: PowerShell-Remoting startet den Befehl und wartet danach auf seine Rückgabewerte, um diese zurück zu Ihnen zu transportieren. Starten Sie also eine Windows-Anwendung wie beispielsweise *notepad.exe*, würde PowerShell auch diesen Befehl auf dem Remotesystem synchron ausführen und danach auf Rückgabewerte warten. Und warten. Und warten.

Das Fenster der Anwendung würde nämlich niemand zu Gesicht bekommen, es startet unsichtbar. Und so gäbe es auch keine Möglichkeit, die gestartete Anwendung wieder zu beenden. Die Blockade könnte nur aufgehoben werden, indem Sie den herrenlosen Windows-Editor über den Windows Task-Manager des Zielsystems (oder eine zweite PowerShell-Remoteverbindung) beenden.

Wenn Sie fertig sind, verlassen Sie die Remotesitzung mit `Exit-PSSession` (oder `exit`) und gelangen so zurück zu Ihrer lokalen Sitzung.

```
[testserver]: PS> Exit-PSSession
PS>
```

Remoting-Unterstützung im ISE-Editor

Auch der ISE-Skripteditor unterstützt interaktives Remoting: Mit *Datei/Neue Remote-PowerShell-Registerkarte* (oder Strg+⇧+R) öffnet sich ein Dialogfeld, in das Sie den Namen des Zielsystems und den Benutzernamen eintragen (Abbildung 17.1).

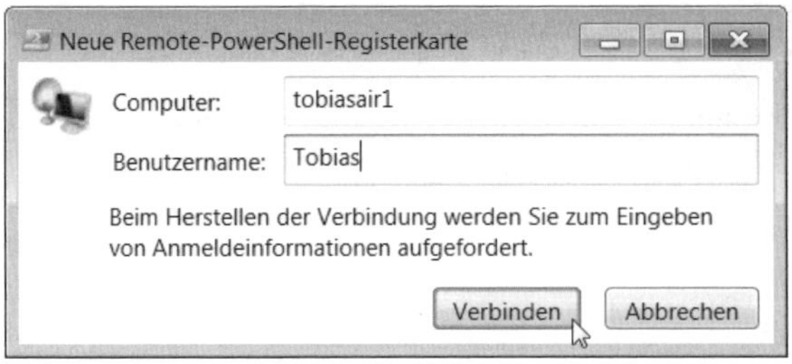

Abbildung 17.1: Verbindung zu einem Remotesystem im ISE-Editor herstellen.

Die eigentliche Anmeldung am Zielsystem erfolgt danach. Anschließend zeigt der ISE-Editor eine neue Registerkarte mit dem Namen des Zielsystems an. Alle Skripte, die auf dieser Registerkarte ausgeführt werden, führt PowerShell auf dem Zielsystem aus. So kann man Skripte auch auf Remotesystemen erstellen, auf denen möglicherweise besondere Bedingungen herrschen.

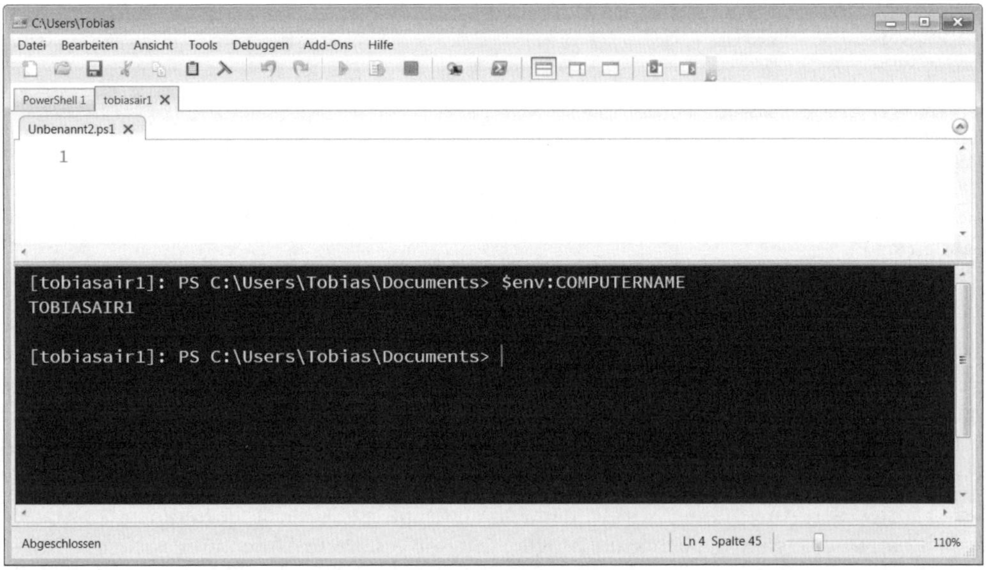

Abbildung 17.2: Mit dem ISE-Editor Skripte auf einem Remotesystem entwickeln.

Befehle und Skripte remote ausführen

`Enter-PSSession` reagiert ausschließlich auf interaktive Eingaben. Sie können damit weder Befehle noch ganze Skripte an ein Remotesystem senden. In Skriptcode hat `Enter-PSSession` grundsätzlich nichts zu suchen. Möchten Sie von einem Skript aus Code an ein Remotesystem senden, greifen Sie stattdessen zu `Invoke-Command`.

Die folgende Zeile führt beispielsweise den Befehl `Get-Service` auf dem Computer `testserver` aus. Die Dienste dieses Computers werden automatisch zurück zu Ihnen geliefert und angezeigt:

```
PS> Invoke-Command -ScriptBlock { Get-Service } -ComputerName testserver
```

Invoke-Command überträgt den übergebenen Skriptblock zuerst ans Zielsystem. Alternativ kann mit dem Parameter -FilePath auch eine lokale Skriptdatei angegeben werden. PowerShell würde dann den Code in dieser Skriptdatei automatisch als Skriptblock verpacken und auf gleiche Weise ans Zielsystem schicken.

Auf dem Zielsystem wird eine unsichtbare PowerShell-Sitzung gestartet, ganz ähnlich wie bei Enter-PSSession. Der Code wird in dieser Sitzung auf dem Remotesystem ausgeführt. Alle Ergebnisse transportiert das PowerShell-Remoting wieder zurück zu Ihnen. Dank Invoke-Command wird also grundsätzlich jeder Befehl remotefähig und sorgt für verlässliche Standards.

Get-Service wäre zwar auch selbst in der Lage gewesen, die Informationen remote zu beschaffen, allerdings nur dann, wenn die speziellen Netzwerkvoraussetzungen gegeben wären, die der Befehl für seinen eigenen Remotezugriff benötigt:


```
PS> Get-Service -ComputerName testserver
```

Spätestens wenn Sie sich am Remotesystem mit einem anderen Benutzerkonto ausweisen müssten, würde die eigene Netzwerkunterstützung allerdings scheitern. Get-Service verfügt über keinen Parameter -Credential für die Anmeldung und verwendet immer die Aufruferidentität.

PowerShell-Remoting unterstützt standardmäßig immer eine Anmeldung ...

```
PS> Invoke-Command -ScriptBlock { Get-Service } -ComputerName testserver -Credential test\user
```

... und kann grundsätzlich jeden Befehl remote ausführen, also auch solche, die überhaupt keine eigene Netzwerkunterstützung mitbringen.

```
PS> Invoke-Command -ScriptBlock { netstat -n } -ComputerName testserver

Aktive Verbindungen

  Proto  Lokale Adresse          Remoteadresse          Status
  TCP    127.0.0.1:5354          127.0.0.1:49669        HERGESTELLT
  TCP    127.0.0.1:5354          127.0.0.1:49670        HERGESTELLT
  TCP    127.0.0.1:27015         127.0.0.1:49740        HERGESTELLT
  TCP    127.0.0.1:49669         127.0.0.1:5354         HERGESTELLT
  TCP    127.0.0.1:49670         127.0.0.1:5354         HERGESTELLT
  TCP    127.0.0.1:49740         127.0.0.1:27015        HERGESTELLT
  TCP    192.168.2.105:50664     104.214.40.24:443      WARTEND
  TCP    192.168.2.105:50673     88.221.235.59:80       HERGESTELLT
  TCP    192.168.2.105:50674     88.221.235.59:80       WARTEND
(...)
```

Remotefähigen Code entwickeln

Sobald Ihre Skripte damit beginnen, über Invoke-Command Code auch auf Remotesystemen auszuführen, kann es verwirrend werden. Wo genau wird welcher Code jetzt eigentlich ausgeführt?

Der Code, der mit Invoke-Command an ein Remotesystem gesendet wird, läuft eigentlich in einer separaten PowerShell auf dem Remotesystem. Das bedeutet auch, dass alle Befehle, Module, Cmdlets und sonstigen Abhängigkeiten, die Sie darin verwenden, auf diesem Zielsystem auch vorhanden sein müssen. Rufen Sie beispielsweise *robocopy.exe* mit Invoke-Command remote auf, muss dieses Tool auf dem Zielsystem auch existieren.

Argumente an Remotecode übergeben

Noch wichtiger: Ihre eigene (lokale) PowerShell und die remote ausgeführte PowerShell sind unterschiedliche Anwendungen, die nichts voneinander wissen. Ihre eigenen Variablen stehen in der Remote-PowerShell nicht zur Verfügung und umgekehrt. Der einzige Kommunikationsweg zwischen den beiden PowerShells ist `Invoke-Command`.

Schauen Sie sich dazu das folgende typische Anfängerskript an (Listing 17.2), das mit der Funktion `Get-ErrorEvent` Fehlerereignisse aus Logbüchern eines Remotesystems auslesen soll.

```
function Get-ErrorEvent
{
  param
  (
    [Parameter(Mandatory=$true)]
    $ComputerName,

    $LogName='System'
  )

  $code = { Get-EventLog -LogName $LogName -EntryType Error |
            Export-Csv $env:TEMP\result.csv -NoTypeInformation -Encoding UTF8 -UseCulture }
  Invoke-Command -ScriptBlock $code -ComputerName $ComputerName
}
```

Listing 17.2: Fehlerereignisse von einem Remotesystem abrufen (enthält Fehler).

Wenn Sie es aufrufen, erhalten Sie folgende Fehlermeldung:

```
PS> Get-ErrorEvent -ComputerName testserver -LogName System
Das Argument kann nicht an den Parameter "LogName" gebunden werden, da es NULL ist.
    + CategoryInfo          : InvalidData: (:) [Get-EventLog], ParameterBindingVal
   idationException
    + FullyQualifiedErrorId : ParameterArgumentValidationErrorNullNotAllowed,Micro
   soft.PowerShell.Commands.GetEventLogCommand
```

Offenbar ist das Argument `$LogName` nicht im Skriptblock angekommen, und das leuchtet auch ein: Der Skriptblock wurde zuerst an das Remotesystem gesendet und dann dort in einer ganz anderen PowerShell-Sitzung ausgeführt. Ihre lokalen Variablen, so auch `$LogName`, existieren dort nicht.

Sie müssen also lokale Variablen an den Skriptblock übergeben, bevor er zum Remotesystem gesendet wird. Dazu kann man `Invoke-Command` Argumente übergeben, die der remote ausgeführte Skriptblock dann als Parameter empfangen kann:

```
function Get-ErrorEvent
{
  param
  (
    [Parameter(Mandatory=$true)]
    $ComputerName,

    $LogName='System'
  )

     $code =
     {
       param($LogName)
```

```
        Get-EventLog -LogName $LogName -EntryType Error |
          Export-Csv $env:TEMP\result.csv -NoTypeInformation -Encoding UTF8 -UseCulture
      }

  Invoke-Command -ScriptBlock $code -ComputerName $ComputerName -ArgumentList $LogName
}
```

Listing 17.3: Argumente an remote ausgeführten Code übergeben.

Ab PowerShell 3.0 besteht zusätzlich die Möglichkeit, lokale Variablen im Skriptblock mit dem Präfix `Using:` zu kennzeichnen. So kann der Skriptblock ebenfalls auf lokale Variablen des Aufrufers zugreifen:

```
function Get-ErrorEvent
{
  param
  (
    [Parameter(Mandatory=$true)]
    $ComputerName,

    $LogName='System'
  )

      $code =
      {
        Get-EventLog -LogName $Using:LogName -EntryType Error |
          Export-Csv $env:TEMP\result.csv -NoTypeInformation -Encoding UTF8 -UseCulture
      }

  Invoke-Command -ScriptBlock $code -ComputerName $ComputerName
}
```

Listing 17.4: Remote auf lokale Variablen zugreifen.

Ergebnisse vom Remotecode an den Aufrufer übertragen

Die verbesserten Funktionen laufen nun ohne Fehlermeldung. Allerdings schließt sich gleich die nächste Frage an: Wie gelangen die Daten, die der remote ausgeführte Code auf dem Remotesystem in eine CSV-Datei geschrieben hat, zurück zu Ihnen?

Die Antwort ist die gleiche: Kommunikation läuft ausschließlich über `Invoke-Command`, und zwar in beide Richtungen. Remoting ist keine Einbahnstraße, und `Invoke-Command` bringt Ergebnisse automatisch zu Ihnen zurück – wenn Sie das zulassen und die Ergebnisse nicht bereits auf dem Zielsystem verarbeiten.

Es genügt deshalb, `Export-CSV` einfach aus dem Skriptblock ins lokale Skript zu verschieben:

```
function Get-ErrorEvent
{
  param
  (
    [Parameter(Mandatory=$true)]
    $ComputerName,

    $LogName='System'
  )

      $code =
      {
```

```
        param($LogName)

        Get-EventLog -LogName $LogName -EntryType Error
      }

   Invoke-Command -ScriptBlock $code -ComputerName $ComputerName -ArgumentList $LogName |
         Export-Csv $env:temp\result.csv -NoTypeInformation -Encoding UTF8 -UseCulture
}
```

Listing 17.5: Ergebnisse vom Remotesystem zurück zum Aufrufer transportieren und dort speichern.

Das hat gleich noch einen zweiten Vorteil: Da die CSV-Datei nun auf Ihrem eigenen System angelegt wird, verwendet PowerShell mit dem Parameter `-UseCulture` Ihre eigenen kulturspezifischen Trennzeichen, also in Deutschland das Semikolon. Hätten Sie die CSV-Dateien jeweils auf den Remotesystemen erzeugt, wären die dortigen Kultureinstellungen verwendet worden, und bei einem multinationalen Unternehmen hätten Sie CSV-Dateien mit verschiedenen Trennzeichen erzeugt.

Fan-Out: integrierte Parallelverarbeitung

`Invoke-Command` macht Ihren Code nicht nur remotefähig, sondern gleichzeitig auch multitaskingfähig. Zwar ist PowerShell an sich »Single-Threaded« – kann also stets nur eine Aufgabe nach der nächsten erledigen –, da Sie beim PowerShell-Remoting die Arbeit aber nicht auf Ihrem System erledigen, sondern an andere PowerShells weiterreichen, kann das auch parallel geschehen.

Abbildung 17.3: Fan-Out: mehrere Sitzungen auf verschiedenen Computern gleichzeitig ansprechen.

Ihre Funktion `Get-ErrorEvent` aus Listing 17.5 braucht dazu nichts Besonderes zu tun. Sie dürften dem Parameter `-ComputerName` beliebig viele Computernamen übergeben, zum Beispiel als eine Liste von kommaseparierten Namen. `Invoke-Command` wird dann Ihren Code an alle angegebenen Computer gleichzeitig übergeben und dort auch gleichzeitig bearbeiten lassen.

Dies wirft aber die nächste Frage auf: Wenn die Ergebnisse von verschiedenen Computern zu Ihnen zurückkehren, woher weiß man dann, welches Ergebnis von welchem Computer stammt? `Invoke-Command` fügt an die Ergebnisse zusätzliche Informationen an, zumindest wenn es sich bei diesen Informationen um Objekte handelt. In der angefügten Eigenschaft `PSComputerName` findet sich immer der Name des Absendercomputers. Das wird deutlich, wenn Sie die Informationen aus der generierten CSV-Datei in Microsoft Excel importieren:

```
PS> Get-ErrorEvent -ComputerName dell1, 127.0.0.1
PS> Invoke-Item $env:temp\result.csv
```

Im Excel-Sheet fällt die Spalte *PSComputerName* ins Auge. Sie enthält den Namen des Systems, von dem diese Information kam (Abbildung 17.4).

Daneben befindet sich die Spalte *RunspaceID*. Sie stammt ebenfalls vom PowerShell-Remoting und enthält die eindeutige Kennung der PowerShell-Sitzung. Diese Information wird wesentlich seltener benötigt, zum Beispiel aber dann, wenn mehrere Verbindungen zum selben Computer aufgebaut wurden.

Noch etwas fällt auf: Die Ergebnisse in *PSComputerName* sind bunt gemischt. Ihr System empfängt die Informationen von den Remotesystemen in dem Augenblick, in dem die Remotesysteme sie zurücksenden. Die Ergebnisse treffen also in mehr oder weniger zufälliger Reihenfolge ein.

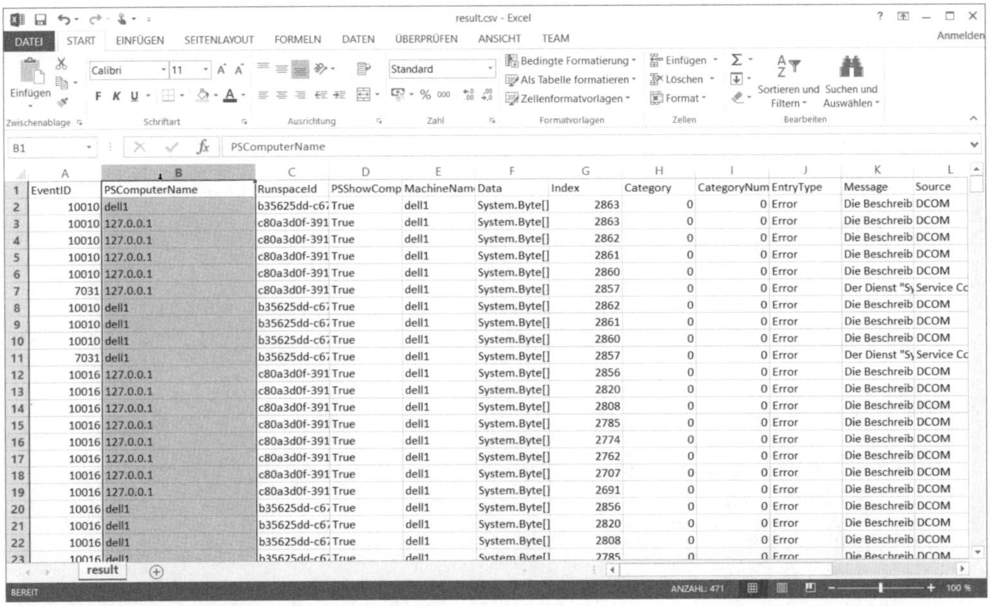

	A	B	C	D	E	F	G	H	I	J	K	L
1	EventID	PSComputerName	RunspaceId	PSShowComp	MachineNam	Data	Index	Category	CategoryNum	EntryType	Message	Source
2	10010	dell1	b35625dd-c67	True	dell1	System.Byte[]	2863	0	0	Error	Die Beschreib	DCOM
3	10010	127.0.0.1	c80a3d0f-391	True	dell1	System.Byte[]	2863	0	0	Error	Die Beschreib	DCOM
4	10010	127.0.0.1	c80a3d0f-391	True	dell1	System.Byte[]	2862	0	0	Error	Die Beschreib	DCOM
5	10010	127.0.0.1	c80a3d0f-391	True	dell1	System.Byte[]	2861	0	0	Error	Die Beschreib	DCOM
6	10010	127.0.0.1	c80a3d0f-391	True	dell1	System.Byte[]	2860	0	0	Error	Die Beschreib	DCOM
7	7031	127.0.0.1	c80a3d0f-391	True	dell1	System.Byte[]	2857	0	0	Error	Der Dienst "Sy	Service Cc
8	10010	dell1	b35625dd-c67	True	dell1	System.Byte[]	2862	0	0	Error	Die Beschreib	DCOM
9	10010	dell1	b35625dd-c67	True	dell1	System.Byte[]	2861	0	0	Error	Die Beschreib	DCOM
10	10010	dell1	b35625dd-c67	True	dell1	System.Byte[]	2860	0	0	Error	Die Beschreib	DCOM
11	7031	dell1	b35625dd-c67	True	dell1	System.Byte[]	2857	0	0	Error	Der Dienst "Sy	Service Cc
12	10016	127.0.0.1	c80a3d0f-391	True	dell1	System.Byte[]	2856	0	0	Error	Die Beschreib	DCOM
13	10016	127.0.0.1	c80a3d0f-391	True	dell1	System.Byte[]	2820	0	0	Error	Die Beschreib	DCOM
14	10016	127.0.0.1	c80a3d0f-391	True	dell1	System.Byte[]	2808	0	0	Error	Die Beschreib	DCOM
15	10016	127.0.0.1	c80a3d0f-391	True	dell1	System.Byte[]	2785	0	0	Error	Die Beschreib	DCOM
16	10016	127.0.0.1	c80a3d0f-391	True	dell1	System.Byte[]	2774	0	0	Error	Die Beschreib	DCOM
17	10016	127.0.0.1	c80a3d0f-391	True	dell1	System.Byte[]	2762	0	0	Error	Die Beschreib	DCOM
18	10016	127.0.0.1	c80a3d0f-391	True	dell1	System.Byte[]	2707	0	0	Error	Die Beschreib	DCOM
19	10016	127.0.0.1	c80a3d0f-391	True	dell1	System.Byte[]	2691	0	0	Error	Die Beschreib	DCOM
20	10016	dell1	b35625dd-c67	True	dell1	System.Byte[]	2856	0	0	Error	Die Beschreib	DCOM
21	10016	dell1	b35625dd-c67	True	dell1	System.Byte[]	2820	0	0	Error	Die Beschreib	DCOM
22	10016	dell1	b35625dd-c67	True	dell1	System.Byte[]	2808	0	0	Error	Die Beschreib	DCOM
23	10016	dell1	b35625dd-c67	True	dell1	System.Byte[]	2785	0	0	Error	Die Beschreib	DCOM

Abbildung 17.4: PowerShell-Remoting fügt den Namen des Absendersystems in PSComputerName hinzu.

ThrottleLimit: Parallelverarbeitung begrenzen

Die integrierte Parallelverarbeitung von `Invoke-Command` kann beliebig viele Computer gleichzeitig ansprechen, doch führt dies zur nächsten Herausforderung. Fragen Sie beispielsweise Hunderte oder Tausende von Systemen gleichzeitig ab, können riesige Datenlawinen auf Ihr System treffen. Alle abgefragten Systeme antworten schließlich mehr oder weniger gleichzeitig, was zu Netzwerkproblemen und hausgemachten Denial-of-Service-Angriffen führen kann.

Daher enthält `Invoke-Command` einen Begrenzungsmechanismus, der als Vorgabe auf den Wert 32 eingestellt ist: Nur 32 Verbindungen arbeiten wirklich gleichzeitig. Sobald die erste davon ihre Arbeit erledigt hat, kann die 33. die Arbeit aufnehmen. Dies nennt man »ThrottleLimit« (*Throttle* = Ventilrad), und wenn Sie tatsächlich größere Mengen von Computern gleichzeitig ansprechen, ist es sinnvoll, dieses Limit anzupassen.

Liefert Ihr Code nur wenige oder gar keine Daten zurück, kann man das Limit gefahrlos erhöhen und damit die Ausführungsgeschwindigkeit noch erheblich steigern. Werden dagegen viele Daten erwartet, kann man es auch senken. Zuständig ist der Parameter `-ThrottleLimit`.

Remote Desktop mit PowerShell aktivieren

Möchten Sie auf einem Remotesystem nur rasch eine einzelne Einstellung ändern, dann lohnt es sich natürlich nicht, dafür ein aufwändiges Skript zu konzipieren. Hier ist der Griff zur Maus und der Einsatz des Remote Desktops viel einfacher. Jedenfalls dann, wenn der Remote Desktop auf dem Zielsystem auch tatsächlich eingeschaltet ist.

PowerShell Remoting kann dazu verwendet werden, um den Remote Desktop remote zu aktivieren. Sobald das geschehen ist, kann man anschließend ganz bequem eine Remote Desktop-Verbindung zum Zielsystem herstellen und dort per Maus und Klick beliebige Einstellungen manuell ändern. Genau das leistet der Set-Remote-Desktop:

```
function Set-RemoteDesktop
{
  param
  (
    $ComputerName,

    $Credential,

    [switch]
    $Disable
  )

  # diesen Parameter nicht an Invoke-Command weitergeben
  $null = $PSBoundParameters.Remove('Disable')

  $code = {
    param([bool]$Disable)

    $key = 'HKLM:\SYSTEM\CurrentControlSet\Control\Terminal Server'
    if ($Disable) {
        $Value = 1
    }
    else {
        $Value = 0
    }
    Set-ItemProperty -Path $key -Name fDenyTSConnections -Value ([int]$Value) -Type DWORD

    if ($Disable)
    {
      netsh.exe advfirewall firewall set rule group="Remotedesktop" new enable=no
      Write-Warning "Remote Desktop disabled on \\$env:COMPUTERNAME"
    }
    else
    {
      netsh.exe advfirewall firewall set rule group="Remotedesktop" new enable=yes
      Write-Warning "Remote Desktop enabled on \\$env:COMPUTERNAME"
    }
  }

  Invoke-Command -ScriptBlock $code @PSBoundParameters -ArgumentList $Disable
}
```

Listing 17.6: Remote Desktop-Zugriff remote ein- und ausschalten.

Double-Hop und CredSSP: Anmeldeinfos weiterreichen

Remotecode wird zwar unter Ihrem Benutzerkonto ausgeführt, darf aber diese Anmeldeinformationen nicht für weitere Authentifizierungen verwenden. Wenn Ihr Remotecode sich nun erneut authentifizieren muss, zum Beispiel um auf ein Netzlaufwerk zugreifen zu können, führt das zum *Double-Hop*-Problem.

Hier ein Beispiel: Angenommen, Sie besitzen Administratorrechte auf den Servern testserver und storage1. Sie können beide Systeme von Ihrem lokalen System aus remote erreichen:

```
PS> Get-WmiObject -Class Win32_OperatingSystem -ComputerName testserver, storage1 |
      Select-Object -ExpandProperty Caption

Microsoft Windows 7 Ultimate
Microsoft(R) Windows(R) Server 2003 für Small Business Server
```

Versuchen Sie dagegen den Remotezugriff von Code, den Sie per PowerShell-Remoting auf einem anderen System ausführen, wird dieser Code zwar ausgeführt, darf sich aber nicht am dritten System authentifizieren:

```
$code =
{
  Get-WmiObject Win32_OperatingSystem -ComputerName storage1 |
    Select-Object -ExpandProperty Caption
}

Invoke-Command -ScriptBlock $code -ComputerName testserver
```

Listing 17.7: Eine transparente zweite Anmeldung ist nicht erlaubt.

```
Zugriff verweigert (Ausnahme von HRESULT: 0x80070005 (E_ACCESSDENIED))
```

Erlaubt ist dagegen eine explizite zweite Anmeldung, bei der Benutzername und Kennwort erneut übergeben werden. So lassen sich viele Double-Hop-Probleme lösen: Dem Remotecode wird das für die Anmeldung erforderliche Credential-Objekt (oder, falls erforderlich, der Anmeldename und das Kennwort) über Argumente übergeben. So kann das Remoteskript eine neue, frische Anmeldung vornehmen:

```
$anmeldung = Get-Credential "$env:USERDOMAIN\$env:USERNAME"
$code =
{
  param($Credential)
  Get-WmiObject Win32_OperatingSystem -ComputerName storage1 -Credential $Credential |
    Select-Object -ExpandProperty Caption
}

Invoke-Command -ScriptBlock $code -ComputerName testserver -ArgumentList $anmeldung
```

Listing 17.8: Explizite erneute Anmeldungen sind erlaubt.

Der Remotecode wird korrekt ausgeführt und kann sich am dritten System ausweisen. Dasselbe Verfahren kann man auch für Netzlaufwerke einsetzen. Der Remotecode legt dazu vorübergehend ein Netzlaufwerk an, zum Beispiel mit net use, und kann auch hier die notwendigen Anmeldeinformationen übergeben.

Alternativ kann man die transparente Weitergabe von Identitäten aber auch gestatten. Dazu wird eine Technik namens *CredSSP* verwendet, die ebenfalls beim Remote Desktop eingesetzt wird. Weil das die Sicherheit beeinträchtigt, darf eine solche Vertrauensstellung nur zwischen besonders vertrauenswürdigen Computern geschehen. Bevor CredSSP verwendet werden kann, muss es auf beiden Seiten eingerichtet werden.

Auf dem Quellcomputer (der die Anfrage sendet) schalten Sie CredSSP mit `Enable-WSManCredSSP` und der Rolle `Client` frei. Dafür sind Administratorrechte notwendig:

```
PS> Enable-WSManCredSSP -Role Client -DelegateComputer testserver
```

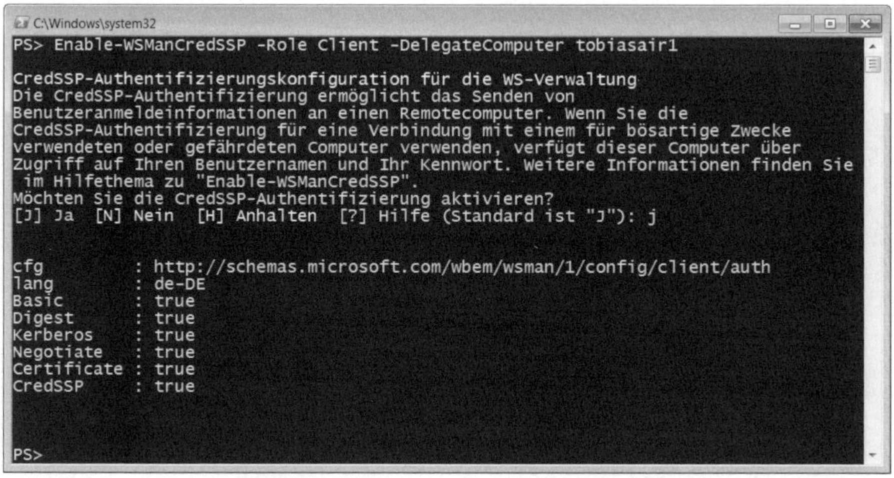

Abbildung 17.5: Auf beiden beteiligten Computern muss CredSSP aktiviert werden, denn es lockert die Sicherheit.

Auf dem Zielsystem wird CredSSP entsprechend mit der Rolle `Server` aktiviert:

```
PS> Enable-WSManCredSSP -Role Server -Force
```

Wieder sind Administratorrechte erforderlich. Wenn Sie die Einstellung auf einem Remotesystem vornehmen wollen, schauen Sie sich die Funktion `Set-RemoteDesktop` von vorhin an (Listing 17.6). Damit aktivieren Sie den Remote Desktop und können darüber den Befehl auch ferngesteuert absetzen. Nachdem CredSSP auf beiden Seiten erfolgreich aktiviert wurde, funktioniert Listing 17.7 ohne Fehlermeldung, wenn Sie:

- zusätzlich den Parameter `-Authentication Credssp` angeben und
- explizit die Anmeldeinformationen mit `-Credential` übergeben:

```
$remotecode =
{
  Get-WmiObject Win32_OperatingSystem -ComputerName storage1 |
    Select-Object -ExpandProperty Caption
}

Invoke-Command -ScriptBlock $code -ComputerName testserver -Authentication Credssp -Credential
"$env:USERDOMAIN\$env:USERNAME"
```

Listing 17.9: Remotecode über eine CredSSP-Verbindung ausführen.

Achtung

Außerhalb eines Domänennetzwerks und ohne die sichere Kerberos-Authentifizierung wird CredSSP nicht sofort aktiv. Auf dem Quellcomputer (der die Verbindung initiiert und seine Anmeldedaten ans Remotesystem übergibt) muss dies nochmals ausdrücklich erlaubt werden. Andernfalls erhalten Sie eine Fehlermeldung wie diese hier:

[testserver] Beim Verbinden mit dem Remoteserver "testserver" ist folgender Fehler aufgetreten: Die Anforderung kann vom WinRM-Client nicht verarbeitet werden. Eine **Computerrichtlinie** ermöglicht nicht die Delegierung der Benutzeranmeldeinformationen an den Zielcomputer, da der **Computer** als **nicht vertrauenswürdig** eingestuft wird. (…) Sofern der SPN bereits vorhanden ist, die Identität des Zielcomputers jedoch nicht mit Kerberos überprüft werden kann und die Delegierung der Benutzeranmeldeinformationen zum Zielcomputer nach wie vor zugelassen werden soll, verwenden Sie **"gpedit.msc"**, und betrachten Sie die folgende Richtlinie: **Computerkonfiguration -> Administrative Vorlagen -> System -> Delegierung der Anmeldeinformationen -> Aktuelle Anmeldeinformationen mit reiner NTLM-Serverauthentifizierung zulassen.** Stellen Sie sicher, dass die Anwendung aktiviert und mit einem für den Zielcomputer geeigneten SPN konfiguriert ist. Beispiel: Für den Zielcomputernamen "myserver.domain.com" kann der SPN eine der folgenden Bezeichnungen besitzen: WSMAN/myserver.domain.com or **WSMAN/*.domain.com.** Wiederholen Sie die Anforderung nach diesen Änderungen.

Geben Sie also diesen Befehl in eine PowerShell-Sitzung mit erhöhten Rechten ein:

```
PS> gpedit.msc
```

Es öffnet sich der *Editor für lokale Gruppenrichtlinien*. Darin navigieren Sie zu *Computerkonfiguration/Administrative Vorlagen/System/Delegierung von Anmeldeinformationen.*

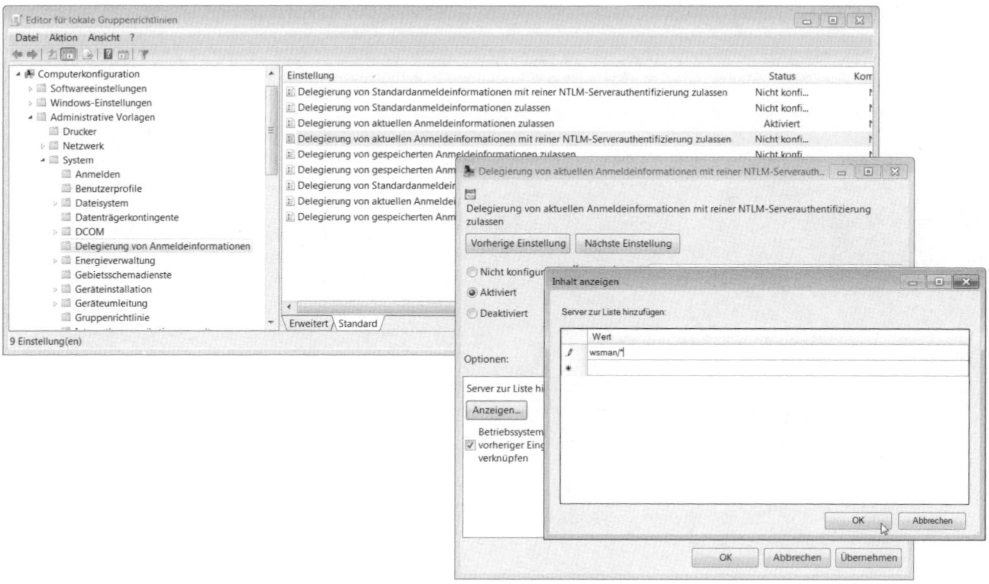

Abbildung 17.6: CredSSP-Verbindungen zu anderen Computern müssen außerhalb der Domäne erlaubt werden.

Die notwendige Richtlinie auf der rechten Seite heißt *Delegierung von aktuellen Anmeldeinformationen mit reiner NTLM-Serverauthentifizierung zulassen*. Doppelklicken Sie darauf und aktivieren Sie die Richtlinie. Klicken Sie außerdem auf *Anzeigen*. Ein weiteres Dialogfeld öffnet sich, in dem Sie die Computer angeben, an die Ihre Anmeldedaten bei einer CredSSP-Verbindung weitergegeben werden dürfen. Möchten Sie keine Einschränkungen, tragen Sie ein:

```
wsman/*
```

Klicken Sie anschließend auf *Hinzufügen*.

Die Einstellung erinnert etwas an die `TrustedHosts`-Liste: Sie ist ebenso nur ein persönlicher Sicherheitsgurt, der verhindern soll, dass Sie versehentlich Ihre Anmeldedaten an nicht vertrauenswürdige Computer weitergeben.

Index

F

G

H

I

J

K

L

M

N

O

P

Q

R

U

V

W

X

Z

Über den Autor

Dr. Tobias Weltner ist Autor von über 120 IT-Büchern und arbeitet als Trainer und Consultant mit dem Schwerpunkt PowerShell und Automation in ganz Europa. Er ist Entwickler der Entwicklungsumgebung »ISESteroids« (*www.powertheshell.com*) und Initiator der weltweit größten PowerShell-Fachkonferenz »PowerShell Conference Europe« (*www.psconf.eu*).

Tobias Weltner erhielt 14 MVP-Auszeichnungen der Firma Microsoft (Most Valuable Professionals) und zählt zu den erfahrensten PowerShell-Experten weltweit.